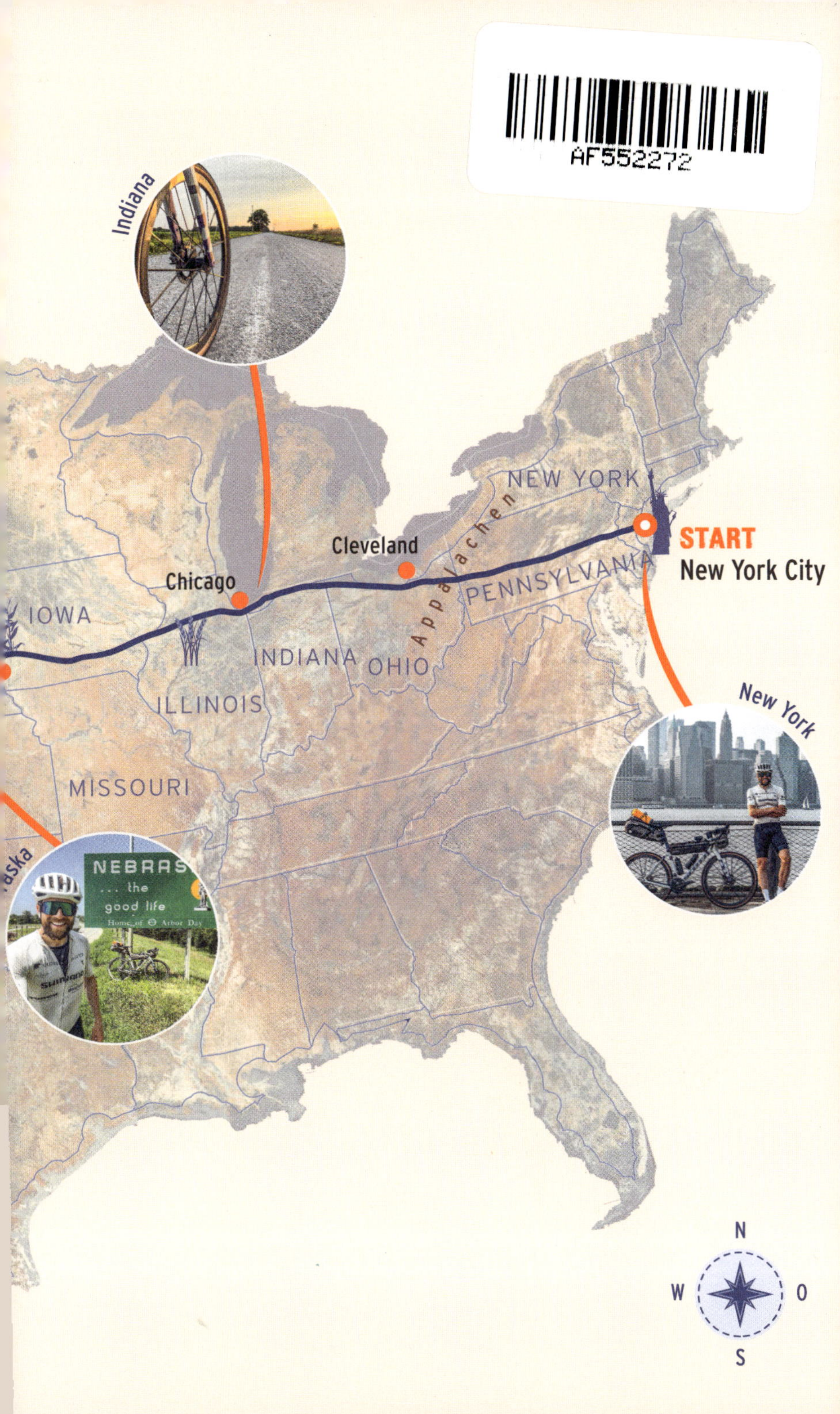
AF552272
Indiana
NEW YORK
Appalachen
Cleveland
START
New York City
PENNSYLVANIA
Chicago
IOWA
INDIANA
OHIO
ILLINOIS
New York
MISSOURI
NEBRAS
... the
good life
Home of Arbor Day
N
W
O
S

JONAS DEICHMANN
mit Martin Waller und Carsten Polzin

CROSSING AMERICA

Auf dem Rad von New York
nach Los Angeles und zurück
in 100 Ultramarathons

POLYGLOTT

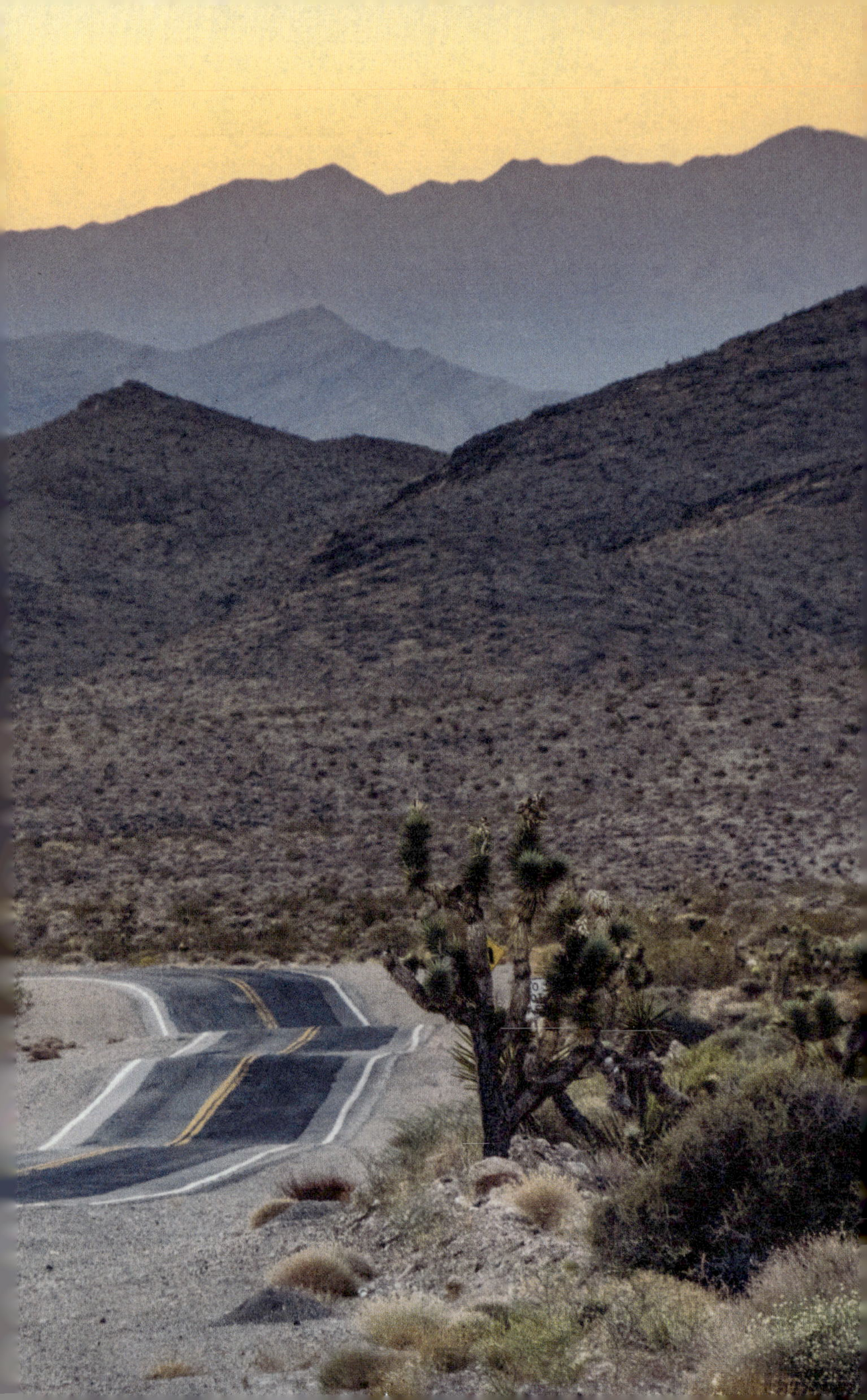

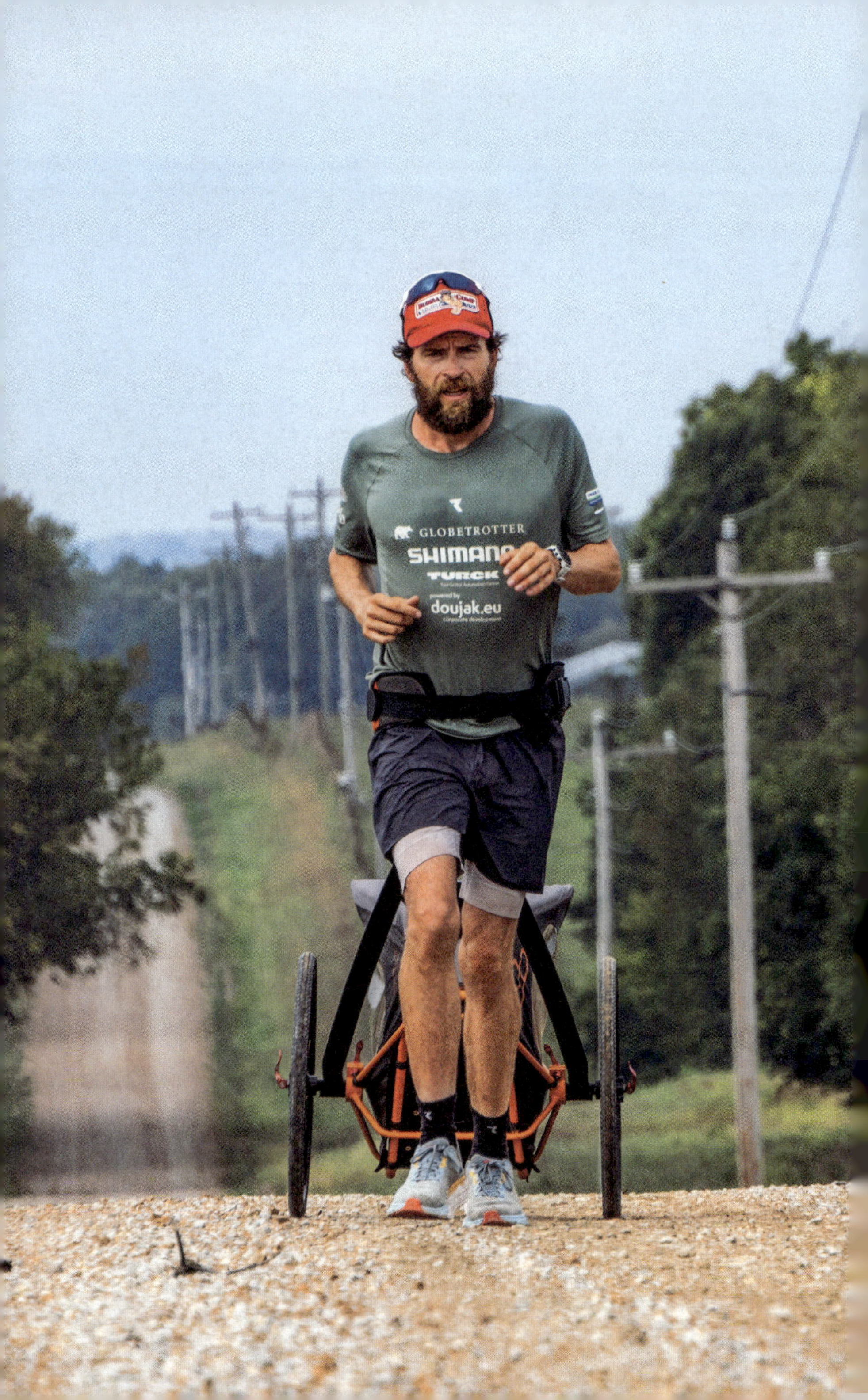
GLOBETROTTER
SHIMAN
TURCK
powered by
doujak.eu
corporate development

Inhalt

Prolog 6

Forrest Gump: Film und Vorbild 14

1. Eine Radreise 16

Packliste der Fahrradstrecke 22

Chris Zimmerman: Lernen von einem Freund 36

2. Wüsten und Monumente 68

Packliste der Laufstrecke 72

3. Durch die Rocky Mountains 110

Sammy Deichmann: Familiengeschichten 114

4. In den Plains 190

Markus Weinberg: Optimisten unter sich 212

5. Von den Appalachen zum Big Apple 234

Epilog 250

Danksagung 254

Impressum 256

Prolog

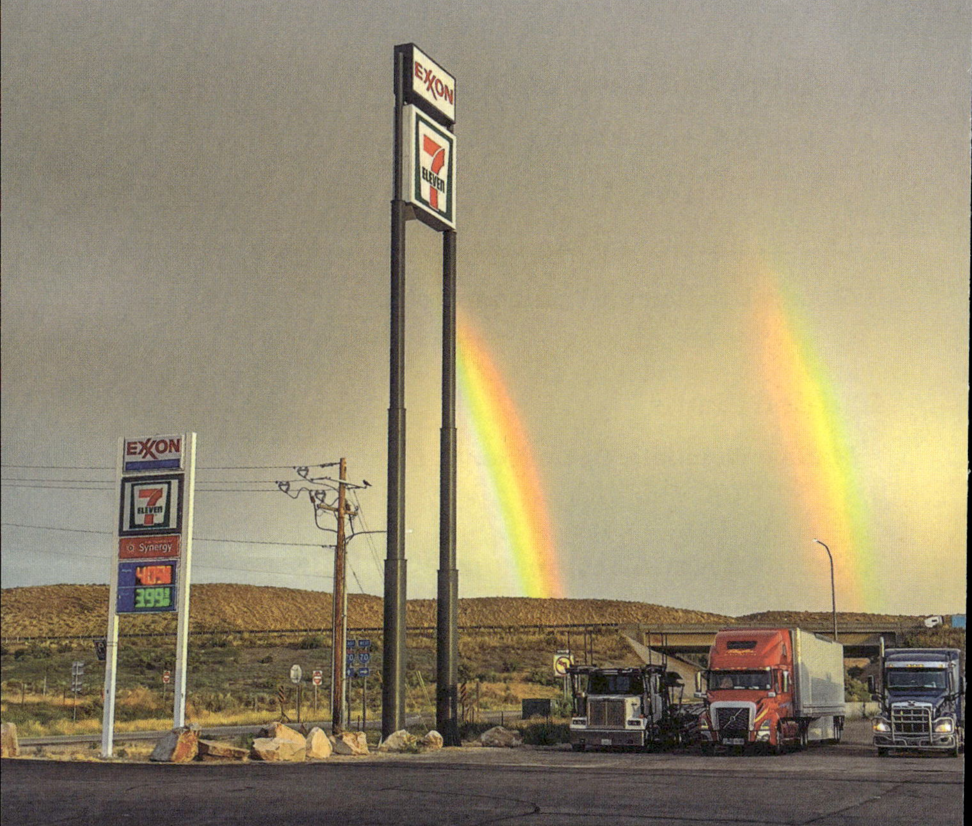

Das Unwetter bricht völlig überraschend und mit überwältigender Wucht los. Eine Windböe packt mich und wirft mich fast vom Rad. Fette Hagelkörner prasseln herab, ihr Trommeln auf dem Fahrradhelm ist wie ein Martyrium. Aus dem lauen Lüftchen ist innerhalb weniger Minuten ein ausgewachsener Sturm geworden. Blitze schlagen auf der weiten, verwaschenen Ebene ein, manche am dunklen Horizont, andere gefährlich nahe, sodass ich geblendet die Augen schließen muss. Der Donner ist ohrenbetäubend.

Jetzt ist guter Rat teuer. Zu allen Seiten erstreckt sich die weite Prärie, ein Platz zum Unterstellen ist nirgends in Sicht. Anhalten würde nichts nützen. Wieder schlägt mit lautem Krachen ein Blitz ein, gefühlt nur wenige Meter neben mir. Jetzt bekomme ich es schon ein wenig mit der Angst zu tun. Ziehe ich auf meinem Fahrrad in dieser flachen Landschaft nicht den Blitz an wie ein Kreuz auf dem Berggipfel? Ich trete automatisch weiter in die Pedale und kämpfe gegen den Wind, Hagel und Regen an, die mich nun frontal in die Zange nehmen. Fieberhaft arbeitet es in mir, was zu tun ist. Was würde wohl im Lehrbuch stehen? Das Fahrrad zurücklassen und sich klein machen, um möglichst wenig Angriffsfläche zu bieten? Sich auf den Boden legen? In unseren europäischen Breiten sind wir es nicht gewohnt, diesen Extremen in freier Natur ausgesetzt zu sein. Meist lächelt man die Sorge über einen Blitzschlag einfach weg. Was soll schon passieren? Hier ist es anders. Ich bin hier draußen vollständig allem ausgeliefert. Und wenn es mich trifft, ist es vermutlich vorbei. Denn selbst wenn ich den Blitzschlag überlebe – würde mich hier draußen überhaupt irgendjemand finden?

Also tue ich in dem tosenden Chaos das Einzige, was mir noch einfällt: Ich fahre weiter. Mein ganzes Wesen ist schließlich auf Durchhalten getrimmt. Völlig durchnässt gehe ich aus dem Sattel und treibe die Pedale nach vorne. Es geht quälend langsam. Meter um Meter krieche ich die Straße entlang, versuche, mich an den gelben Mittelstreifen auf dem schwimmenden Asphalt zu orientieren.

Wie lange geht das gut?

Forrest Gump als Vorbild

Ich bin mal wieder unterwegs.

Diesmal auf dem Weg durch die USA, die ich zweimal durchqueren will: mit dem Fahrrad von Ost nach West, das heißt, von New York nach Los Angeles, und dann auf einer weiter südlich verlaufenden Route wieder zurück von Los Angeles nach New York. Das ist ein Traum von mir, seit ich mit 12 oder 13 Jahren den Film »Forrest Gump« gesehen habe. Natürlich ist die ganze Geschichte des Films viel komplexer, doch der Abschnitt, in dem Forrest anfängt, durch die gesamten USA zu laufen, und läuft und läuft, der hat sich mir besonders eingeprägt. So etwas wollte ich auch einmal machen. Ich habe mir aber vorgenommen, anders als der von Tom Hanks gespielte Filmheld nicht einfach irgendwann zu stoppen. Forrest hatte schließlich genug von dem Gelaufe. Ich werde erst genug haben, wenn ich wieder an der Brooklyn Bridge stehe.

Von Haus aus bin ich begeisterter Radfahrer. Mein Vater erzählt gern die Geschichte, dass ich schon als Kind, um zu meinem Radsportclub zu kommen, von unserem Dorf aus jedes Mal zunächst eine steile Bergkette überwinden musste – natürlich per Fahrrad. Später unternahm ich im Urlaub lange Radreisen in alle möglichen Teile der Welt. Die erste Ultradistanz fuhr ich im Sommer 2017 vom westlichsten Punkt Europas, dem Cabo da Roca in Portugal, bis nach Wladiwostok im russischen Fernen Osten. Um das zu realisieren, hatte ich noch meinen damaligen Arbeitgeber überzeugen müssen, der mich großzügig freistellte und meine Unternehmung finanziell unterstützte. Genau genommen habe ich es ihm schlecht gedankt, denn im Jahr darauf kündigte ich, um fortan das Abenteuer zu meinem Beruf zu machen. Mittlerweile haben mein Ex-Chef und ich aber wieder ein gutes Verhältnis.

Meine Radreisen führten mich auch immer wieder zu Weltrekorden. So halte ich den Rekord für die schnellste West-Ost-Durchquerung Europas auf dem Fahrrad (6400 Kilometer in gut 25 Tagen) und die schnellste Durchquerung Eurasiens (14 331 Kilometer in 64 Tagen).

Beides auf der bereits erwähnten Fahrt 2017 von Portugal nach Wladiwostok. 2018 fuhr ich die Panamericana von Alaska nach Feuerland (23112 Kilometer in knapp 98 Tagen) und 2019 »Cape to Cape« vom Nordkap in Norwegen bis zum Kap der guten Hoffnung in Südafrika (ca. 18000 Kilometer in 72 Tagen).

Doch Rekorde zu sammeln war nie das einzige Ziel. Es ging mir vor allem darum, mich herauszufordern, etwas von der Welt zu sehen, Abenteuer zu erleben, auf andere Menschen zu treffen.

Während ich 2019 durch die Sahara fuhr, reifte deshalb ein neuer Gedanke in mir heran: Mit dem Rad hatte ich so ziemlich alles durchfahren – aber warum nicht auch die Sportart wechseln? Beziehungsweise andere Sportarten einbeziehen? Daraus entstand der Plan, die Welt einmal zu umrunden, und zwar in einem Triathlon: Schwimmen, Radfahren, Marathonlauf. Das bedurfte einiger Vorbereitung und war mit zahlreichen Unwägbarkeiten behaftet, vor allem weil zu dieser Zeit das Coronavirus umging und viele Landesgrenzen geschlossen waren. Als Einstimmung absolvierte ich im Sommer 2020 einen Triathlon rund um Deutschland, währenddessen ich den Bodensee durchschwamm, die Außengrenzen Deutschlands mit dem Fahrrad abfuhr und schließlich vom Bayerischen Wald und die Alpen entlang bis zum Start- und Zielpunkt Lindau lief.

Einmal um die Welt

Das klappte gut, und so startete ich Ende September 2020 auf die große Weltumrundung in 120 Ironman-Distanzen: ca. 460 Kilometer Schwimmen, über 21000 Kilometer Radfahren und über 5000 Kilometer Laufen. Die ganze Geschichte erzähle ich in meinem Buch »Das Limit bin nur ich«, darum hier nur in Kürze: Die Schwimmstrecke längs der Adria verlangte mir alles ab. Zum Spielball von Wind und Wellen zu werden, denen menschliche Kräfte nichts entgegenzusetzen haben, war eine neue Erfahrung für mich. Ich schaffte es, auch wenn ich anschließend der Meinung war, dass meine Schwimmkar-

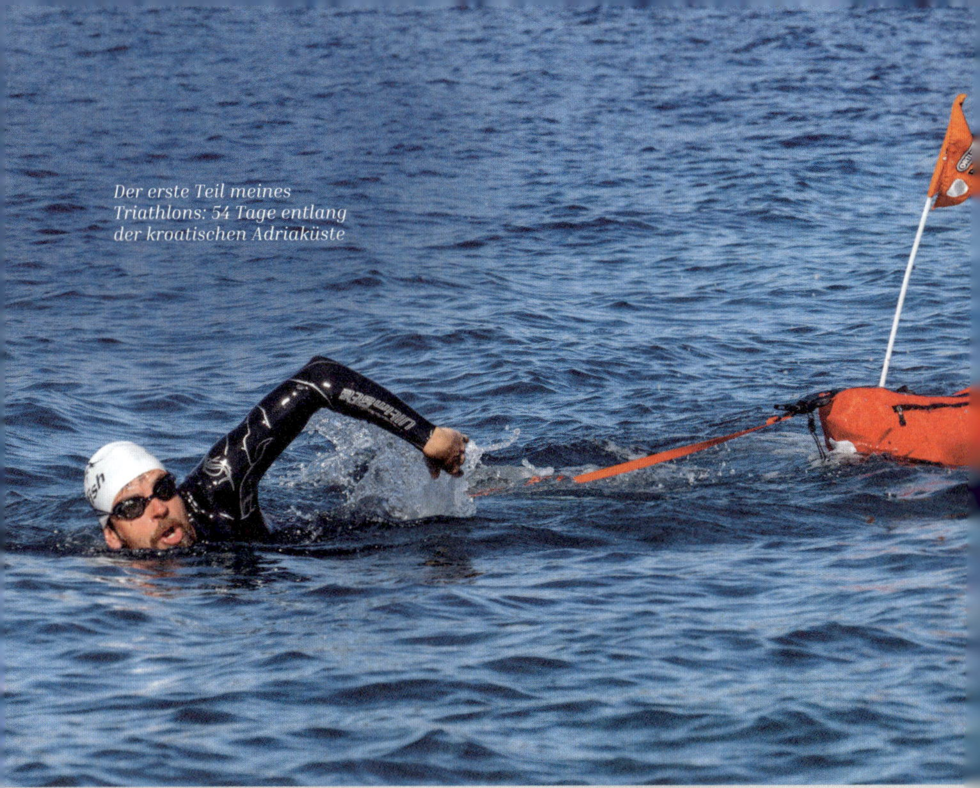

Der erste Teil meines Triathlons: 54 Tage entlang der kroatischen Adriaküste

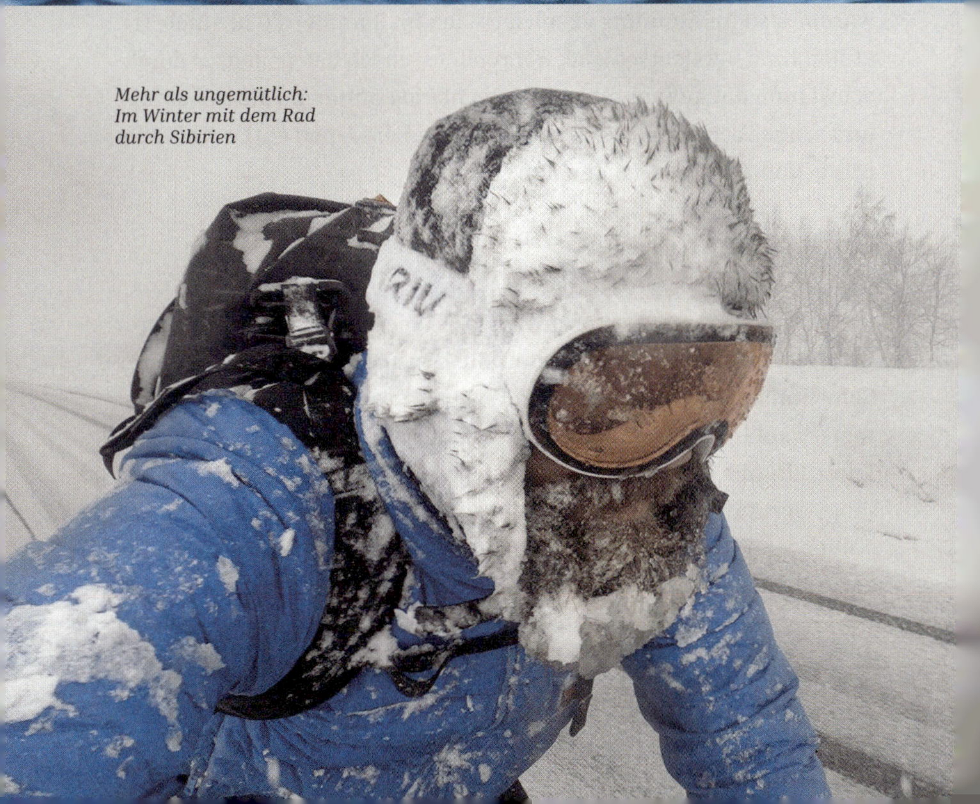

Mehr als ungemütlich: Im Winter mit dem Rad durch Sibirien

riere damit endgültig vorbei sei (das hat sich mittlerweile geändert, wie so viele Schwüre, die man während eines harten Rennens macht, schon kurz nach dem Ziel ihre Bedeutung verlieren). Als zweite Disziplin meines Mega-Triathlons folgten ein frohgemuter Aufbruch mit dem Rad durch Südosteuropa und ein wochenlanges, frustrierendes Warten in der Türkei, bis ich endlich die Einreisegenehmigung nach Russland erhielt. Wie gesagt, es war Pandemie und viele Grenzen waren geschlossen. Und heute, angesichts des Ukraine-Kriegs, wäre eine solche Reise überhaupt nicht mehr möglich.

Sibirien durchquerte ich im Winter und stand, als ich im Mai in Wladiwostok ankam, vor einem neuen Problem. Hier nun schließt sich endlich der Kreis zum eingangs genannten »Forrest Gump«: Ich hatte vor, die Laufstrecke auf dessen Fußspuren durch die USA zu absolvieren. Hatte mir sogar eine rote Mütze mit der Aufschrift »Bubba Gump Shrimp Co.« zugelegt, wie sie auch Forrest bei seinem Lauf durch Amerika trägt. »I just felt like running« sollte auch zu meiner Devise werden. Doch die Grenzen der Vereinigten Staaten waren coronabedingt abgeriegelt.

Plan B sah vor, stattdessen durch Kanada zu laufen (ebenfalls dicht), Plan C durch Mexiko. Das klappte, und was ich niemals hätte voraussehen können: Die vermeintliche Notlösung Mexiko entwickelte sich zu einem grandiosen Laufabenteuer, das schöner nicht hätte sein können. Zu einer triumphalen Erfolgstour, während der ich Abertausende neue Anhänger gewann und als »Forrest Gump alemán«, als »deutscher Forrest Gump«, gewisse nationale Berühmtheit erlangte. Denn natürlich erzählte ich in vielen Interviews von meiner Liebe zu diesem Film, und natürlich trug ich auch in Mexiko die Bubba-Gump-Mütze.

Mission unaccomplished

Ich hätte Mexiko also um keinen Preis missen wollen – und trotzdem steckte in mir noch dieser Stachel: Die geplante Durchquerung der USA stand nach wie vor fordernd auf meiner To-do-Liste und ließ mir

keine Ruhe. Etwas unerfüllt zu lassen, zählt nicht zu meinen Charakterzügen. Hat sich einmal eine Idee in meinem Kopf zu einem konkreten Projekt geformt, finde ich erst meinen Frieden, wenn ich es durchgezogen habe. Also musste ein neuer Plan her ...

Dazu muss man wissen, dass mein Leben ziemlich unstet verläuft, auch wenn ich mich nicht auf einer meiner Challenges befinde. Tatsächlich habe ich nicht einmal eine eigene Wohnung, sondern nur eine »Homebase« in der Schweiz. Wo ich mich jedoch nur selten länger aufhalte. Die meiste Zeit reise ich quer durch Europa, bin unterwegs zu Konferenzen, Vorträgen und Messen, zwischendrin gibt es Trainingslager und Fahrradtouren. Ich will mich keineswegs darüber beschweren, das ist das Leben, das ich mir ausgesucht habe. Aber dieses ständige Unterwegssein prägt einen doch und verstärkt die innere Rastlosigkeit noch ein Stück weit. Muss ich einmal längere Zeit an einem Ort verbringen, macht mich das nervös. Ich mag das Gefühl des Stillstands nicht, das sich sofort einstellt. Ich will dort draußen sein, in der Natur. Mein Gehirn arbeitet unaufhörlich an einem Plan für die nächste Challenge. Und treibt mich dazu an, die Ampel auf Grün zu schalten, sobald es möglich ist.

Nachdem ab Ende 2022 die Corona-Infektionszahlen sanken und die WHO im Mai 2023 die »internationale Gesundheitsnotlage« für beendet erklärt hatte, hoben auch die USA ihre pandemiebedingten Einreisebeschränkungen auf. Das hörte der »Forrest Gump« in mir mit Vergnügen. Endlich konnte ich meinen Lauf durch die USA wirklich in Angriff nehmen. Ein bisschen aufpeppen wollte ich das Vorhaben aber schon. Es motiviert mich stets besonders, etwas zu unternehmen, was vorher noch keiner gemacht hat, und so wurde die Idee einer doppelten Nordamerika-Durchquerung geboren: vom Atlantik zum Pazifik mit dem Fahrrad, gewissermaßen zum Warmfahren. Und dann zurück auf Forrests Spuren zu Fuß.

Um ehrlich zu sein: Ob das nicht doch schon mal irgendwer irgendwann einmal gemacht hat, wusste ich nicht sicher, bekannt war mir ein solches Vorhaben allerdings nicht. Ich müsste dabei auch keinen

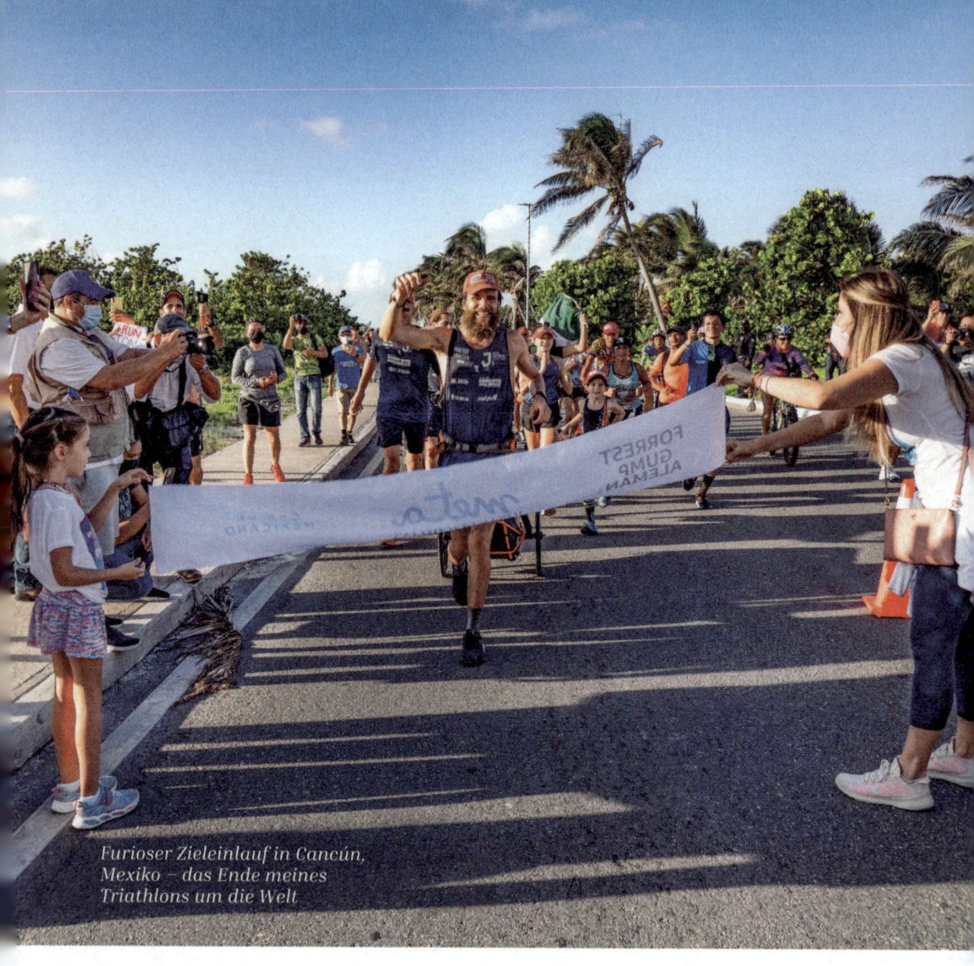

Furioser Zieleinlauf in Cancún, Mexiko – das Ende meines Triathlons um die Welt

Rekord aufstellen; das war mir bei diesem Projekt von Beginn an sogar völlig egal. Um mir meinen lang gehegten Wunsch zu erfüllen, würde ich nichts tun müssen als nur meinen eigenen Vorgaben zu folgen: mit dem Fahrrad den Kontinent in einem Monat durchqueren, dann die 5000 Kilometer zurück nach New York in 100 Tagen laufen. Im Schnitt also 50 Kilometer am Tag, ohne Ruhetag.

Und abseits der sportlichen Herausforderung nahm ich mir vor allem vor, viel zu erleben, mich in der einzigartigen Natur Amerikas zu bewegen, Menschen zu treffen. Und viel Spaß zu haben.

Ende Juni schließlich sind alle Vorbereitungen getroffen, das Visum ist besorgt, der Flug gebucht. Es geht los!

Forrest Gump: Film und Vorbild

Diese Filmszene hat sich mir eingeprägt. Hier im Monument Valley beendet der Titelheld Forrest Gump seinen über drei Jahre dauernden Lauf durch Amerika. Ich folge seinen Spuren, und das beschränkt sich nicht nur aufs Laufen. Es ist vor allem ein Charakterzug an Forrest Gump, der mich von Anfang an fasziniert und inspiriert hat: Er macht einfach, was er sich vornimmt, und bleibt trotz aller Schicksalsschläge positiv. Bei vielen Vorhaben ist es ja am schwierigsten, überhaupt an die Startlinie zu kommen. Man zögert, hat Bedenken und tut es viel zu oft schließlich doch nicht. Forrest mag nicht der Hellste sein, aber er lässt sich von nichts abbringen. Ihm ist gerade nach Laufen? Also läuft er los – ohne Botschaft, ohne Ziel. Er gründet die Bubba Gump Shrimp Company, er hält weiter zu seinem vom Vietnamkrieg schwer gezeichneten Lieutenant Dan, obwohl der seinen Frust an ihm auslässt, er bleibt seiner großen Liebe Jenny treu. Und ganz nebenbei wird man als Zuschauer durch 30 Jahre amerikanischer Geschichte geführt, von John F. Kennedy bis Richard Nixon. Für mich ist Forrest ein Superheld der besonderen Art – ohne äußerliche Superkräfte, doch mit der einzigartigen Begabung, sich nicht beirren zu lassen. Ein Vorbild, dem ich gerne folge.

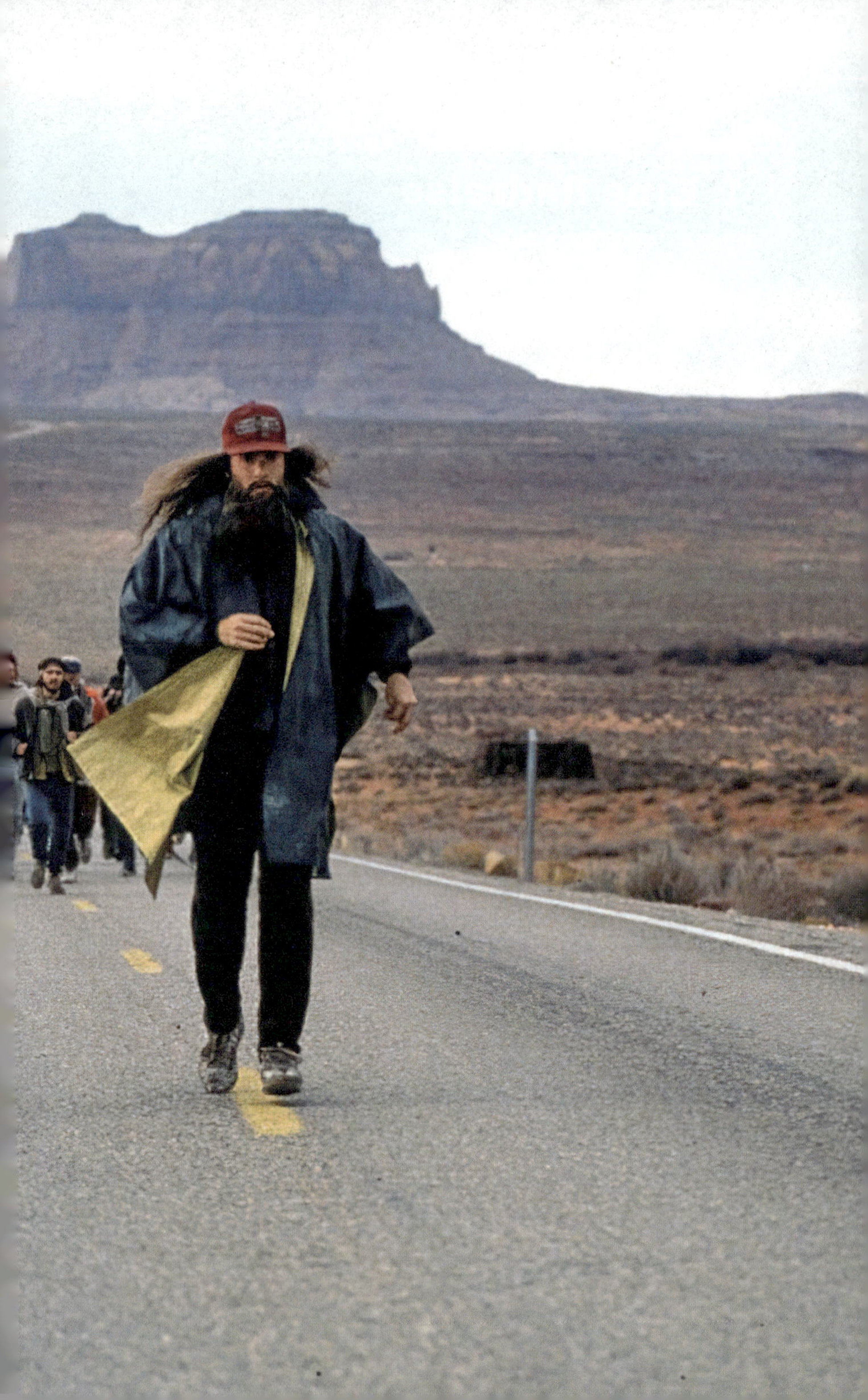

1. Eine Radreise

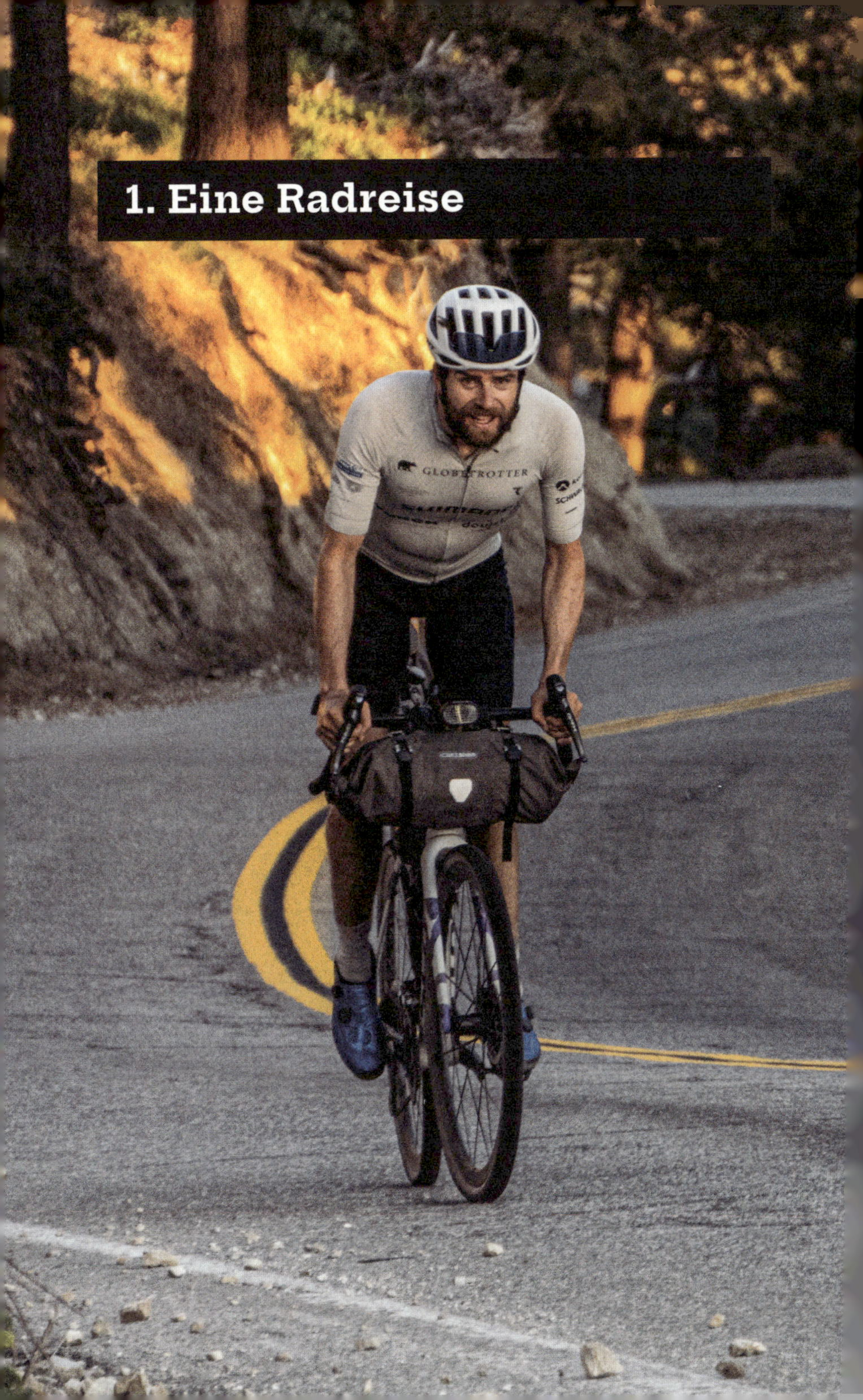

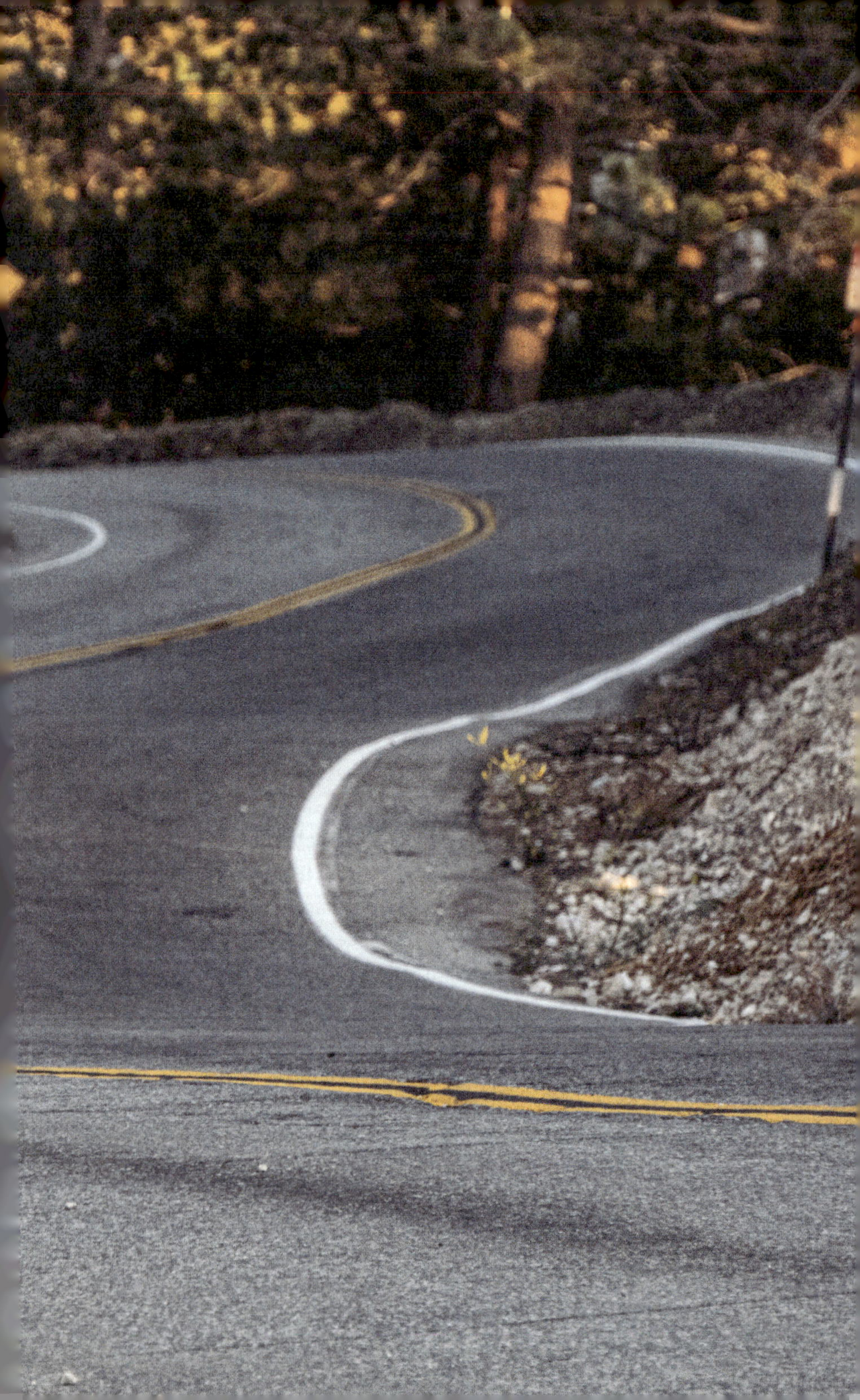

Holpriger Beginn

Das Gepäckband läuft noch, ist aber schon fast leer. Nur ein einzelner schwarzer Koffer zieht zum zweiten Mal seine einsame Runde und verschwindet wieder in dem Schlund, der bis vor Kurzem noch jede Menge Taschen und Koffer ausspuckte.

Die Mitreisenden, die gerade noch unter Schieben und Drängeln ihre Sachen vom Gepäckband heruntergewuchtet haben, sind verschwunden. Nur ich warte noch immer vor der Ausgabe für das Sperrgepäck. Doch es tut sich nichts. Schließlich stoppt auch das Band und alles verfällt in endgültige Stille.

Jetzt ist es klar: Hier kommt nichts mehr.

Mein Fahrrad ist nicht da.

Schon im Flieger hatte es begonnen. Nach einer gehörig verspäteten Landung in New York ließen sich die Außentüren nicht öffnen. Zwei Stunden lang harrten wir in der Kabine aus. Dann, nachdem wir endlich rausdurften, musste ich mich einer unangenehmen Prüfung beim Immigration Officer unterziehen. Ja, ich war schon einmal im Iran (während meiner Cape-to-Cape-Tour 2019), versuchte ich ihm klarzumachen, und trotzdem stelle ich keine Gefahr für die Sicherheit der Vereinigten Staaten dar. Was ich vorhabe, lässt sich leicht belegen, auf Social Media ist es doch schon in aller Munde. Schließlich ließ er mich passieren und wünschte mir sogar noch viel Glück für mein Unternehmen.

Doch das Glück scheint mich jetzt verlassen zu haben.

Es ist bereits nach Mitternacht. Da es keinen Sinn hat, das leere Gepäckband anzuschnauzen, suche ich den Reklamationsschalter, berichte dem müde aussehenden Menschen von dem Verlust, den er gleichmütig zu den Akten nimmt. Mir bleibt nur noch, in die Stadt zu fahren und zu versuchen, eine Mütze voll Schlaf zu bekommen. Morgen früh habe ich zwar immer noch kein Fahrrad, aber ich werde zumindest wacher sein. Und das Ganze auf irgendeine Weise klären können. Hoffe ich.

Summer in the City

Manhattan empfängt mich mit seinen grandiosen Häuserschluchten, den leuchtenden 24-Stunden-Dinern und den allgegenwärtigen gelben Taxis. Es ist eine großartige Stadt, und doch will ich nur weg, bevor ich richtig angekommen bin. Ich bin angetreten, Amerika zweimal zu durchqueren, da will ich nicht schon am Start hängenbleiben. Aber auch am nächsten Morgen scheint es ein Ding der Unmöglichkeit zu sein, den Verbleib meines Fahrrads zu klären. Ich hocke etwas missmutig im Hotelzimmer, schreibe Mails, rufe Hotlines an, chatte mit freundlichen Chatbots, die überzeugt sind, dass alles gutgehen wird. Doch weder bei der Fluglinie noch in New York am Flughafen scheint irgendjemand eine Ahnung zu haben, wohin mein Gepäck verfrachtet wurde. So klein ist mein Fahrrad doch nicht, es kann sich definitiv nicht in Luft aufgelöst haben! Irgendwo steht oder liegt es und stört dort ganz bestimmt. Hoffentlich ist es überhaupt noch intakt. Der Tag vergeht, ohne dass ich irgendetwas erreiche.

Die Nerven liegen bereits blank. So geht das nicht weiter, entscheide ich am nächsten Morgen. Tagelang werde ich hier nicht ausharren. Soll ich mir einfach ein neues Rad kaufen? Und den Rest meiner Ausrüstung dazu? Ein Teil davon befindet sich ja mit in der Fahrradbox. Möglich wäre es schon. Allerdings auch umständlich, kostspielig und zeitraubend. Mit vager Hoffnung und einer gehörigen Portion Verzweiflung fahre ich auf gut Glück noch einmal hinaus zum Flughafen.

»A bicycle?«, fragt der Bedienstete am Schalter, als ich beginne, ihm umständlich mein Leid zu klagen. »Well, there's one standing there.«

Ich bin baff. Es ist hier, einfach so? Tatsächlich, da steht die Kiste. Als wäre es das Selbstverständlichste der Welt, dass sie hier auf mich wartet.

Wie sich herausstellt, war das Rad im selben Flieger wie ich gewesen, wurde ordnungsgemäß ausgeladen – ist dann jedoch vom

Anhänger, der das Gepäck vom Flugzeug zum Terminal bringt, nicht zur Sperrgutausgabe gelangt. Es wurde schlicht vergessen. Und der müde Kollege am Reklamationsschalter hatte es in der Nacht versäumt, die Verlustmeldung ins System einzugeben, sodass niemand wusste, wem diese große Box gehört.

Ich sehe den Mitarbeiter am Schalter mit einer Mischung aus Wut und Erleichterung, jedenfalls ziemlich entgeistert an. Doch er zuckt nur die Achseln. »Ach, wenn Sie wüssten, was bei uns alles rumliegt und nicht abgeholt wird«, scheint sein Blick zu sagen.

Die ganze Sache zeigt einmal mehr, dass es sich lohnt, hartnäckig zu sein, dranzubleiben. Notfalls muss man die Leute nerven. Nur so ergeben sich auch in schwierig erscheinenden Situationen Lösungen.

Bevor ich mich noch zu weiteren Diskussionen hinreißen lasse, wuchte ich den Fahrradkarton aus dem Terminal und versuche mir klarzumachen, was geschehen ist: Vor einer halben Stunde war ich noch ziemlich verzweifelt. Und nun kann ich plötzlich doch starten. Kaum zu glauben, aber nun habe ich das Rad und lasse es nicht mehr aus den Augen, bis ich in Los Angeles vom Sattel steigen werde.

Hochhausschluchten

Ich will keine Zeit verlieren. Will nur noch los, auch wenn es bereits später Nachmittag ist. Doch jede Stunde, die ich heute noch vorankomme, wird mich der Westküste näherbringen – und mir dieses positive Kribbeln verschaffen, dass mein großes Abenteuer endlich begonnen hat.

Gegen 18 Uhr stehe ich im Brooklyn Park bereit zur Abfahrt, zusammen mit einem Fotografen meines Ausrüsters Scott, der kurzfristig kommen konnte. Die Vorstellung, wie es werden wird, erfüllt mich: die Weiten des Mittleren Westens, die Berge der Rocky Mountains, die Ankunft am Pazifik – alles erscheint in einer einzigen Vision vor meinem geistigen Auge zusammengefasst wie in einem Blitz. Es wird harte Momente geben und wunderschöne. Ich werde schwitzen und frieren,

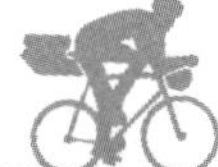

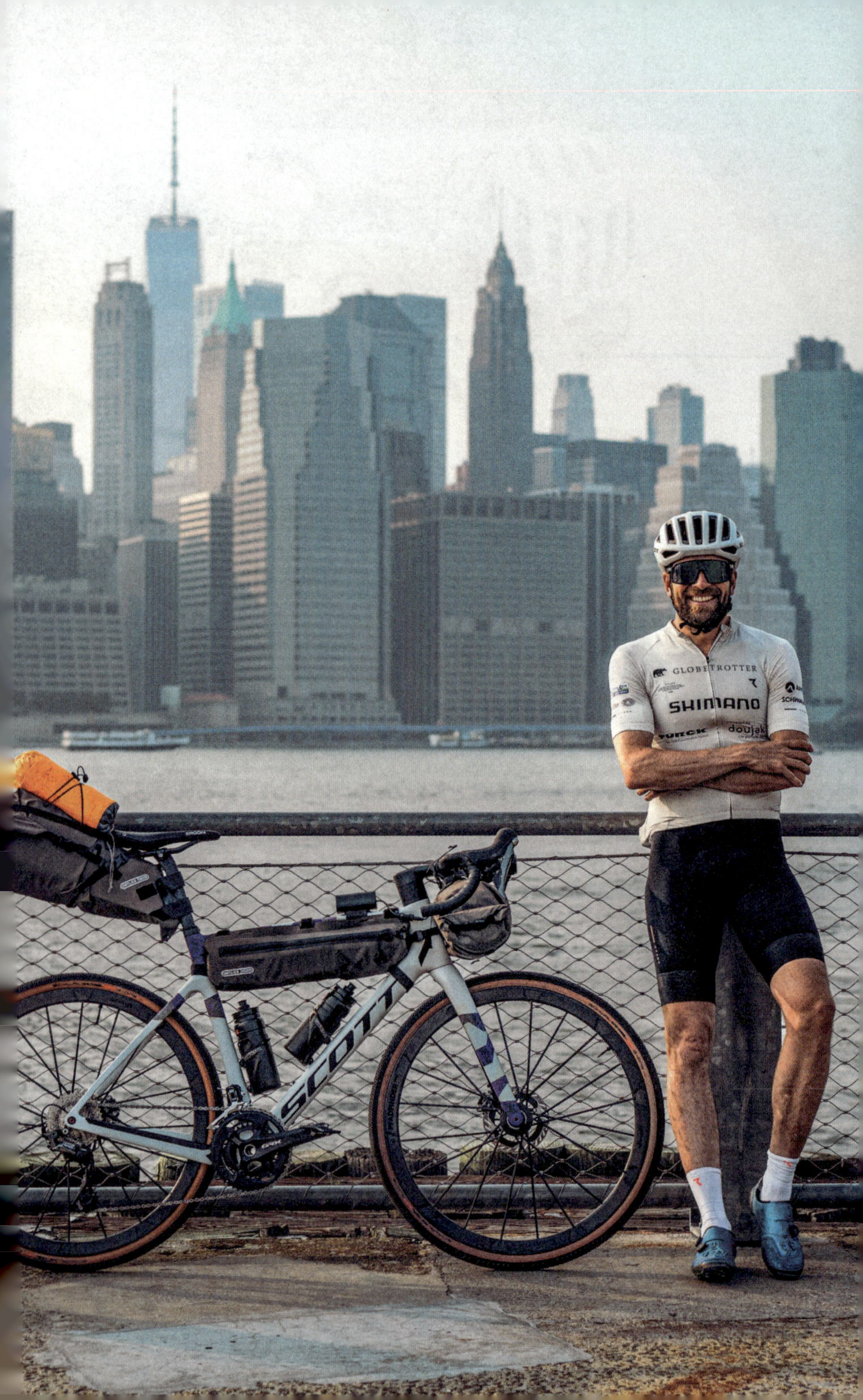
GLOBETROTTER
SHIMANO
doujak
SCOTT

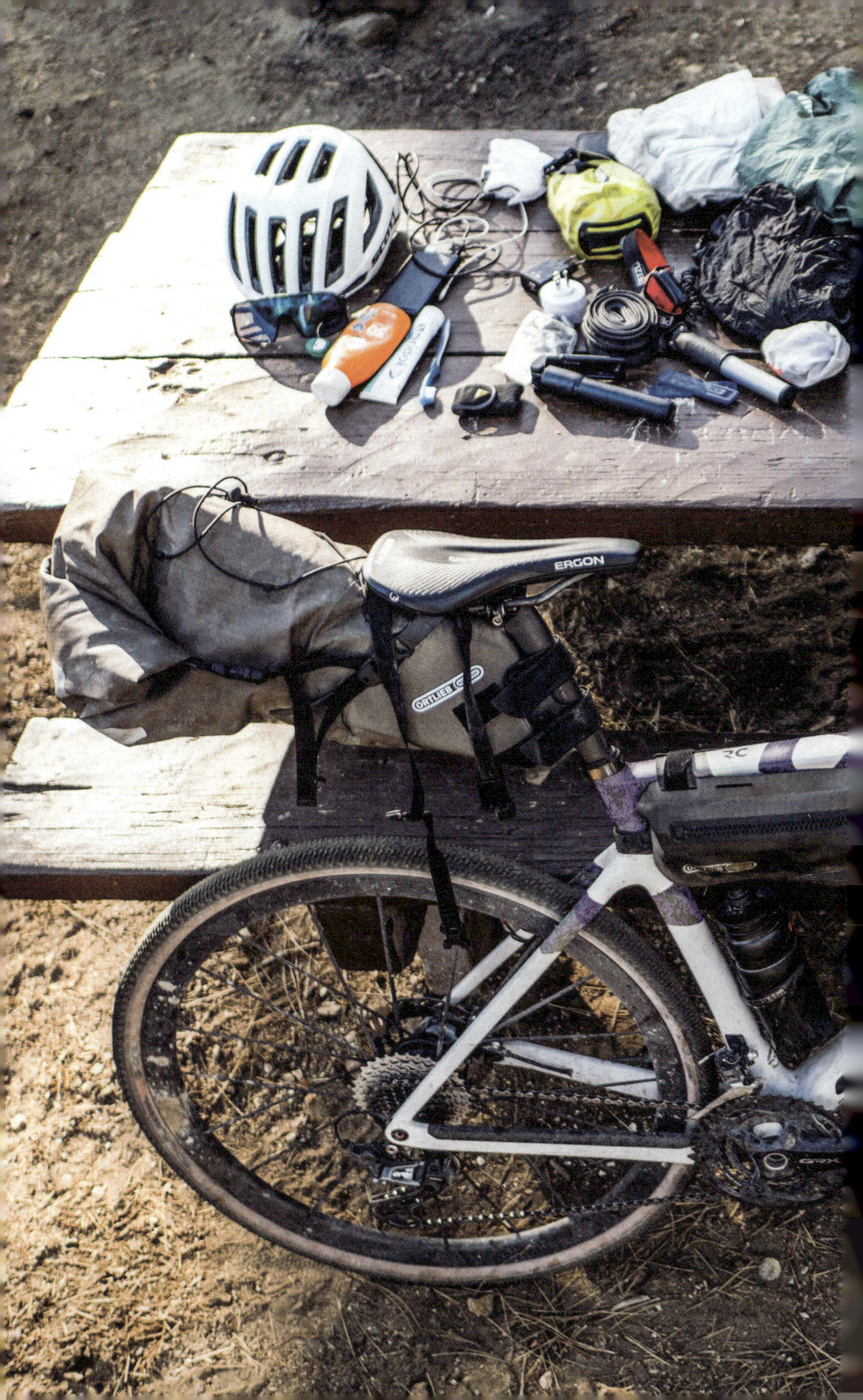
ERGON
ORTLIEB

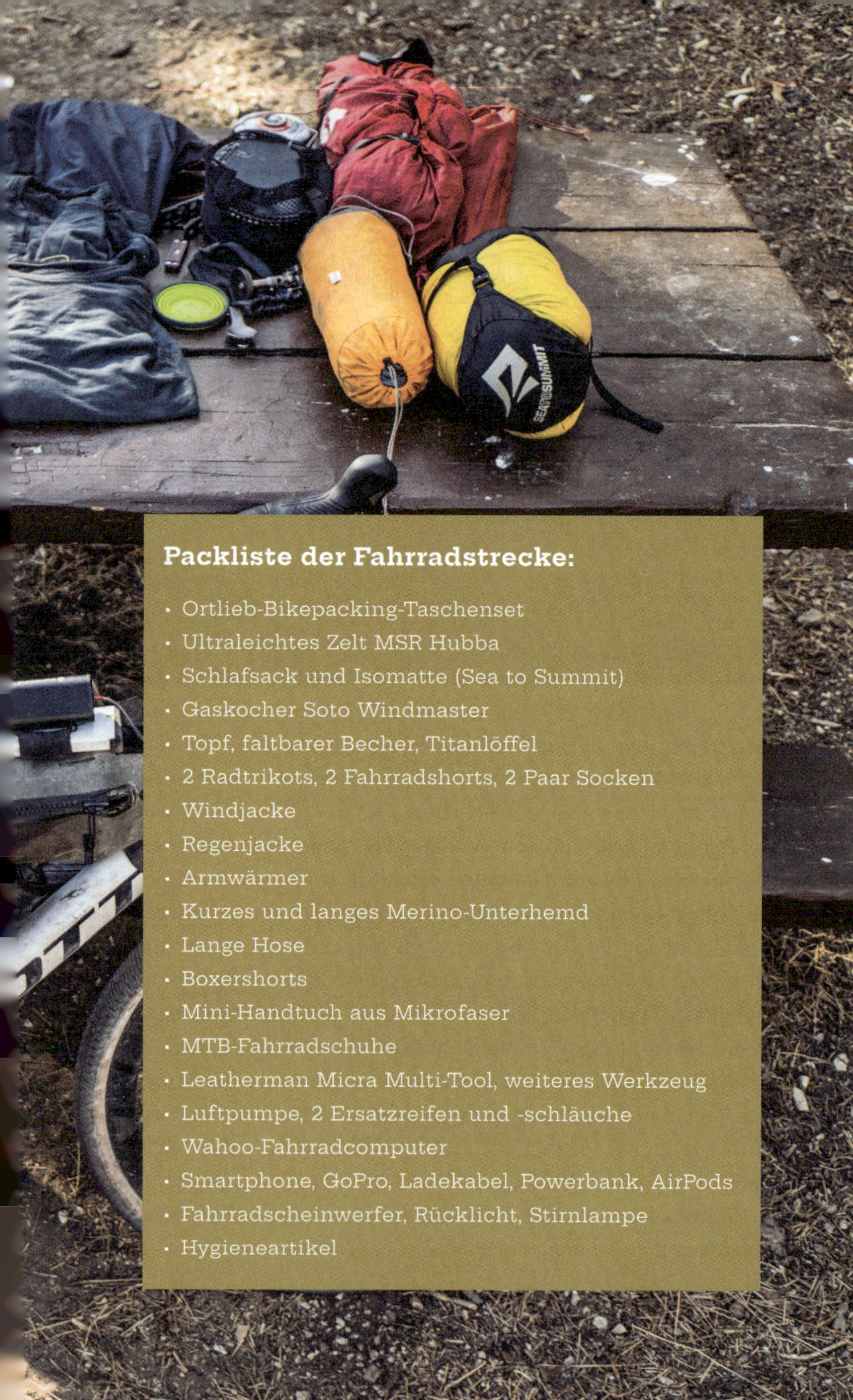

Packliste der Fahrradstrecke:

- Ortlieb-Bikepacking-Taschenset
- Ultraleichtes Zelt MSR Hubba
- Schlafsack und Isomatte (Sea to Summit)
- Gaskocher Soto Windmaster
- Topf, faltbarer Becher, Titanlöffel
- 2 Radtrikots, 2 Fahrradshorts, 2 Paar Socken
- Windjacke
- Regenjacke
- Armwärmer
- Kurzes und langes Merino-Unterhemd
- Lange Hose
- Boxershorts
- Mini-Handtuch aus Mikrofaser
- MTB-Fahrradschuhe
- Leatherman Micra Multi-Tool, weiteres Werkzeug
- Luftpumpe, 2 Ersatzreifen und -schläuche
- Wahoo-Fahrradcomputer
- Smartphone, GoPro, Ladekabel, Powerbank, AirPods
- Fahrradscheinwerfer, Rücklicht, Stirnlampe
- Hygieneartikel

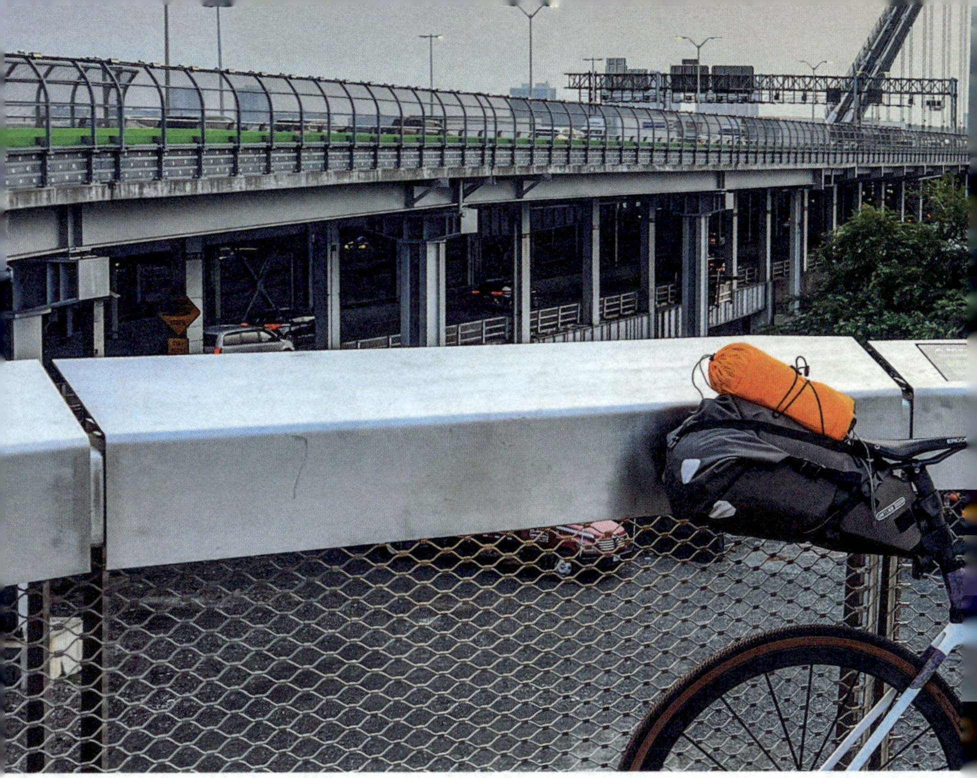

viel allein sein und berührende Begegnungen haben. Und vor allem: Ich werde Radfahren, bis zum Horizont und darüber hinaus. Mehr kann ich mir vom Leben nicht wünschen.

Der grandiose Blick vom Brooklyn Park hinüber auf die Hochhaustürme von Manhattan liefert ein paar schöne Fotos von mir am Start. Ich bin ganz hippelig, endlich in die Pedale zu treten, aber auch Profi genug, um für die paar Minuten noch geduldig zu posieren. Dann endlich steige ich auf, radle los und überquere die Brooklyn Bridge über den East River. Die tief stehende Sonne flirrt durch das Netz aus Eisenträgern, Stahlseilen und dem Drahtzaun, der die Fahrradspur in der Mitte der Brücke vom Autoverkehr abgrenzt. Meine Beine treten im Takt, das Herz pumpt reines Adrenalin durch meinen Körper, ich fühle mich berauscht. Nach all dem Frust ist die Euphorie umso größer.

Und was für ein Ort für den Auftakt einer solchen Reise! New York im Abendlicht ist unglaublich. Auf die oberen Stockwerke der Gebäu-

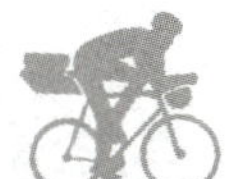

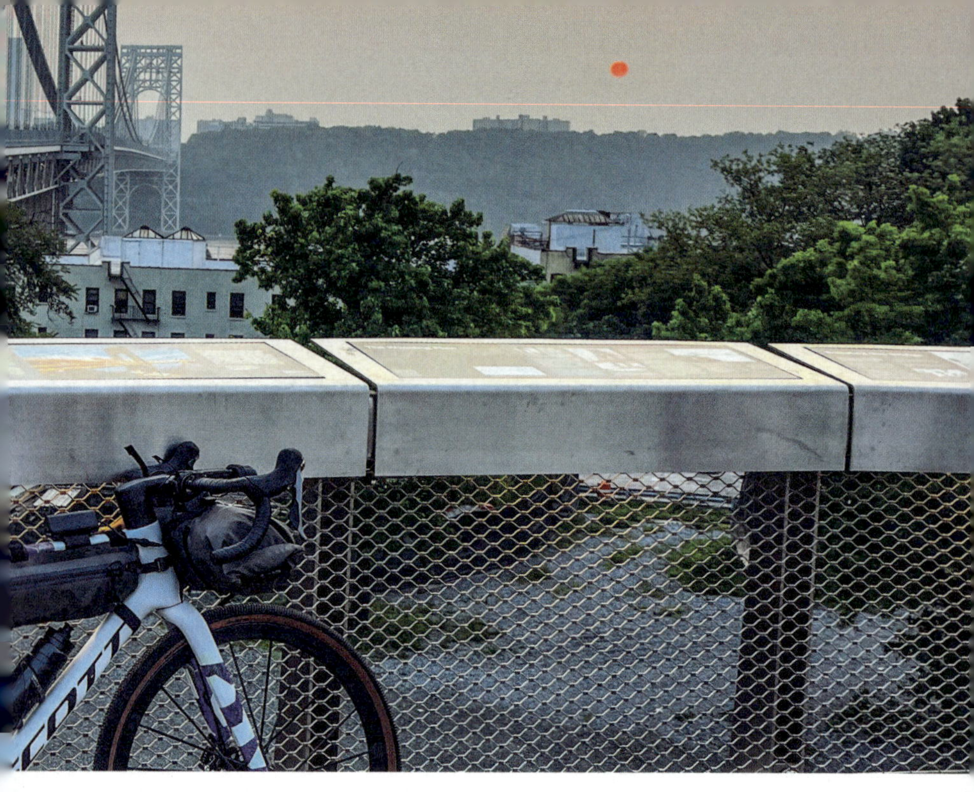

de scheint noch die Sonne, manchmal blitzt sie durch die Lücken zwischen den Wolkenkratzern im Westen bis zu mir durch. Ich habe die Route absichtlich mitten durch Manhattans Hochhausschluchten gelegt und sauge alle Eindrücke auf. Der Verkehr ist heftig, stellenweise chaotisch, aber da die Autos auch nur langsam vorankommen, schwimme ich einfach mit oder schlängle mich durch. Wirklich gefährlich finde ich es zu keinem Zeitpunkt.

Über die 5th Avenue und den Broadway komme ich zum Times Square, dann geht es weiter Richtung Central Park. Überall herrscht reges Treiben. Die Menschen sitzen in Cafés, flanieren, genießen den Abend. Die Atmosphäre wirkt verführerisch anziehend, und ich bin versucht, mich einfach irgendwo dazuzusetzen. Aber noch eine Nacht in der Stadt bleiben? Nein. Also weiter, durch den Central Park, nach Harlem und zur George Washington Bridge, die mich über den Hudson River nach New Jersey bringt. Blutrot, fast ein bisschen kitschig, versinkt die Sonne direkt vor mir am rauchgrauen Horizont.

Das stimmungsvolle Bild hat allerdings einen ernsten Hintergrund: In Kanada brennen seit Wochen die Wälder auf riesigen Flächen. Die Feuerwehren konzentrieren sich darauf, bewohnte Gebiete zu schützen, doch wurden auch schon Evakuierungen angeordnet. Es handelt sich um die schwersten je registrierten Waldbrände, die in Hunderten Einzelfeuern Millionen von Hektar Wald vernichten. Und der Rauch zieht auch in die USA – bis nach New York, dessen Bewohner zeitweise aufgefordert wurden, nicht ins Freie zu gehen oder zumindest Maske zu tragen. Es muss bisweilen dramatisch gewesen sein. Heute ist von dem gelblichen Smog, der die Stadt eingehüllt hat, zwar nichts zu sehen, doch einen leichten Brandgeruch und ein Kratzen im Hals beim Atmen verspüre ich auch, und die Farbe des Horizonts zeigt, was erneut auf den Osten der USA zukommen kann, wenn der Wind nur ein bisschen dreht.

Ich kann nur hoffen, dass mir das erspart bleibt. Bei durchschnittlich 200 Kilometern am Tag brauche ich Luft zum Atmen. Noch brisanter könnte es werden, wenn ich auf der Laufstrecke mit Rauch zu kämpfen hätte. Eventuell nötige Umwege fallen da viel schwerer ins Gewicht. Das wäre eine ernsthafte Gefahr, doch gibt es im Moment nichts, was ich daran ändern könnte. Ich verschiebe den Gedanken also in einen hinteren Winkel meines Gehirns. Wenn es so weit kommt, werde ich mich dem stellen müssen.

Mexiko am Hudson River

»Hey, Jonas, super, dass ich dich hier treffe. Go, Forrest, go!« Der Mann, der mich an der Strecke abgepasst hat, lacht. Wir sprechen Englisch, aber es stellt sich heraus, dass er aus Mexiko stammt. Seit meiner Triathlon-Weltumrundung 2020/21 habe ich so etwas wie Kultstatus in Mexiko erlangt, was sich offensichtlich bis in die Diaspora verbreitet hat. Er ist auch nicht der Einzige, der mich auf dem Life-Tracker verfolgt und am Rande der Route auf mich wartet, um mich zu anzufeuern und ein Selfie mit mir zu machen. Sie alle sind ausnahmslos

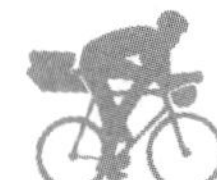

Mexikaner. Fühlt sich nicht an wie ein Zufall. Überhaupt genieße ich noch, dass New York – ebenso wie New Jersey – ein Melting Pot der Kulturen ist und ich so viel mexikanisches Essen haben könnte, wie ich möchte. Ich habe dieses Land einfach ins Herz geschlossen.

Ich fahre noch etwa 40 Kilometer weiter in die beginnende Nacht hinein. Ein angemessener Prolog für die Tour, würde ich sagen. Häuser, Straßen und wieder Häuser. Der Siedlungsbrei scheint nicht aufzuhören, kein Flecken Natur und damit auch keine Chance, mein Zelt aufzuschlagen. Auch egal, ich muss mir in dieser ersten Nacht sowieso ein Hotelzimmer nehmen, da ich die ganzen elektronischen Geräte, die mit in meiner Fahrradbox waren, vor meiner am Ende doch etwas überstürzten Abreise noch nicht hatte aufladen können.

Kutschen auf der Straße

New Jersey ist in Ost-West-Richtung nicht besonders groß, und so überquere ich am nächsten Morgen schon nach ein paar Stunden am Delaware River die Staatsgrenze nach Pennsylvania. Das urbanisierte Gebiet habe ich nun endlich hinter mir gelassen, und in dem hügeligen Gelände macht das Radfahren wieder richtig Spaß. Auch der kulturelle Unterschied macht sich unmittelbar bemerkbar. Plötzlich sind nur noch weiße Menschen zu sehen. Und ist das da vorne eine Pferdekutsche?

Es ist eine. Sie zuckelt ganz gemächlich die Straße entlang, wird von Autos überholt, die das anscheinend normal finden. Kein entnervtes Hupen, keine riskanten Überholmanöver, und auch umgekehrt scheint das Pferd keine Scheu vor den glänzenden Motorkutschen zu haben. Ich ziehe ebenfalls links vorbei und werfe einen Blick auf die Insassen. Eine Familie mit Kindern und alle sind recht ungewöhnlich angezogen. Der Mann, der die Zügel führt, trägt einen langen Bart und nickt freundlich herüber. Nun verstehe ich die Schilder besser, die schon seit der Staatsgrenze vor Pferdewagen auf der Straße warnten.

Dies bleibt nicht meine einzige Begegnung mit den Amish People, die in Pennsylvania mit vielen Gemeinden vertreten sind. Immer wieder sehe ich diese altväterlich gekleideten Menschen, mal in ihren Pferdekutschen, mal als Fußgänger neben der Straße. Nur am Steuer von Autos sehe ich sie nie.

In den USA gibt es viele christliche Glaubensgemeinschaften, deren Mitglieder in Europa verfolgt worden waren und die deshalb nach Amerika auswanderten. Im süddeutschen und Schweizer Raum führte ein gewisser Jakob Amman (1644–1730) eine Gruppierung der Täuferbewegung an, deren Anhänger nach ihm »Amische« genannt wurden. Sie wanderten im 18. und 19. Jahrhundert aus und fanden zum größten Teil in Pennsylvania ihre neue Heimat. Das Besondere an den Amish People ist nicht, dass sie versuchen, möglichst bibeltreu zu leben – das nehmen die meisten christlichen Amerikaner für sich in Anspruch –, sondern dass sie sich von der modernen Technik fernhalten. Keine Autos, keine Elektrizität. Konflikte mit ihren Autos, Strom und Internet nutzenden Mitbürgern gibt es dabei nicht, und auch ich wurde ja freundlich gegrüßt.

Waldland

In Pennsylvania fanden viele der Ausgewanderten ihre neue Heimat, weil der erste Gouverneur des Gebiets, William Penn, schon im 17. Jahrhundert Religionsfreiheit eingeführt hatte. Allen Menschen sollte hier ihr »Pursuit of Happiness«, das Streben nach Glück, möglich sein. Dass Pennsylvania eine Keimzelle der amerikanischen Unabhängigkeitserklärung wurde, in der dieses Streben nach Glück zu den Leitsätzen zählt, ist sicherlich kein Zufall.

Ich lasse mich allerdings nicht nieder, sondern gebe eher noch ein bisschen mehr Gas – schließlich habe ich fast zwei verlorene Tage aufzuholen. Mittlerweile bin ich in den Appalachen angelangt, die keine besonders hohen oder langen, dafür ganz schön steile Anstiege zu bieten haben. Es geht durch viel Wald permanent rauf und runter, da

kommen schon mal 3000 Höhenmeter an einem Tag zusammen. »Das Leben ist zu kurz, um immer nur im Flachen zu fahren« ist ja meine Devise, und so strebe auch ich hier nach meinem ganz persönlichen Glück, das darin besteht, zu fahren, wie es mir gefällt. Ja, ich habe mir ein strenges Tagessoll an Kilometern auferlegt, dennoch fühle ich mich unendlich frei. Es sind meine eigenen Gesetze, denen ich folge, das ist der Unterschied.

Die Gegend erinnert mich frappierend an deutsche Mittelgebirge – der Pfälzerwald oder der Hunsrück beispielsweise sehen ganz ähnlich aus. Nur dass hier die Häuser einzeln über das ganze Gebiet verstreut stehen und nicht in Dörfern zusammengefasst sind, wie ich es aus Europa kenne.

Hier ist auch Republikaner-Land. Pennsylvania gilt politisch als »Swing State«, doch in den ländlichen Gebieten, durch die ich fahre, steht (gefühlt) vor jedem dritten Haus ein Trump-Schild. Was nicht bedeutet, dass ich keine Hilfsbereitschaft erfahre. Trotz Trump-Fahne und einem Schild der Waffenlobby NRA wage ich mich zu einem Haus, um nach Wasser zu fragen. Meine Flaschen sind leer, und ich muss dringend etwas trinken, will ich nicht schon in dieser Phase des Projekts dehydrieren.

»Oh, please come in«, werde ich hereingebeten, die Frau des Hauses holt eine Flasche Wasser aus dem Kühlschrank und ist überhaupt sehr freundlich zu mir. Ich bedanke mich und frage mich insgeheim, wie es wohl wäre, wenn meine Haut dunkler wäre. Ich will diesen netten Menschen nichts unterstellen, doch insgesamt muss ich mir keine Illusionen darüber machen, dass ich mit meinem Aussehen in vielen Teilen der Welt privilegiert bin.

Immer möchte ich mich aber nicht darauf verlassen. Ich habe meine Tour möglichst abseits der großen Straßen gelegt und fahre viele unbefestigte Schotterpisten, die mir zwar manchmal faustgroße Steine oder Schlammlöcher bescheren, aber oft durch landschaftlich wunderschöne Gegenden führen. Nicht wenige dieser Straßen sind allerdings in Privatbesitz.

Am dritten Abend jedenfalls fahre ich in ein Tal hinein, das sehr schön zu werden verspräche, stünde da nicht ein Schild mit der Aufschrift »No trespassing, keep out!« Daneben eine Fahne mit »Trump 2024« und das Bild eines automatischen Gewehrs. Man darf in Amerika seinen Privatgrund mit der Waffe verteidigen, sprich, auf Eindringlinge schießen. Ich drehe um und nehme lieber zehn Kilometer Umweg auf mich. Der Abend ist viel zu schön, um sich erschießen zu lassen.

Südlich des Eriesees

Als ich am Tag fünf nach Ohio komme, liegen die Appalachen schon wieder ein gutes Stück hinter mir. Die Berge sind zu Hügeln geschrumpft, und es deutet sich bereits an, was nun vor mir liegt: lange, gerade Straßen durch endlose Ebenen. Ich halte mich weiter meist auf kleinen Straßen oder Schotterpisten, doch die Landschaft scheint sich überhaupt nicht zu verändern. Es geht vorbei an Kornfeldern und Wiesen, immer geradeaus. Hier und da steht ein Haus. Im Vergleich zu den grünen Wäldern und Hügeln zuvor eine recht langweilige Gegend, in der ich trotz des beständigen Gegenwinds Gas gebe, so gut ich kann. Immerhin: Ich treffe mit Menschen zusammen. Südlich von Cleveland führt meine Route durch dichter besiedelte Gebiete, und hier und da wartet jemand am Wegesrand auf mich. Die Leute verfolgen mich auf dem Livetracker und stellen sich dann an die Strecke, um mir Getränke zu geben, etwas zu essen, Kekse. Vereinzelt passen mich sogar andere Radfahrer ab und begleiten mich für ein paar Kilometer. Kurze, aber in der Eintönigkeit der Straßen sehr angenehme Begegnungen.

Abends komme ich wieder durch eine Siedlung der Amish People in ihrer altertümlichen Tracht. Auch in Ohio leben größere ihrer Gemeinschaften. Etliche Höfe stehen im weitläufigen Farmland, Pferdekutschen fahren umher, Kinder spielen draußen. Ein wunderbar friedliches Bild, wer mich sieht, grüßt freundlich herüber. Ich bin bereits auf der Suche nach einem Schlafplatz für die Nacht – soll ich hier um

Erlaubnis fragen? Nichts deutet darauf hin, dass ich mir von diesen so umgänglich wirkenden Menschen eine Abfuhr einfangen könnte. Dennoch empfinde ich eine eigenartige Scheu. Die Amish sind dafür bekannt, sich von den »Segnungen der Technik« fernzuhalten, da kann ich mit all meinen elektronischen Geräten und Dauerpräsenz auf Social Media doch nur wie eine Provokation wirken. Fremde Menschen anzusprechen und um Hilfe zu bitten war noch nie ein Problem für mich, anders hätte ich meine bisherigen Abenteuer auch nicht schaffen können. Doch ich möchte auch niemanden in Verlegenheit bringen oder mich aufdrängen. So fahre ich weiter bis in die nächste Ortschaft, wo ich mich in einem Park auf eine Bank setze, etwas esse und abwarte, bis es einigermaßen dunkel ist. Dann baue ich mein Zelt auf und bin am nächsten Morgen schon früh wieder weg. Mit dieser Strategie komme ich immer durch, ohne Ärger zu bekommen.

Über Indiana würde ich gern was Interessanteres erzählen

Die Kornfelder sind von Maisfeldern abgelöst, die Landschaft eher noch eintöniger geworden. Es geht geradeaus, geradeaus und geradeaus. Mal im rechten Winkel links abbiegen, mal rechts, dann wieder lange, lange geradeaus. Der beharrlich von vorn blasende Wind hebt meine Stimmung auch nicht gerade. Manchmal formt sich am Himmel eine schöne Wolkenstruktur, dann halte ich kurz an und mache ein Selfie, um es zu posten. Dabei lächle ich natürlich in die Kamera. Sonst gibt es keinen Grund, die Mundwinkel nach oben zu ziehen.

Bin ich schon zu sehr verwöhnt von all den spektakulären Landschaften, durch die ich auf meinen Weltreisen bereits gekommen bin? Sollte ich nicht einfach zufrieden sein, hier in aller Ruhe das tun zu können, was mir am besten gefällt, nämlich auf meinem Rad unterwegs zu sein? Das Wetter meint es gut mit mir. Es ist wolkig, nicht zu heiß, nicht zu kalt, und die kurzen, heftigen Unwetter, die fast regelmäßig abends mit Starkregen die Straßen überfluten, kann ich

aushalten. Auch der Rauch der Waldbrände in Kanada, der anfangs das Atmen spürbar erschwert hat, ist vom Regen aus der Luft gewaschen worden. Über was sollte ich mich beklagen?

Vielleicht liegt es daran, dass mir das Ganze momentan zu einfach erscheint. Das ist Fluch und Segen bei meinen Projekten: Ich suche die Schwierigkeit, die Belastung, ich möchte meine Komfortzone verlassen und an meine Grenzen gehen (auch wenn der Ausdruck inzwischen schon recht abgedroschen klingt). Wenn ich mich wirklich anstrengen muss, wenn es echt unangenehm wird, ist die Befriedigung danach umso größer. Das ist ein derart starkes Gefühl, dass mich schon die Vorfreude anspornt – noch im Sturm, in der Eiseskälte, der Mordshitze, der großen körperlichen Anstrengung. Im Moment fühlt es sich an wie Spazierenfahren, und das verschafft mir das unangenehme Gefühl, als würde ich irgendetwas verpassen oder es nicht ernsthaft genug angehen. Ich weiß zugleich, dass mir noch viele Tausend Kilometer auf dem Rad bevorstehen und es danach – in Laufschuhen – erst so richtig losgehen wird. Das erste Crossing sollte, so wahnwitzig es klingen mag, als Einstimmung dienen, gewissermaßen als Aufwärmübung. Ich mache alles richtig, erinnere ich mich, wenn ich hier noch Energie spare, solange es möglich ist. Das sagt mir die Vernunft; große Gefühle kommen trotzdem nicht auf.

Definitiv kein Vergnügen ist die Verpflegungssituation. Es ist erstaunlich schwer, an vollwertiges, gesundes Essen zu kommen. Filialen der großen Fastfood-Ketten finden sich überall, nur sind bei meinem Kalorienverbrauch labberige Burger und fade Sandwiches nicht das höchste der Gefühle. Auch in den Supermärkten ist Frischware rar. In den Dörfern und Kleinstädten, durch die ich komme, ist meist der einzige verbliebene Laden eine Filiale von Dollar General, und diese Supermarktkette führt dort »aus Effizienzgründen« keinerlei frische Produkte. Kein Obst, kein Gemüse, alles Dosen- oder Trockenfutter. Wie Aldi in Deutschland in den Achtzigerjahren, kommentiert mein Vater. So lebe ich manchmal tagelang von Pizza, Sandwiches und Instant Food, das ich mir abends auf dem Kocher zubereite. Mit Reis

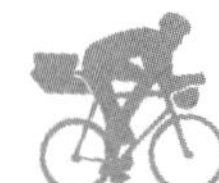

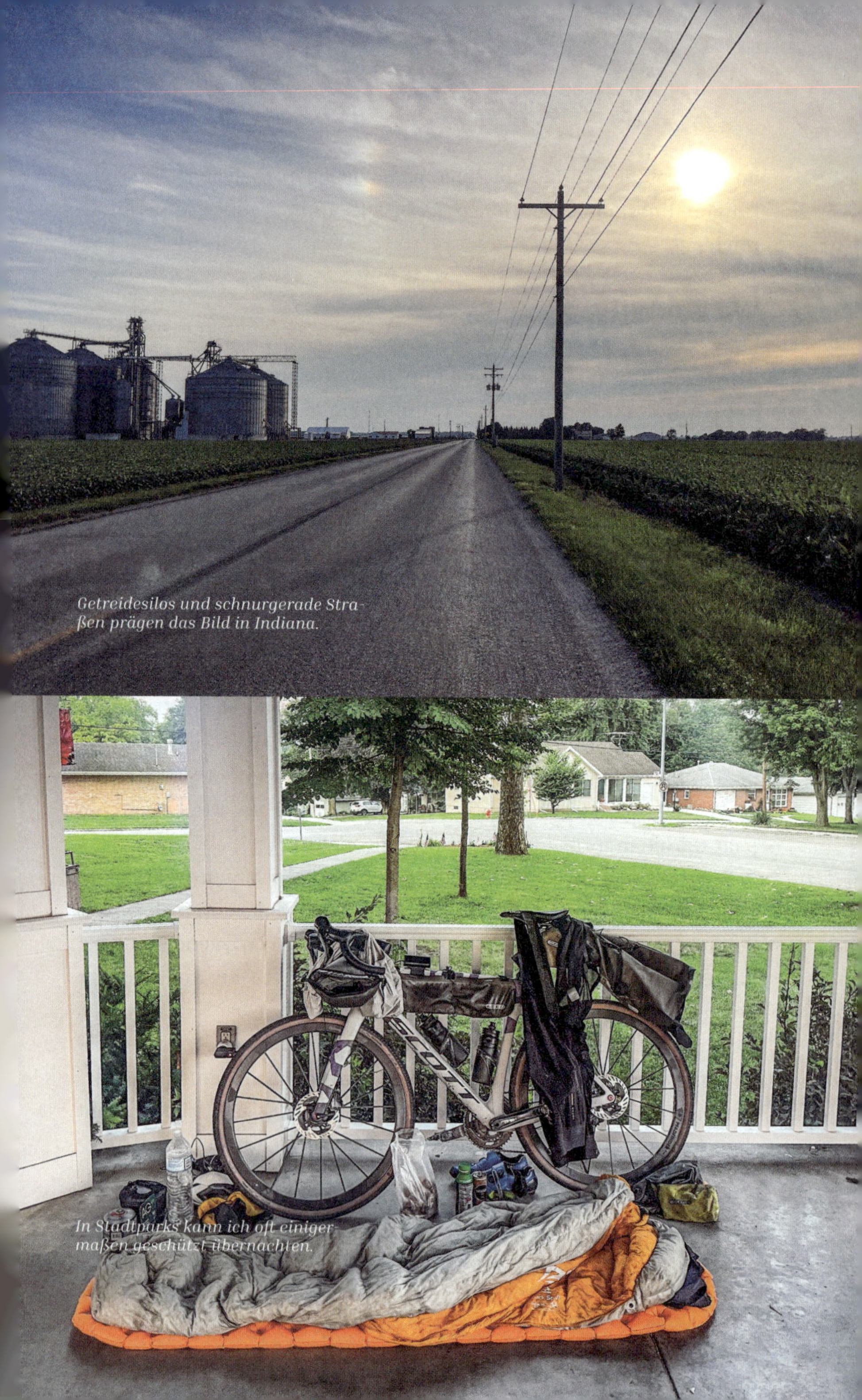

Getreidesilos und schnurgerade Straßen prägen das Bild in Indiana.

In Stadtparks kann ich oft einigermaßen geschützt übernachten.

im Kochbeutel oder Instant-Nudeln mache ich noch die besten Erfahrungen. Um meine Kalorienspeicher aufzufüllen, muss es vorläufig reichen.

Wo ein Wille ist …

»Hey, Jonas, wenn du dann da bist, begleite ich dich ein Stück. Ich habe schon länger nicht mehr auf einem Fahrrad gesessen, aber 50 Kilometer schaffe ich bestimmt. Doch, 50 Kilometer! Hand drauf.« Scott war nicht mehr ganz nüchtern, und ich hatte wohl ein bisschen skeptisch geschaut. »Länger nicht mehr auf einem Fahrrad gesessen« umfasste sicher schon eine ganze Reihe von Jahren, dachte ich, aber warum sollte ich ihm sein Vorhaben ausreden? Es ist immer gut, die Leute in Bewegung zu bringen.

Scott ist Manager in der amerikanischen Niederlassung einer deutschen Firma, für die ich drei Wochen zuvor den letzten Vortrag vor meiner Abreise gehalten hatte. Er hatte im Saal ebenfalls meinen Ausführungen gelauscht und so kamen wir ins Gespräch. »Toll«, sagte er, als ich ihm von meinem geplanten Double durch die USA erzählte, »toll, Jonas, das ist einfach große Klasse!« Er hatte, wie gesagt, ein paar Gläschen intus und war restlos begeistert.

Scott hatte wahrscheinlich vermutet, ein paar Monate Zeit zu haben, um sich in Form zu bringen. Dass ich jetzt schon auftauche, dürfte ihn kalt erwischt haben. Doch er hält nicht nur Wort, sondern bringt auch noch drei Kollegen mit – einer mit dem Auto, die anderen beiden auf dem Rad. Ein lustiges Intermezzo. Scott selbst fällt zwar von Anfang an immer weiter zurück, und als er später in die Pizzeria nachkommt, wo ich mit den anderen bereits Pause mache, muss er eingestehen, dass er nach 35 Kilometern aufgegeben hat und sich jetzt mit dem Auto hat herbringen lassen. Er verspricht jedoch hoch und heilig, die 50 Kilometer am nächsten Wochenende nachzuholen, und zwar nicht nur die fehlende Differenz, sondern noch einmal die gesamte Strecke. Tatsächlich erreicht mich ein paar Tage später die Nachricht,

dass er es geschafft hat. Konsequent ist er, das muss man ihm auf jeden Fall lassen. Offenbar hat mein Beispiel in ihm eine Art Trotzreaktion gegen sich selbst ausgelöst, den unbedingten Wunsch, den inneren Schweinehund zu überwinden. Das erlebe ich immer wieder bei Menschen, auf die ich treffe, und es freut mich sehr, wenn das, was ich tue, solch eine Wirkung hat. Die Nachricht zaubert mir ein Lächeln aufs Gesicht, das bestimmt eine halbe Stunde anhält.

Ein Wiedersehen

Illinois beglückt mich ansonsten mit einem kilometerlangen Radweg, dem Grand Illinois Trail, der zunächst am Illinois River entlang und dann durch Wald, Feld und Wiesen bis zum Mississippi führt. Eine willkommene Abwechslung zu den Kornfeldern zuvor. Der eigentliche Höhepunkt aber ist die Ankunft in Moline, wo mir die Familie von Chris einen wunderbaren Empfang bereitet.

2018 hatte ich in den USA für meine zweite große Challenge trainiert, die Panamericana Solo, und lag gerade in Wyoming völlig unsportlich in einer Thermalquelle, als Chris mit seiner Familie aufkreuzte. Er sah mein Fahrrad und sprach mich neugierig an, wollte erfahren, was ich denn hier so mache. Ein Wort ergab das andere, wir waren uns sympathisch und blieben in losem Kontakt. Klar, dass ich der Einladung in sein Haus in Moline gern folge.

Als wir in die Einfahrt vor seinem Haus einbiegen – Chris hat mich schon 40 Kilometer vor Moline abgepasst und den Rest der Strecke begleitet –, steht da eine große Amerikakarte an einem Dreifuß befestigt, auf der die Kinder mit einem roten Wollfaden meine Routen angepinnt haben – von Ost nach West und wieder zurück. »Welcome Jonas« prangt in großen schwarzen Lettern darüber. Das ist so unerwartet, so herzlich, dass mir vor Rührung einen Moment die Tränen kommen. Ich blinzle sie weg und sage einfach nur: »Wow! This is so nice of you, thank you so much.« – »Make yourself at home«, meint Chris, und ja, ich fühle mich sofort wie zu Hause. Ich kann meine

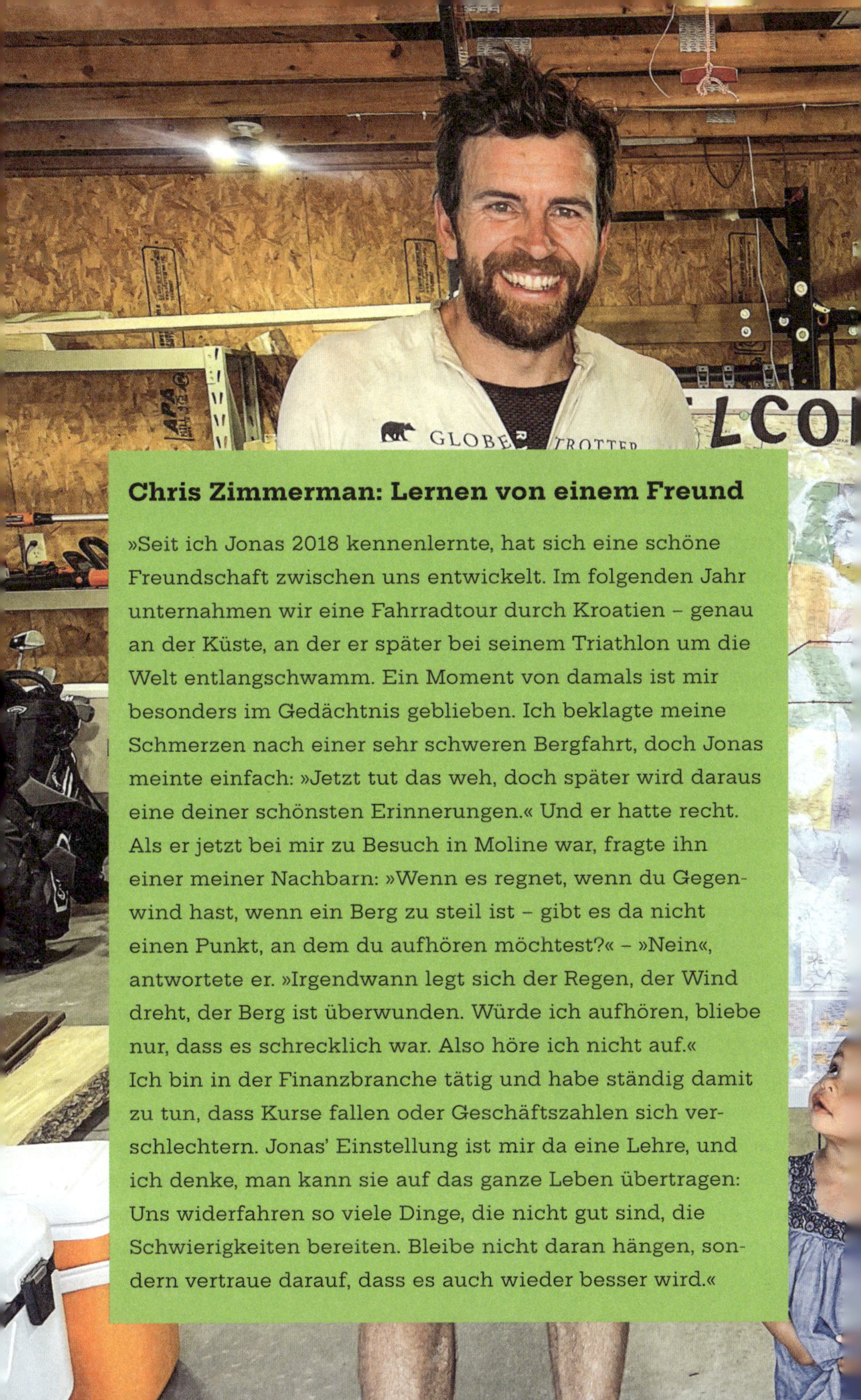

Chris Zimmerman: Lernen von einem Freund

»Seit ich Jonas 2018 kennenlernte, hat sich eine schöne Freundschaft zwischen uns entwickelt. Im folgenden Jahr unternahmen wir eine Fahrradtour durch Kroatien – genau an der Küste, an der er später bei seinem Triathlon um die Welt entlangschwamm. Ein Moment von damals ist mir besonders im Gedächtnis geblieben. Ich beklagte meine Schmerzen nach einer sehr schweren Bergfahrt, doch Jonas meinte einfach: »Jetzt tut das weh, doch später wird daraus eine deiner schönsten Erinnerungen.« Und er hatte recht. Als er jetzt bei mir zu Besuch in Moline war, fragte ihn einer meiner Nachbarn: »Wenn es regnet, wenn du Gegenwind hast, wenn ein Berg zu steil ist – gibt es da nicht einen Punkt, an dem du aufhören möchtest?« – »Nein«, antwortete er. »Irgendwann legt sich der Regen, der Wind dreht, der Berg ist überwunden. Würde ich aufhören, bliebe nur, dass es schrecklich war. Also höre ich nicht auf.«
Ich bin in der Finanzbranche tätig und habe ständig damit zu tun, dass Kurse fallen oder Geschäftszahlen sich verschlechtern. Jonas' Einstellung ist mir da eine Lehre, und ich denke, man kann sie auf das ganze Leben übertragen: Uns widerfahren so viele Dinge, die nicht gut sind, die Schwierigkeiten bereiten. Bleibe nicht daran hängen, sondern vertraue darauf, dass es auch wieder besser wird.«

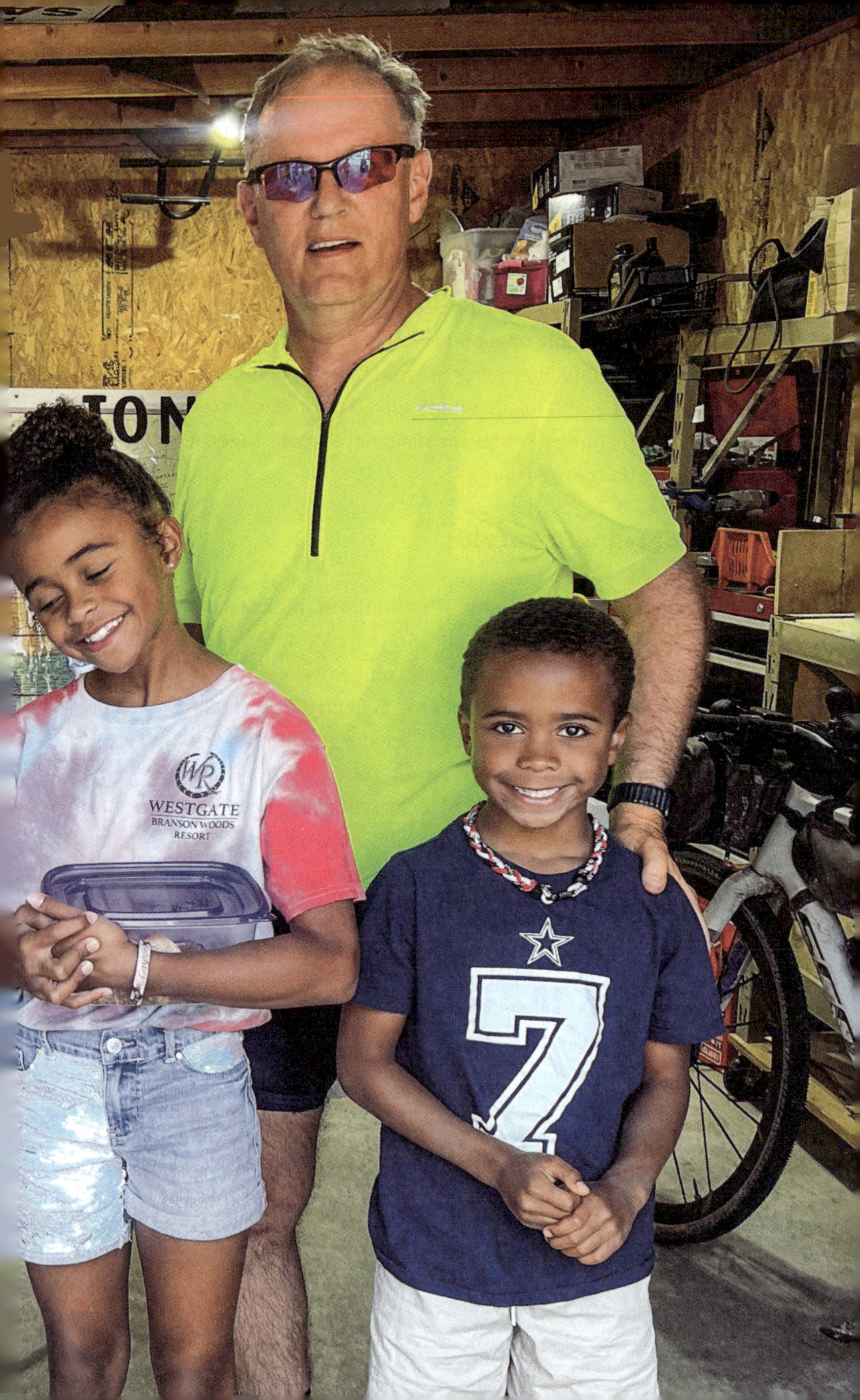
TON
WESTGATE
BRANSON WOODS
RESORT
7

Sachen waschen – eine der zivilisatorischen Errungenschaften, auf die ich bei meinem unsteten Leben oft verzichten muss –, bekomme einen Drink in die Hand gedrückt, lehne mich zurück und plaudere mit all den Freunden und Nachbarn, die herübergekommen sind, um mich zu begrüßen. Abends gibt es ein fantastisches Barbecue, und ich schlafe viel besser als in jedem Hotelbett. Als ich am nächsten Morgen den Mississippi überquere und nach Iowa gelange, bekomme ich noch Begleitung vom lokalen Radklub. Alles zusammen eine wunderbare Unterbrechung der Routine nach den langen Tagen der Monotonie, ein richtiger Kurzurlaub.

Kein Bett im Kornfeld

Solange der Mississippi nach Westen fließt, bleibe ich am Ufer des mächtigen Stroms, der erst vor ein paar Monaten hier alles überschwemmt hat. Im Moment fließt er ruhig unter einem strahlend blauen Himmel dahin. Dann wendet er sich nach Süden, und für mich beginnen zwischen den Maisfeldern wieder die Mühen der Ebene – in diesem Fall nur metaphorisch zu verstehen, denn Iowa ist ein hügeliger Staat. Langweilig ist die Strecke trotzdem. Doch ich muss auch das als Herausforderung begreifen, die es zu bewältigen gilt. Nicht so aufregend wie ein Schneesturm, nicht so ergreifend wie ein Sonnenaufgang in der Wüste, aber Teil meines Wegs, den ich mir selbst ausgesucht habe.

Zelten kann ich hier paradoxerweise nur innerhalb von Ortschaften – am Rande eines Sportplatzes, in einem öffentlichen Park. Außerhalb gibt es praktisch kein Land, das nicht in Privatbesitz und von einem Zaun umgeben ist. Das geht auf einen historischen Vertrag von 1803 zurück, der als der größte Landkauf der Geschichte gilt: Mit dem »Louisiana Purchase« erwarb die USA damals die französische Louisiana-Kolonie, ein riesiges Areal vom Mississippi bis zu den Rocky Mountains, das ganz oder teilweise das Gebiet von zwölf heutigen Bundesstaaten umfasste. Den Kaufpreis von 15 Millionen Dollar holte die

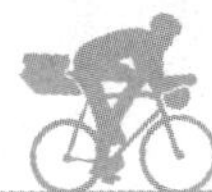

Regierung wieder herein, indem sie das Land fast vollständig an Farmer und Viehzüchter weiterverkaufte. Dass dieses Land den Ureinwohnern geraubt wurde, steht auf einem anderen Blatt.

Das Land blieb bei den Siedlerfamilien, die Besitzverhältnisse bestehen bis heute. Kein Wunder, ist Privateigentum doch eine der heiligen Kühe in den USA, und sein Land mit der Waffe gegen Eindringlinge zu vertreiben, wird als normal angesehen. Ich steige also weder über Zäune, noch lege ich mich in Maisfelder, sondern baue mein Zelt lieber auf dem knappen öffentlichen Grund in den Ortschaften auf. Das ist offiziell natürlich ebenfalls nicht erlaubt, doch da ich erst abends komme und früh schon wieder weg bin, stört sich offensichtlich niemand daran. Ich werde jedenfalls in Ruhe gelassen.

Nebraska

»Wenn du das hier schon eintönig findest«, hatten mich die Leute in Illinois und Iowa mehrfach vorgewarnt, »dann warte mal ab, bis du nach Nebraska kommst. Das ist ein Synonym für Monotonie.« Ich überquere also den Missouri River nördlich von Omaha und bin in Nebraska. Was soll ich sagen? Sie hatten recht.

Ich trete in die Pedale, ich spüre den Fahrtwind, ich sehe auf meinem Wahoo-Fahrradcomputer die zurückgelegten Kilometer, und doch ist die überragende Empfindung: Nichts verändert sich. In meinen Kopfhörern läuft Musik, ich denke an nichts und alles, und dann schaue ich wieder umher und frage mich, ob ich nicht auf einem gigantischen Rollentrainer gelandet bin, der mir die Illusion von Bewegung gibt, während ich in Wirklichkeit nicht vom Fleck komme. So wie in alten Filmen, wo die Schauspieler im Auto so tun, als würden sie fahren, während die Kulisse mit der Landschaft an ihnen vorbeigeschoben wird. Dann komme ich in diesem riesigen Schachbrettmuster aus Wegen an eine Kreuzung – fast erschreckt mich der plötzliche Einbruch von Wirklichkeit, so unspektakulär er auch ist –, ich biege ab, und schon bin ich wieder von Maisfeldern umgeben und versinke in

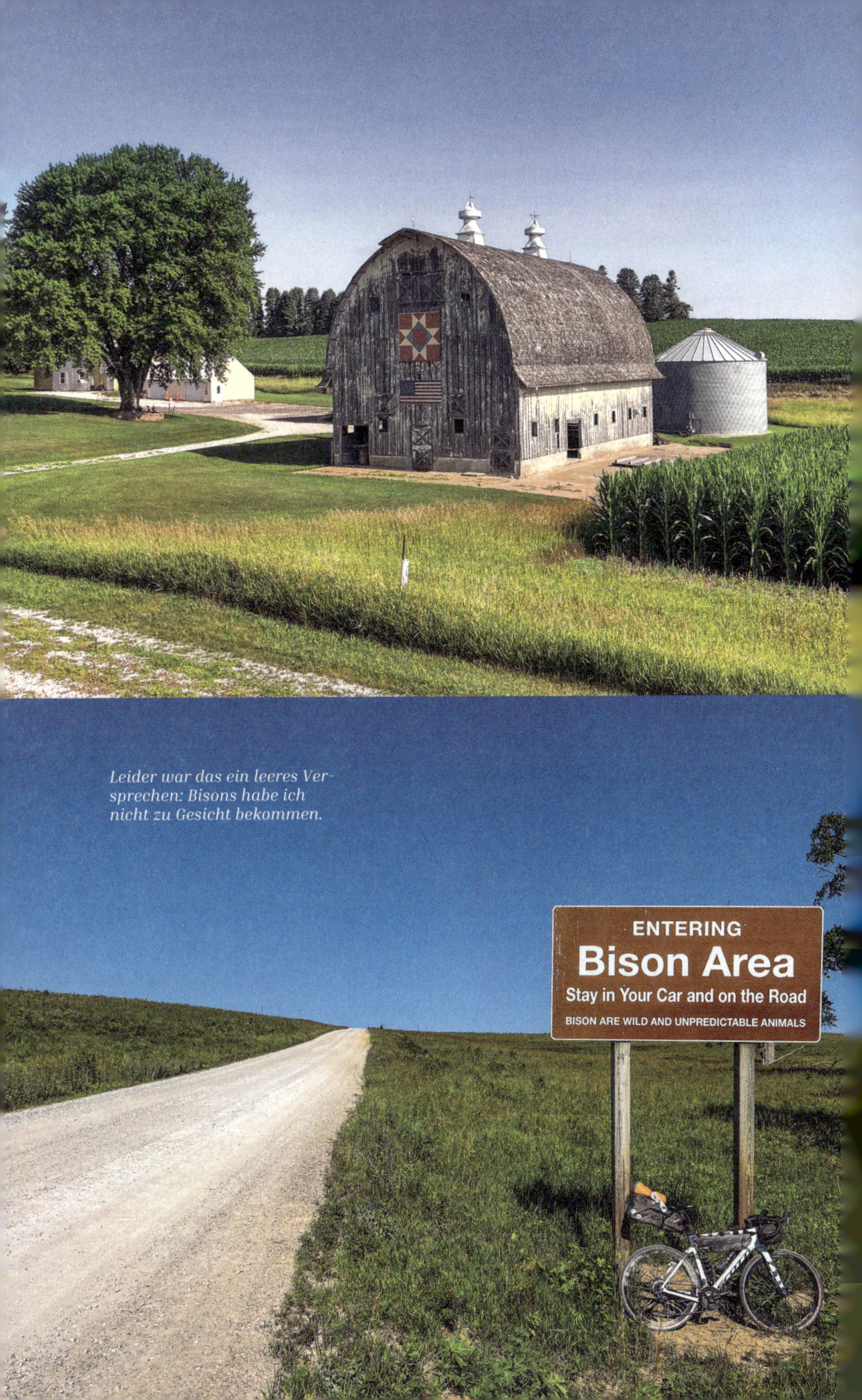

Leider war das ein leeres Versprechen: Bisons habe ich nicht zu Gesicht bekommen.

meinem Trott aus Pedalieren, Musik auf den Ohren und vorbeiwehenden Gedanken.

»Nebraska ... the good life« hat mich das Schild an der Staatsgrenze begrüßt. Tja. Kurz darauf habe ich eine der wenigen unangenehmen Begegnungen dieser Reise. Ein fetter Pick-up braust relativ dicht an mir vorbei und drückt dabei voll auf die Hupe. Was will der? Die Straße ist breit genug, kein Gegenverkehr, er kann doch einfach an mir vorbeifahren! Ich bin im ersten Moment ziemlich aufgewühlt über dieses aggressive Verhalten. Kommt da noch mehr? Hält der jetzt an und steigt aus? Für unmöglich halte ich das nicht, doch als der Wagen weiterfährt, hake ich die Szene ab und trete meinerseits kräftig in die Pedale.

Some dreams never come true

Zum Glück sind solche Vorkommnisse die Ausnahme. In der Regel gehen die Leute nett mit mir um, und zwar umso mehr, je weiter ich mich von den Städten entferne. An einer Tankstelle mitten im Nirgendwo mache ich halt für meine Mittagspause und komme mit dem Angestellten hinter der Kasse ins Gespräch. Benzin habe ich nicht zu bezahlen, das macht ihn wahrscheinlich neugierig, und er fragt, was ich denn hier so treibe. Damit ist er nicht der Erste. »Ja, ich radle durch die USA und laufe dann zurück.« Darauf gibt es in der Regel zwei verschiedene Reaktionen. Entweder folgt die Nachfrage, warum ich das mache und welche Motivation sich dahinter verbirgt. Oder die Leute schütteln einfach den Kopf und denken sich, dass ich nicht ganz dicht bin.

Dieser Mann aber – nennen wir ihn Joe – reagiert ungewöhnlich. »I also like to cycle. And I always dreamed about doing something like this. Just never did.« Joe ist vielleicht 50, ein unauffälliger Mann mit Lachfältchen um die Augen und einem kleinen Ziegenbart, der jetzt ein wenig melancholisch dreinblickt. Seit vielen Jahren trägt er diesen Traum in sich und ist doch noch nie aus seinem Bundesstaat

herausgekommen. Was hält ihn ab, seine Vorstellung vom Glück zu verfolgen? Ist er unglücklich? Er wirkt nicht so. Wahrscheinlich ist er ganz zufrieden in seiner Welt, doch dann kommt ein Anstoß von außen in Gestalt von mir, und wieder kommt ihm in den Sinn, was er wahrscheinlich schon in einen hinteren Winkel seiner Gedanken verbannt hatte.

Beim Weiterfahren stelle ich mir vor, wie er seinen Laden zusperrt, sich aufs Rad schwingt, alles zurücklässt und sich in die weite Welt aufmacht. Ach, Blödsinn. Kindische Vorstellung. Aber doch eine, bei der ich ein breites Grinsen nicht unterdrücken kann.

Wer hat die schönste Kuh?

Mais- und Sojabohnenfelder bis zum Horizont, abgelöst von Sojabohnen und Mais. Ach ja, hier und da stehen auch riesige Silos in der Gegend. Nahrung für die Bevölkerung der USA? Nein, Nahrung für Auto- und Lkw-Tanks – das meiste geht in die Produktion von Biosprit, versichert man mir. Der Rest wird zu Tierfutter verarbeitet.

Abends gelange ich in die Kleinstadt Albion, für die ich einen Tipp bekommen habe. Es gibt dort das »Boone County Fairgrounds Event Center« mit dem Boone County Raceway, auf dem regelmäßig Stock-Car-Rennen stattfinden – aufgemotzte Serienwagen fahren auf einem ovalen Dirt Track um die Wette, Drängeln und Kollisionen inklusive. Daneben ist ein Platz für Rodeos – all die Spiele eben, die hier im Mittleren Westen populär sind. In Kürze soll eine Landwirtschaftsausstellung stattfinden, die wie ein Jahrmarkt gefeiert wird, mit Prämierung der besten Milchkuh und so weiter. Hier, so hat mir ein Radfahrer geschrieben, könnte ich damit rechnen, einen Platz zu bekommen, um mein Zelt aufzuschlagen.

Chuck, der den Event organisiert, nimmt mich mit überschäumender Freundlichkeit auf. Er fragt mich natürlich über mein Woher und Wohin (nicht zu vergessen das Wieso) aus und weist mir dann einen Schlafplatz in einem Nebenraum zu, von dem aus ich auf der einen

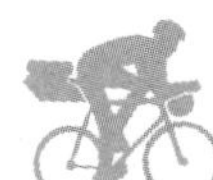

Seite den Rennkurs sehen kann (auf dem im Moment nichts stattfindet), auf der anderen Seite die große Halle, in der schon die Vorbereitungen für die große Festwoche laufen.

Bin ich jetzt bei einem Haufen hinterwäldlerischer Bauern gelandet? In keiner Weise. Chuck und die anderen Leute, mit denen ich spreche, sind wache, aufmerksame, freundliche Menschen, deren Leben sich nun mal um die Landwirtschaft dreht. Von ihr lebt schließlich die gesamte Gegend. Und da hat die schönste Kuh eben Bedeutung, wie in anderen Kreisen vielleicht die gelungenste Opernpremiere. Die ersten Tiere sind auch schon da und werden in der Halle herumgeführt – mein letzter Eindruck des Tages, bevor ich friedlich einschlafe.

Wildwest-Feeling

Es ist heiß geworden – ein Vorgeschmack auf das, was mich westlich der Rocky Mountains erwartet. Vorläufig aber begleiten mich weiter die endlosen Maisfelder Nebraskas.

Ich nähere mich der Stadt Ogallala, als wie aus dem Nichts das Unwetter losbricht, das ich ganz am Anfang beschrieben habe. Ich komme ohne größere Schäden durch, denn urplötzlich, so schnell, wie es gekommen war, ist das Gewitter auch wieder vorbei. Immerhin, keine Windhose! Trotzdem hat es mich ordentlich durchgeschüttelt, körperlich wie mental. Als ich wenig später ausgepumpt in Ogallala ankomme und mir ein Hotelzimmer leiste, bin ich völlig fertig.

Den ganzen Abend geht mir der Vorfall nicht aus dem Kopf. Klar ist, dass ich einfach Glück hatte. Dass Menschen im freien Feld vom Blitz erschlagen werden, kommt vor, und bei der Heftigkeit der Gewitter, die ich hier erlebe, kann ich diese Gefahr nicht einfach ignorieren. In der Situation selbst aber hatte ich nur wenige Möglichkeiten. Es wird geraten, sich dann mit den Füßen eng beieinander möglichst niedrig auf den Boden zu kauern, am besten in einer Mulde. Zuversicht gibt mir das nicht. Ich kann eigentlich nur darauf achten,

mich in eine solche Situation erst gar nicht mehr zu begeben. Nicht einfach bei dem, was ich vorhabe. Jedoch nehme ich mir vor, die Wetterberichte noch gründlicher zu studieren und gegebenenfalls rechtzeitig nach einer Unterstellmöglichkeit zu suchen.

Ogallala, zunächst nur eine Station an der Eisenbahnlinie der Union Pacific Railroad und benannt nach einem Stamm der hier einst ansässigen Sioux, wurde bald zum Knotenpunkt für Viehtrecks aus Texas. Hier wurden die Rinder auf die Eisenbahn verladen oder weiter in die nördlichen Staaten getrieben. In den 1880er-Jahren muss es ein Wildweststädtchen wie aus dem Bilderbuch gewesen sein, in dem Cowboys auf ihren Trecks Station machten, sich in den Saloons Schlägereien lieferten und Falschspielern zum Opfer fielen.

Einen Hauch davon kann man noch auf der Hauptstraße erahnen, wo ein paar Fassaden an der Front Street mit Aufschriften wie »General Store« oder »Jail« an die alten Zeiten erinnern. Ansonsten ist Ogallala eine Midwest-Stadt wie viele, mit breiten, schachbrettartig angelegten Straßen und schmucklosen, nicht mehr als einstöckigen Häusern. Doch mit einer bewegten Geschichte.

Welcome to Colorful Colorado

Mit der Staatsgrenze nach Colorado hört die Prärie nicht schlagartig auf, doch das Ende ist absehbar. Ich lege mich ins Zeug und schaffe an diesem Tag mit Rückenwind über 300 Kilometer, um endlich an die Berge zu kommen – oder zumindest bis Fort Collins, das am Rand der östlichen Ausläufer der Rocky Mountains liegt. Außerdem wartet dort eine Einladung von Logan und seiner Frau auf mich. Das beschert mir nicht nur ein leckeres Abendessen mit Hühnchen und Reis, sondern auch eine dringend nötige Wartung meines Fahrrads, dem ein neuer Hinterreifen und eine neue Kette spendiert werden. Logan und sein Freund Zack – beides passionierte Radfahrer – begleiten mich am Morgen noch ein gutes Stück, und nun, endlich, endlich, geht es in die langersehnten Berge!

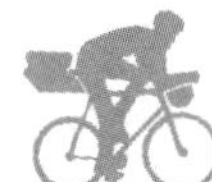

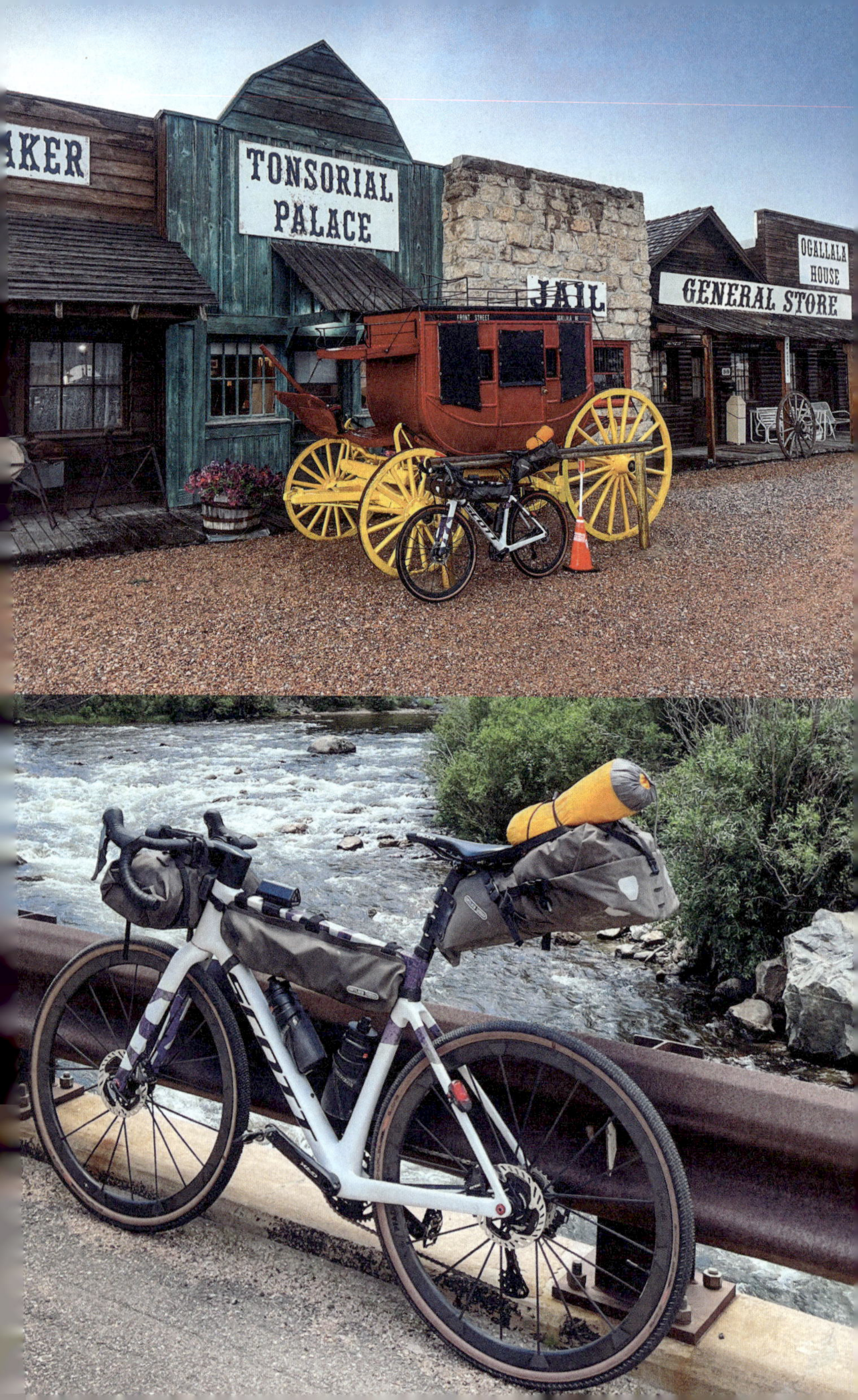
TONSORIAL
PALACE
JAIL
OGALLALA
HOUSE
GENERAL STORE

Der Cameron Pass bringt mich gleich mal auf über 3100 Meter hoch – wobei »gleich mal« nicht ganz stimmt, denn der Anstieg ist gut 100 Kilometer lang. Immer sanft und gemächlich, aber stetig bergauf. Was für ein befreiendes Gefühl, der Prärie entronnen zu sein! Lange geht es an einem Flüsschen entlang, die Straße wird kurviger, und hinter jeder Biegung wartet ein neuer Ausblick, eine neue Sicht auf die Landschaft auf mich. Keine Zäune, viel Wald, Berge ringsherum. Das ist einfach – schön.

Nach der Passhöhe (Logan und Zack sind inzwischen umgekehrt) empfängt mich eine große Hochebene mit wunderbarem Weitblick. Ein paar weiße Wolken segeln über den blauen Himmel, und auch ich fühle mich wie auf Wolken. Hier oben ist die Luft merklich dünner als unten in der Ebene, aber ich genieße jeden Atemzug. Ich komme durch das Örtchen Walden – wieder eines dieser Wildwest-Städtchen –, wo ich mir den Bauch vollschlage und ein paar Einkäufe tätige. Auf Schotersträßchen mache ich mich noch an den Aufstieg zum Buffalo Pass, auch wieder 3100 Meter hoch.

Ganz nach oben schaffe ich es an diesem Tag nicht mehr, aber das ist auch völlig egal. Heute war einer der besten Tage für mich auf der ganzen bisherigen Reise. Nicht weit von der Straße, aber abgeschirmt durch die Bäume, finde ich auf einer Lichtung ein schönes Plätzchen für mein Zelt. Ich mache mir noch etwas zu essen und sehe zu, wie die Sonne langsam untergeht. Von den Moskitos, die mich als attraktives Opfer ausgemacht haben, erschlage ich so viele wie ich kann, und versuche, die anderen zu ignorieren. Als ich schließlich in meinen Schlafsack krieche und das Zelt über mir zuziehe, bin ich wunschlos glücklich.

Continental Divide

Auf der anderen Seite des Passes, den ich am nächsten Morgen überquere, wird die Strecke zu einer rumpeligen Schotterpiste, die ich mehr runtergurken muss als runterdüsen kann. Das hatte ich mir

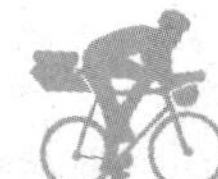

anders erhofft, doch die immer noch grandiose Landschaft entschädigt dafür. Ich folge jetzt eine Zeit lang der Great Divide Mountain Bike Route, die von Kanada bis an die mexikanische Grenze führt, stets an der kontinentalen Wasserscheide Nordamerikas entlang und über unzählige Pässe in den Rocky Mountains. Der Buffalo Pass und der Lynx Pass, den ich später am Tag erreichen werde, gehören dazu.

Entlang dieser Strecke wird jedes Jahr eines der spektakulärsten und härtesten Radrennen weltweit ausgetragen, die Tour Divide. Die Teilnehmerinnen und Teilnehmer fahren die etwa 4300 Kilometer lange Strecke unsupported (also allein und ohne Unterstützung durch ein Team) in mehreren Wochen und haben dabei rund 48 000 Höhenmeter zu bewältigen – immer rauf und runter, versteht sich. Der Filmemacher und ehemalige Radprofi Markus Weinberg, der schon bei meinem Triathlon um die Welt fotografiert und gefilmt hat und auch bei diesem Projekt wieder beteiligt ist, und der Journalist Mathias Müller sind im Sommer 2022 die Tour Divide gefahren und haben darüber ein Buch geschrieben – ein spannender Bericht über eine Tour der Extreme. Extreme Bedingungen, extreme Anstrengungen, aber auch extreme Glücksmomente. Und um es vorwegzunehmen: Die Frage »Warum mache ich das überhaupt?« stellt sich den Protagonisten mehr als einmal. Auch für sie ist es ein Streben nach dem individuellen Glück (wenn nicht sogar die Jagd danach), und davor haben die Götter den Schweiß gesetzt.

Für mich ist die Antwort auf diese Frage einfach: Ich will es genau so. Ich habe mein Leben darauf eingerichtet, habe das Abenteuer zu meinem Beruf gemacht. Und ich bin sehr glücklich damit. Ich habe die Gelegenheiten beim Schopf gepackt, wenn sie sich boten, und manchmal habe ich sie mir auch selbst geschaffen. Mein Studium beispielsweise habe ich in vielen verschiedenen Ländern absolviert, darunter Schweden, Brasilien und Singapur. Dass ich dafür verschiedene Sprachen lernen musste, empfand ich nicht als Belastung, sondern als Chance und als Anreiz. Und als ich den Schritt in die Selbstständigkeit wagte, war ich ohne Weiteres bereit, dafür eine Zeit lang

trocken Brot zu essen, wenn es anfangs nicht so gut laufen sollte. Ich war immer überzeugt von dem, was ich tat, und ich denke, das ist es auch, was andere Leute an meinem Beispiel inspiriert.

Joe aus Nebraska fällt mir wieder ein. Es hat bisher alles verstreichen lassen und meint jetzt wahrscheinlich, dass der Zug für ihn abgefahren ist. »Ist er nicht!«, möchte ich ihm zurufen. »Da geht noch was. Mach einfach den ersten Schritt, danach wird alles einfacher.«

Ob für mich das alles einmal anders werden wird? Möglich. Das Großartige ist: Ich muss mir dafür keinen Plan machen, ich kann es auf mich zukommen lassen.

Der farbige Fluss

Und damit genug gegrübelt, denn der Weg führt jetzt stetig hinunter ins Tal des Colorado River. Es ist überwältigend schön hier. Ich fahre direkt am Fluss entlang, der als lebhafter Bergbach munter dahinströmt, rechts neben mir und links am anderen Ufer ragen die Wände des Canyons empor. Die Abendsonne taucht die ohnehin roten Felsen im oberen Bereich in einen noch viel glühenderen Farbton, der fast unwirklich erscheint. Hier unten ist es bereits dämmrig, was die flammenden Felskanten gegen den stahlblau gewordenen Himmel umso deutlicher hervortreten lässt. So geht es Kilometer um Kilometer, die ich praktisch allein mit der Natur um mich herum verbringen darf. Es wird dunkler, das Glühen verblasst zu einem blutigen Rot und zieht sich immer mehr nach oben zurück, bis es auch von den letzten Spitzen verschwunden ist. Das Blau des Himmels wird rauchiger und grauer, der Abendstern blinkt auf. Ich finde einen Schlafplatz an einer Bootsanlegestelle mit Campsite direkt am Ufer. Kanuten und Angler lassen hier ihre Boote zu Wasser.

Der Zauber hält die ganze Nacht an und begleitet mich noch lange am nächsten Tag. Erst als ich mich der Stadt Grand Junction nähere, nimmt der Verkehr immer mehr zu. An mir im Minutentakt vorbeisausende Autos kenne ich zur Genüge und weiß damit umzugehen.

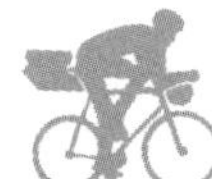

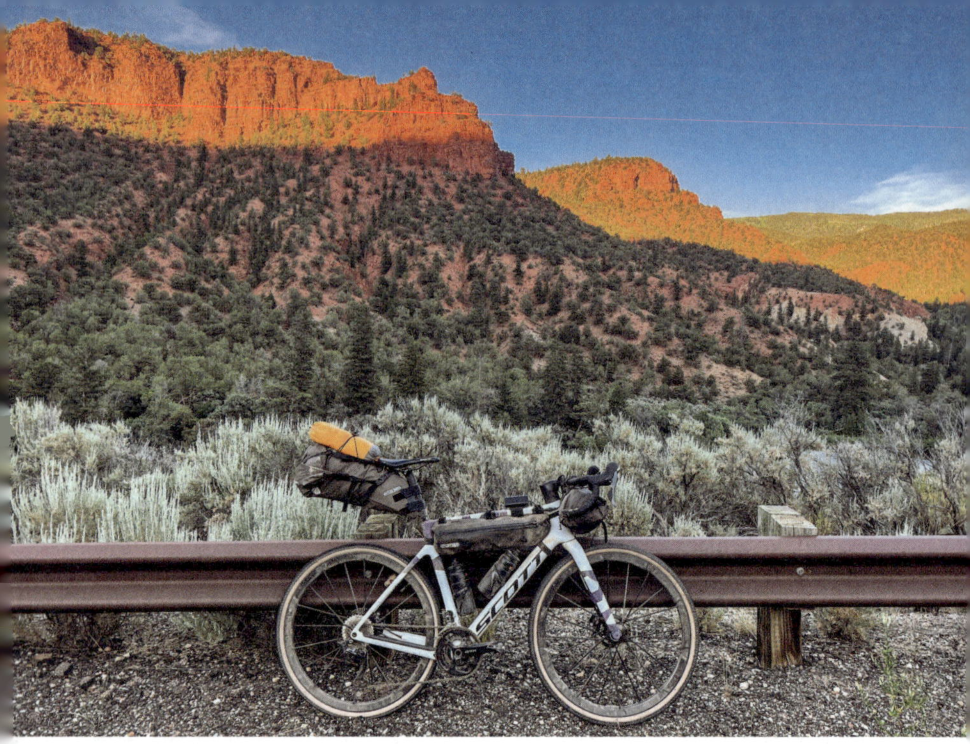

Doch im Moment nerven sie so, dass ich aus der Schlucht heraus abbiege und lieber einen Umweg durchs Tal des Plateau Creek mache.

Es ist heiß geworden. Ich hatte das gestern schon gespürt: Als ich aus den Bergen ins Colorado-Tal kam, wehte mir bereits ein heißer Wind entgegen. Er sagte mir, dass ich jetzt in eine andere Klimazone komme. Ich habe natürlich mitbekommen, dass im Südwesten der USA derzeit eine beispiellose Hitzewelle herrscht, in die hineinzurollen ich gerade im Begriff bin. Dies ist der Vorgeschmack. Die 40 Grad Celsius sind schon überschritten – und es wird noch heißer werden.

Geisterstadt mit Laden

Grand Junction durchquere ich am nördlichen Rand und fahre noch einige Kilometer weiter bis Fruita, wo ich mir mal wieder ein Hotel leiste. Fruita ist ein Hotspot von Weltrang für die Mountainbikerszene, da es in seiner Umgebung phänomenale Trails zu bieten hat. Meine Lieblingswebsite bikepacking.com gibt hier jede Menge toller Tipps,

und weil ich den Highways aus dem Weg gehen will und sowieso Lust dazu habe, entscheide ich mich, den Übergang von Colorado nach Utah auf dem Kokopelli Trail zu fahren. Eigentlich eine MTB-Strecke, aber nach der Beschreibung, auf den Bildern und auf dem Video, das ich mir anschaue, sieht der Kokopelli so aus, als könnte ich ihn auch mit dem Gravelbike fahren. Gedacht, getan.

Und reingefallen. Es ist ein Hardcore-Trail, der in einem völlig abgelegenen Gebiet durch enge Canyons führt, teilweise brutal schmal, brutal steil, mit hohen Felsstufen ebenso wie mit tiefen Sandwegen, in denen Fahren unmöglich ist – zumindest mit meinem Set-up und dem ganzen Gepäck. Auf den ersten zehn Kilometern handelt es sich nicht um eine Radstrecke mit Schiebepassagen, es ist eine Schiebestrecke, bei der ich hin und wieder auch mal aufsteigen darf. Allein dafür brauche ich eineinhalb Stunden, was meine ganze Zeitplanung pulverisiert.

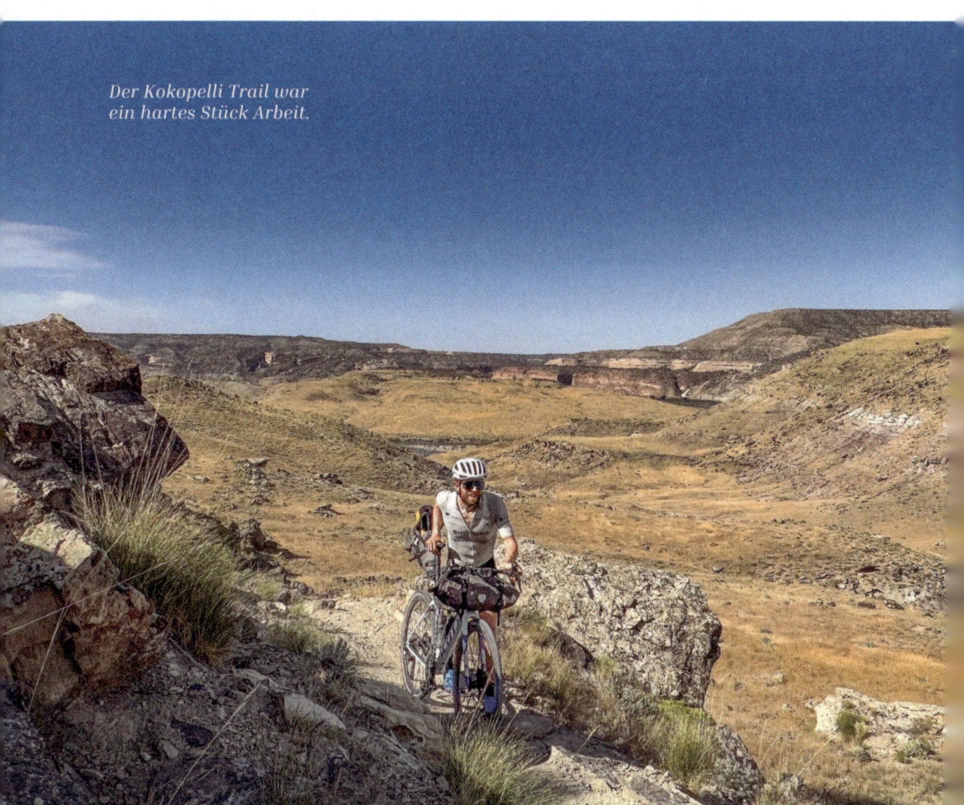

Der Kokopelli Trail war ein hartes Stück Arbeit.

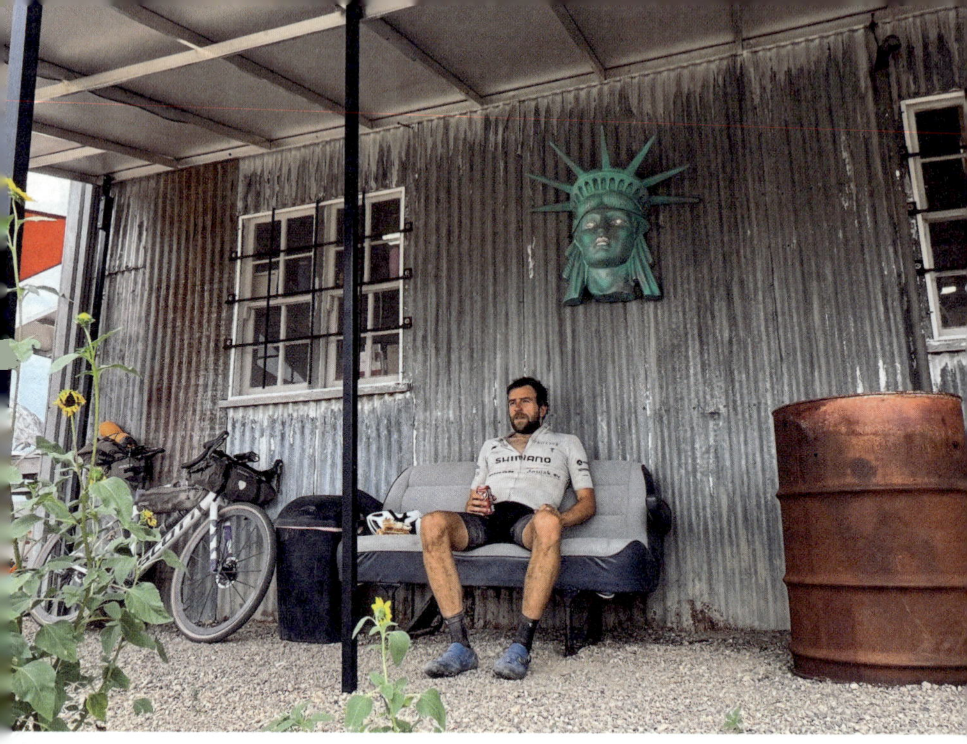

Denn wie bereits erwähnt, die Hitze ist nun ein Thema, das mich beschäftigen wird. Deswegen bin ich schon um sechs Uhr früh aufgebrochen, um bis Mittag eine kleine Ortschaft zu erreichen. Ich quäle mich unter der immer heißer brennenden Sonne voran und verfluche es, mich auf diesen Wahnsinn eingelassen zu haben. Die Gegend ist von einer kargen Schönheit, trocken, felsig, die durchaus eine eigene Faszination ausstrahlt. Doch was nützt mir das, wenn es immer heißer wird und ich schon daran denken muss, wie ich über die kommenden Stunden mein Wasser rationiere? Ich passiere eine verfallene, halb eingestürzte Hütte und denke, dass die das Elend ganz gut symbolisiert.

Nach Stunden tauchen ein paar weitere Gebäude vor mir auf. Das muss Cisco sein, eine Geisterstadt in dieser verlassenen Gegend. Doch nein, ganz verlassen ist sie nicht. Es gibt einen Shop, der kühle Softdrinks und Schokoriegel führt: den Buzzard's Belly General Store. Fix und fertig setze ich mich außen auf eine ausrangierte Autositzbank unter einem Vordach und gurgle das viel zu süße, aber herrlich kalte und sprudelnde Getränk in mich hinein. Neben mir steht ein leeres

rostiges Ölfass, vor dem Haus weht die Stars-and-Stripes-Flagge, an der nackten Wellblechwand über mir ist der Kopf der Freiheitsstatue als Relief angebracht. Ich bin in Amerika.

Und Amerika lässt sich nicht lumpen. Gerade hat es einen seiner lokalen Monsterstürme auf mich losgelassen. Unvermittelt bricht er los und entfaltet eine gewaltige Kraft. Der Wind ist stärker als beim Unwetter einige Tage zuvor, so heftig, dass an ein Losfahren nicht zu denken ist. Ich würde einfach nur umgeworfen. Zum Glück bin ich hier noch in der relativen Sicherheit des Ladens. Dieser Sturm hört nicht gleich wieder auf; ich sitze über eine Stunde fest, bis er so weit abgeflaut ist, dass ich mich wieder auf den Weg machen kann. Zumindest scheint keine Gefahr durch Blitzschlag zu bestehen. Immer noch bläst mir energischer Gegenwind im Gesicht, sodass ich nur im Schneckentempo vorankomme. Aber hierbleiben will ich nicht. So kämpfe ich mich Kilometer um Kilometer vorwärts; erst kurz vor Sonnenuntergang wird es ruhig. An diesem Tag schaffe ich nicht mal 150 Kilometer.

Noch ein kurioses Erlebnis hält der Tag für mich bereit. Gegen Abend komme ich in ein kleines Nest namens Crescent Junction und mache an der Tankstelle Halt, um mich mit Verpflegung einzudecken. Es scheint, als sei ein Alien hier gelandet, um einen Laden aufzumachen. Das ganze Gebäude ist giftgrün gestrichen, an der Tür ist ein birnenförmiger Außerirdischer aufgemalt, über dem UFOs schweben. Auch innen ist die Atmosphäre spooky, an der Decke wabert wolkig graugrüner Schaumstoff, Figuren aus Science-Fiction-Filmen stehen herum. Essen und Getränke sind jedoch ganz irdisch, und Dollars werden auch gern genommen. Spezialität ist Jerky, ein Trockenfleischerzeugnis, meist vom Rind oder Bison, das in allen möglichen Varianten angeboten wird. Hunderten Varianten. Es gibt auch Krokodil. Ah ja, ich bin eben doch noch in Amerika.

Kurz danach finde ich einen schönen Schlafplatz. Der Wind hat sich beruhigt und ich kann mein Lager in der Wüste aufschlagen. Für Plätze zum Zelten ist hier alles viel freier als in den Staaten östlich der Rockies. Das war ein harter Tag.

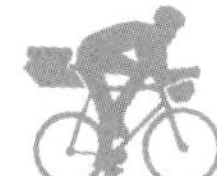

Das nächste Unwetter

Am nächsten Morgen breche ich schon um halb sechs auf – sowohl, um die verlorenen Kilometer wieder aufzuholen, als auch wegen der Hitze. Vor mir liegt die San-Rafael-Wüste, eine spektakuläre, aber staubtrockene Landschaft. Ich muss meine Etappen jetzt gut einteilen und darauf achten, oft genug an Orte zu gelangen, wo ich Schatten finde und mich ausruhen kann. Außerdem: trinken, trinken, trinken. Ich habe bereits die Sahara und andere Wüsten durchquert und bin hohe Temperaturen gewohnt, aber das hier ist außergewöhnlich. Extrem. Es gibt kein besseres Wort dafür.

Ich muss den frühen Morgen so weit wie möglich nutzen, um der Nachmittagshitze zu entgehen. Das Terrain ist weitgehend flach, sodass ich Gas geben kann, aber dennoch nicht so eintönig, wie man

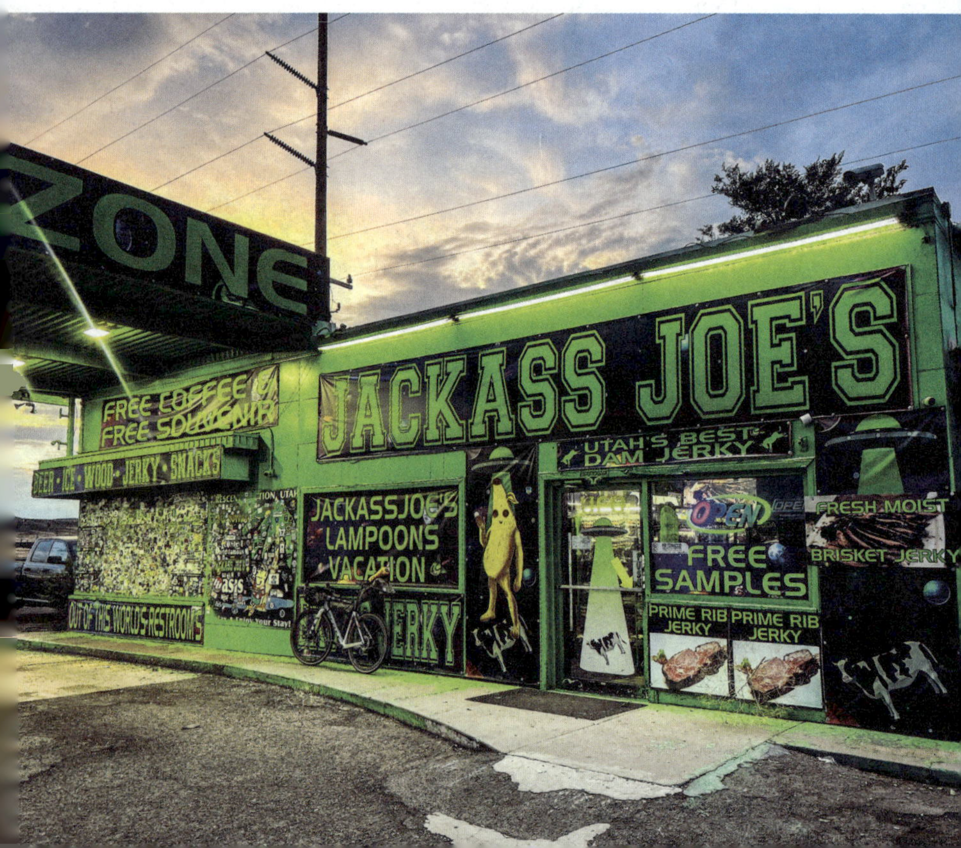

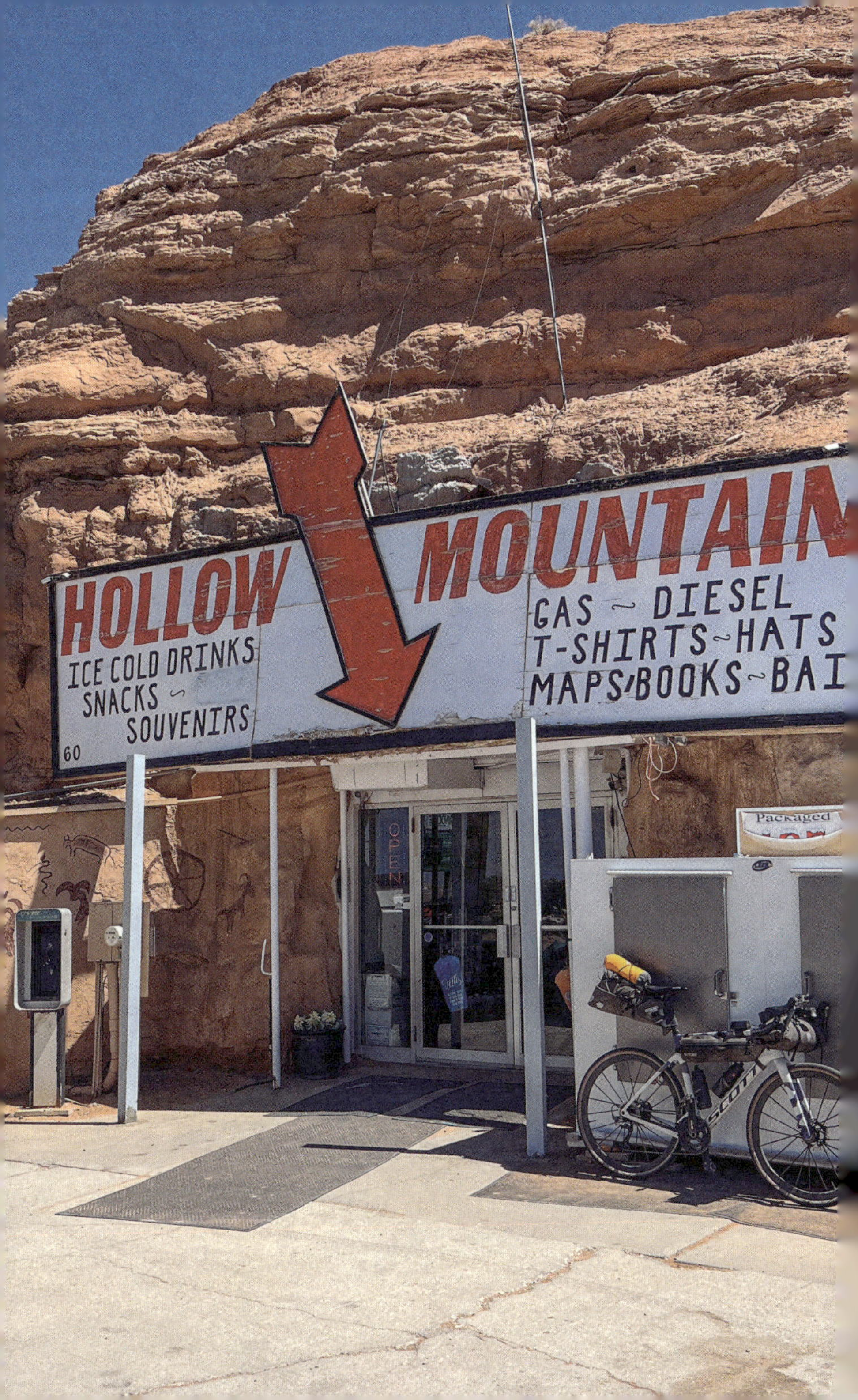

HOLLOW
MOUNTAIN
ICE COLD DRINKS
SNACKS
SOUVENIRS
60
GAS ~ DIESEL
T-SHIRTS ~ HATS
MAPS/BOOKS ~
OPEN
Packaged
SCOTT

unter der Überschrift »Wüste« vermuten könnte. Rote, in Platten geschichtete Felsformationen rücken bis an den Rand der Schotterstraße heran, der weite Himmel erlaubt einen freien Blick über die überraschend vielfältige Landschaft. Links hinter mir ist die Sonne aufgegangen und wirft auf den Weg einen langen Schatten, dem ich hinterherjage, den ich aber nie einholen kann.

Hinter Hanksville, wo eine Tankstelle in einen Felsen hineingebaut ist – Hollow Mountain heißt sie passenderweise –, komme ich in den Capitol Reef National Park. Die umwerfende, spektakuläre Schönheit der Canyons und der hoch aufragenden Felsformationen hier ist unbeschreiblich. Die Hitze jedoch ist brutal, und ebenso brutal und plötzlich entlädt sich schon wieder ein Unwetter mit Starkregen, Hagel und Sturm direkt über mir. Von den Felsen ringsum gehen plötzlich überall Wasserfälle ab, auf meinem Handy poppt die Warnung vor einer Springflut des Fremont River auf, der durch diese Schlucht fließt. Ich habe Glück und kann mich unterstellen, doch es ist schon erschreckend – und in gewisser Weise auch beeindruckend –, wie (schon wieder!) extrem hier alles ist. Hatte ich mich nicht mal auf der Radstrecke gelangweilt? Das ist längst vergessen.

So langsam geht's an die Substanz

Die Temperaturen machen mir mehr und mehr echt zu schaffen, dazu kommt, dass ich zu wenig esse. Da ich schon immer so früh losfahren muss, ist für ein Frühstück kaum Zeit, und die eigentlich fällige Essenspause nach vier Stunden Fahrt lasse ich auch ausfallen, um vor der größten Hitze möglichst viele Kilometer gemacht zu haben.

Nach der Wüstenstrecke folgt wieder Bergland mit dem Dixie National Forest und dem Cedar Breaks National Monument – ein kleiner Nationalpark, der oft mit dem berühmteren Bryce Canyon National Park verglichen wird. Doch zuvor haben mir die Götter einen 40 Kilometer langen Anstieg um 1000 Höhenmeter gesetzt, der mich über die Maßen schlaucht. Selten habe ich mich so schwach gefühlt. Die

Hitze scheint mir alle Kraft aus den Beinen gesaugt zu haben. Es dauert quälend lange, bis ich die Passhöhe erreiche, wo ich mich erst mal erholen muss. Immerhin ist es hier oben, auf knapp 3200 Meter Höhe, auch nicht mehr so heiß.

Für die spektakuläre Aussicht auf den Sandsteinabbruch der Cedar Breaks muss ich von der Hauptstraße kurz rechts abbiegen bis zur Kante, die mit einem Geländer gesichert ist. Unter mir tut sich ein Meer aus bizarr erodierten roten Felswänden in Form eines Amphitheaters von majestätischer Schönheit auf. Dieser Anblick und die Aussicht, zu meinem Tagesziel Cedar City jetzt nur noch abwärts rollen zu müssen, entschädigt für alles.

Heiße Luft

Utah hat mir berauschende Landschaftseindrücke geschenkt, aber auch viel abverlangt. Das hat natürlich vor allem mit den Bedingungen zu tun. Tagestemperaturen von 46, 47 Grad Celsius sind kein Spaß, sondern potenziell lebensgefährlich. Dazu kommt der Gegenwind, der mich nicht nur bremst, sondern auch dehydriert. Es fühlt sich an, als würde mir beständig ein heißer Föhn ins Gesicht geblasen. Die Menge an Wasser, die ich mitschleppen kann, ist begrenzt, gleichzeitig muss ich trinken, so viel ich kann. Aufgrund der Hitzewelle habe ich meinen ursprünglichen Plan, das Death Valley zu durchqueren, auch längst aufgegeben. Dort ist das Thermometer auf über 50 Grad geklettert.

Stattdessen werde ich mich weiter südlich halten und durch Las Vegas fahren, was eigentlich erst für den Rückweg geplant war. Die Routenänderung hat noch einen weiteren Grund. In Nevada, das ich nun durchquere, und dann auch in Kalifornien warten lange Wüstenabschnitte auf mich, und ich muss an die Laufstrecke vorausdenken. Zu Fuß in der Wüste bei diesen Temperaturen ohne Wasser – das kann böse enden. Deshalb fahre ich nun exakt die Route, die ich später auch zurücklaufen werde. Ich will die wenigen Anlaufstellen, an denen ich

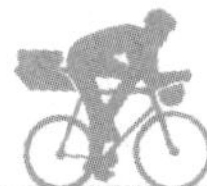

mich versorgen kann, genau planen können, um meine Laufstrecke darauf abzustellen. Ich mache mir Notizen, frage an den Tankstellen, wann sie geöffnet haben. Mich hier zu vertun kann ich mir nicht leisten.

Nicht umsonst nennt man Nevada auch den Wüstenstaat. Im Städtchen Caliente – das spanische Wort bedeutet sinnigerweise »heiß« – kaufe ich groß ein, lade so viel Wasser auf wie nur möglich und bereite mich auf einen 150 Kilometer langen Abschnitt vor, auf dem gar nichts kommen wird als Schotterstraßen, vertrocknete Büsche und ein weiter Himmel. Ich warte bis zum Abend, als es etwas kühler wird (unter 40 Grad gilt jetzt schon als »kühler«), und rolle dann los. Erst geht es einen Canyon entlang, dann über eine einsame Schotterstraße, auf der ich ganz allein bin. Ich begegne über Stunden keinem Auto, keinem Menschen, sodass ich einfach neben der Straße mein Zelt aufschlagen kann. Der Sonnenuntergang in der Wüste: traumhaft.

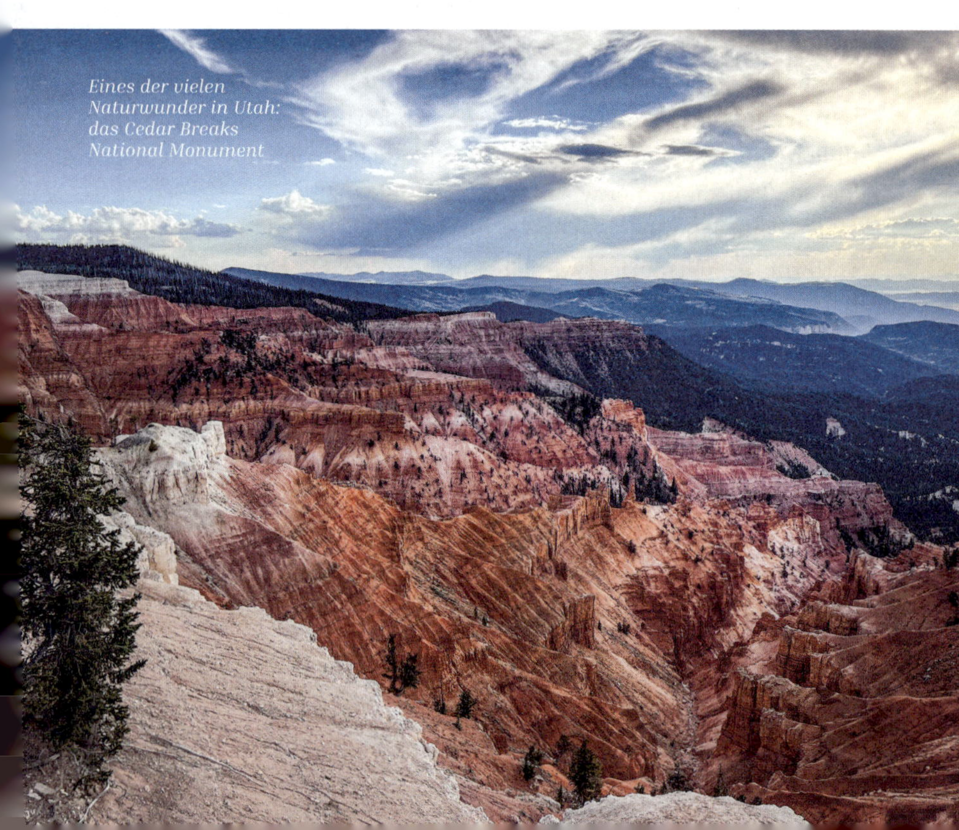

Eines der vielen Naturwunder in Utah: das Cedar Breaks National Monument

Sin City

Las Vegas erreiche ich am folgenden Mittag, als ich schon wieder unter der Hitze stöhne. 115 Grad Fahrenheit zeigt ein Thermometer in der Stadt an, das sind 46 Grad Celsius. Ja, so fühlt es sich auch an. Ich fühle mich wie in einem Backofen. Es ist kaum auszuhalten. Trotzdem fahre ich weiter, anstatt in einem klimatisierten Hotel abzusteigen und fünfe gerade sein zu lassen. Nein, in dieser Stadt will ich mich nicht länger aufhalten als nötig. Las Vegas finde ich einfach nur verrückt. Eine Großstadt mitten in der Wüste mit herausgeputzter Glitzermeile, nur dafür da, ihren Besuchern das Geld abzunehmen. Mit Glücksspiel konnte ich noch nie etwas anfangen. Ich frage mich auch, woher all das Wasser kommt, das da aus den unzähligen Springbrunnen plätschert oder in die Höhe schießt, das die Golfplätze grün hält, die künstlichen Kanäle füllt. Dies ist kein Ort für mich.

Die Hitze zwingt mich allerdings in eine Art Stop-and-go-Verkehr. Wie in allen amerikanischen Großstädten gibt es in Las Vegas jede Menge Tankstellen, und ich halte bei der Durchquerung alle 20 Minuten an einer davon an, trinke etwas im klimatisierten Innenraum und fülle meine Flaschen mit Eiswürfeln auf. So kann ich mich mit vielen kleinen Pausen immer wieder runterkühlen.

Je weiter ich mich von den luxuriösen Hotels und Casinopalästen entferne, desto trauriger wird die Umgebung. Nicht jeder hat hier sein Glück gefunden, das wird mehr als deutlich: Obdachlose und Drogenabhängige bevölkern die Outskirts, auf den Straßen liegen überall Dreck und Glasscherben, um die ich sorgsam herumkurve. Alles in allem hinterlässt Las Vegas bei mir ein mulmiges Gefühl. Viele Touristen lassen sich nur zu gern von dem Prunk blenden und mögen ihren Spaß haben, doch für mich ist das nichts. Ich sehe, wie brüchig die Fassade ist.

Auf meiner Laufstrecke werde ich wohl noch einmal hier durchkommen, und auch da, nehme ich mir vor, werde ich durchlaufen und nicht über Nacht bleiben.

Frühstück im Casino

Als ich den Stadtrand erreiche, ist es etwa 16 Uhr. Ich lege noch eine längere Pause ein, bis es Abend wird und die Hitze ein wenig nachlässt. Ich habe mir das genau überlegt. Die Strecke von Las Vegas bis an die kalifornische Grenze beim Örtchen Primm beträgt etwa 50 Kilometer. Primm besteht aus drei Casinos und einer Tankstelle – die letzte Möglichkeit für noch ein bisschen Last Minute Gambling auf dem Heimweg von Las Vegas, oder aber die erste für spielsüchtige Kalifornier, die gar nicht erst bis Vegas fahren wollen. Nevada macht's möglich.

Jedoch auch ein Ort mit Restaurants, die 24 Stunden geöffnet haben, und das kann ich gerade gut brauchen. Auf der kalifornischen Seite folgt dann nämlich die Mojave-Wüste, in der es auf 150 Kilometern mal wieder nichts gibt. Um da durchzukommen, muss ich extrem früh starten, sonst brät mich die Sonne auf halber Strecke. Ich

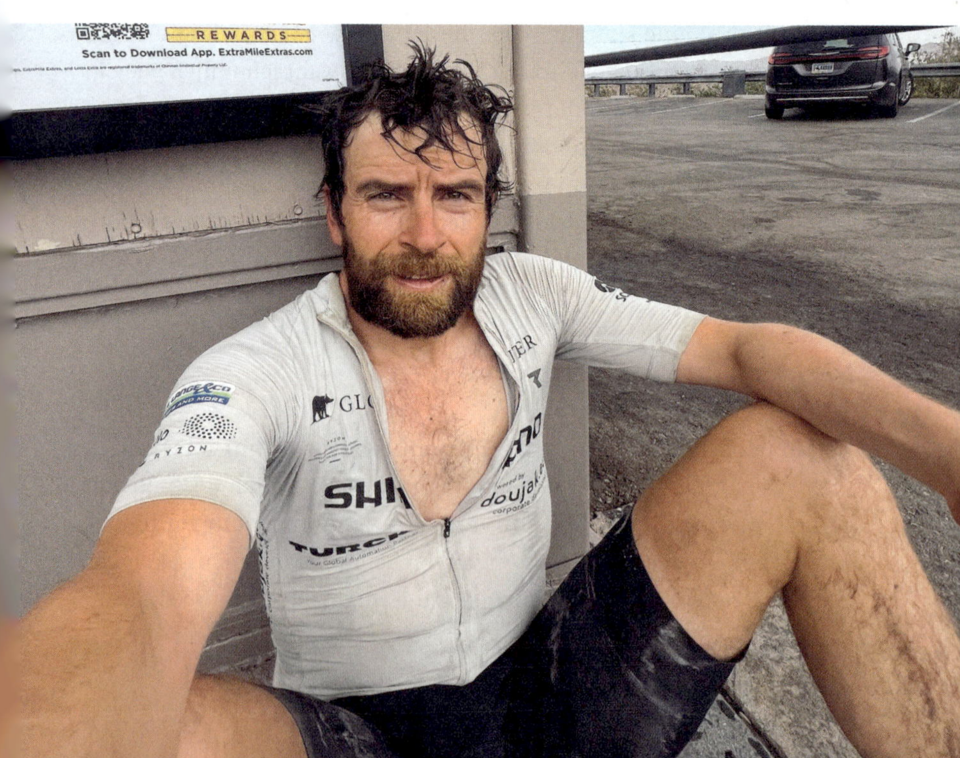

kann in der Wüste ohne Schatten ja noch nicht mal richtige Pausen einlegen. Und die Mojave-Wüste ist auch keineswegs flach, hier gibt es Hunderte Höhenmeter zu bewältigen.

Der Plan ist also, in Primm um halb vier Uhr morgens zu starten, denn – das ist der Clou an der ganzen Sache – da bekomme ich vorher noch in einem der 24-Stunden-Lokale ein Frühstück. Ich fahre bei Dunkelheit noch bis kurz vor Primm, zelte am Straßenrand und stelle meinen Wecker auf Viertel vor drei. Viel Schlafen ist da nicht drin. Egal, ich packe meine Sachen zusammen und rolle in den nächtlichen Casino-Ort hinein.

Alle Restaurants haben zu.

Nein, nicht alle – ein Diner, das sich im Buffalo Bill's Casino befindet, sei offen, sagt man mir. Und so lande ich doch noch in einem Casino. Das Diner befindet sich ganz hinten im Gebäude, sodass ich erst einmal an all den blinkenden und bimmelnden Spielautomaten vorbei muss. Ein paar Nachteulen sitzen auch um diese Uhrzeit noch da und hoffen auf den Glücksgott, während sie Maschinen mit ihren Chips füttern. Eine skurrile Welt, die mit meiner Wirklichkeit so gar nichts zu tun hat. Umgekehrt wirke ich für sie wahrscheinlich wie ein Besucher aus einem anderen Universum. Die Bedienung im Diner schaut auch etwas verwundert, als sie diesen verschwitzten Mann in Fahrradmontur mit Helm und Radschuhen hereinspazieren sieht, bringt mir jedoch anstandslos Omelett, Toast und Kaffee. Und so kann ich frisch gestärkt und wie geplant vor Sonnenaufgang in die Wüste starten.

Mojave National Preserve

Im Moment sind es »nur« ca. 37 Grad Celsius, was mir inzwischen nicht viel anhaben kann. Den Sonnenaufgang kann ich deshalb voll genießen. Die Sterne über mir verblassen, immer mehr Helligkeit sickert ein, die wenigen Wolken färben sich rosa, und dann kriecht der rote Feuerball links von mir über die Hügelkette. Mein Schatten,

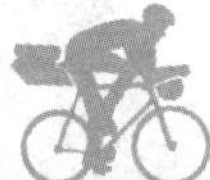

der sich erst lang in die Ebene ausstreckt und dann immer kürzer wird, fährt neben mir her. Der Himmel nimmt zunehmend seine leuchtend blaue, gnadenlose Farbe an. Das Land ist mit niedrigen, staubtrockenen Büschen bewachsen, vereinzelt stehen auch Joshua Trees da – meterhohe »Bäume« (eigentlich Yucca-Gewächse), für die die Mojave-Wüste berühmt ist, weil sie praktisch nur hier vorkommen.

Mit der Sonne kommt die Hitze, und ab neun Uhr wird es eigentlich unerträglich. Ich habe das Glück, auf halber Strecke auf eine Ranch zu stoßen, an der ich noch einmal Wasser nachfüllen kann. Eine willkommene Erfrischung, doch verlassen kann ich mich auf solche Zufälle nicht.

Get Your Kicks on Route 66

Am Ende des Mojave Preserve erreiche ich die alte Route 66, einen amerikanischen Mythos, den ich keinesfalls auslassen wollte. »Roy's Motel Café« steht in großen Lettern auf einem Schild an der Straße.

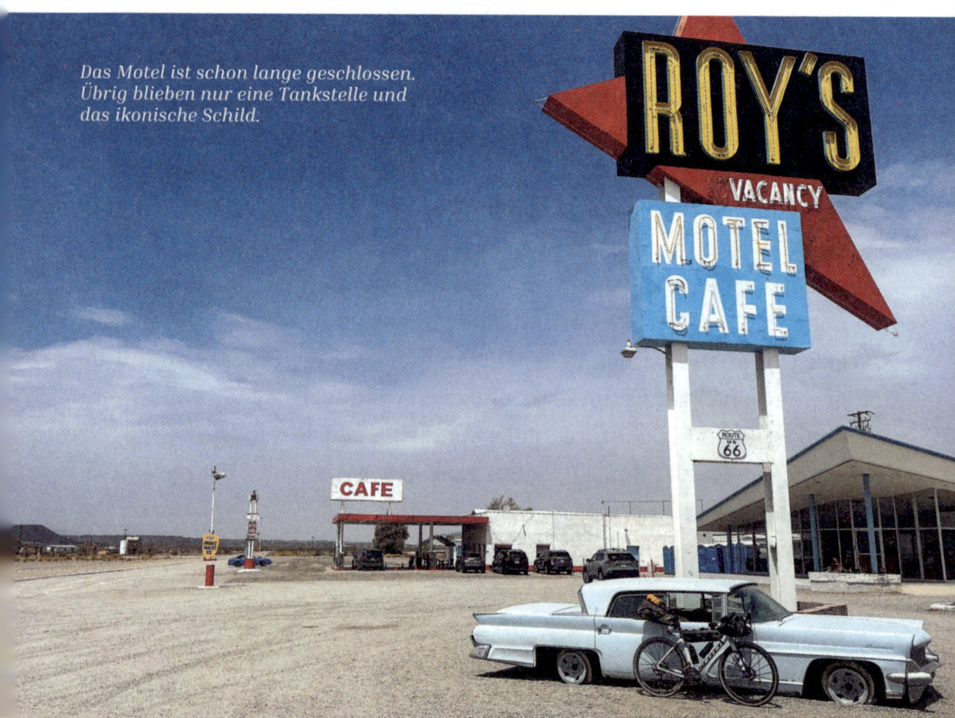

Das Motel ist schon lange geschlossen. Übrig blieben nur eine Tankstelle und das ikonische Schild.

Bis die weiter nördlich verlaufende Interstate 40 fertiggestellt wurde, muss es sehr belebt gewesen sein. Durchreisende auf der Route 66, der »Mother Road« von Chicago nach L.A., stiegen hier im Wüstenkaff Amboy ab. Doch seit dem Bau des Highways in den 1970ern ist Amboy praktisch eine Geisterstadt, in der nur noch eine Handvoll Menschen lebt. Durch das ikonische Schild und seine Lage in der Wüste genießt Amboy dennoch eine gewisse Bekanntheit. Mehrere Filme und Videos wurden hier gedreht. Gelegentlich lässt sich sogar die eine oder andere Schauspielprominenz blicken.

Das Motel ist natürlich längst geschlossen, nur die Tankstelle hat noch geöffnet. Ich komme gegen halb elf erschöpft und überhitzt an. Mittlerweile sind die Temperaturen schon wieder über 45 Grad geklettert. Ich hatte geplant, hier eine längere Mittagsrast einzulegen und erst abends weiterzufahren. Das Problem ist: Ich bekomme nichts Richtiges zu essen an der Tankstelle, nur kleine Snacks. Das reicht nicht, ich muss nach den 160 Kilometern, die ich heute schon zurückgelegt habe, unbedingt Energie tanken.

Mir bleibt die Wahl zwischen Pest und Cholera: entweder hierbleiben und einen Hungerast bekommen, oder doch noch einmal in die Mittagshitze hinaus. Die Karte sagt mir, dass sich 45 Kilometer weiter, nämlich da, wo die alte Route 66 wieder auf die Interstate trifft, eine große Raststation befindet, Ludlow. Mit Restaurant und Motel. Draußen sind ein paar Wolken aufgezogen und der Wind hat auf Ost gedreht, kommt also jetzt von hinten. Soll ich es wagen? Eineinhalb Stunden muss ich für die Strecke rechnen.

Besser werden die Bedingungen nicht, sage ich mir. Ich decke mich mit vier Litern Wasser ein und fülle meine hinteren Trikottaschen mit Eiswürfeln. Die werden in der Hitze schnell schmelzen, aber wenn sie mir nur eine Viertelstunde Kühlung verschaffen, ist schon viel gewonnen. Jede Kleinigkeit zählt. Raus auf die Straße, losfahren.

Die ersten 20 Minuten laufen ganz gut, der Rest ist die pure Qual. Das Thermometer kratzt inzwischen schon an der 50-Grad-Marke. Ich ziehe es durch, doch als ich in Ludlow durch die Tür der Tankstelle

wanke, muss ich mich kurz an einem Regal festhalten, weil mir schwindlig wird. Mein Kreislauf braucht einen Moment, um mit dem Temperaturschock fertigzuwerden – der klimatisierte Raum wirkt im ersten Moment wie eine Kühlkammer auf mich.

So, für heute ist Schluss, auch wenn es erst früher Nachmittag ist. Ich esse, checke im Motel ein und stelle mich unter die Dusche. Den Rest des Nachmittags lasse ich vertröpfeln und gehe früh schlafen, schließlich muss ich morgen wieder um halb vier los.

Denn auch wenn ich aus ihrem ganz abgelegenen, wilden Teil heraus bin, habe ich die Wüste noch nicht ganz besiegt. Ich muss noch gut 60 Kilometer weiterfahren, bevor die ersten Anzeichen von Besiedlung am Wegesrand auftauchen: Wohnwagen von Menschen, die sich bis an den äußersten Rand des Großraums L.A. zurückgezogen haben. Eher ein trostloser Anblick. Danach kommen in immer kürzeren Abständen Tankstellen und Cafés. Ich folge weiter der Route 66, die jetzt genau neben der Interstate verläuft und deswegen mehr Infrastruktur hat.

Mit dem Erreichen des Städtchens Barstow gegen Mittag hat mich die Zivilisation wieder. Es ist immer noch sehr heiß, aber nicht mehr mörderisch, sodass ich nach einer Pause auch am Nachmittag weiterradle.

Endspurt in Begleitung

Markus ist da. Für den Film begleitet er mich auf den letzten eineinhalb Etappen hinein nach Los Angeles. Mitgebracht hat er seine Tochter Freya und einen Freund von früher: Jamal ist ein ehemaliger Teamkollege von Markus aus seiner Zeit als Rennradprofi in Kalifornien. Die beiden haben sich eine Ewigkeit nicht mehr gesehen, und nun geschieht das am Rande meiner Amerikadurchquerung. Was für ein schönes Zusammentreffen!

Ich freue mich unheimlich. Markus ist einfach ein total positiver Typ und sprüht vor Energie; außerdem haben wir auf meiner Triath-

lon-Weltumrundung 2020/2021 schon so viel gemeinsam erlebt. Das schweißt zusammen.

Die Drei folgen mir mit dem Auto, und Markus filmt und fotografiert. Für meinen Einzug nach L.A. haben wir eine Strecke ausgesucht, auf der ich mich sozusagen von hinten an die Stadt anschleiche. Der Ballungsraum von Los Angeles ist ja riesengroß, erstreckt sich auf 150 Kilometer Länge. Da muss ich nicht mit dem Fahrrad durchfahren, wenn es eine andere Möglichkeit gibt.

Diese Alternative verschafft mir zusätzlich das Vergnügen, einen letzten hohen Gebirgspass zu fahren. Die Strecke geht durch die San Gabriel Mountains, eine bis über 3000 Meter hohe Bergkette, die Los

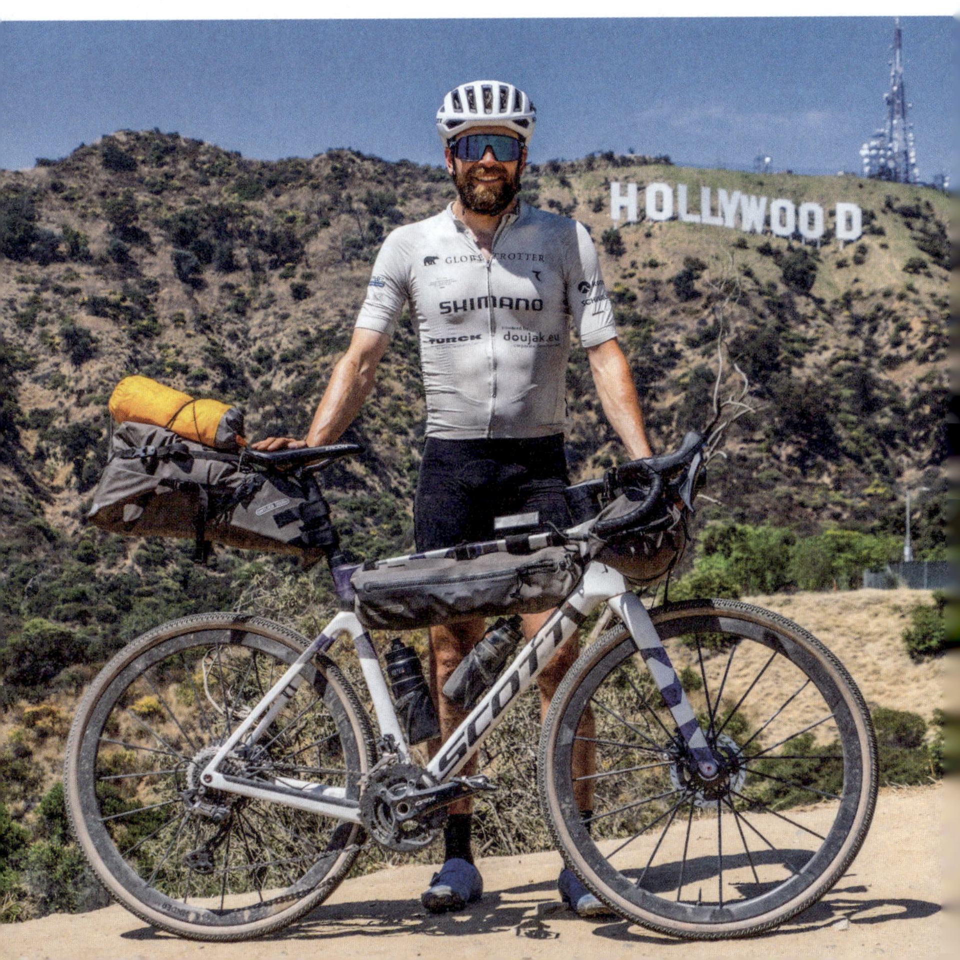

Angeles im Norden von der Mojave-Wüste trennt. Eine wunderschöne, kurvenreiche Straße führt hinüber, der Angeles Crest Highway. Er passiert einen knapp 2400 Meter hohen Pass, kommt auf der anderen Seite bei Glendale heraus, und von da ist es nicht mehr weit bis zum Strand von Santa Monica, meinem Ziel.

Es ist wirklich ein Zuckerstück fürs Finale. Mit jedem Höhenmeter wird die Luft merklich kühler, ganz oben liegen sogar noch Schneereste. Diesen Anstieg zu fahren ist das reine Vergnügen. Wenn ich zurückschaue, kann ich die Wüste überblicken, befinde mich aber schon im Wald. Traumhaft. Wir finden unter hohen Bäumen einen herrlichen Platz für unsere drei Zelte und verbringen einen wunderbaren Abend zusammen. Die Luft ist kühl, die Umgebung schön, und die Vorfreude auf die Ankunft morgen steigt.

Santa Monica Pier

Es ist der 26. Juli 2023. 150 Kilometer sind am letzten Tag noch zu fahren. Im ersten Viertel geht es munter rauf und runter, sodass noch einige Höhenmeter zusammenkommen. Dann folgt die lange Abfahrt, die Berge sind zu Ende, ich fahre in die Stadt hinein – und bin in Hollywood. Unverkennbar prangt der berühmte Schriftzug auf dem Berg über uns. Ich kann mir kaum einen schöneren Weg vorstellen, um nach Los Angeles zu kommen. Mittlerweile haben sich mir ein paar Radfahrer angeschlossen, die meine Route verfolgt haben und mich zum Ziel begleiten möchten. Auch Markus ist natürlich weiter dabei.

Es ist ein eigenartiges Gefühl. Ich bin in Hochstimmung, darf auf den letzten Metern aber nicht die Konzentration verlieren, denn der Stadtverkehr hat es noch einmal in sich. Ich bin es gar nicht mehr gewohnt, mich durch dichten Verkehr zu kämpfen. Und wann musste ich das letzte Mal an einer Ampel halten? Es kommt mir alles ein bisschen verrückt vor. Lange bevor ich es sehe, kann ich das Meer riechen.

Den Santa Monica Pier erreiche ich gegen 16:15 Uhr. Ich lasse das Rad ausrollen, steige ab und strecke mich. Vorne glitzert der Pazifik. Ich bin glücklich, erleichtert – und fühle mich gleichzeitig fast ein bisschen unterfordert. Das war doch noch gar keine volle Tagesstrecke heute! Aber schon bin ich von Menschen umringt, die hier auf mich gewartet haben – keine große Menge, aber die, die da sind, bereiten mir einen begeisterten Empfang. Da bleibt kein Raum mehr für Nachdenklichkeit, und wozu auch? Ich habe es geschafft. Ich lache, lasse mich feiern und aus allen Winkeln fotografieren und genieße es aus vollem Herzen. Das ARD-Studio Los Angeles hat ein Team geschickt, Markus filmt, ich gebe ein paar Interviews und komme auch mit einigen Touristen ins Gespräch, die der Trubel neugierig gemacht hat. Erstaunlich viele Deutsche dabei.

Bereit für den nächsten Schritt

Radfahren ist meine Lieblingsdisziplin, aber jetzt bin ich erst einmal froh, es hinter mir zu haben. Und freue mich auf die nächste Herausforderung: den ganzen Weg wieder zurücklaufen. Tatsächlich bin ich richtig heiß aufs Laufen. Die letzten Tage in der Mojave-Wüste waren echt heftig, vor allem natürlich wegen der Hitze, aber auch, weil ich die ganze Zeit gegen den Wind fahren musste. Es gibt schon einen Grund, warum Amerika-Durchquerungen in der Regel von West nach Ost in Angriff genommen werden. Auf meiner Route hatte ich im Schnitt an neun von zehn Tagen Gegenwind, und jeder Bikepacker weiß: Das ist ein harter Gegner.

Ich freue mich aufs Zurücklaufen, doch einen Tag Pause gönne ich mir, zumal ich eine Nachricht vom Fairmont Hotel in Los Angeles erhalten habe. Das ist vielleicht das beste Hotel der Stadt ... na ja, auf jeden Fall ein sehr gutes. Jan, der Hotelmanager, kennt mich von einem Vortrag, den ich im Frühjahr in Schloss Elmau gehalten habe. Er ist selbst Deutscher und hat mich spontan eingeladen, zwei Nächte im Fairmont zu verbringen. In der Wüste zu zelten genieße ich total,

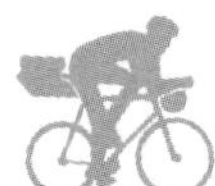

aber ich schätze natürlich auch die Annehmlichkeiten eines Luxushotels und nehme ein solches Angebot gern an, wenn es sich bietet.

Ich radle die zehn Kilometer vom Santa Monica Pier hinüber zum Hotel und kann mich noch einmal über einen tollen Empfang freuen. Großer Bahnhof. Ich bekomme ein herrliches Abendessen und nutze den Wellnessbereich, wobei ich auch in den Genuss einer Massage komme. Ganz ehrlich: Das hätte ich gerne öfter. Sich die geschundenen Muskeln so richtig durchkneten zu lassen tut schon verdammt gut am Ende einer solchen Strapaze. Als sei man neu zusammengebaut worden. Als ich schließlich in meinem Zimmer ins Bett sinke, fühle ich mich satt, relaxt und von der Welt geliebt. Ich bin mitten in meiner Komfortzone. Umso wichtiger, dass ich sie ab morgen wieder verlassen darf.

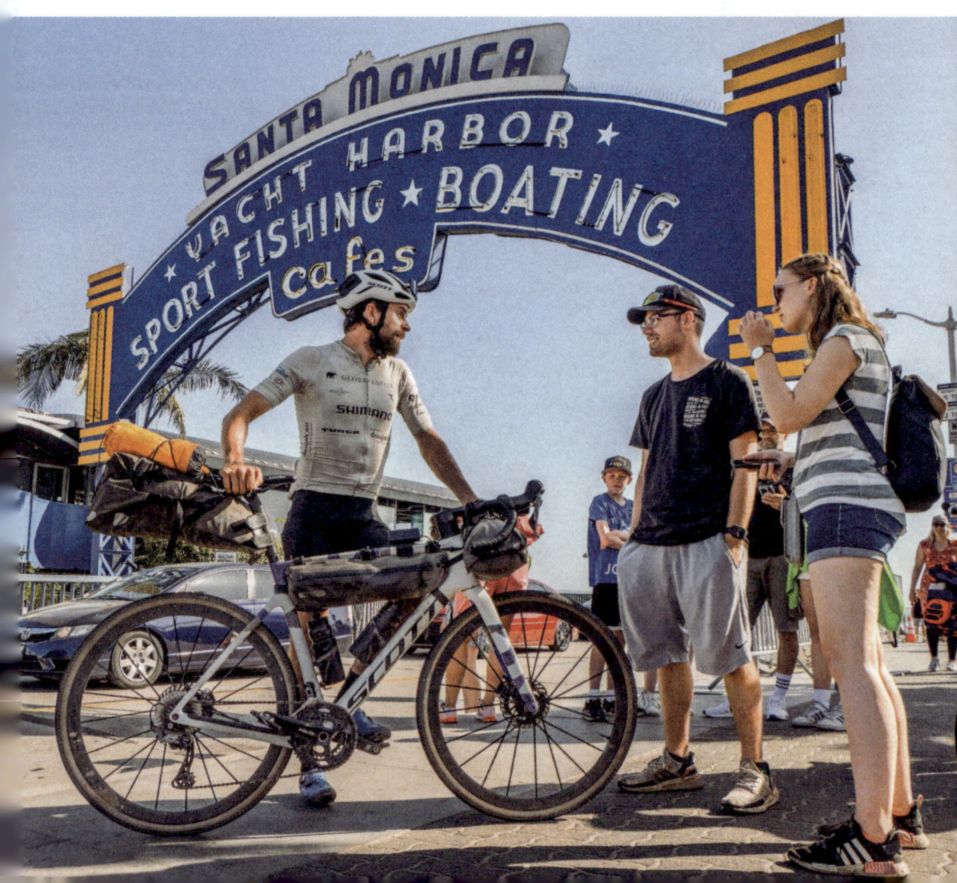

2. Wüsten und Monumente

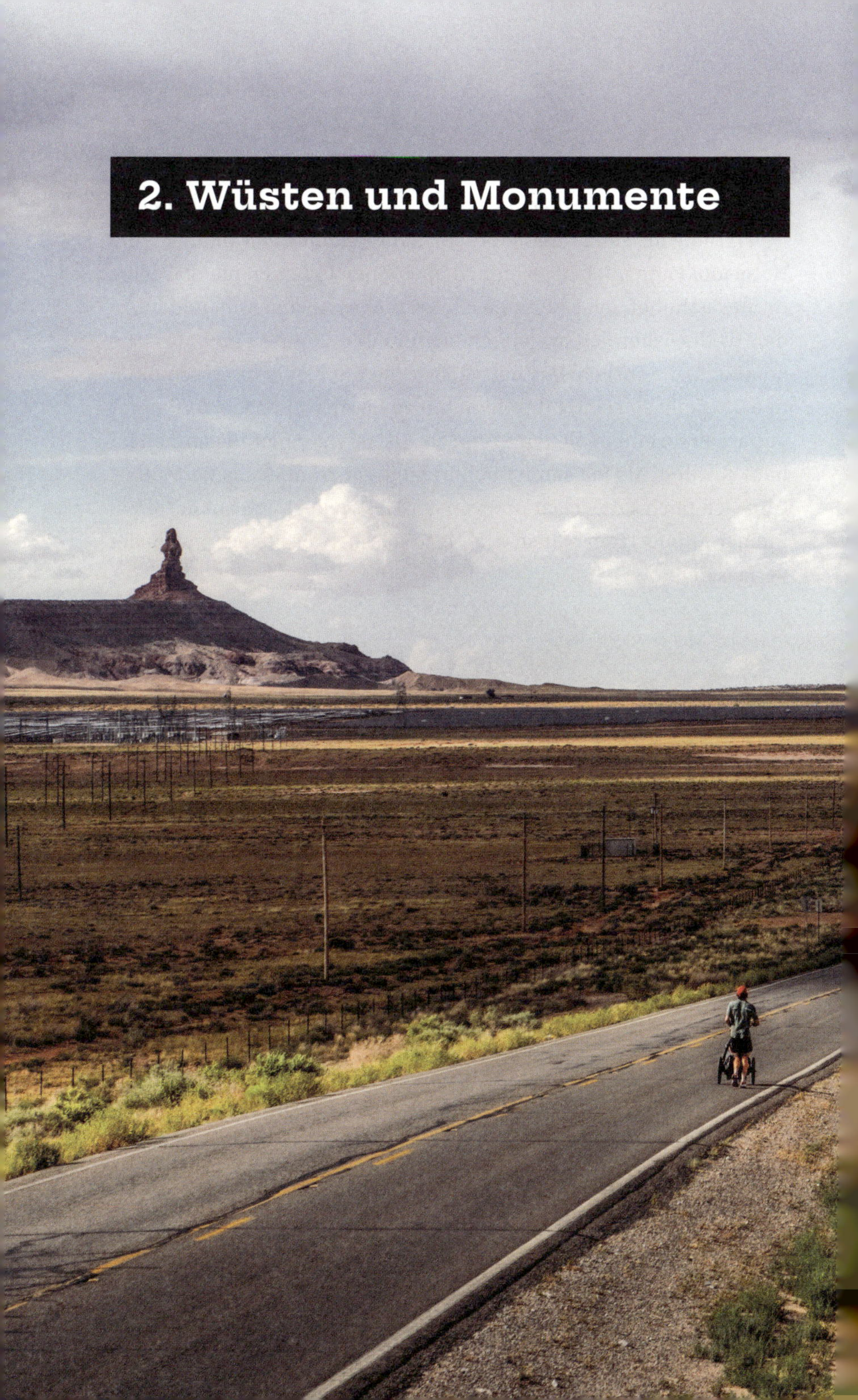

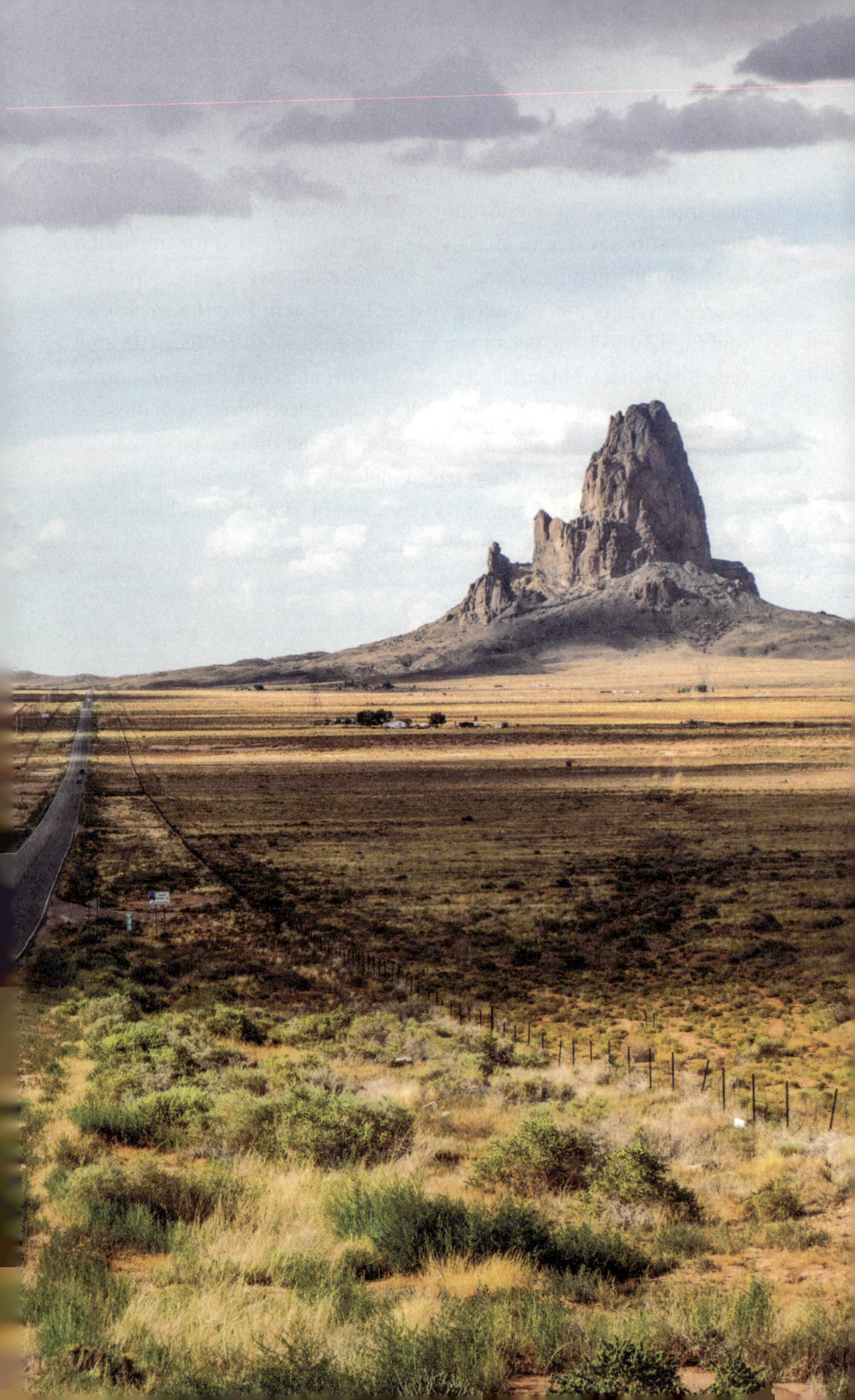

Aber nun genug gefaulenzt! Ich bin nicht zur Wellness hier, sondern um Amerika zu Fuß zu durchqueren. Und welchen besseren Startpunkt dafür kann man sich denken als vor dem Restaurant Bubba Gump Shrimp Company am Santa Monica Pier? Meine Liebe zum Film »Forrest Gump« und vor allem zu dem Teil, in dem Tom Hanks als Forrest Gump durch die gesamten Vereinigten Staaten rennt, ist ja kein Geheimnis. Ich wollte diesen Lauf bekanntlich schon vor zwei Jahren machen, musste damals aber nach Mexiko ausweichen, weil die USA ihre Grenzen wegen der Pandemie geschlossen hatten. Dass sich die »Notlösung« dann zu einem triumphalen Erfolg entwickelte, änderte nichts an der Tatsache, dass ich hier ein »unfinished business« hatte. Jetzt ist es endlich so weit.

Start am Venice Beach

Vielleicht 30 Leute haben sich zu meinem Start eingefunden. Das Hotel hat für seine Mitarbeiter sogar eigens T-Shirts bedrucken lassen. Einige sind nur zum Zuschauen da, doch etliche laufen auch mit mir los – deutsche Expats ebenso wie Einheimische, und sogar aus Mexiko sind Freunde von damals angereist, um mich ein Stück zu begleiten. Markus ist natürlich auch mit von der Partie, obwohl er zwischenzeitlich immer wieder ins Auto wechselt, denn sein Hauptjob ist ja, zu filmen und zu fotografieren.

Südlich des Piers beginnt der legendäre Venice Beach, auf dem schon Arnold Schwarzenegger trainiert hat. Wir geben sicher ein interessantes Bild ab, wie wir so im Pulk die Promenade entlangrennen, doch da am Strand immer viel los ist, fallen wir gar nicht groß auf. Auch andere Jogger sind unterwegs, Kraftsportler stählen ihre Muskeln, Basketballer werfen Körbe, Skateboarder sind da, Verkaufsstände, Straßenkünstler – wir laufen mitten durch ein buntes Treiben. Es ist ein prachtvoller Anfang, und da ich weiß, dass danach Downtown L.A. und in den Folgetagen vor allem Wüste und Hitze auf mich warten, genieße ich ihn ganz besonders.

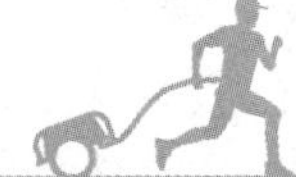

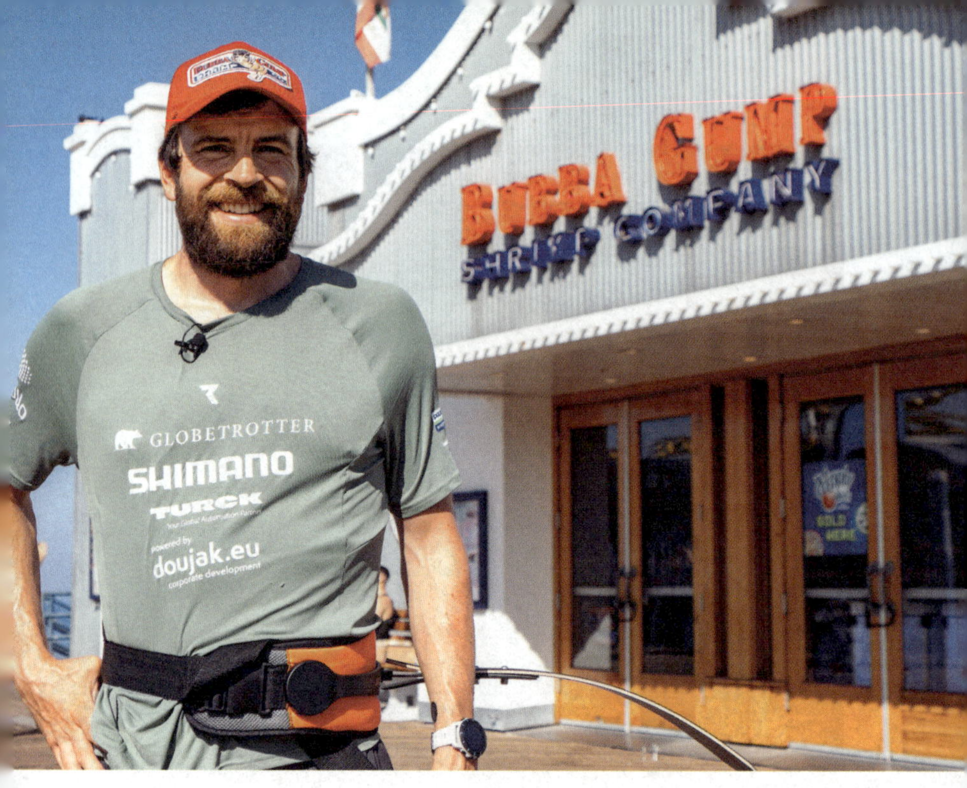

Ich hatte mir eine Route zurechtgelegt, folge dann aber willig den Empfehlungen der einheimischen Läufer, die in ihrer Heimatstadt natürlich die besten Wege kennen. Wir laufen um die Marina del Rey herum und folgen anschließend lange dem Ballona Creek, an dem eine Fahrradroute entlangführt. Es gäbe kürzere Alternativen, aber es ist mir sehr recht, möglichst lange am Wasser entlangzulaufen. Viel Natur ist hier allerdings auch nicht übrig; der Ballona Creek ist in ein betoniertes Kanalbett gezwängt, neben dem der asphaltierte Radweg verläuft.

Nach einer knappen Stunde bleiben die ersten Läufer zurück, und so verliere ich von Kilometer zu Kilometer immer mehr Begleiter – wie es praktisch immer ist, wenn Leute ein Stück mit mir mitlaufen. Als wir nach etwa 22 Kilometern die erste Pause einlegen und uns an einer Tankstelle ein Eis gönnen, sind wir noch zu sechst. Jan, der Hotelmanager, hält mit 28 Kilometern am längsten durch, danach sind nur noch Markus und meine beiden mexikanischen Freunde bei mir, die

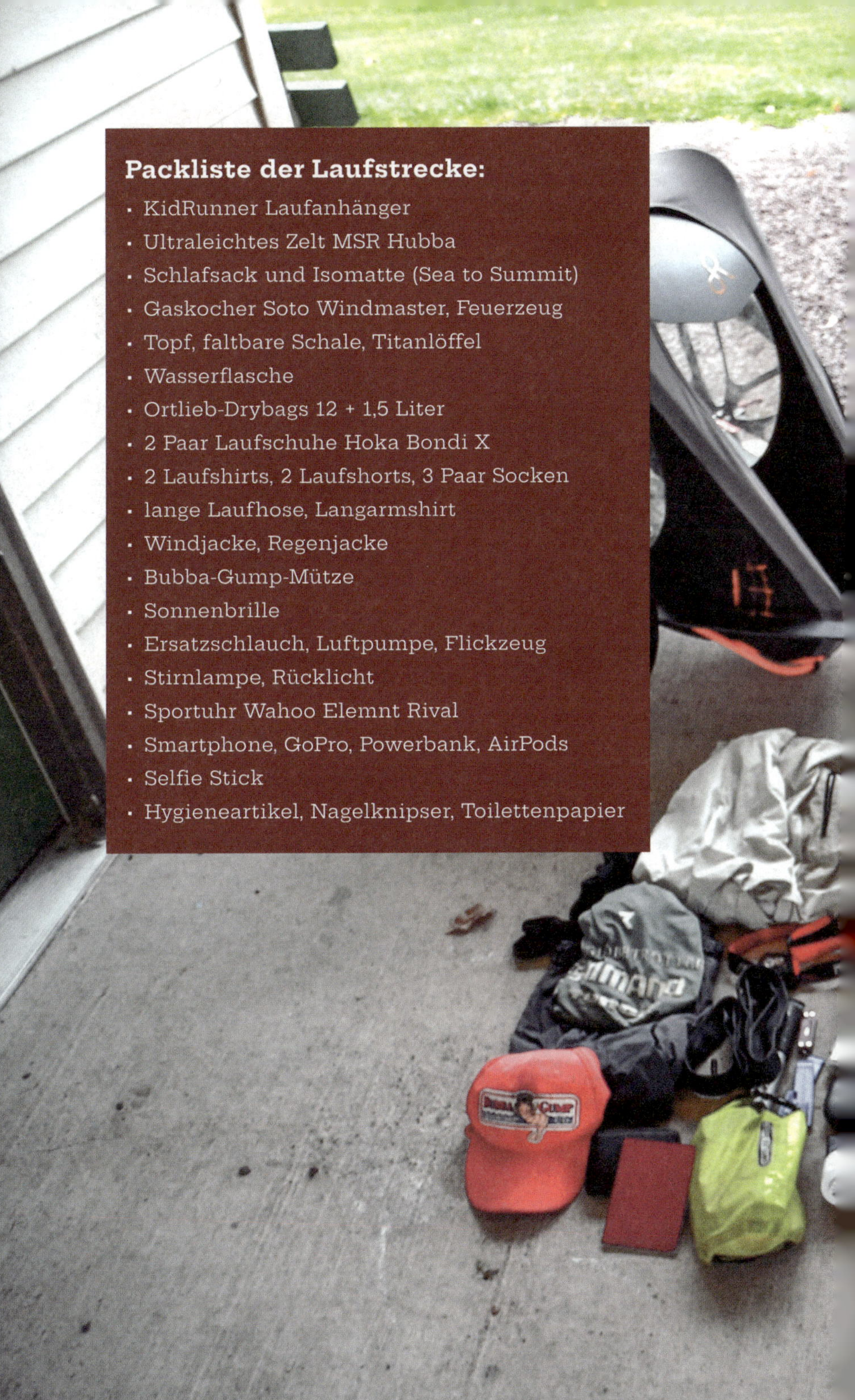

Packliste der Laufstrecke:

- KidRunner Laufanhänger
- Ultraleichtes Zelt MSR Hubba
- Schlafsack und Isomatte (Sea to Summit)
- Gaskocher Soto Windmaster, Feuerzeug
- Topf, faltbare Schale, Titanlöffel
- Wasserflasche
- Ortlieb-Drybags 12 + 1,5 Liter
- 2 Paar Laufschuhe Hoka Bondi X
- 2 Laufshirts, 2 Laufshorts, 3 Paar Socken
- lange Laufhose, Langarmshirt
- Windjacke, Regenjacke
- Bubba-Gump-Mütze
- Sonnenbrille
- Ersatzschlauch, Luftpumpe, Flickzeug
- Stirnlampe, Rücklicht
- Sportuhr Wahoo Elemnt Rival
- Smartphone, GoPro, Powerbank, AirPods
- Selfie Stick
- Hygieneartikel, Nagelknipser, Toilettenpapier

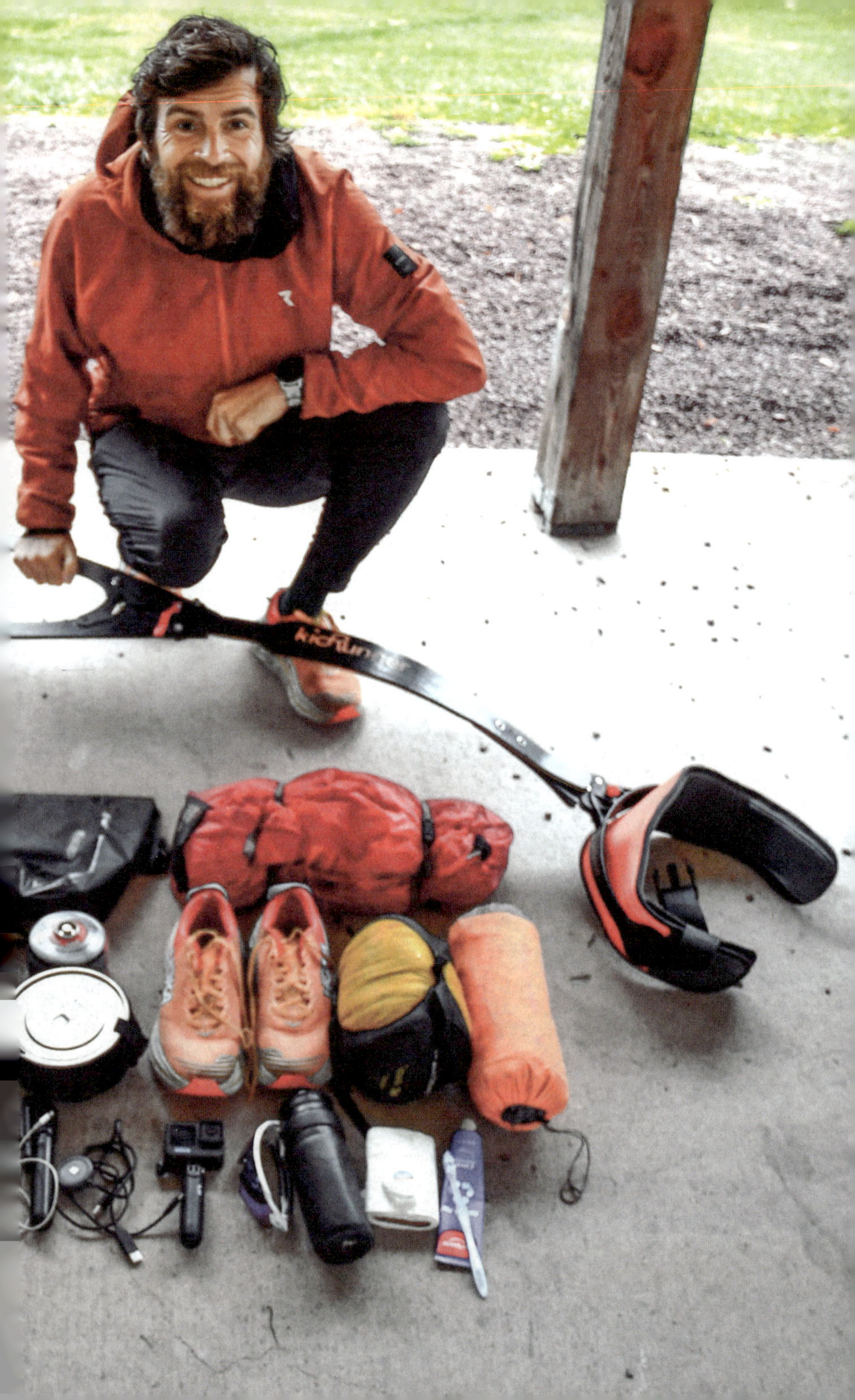

allerdings im Hop-on-Hop-off-Modus zwischenzeitlich auch im Auto des Filmteams mitfahren.

Alle leiden unter der Hitze, nur mir geht es erstaunlich gut. 35 oder 36 Grad Celsius empfinde ich nach dem, was ich in der vergangenen Woche durchgemacht habe (und was noch vor mir liegt), als nicht übermäßig belastend. Auch meine Beine zeigen sich gut in Form. Ich hatte mehr Startschwierigkeiten beim Laufen erwartet, schließlich sind da ganz andere Muskeln gefordert als beim Radfahren. Die Anpassung kann sehr schmerzhaft sein, ich kenne das von früher. Auf der ersten Etappe hatte ich etwas kürzertreten und nur 45 Kilometer laufen wollen statt 50. Doch jetzt bin ich schon über 35 Kilometer auf der Straße und spüre überhaupt keine Beschwerden. Meine Beine bewegen sich wie von selbst. Eine angenehme Überraschung! Na gut, denke ich, dann mache ich heute gleich die 50 voll. Gibt ja keinen Grund, mich zu schonen. Umso schneller bin ich morgen aus dem Moloch der Metropole heraus und wieder in der Natur, wo ich mich viel wohler fühle.

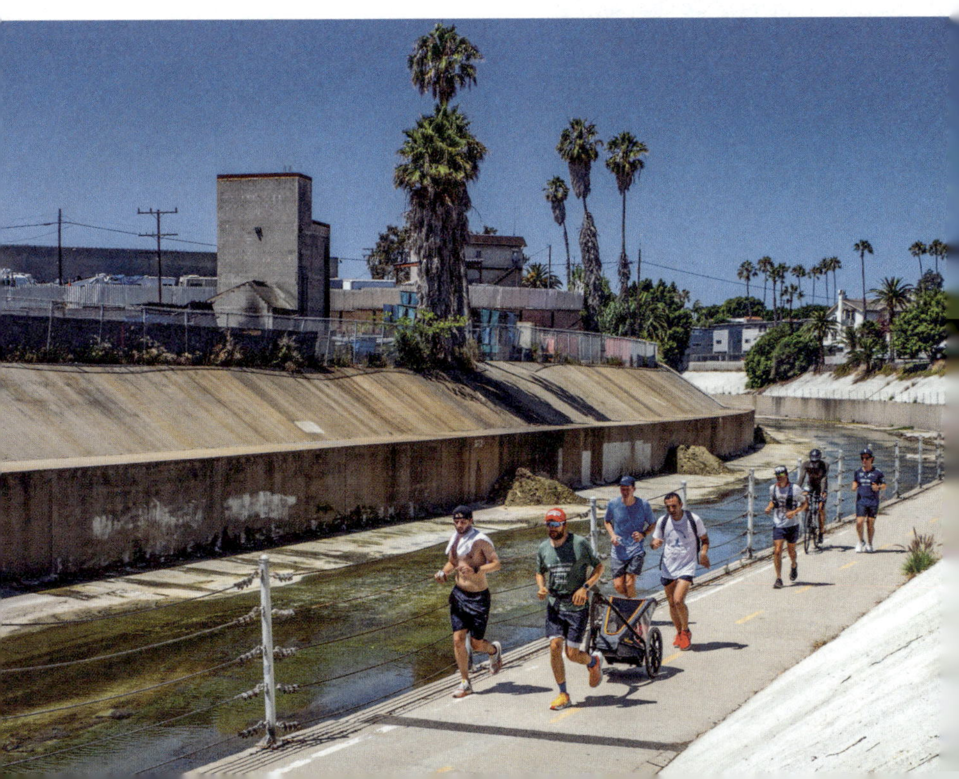

Der Hunger überzeugt mich davon, bei Kilometer 42 – Downtown Los Angeles habe ich da schon lange hinter mir gelassen – eine Pause in einem Taco-Restaurant einzulegen. Das stellt sich als gut für den Bauch und schlecht für die Beine heraus.

Nun wird es doch schmerzhaft. Ganz so schnell kann der Körper anscheinend doch nicht umschalten. Die nächsten zwei Kilometer humple ich mehr, als dass ich laufe, doch ich beiße die Zähne zusammen und beende den Tag mit etwas mehr als 50 Kilometern auf der Uhr.

Damit bin ich sehr zufrieden, die erste Etappe ist besser gelaufen als gedacht. Als ich vor zwei Jahren in Mexiko die Marathonstrecke meines Triathlons um die Welt begann, waren die ersten Tage die Hölle. Abends hatte ich Mühe, mich überhaupt noch aufrecht zu halten. Ich brauchte meine ganze Willenskraft und eine riesige Schmerztoleranz, um weiterzumachen. Das war wirklich hart. Heute tun mir die Beine zwar weh, doch lange nicht so schlimm, wie ich mir vorgestellt hatte. Also: weiter geht's.

Raus aus der Stadt

Leider bleibt das nicht so. Am nächsten Morgen auch nur aufzutreten, schickt feurige Pfeile durch meinen ganzen Körper. Wahrscheinlich war ich gestern so enthusiastisch über den geglückten Start, dass das Adrenalin in meinem Körper die Schmerzen zunächst überdeckt hat. Nun, ich habe erwartet, dass es heftig wird, da muss ich eben durch. Es sind nur die Muskeln, die sich anpassen müssen, während bei Knien, Fußgelenken, Hüfte alles in Ordnung ist.

Es braucht zweieinhalb Tage, bis ich aus dem Großraum Los Angeles raus bin, dann geht es endlich in die San-Gabriel-Berge in Richtung Cajon-Pass. Der ist 1151 Meter hoch, was ich zu spüren bekomme. Es ist die erste nennenswerte Steigung auf meiner Laufstrecke. Die Straße steigt zwar nicht sehr steil an, zieht sich aber hin. Der Anhänger hängt schwer an mir, die Beine schmerzen, und die Sonne brennt so heiß von oben, dass ich meine Forrest-Gump-Mütze gegen einen Sombrero

tausche. Manchmal fülle ich sogar oben Eiswürfel hinein, die meinen Kopf wunderbar kühlen.

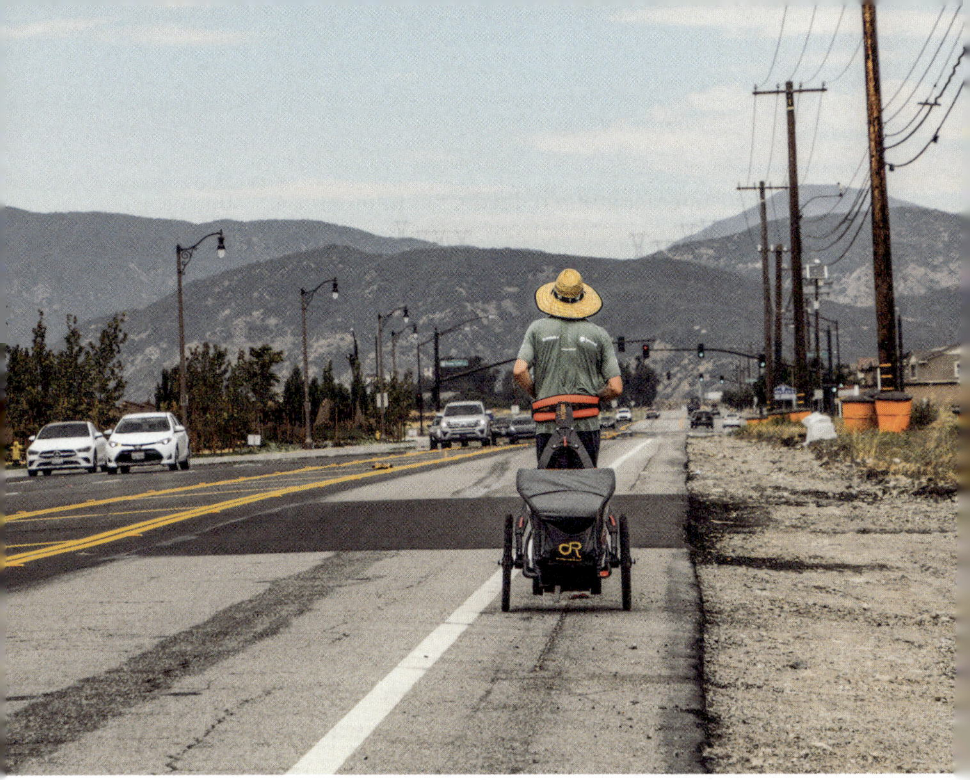

Ich übernachte auf der Passhöhe in einem Hotel und starte am nächsten Morgen gleich um halb fünf, denn auf der anderen Seite des Passes wartet die Mojave-Wüste auf mich – mit Temperaturen, die wieder deutlich über 40 Grad Celsius liegen. Vor der Wüste habe ich großen Respekt, nach all dem, was ich auf dem Hinweg erlebt habe.

Auf der achtspurigen Interstate 15, die nach Las Vegas führt, darf ich nicht laufen, sondern muss mich mit kleinen Schotterpisten begnügen, die parallel entlangführen. Sie sind teils steinig, teils versandet, sodass es, obwohl es abwärts geht, immer wieder ein Kraftakt wird, den Anhänger voranzubringen.

In Victorville, der »Grenzstadt« zwischen den San-Gabriel-Bergen und der Mojave-Wüste, trifft mich die Hitze in ihrer ganzen Härte. Dagegen herrschten in Los Angeles laue Lüftchen. Richtig in der Wüste angekommen bin ich schließlich tags darauf in Barstow, dem letzten

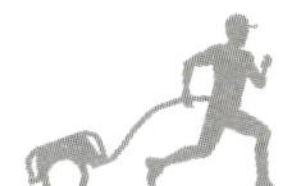

Außenposten der Zivilisation vor der Mojave Desert. Der Ort lebt noch ein bisschen vom alten Glanz der historischen Route 66. Cafés und Restaurants schmücken sich mit dem Namen, auf dem Asphalt ist das Logo aufgemalt.

Eine neue Route in die Wüste

Durch Barstow bin ich schon auf dem Hinweg gekommen und ich finde die Stadt auch nun nicht ansehnlicher. Doch besteht hier die letzte Einkaufsmöglichkeit für längere Zeit, und es gibt ein Hotel, dessen Annehmlichkeiten ich mir vor der kommenden Strapaze gönne. Außerdem muss ich umplanen, denn es ist – neben den nach wie vor hohen Temperaturen, mit denen ich gerechnet habe – eine unvorhergesehene Schwierigkeit aufgetaucht: Im Mojave National Preserve brennt es.

Es handelt sich genau um das Gebiet, das ich zuvor mit dem Fahrrad durchquert und »vermessen« hatte, um meine Laufetappen an den Versorgungsmöglichkeiten auszurichten. Das ist jetzt hinfällig geworden; die Brände haben sich auf 90 000 Hektar ausgebreitet, die Strecke ist unpassierbar geworden. Ich muss die Route so großräumig ändern, dass ich nicht nur vom Feuer selbst verschont bleibe, sondern mich auch vom Rauch fernhalten kann.

Man könnte meinen, dass es in einer Wüste nicht viel gibt, was brennen kann, doch das ist ein Irrtum. Im Winter fielen hier wohl ausreichend Niederschläge, um Büsche und Gras wachsen zu lassen; nun sind sie vertrocknet und geben den Flammen genug Nahrung. Dass auch viele Joshua Trees brennen, ist ökologisch betrachtet ein besonderer Verlust.

Fast die ganze Nacht verbringe ich mit der Planung, telefoniere viel mit meinem Vater und spreche mit ihm die verschiedenen Möglichkeiten durch. Die Straße, die ich eigentlich nehmen wollte, und auch alle in der näheren Umgebung sind ohnehin gesperrt. Als Alternative will ich mir aber keine ganz abgelegene Route wählen, das wäre zu

gefährlich. Das Feuer könnte sich unerwartet ausbreiten, der Wind könnte drehen und den Rauch in meine Richtung blasen – es gibt zu viele mögliche Gefahren, denen ich mich zu Fuß in einsamer Umgebung auf keinen Fall aussetzen möchte. Es muss also eine Strecke sein, auf der zumindest hin und wieder mal Autos vorbeikommen, die gegebenenfalls Hilfe leisten und im Extremfall als Lebensretter fungieren können.

Die südliche Umgehung, die durch Arizona führt, scheidet aus, weil auch da einige Brände aufgeflammt sind. Weiter im Norden müsste ich das Death Valley durchqueren, was mit einem Pass über 1600 Höhenmeter verbunden wäre – und wenn ich mir vorstelle, meinen Anhänger mit 30 Litern Wasser zu beladen (die notwendig wären) und da hochziehen zu müssen, dann wird mir bei dem Gedanken schon ganz anders. An meine Grenzen zu kommen und diese noch ein Stück zu verschieben, mag ein Lebensmotto von mir sein, doch es heißt nicht, sich sehenden Auges in Lebensgefahr zu begeben.

Somit bleibt als vernünftigste Alternative auch die kürzeste: parallel zur Interstate 15, die direkt nach Las Vegas führt. Auch diese Interstate darf ich zwar als Fußgänger nicht nutzen, doch daneben gibt es immer kleinere Service Roads, die zum Teil asphaltiert, zum Teil aber auch grobe Schotter- und Sandwege sind.

Strategien

Nach wie vor ist die Hitze das alles beherrschende Thema. Die Hitze und die großen Entfernungen. Ich gehe wieder so vor wie bei der Herfahrt: Sehr früh starten, um so viele Kilometer wie möglich zu schaffen, bevor die Mittags- und Nachmittagshitze einsetzt. Für die Pause muss ich immer einen Ort erreichen, der mir Schutz bietet – meist eine Tankstelle. Dort genehmige ich mir auf jeden Fall mindestens ein Eis, schlage ein paar Stunden bis zum Abend tot, und wenn es dann ein wenig milder geworden ist, laufe ich den Rest der täglichen 50 Kilometer. Diesen Schutzraum für die Siesta brauche ich unbedingt. In

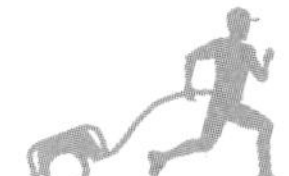

der nackten Wüste bei vielleicht 44 Grad Celsius das Zelt aufzuschlagen hätte wenig Sinn.

Das ist ein Vorteil der Route an der Interstate entlang, denn da gibt es alle 40 oder 50 Kilometer eine Tankstelle. Die Kunst ist, die Abstände immer so zu berechnen, dass ich zum richtigen Zeitpunkt dort ankomme.

Nachts zelte ich in der Wüste, und das gehört eindeutig zu den schönen Seiten dieser Tage. Sonnenauf- und Sonnenuntergang, die Sterne in der Nacht: All das fasziniert und begeistert mich jedes Mal aufs Neue. Die Farben der Dämmerung sind immer neu, eine Symphonie aus rot, purpur und violett, und sogar der Sternenhimmel, von dem man denken könnte, dass er immer gleich aussieht, kann je nach Uhrzeit ganz unterschiedliche Gesichter annehmen. Der Mond ist noch fast voll und überstrahlt die weniger hellen Sterne, doch jede Nacht geht er ungefähr eine halbe Stunde später auf und nimmt dabei immer ein Stückchen mehr ab.

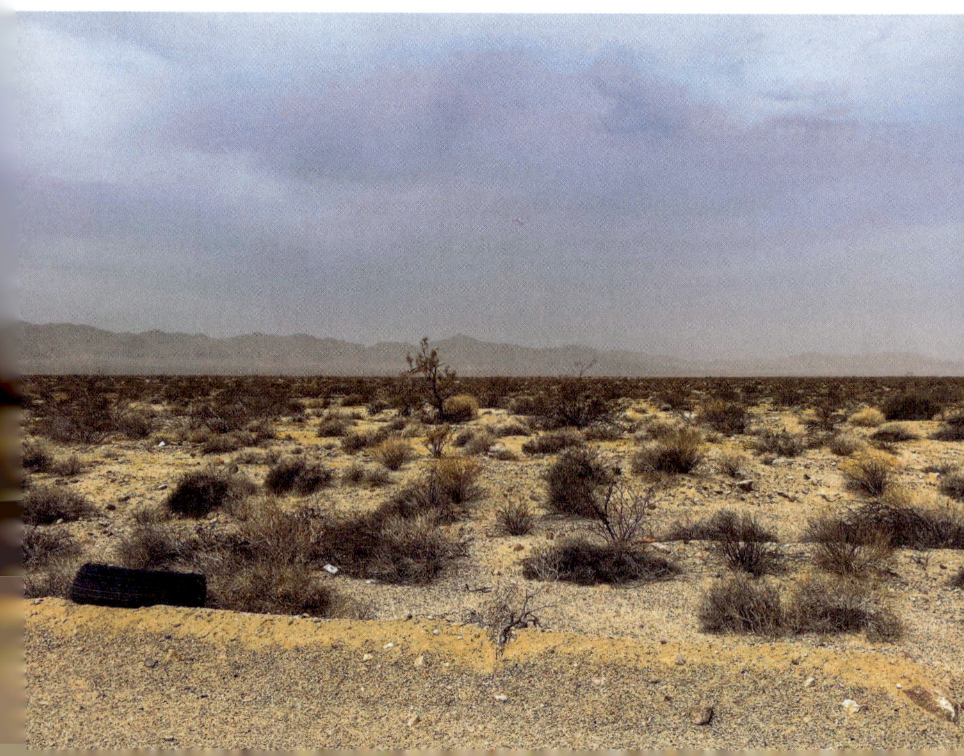

Sehr früh loszulaufen heißt jedoch auch, auf viel Schlaf zu verzichten. In den Tankstellen mittags kann ich mich nicht einfach auf den Boden legen und schlafen (obwohl ich das manchmal gern täte). Im Freien ist es zum Schlafen zu heiß, selbst wenn ich einen Schattenplatz finde, an dem ich mich ausstrecken könnte. Das war vor zwei Wochen auch schon so, als ich hier mit dem Rad durchfuhr. Ich habe also Übung darin und weiß, dass es wieder besser werden wird. Nichtsdestotrotz ist es ein besonders hartes Stück Arbeit, gegen Übermüdung anzukämpfen. Das zehrt an der Substanz. Dass es nachts auch nicht wirklich kühl wird, macht die Sache nicht besser.

Körperlich hat sich dafür alles zum Besten entwickelt. Meine Muskeln schmerzen nicht mehr, die Beine verhalten sich über die gesamte Tagesdistanz still. Ich habe abgenommen, was ich am deutlichsten an meiner Laufhose merke, die inzwischen viel lockerer um meine Oberschenkel schlackert. An mangelnder Ernährung kann es in diesem Fall nicht liegen, denn bis Barstow war die Infrastruktur so gut, dass ich mich ohne Weiteres versorgen konnte. Der Körper hat einfach seine Umstellung abgeschlossen. Ein geringeres Gewicht bedeutet ja auch weniger Belastung der Gelenke.

Paultaschen

Ein herrliches Erlebnis beschert mir der erste Abend, nachdem ich Barstow verlassen habe: Paul Ripke kommt vorbei. Paul ist als Fotograf bekannt geworden, unter anderem für die Toten Hosen, Formel-1-Piloten, verschiedene Fußballclubs und für die deutsche Nationalmannschaft, als sie 2014 in Brasilien Weltmeister wurde. Jetzt lebt er als Influencer in Kalifornien und hat eine Million Follower. Er war zugegen, als ich in Los Angeles ankam, und hatte auch gleich den passenden Kommentar über mich parat: »Der Typ ist nicht ganz dicht.«

Das war wohl als Lob gemeint, so habe ich es jedenfalls verstanden. In seinem Podcast jedenfalls nannte er mich dann einen »sehr inspirierenden Abenteurer«, und das lasse ich mir gern gefallen.

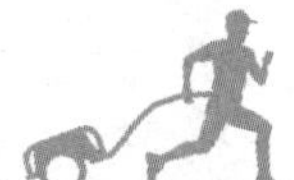

Paul jedenfalls taucht mit seinem großen Geländewagen auf, fährt ein Stück vor und läuft zu mir zurück. Gemeinsam rennen wir die letzten Kilometer und campen dann in der Wüste. Er ist ein interessanter und geistreicher Gesprächspartner, doch das Beste kommt zum Schluss: Er hat Maultaschen dabei! Dass die meine Leibspeise sind, auf die ich während meiner Reisen meist verzichten muss, hat sich offenbar herumgesprochen. Der Witz ist: Zusammen mit der Firma Settele vertreibt Paul schon seit einigen Monaten Maultaschen in Kalifornien, die er kurzerhand nach sich umbenannt hat: Paultaschen. Davon hat er eine Packung mitgebracht, die wir in der Abenddämmerung auf meinem Gaskocher anbraten. Maultaschen an einem der unwahrscheinlichsten Orte der Welt, inmitten der Mojave-Wüste. Ein Fest!

Das größte Thermometer der Welt

Umso härter wird der nächste Tag. Ich komme in das kleine Nest Baker, keine Schönheit, aber noch mal eine Einkaufsmöglichkeit für mich. Baker liegt am geografischen Ende des Death Valley Basin und gilt als Tor zum Todestal. Entsprechend heiß ist es, und konsequenterweise steht in Baker auch das größte Thermometer der Welt, ein 134 Fuß (41 Meter) hoher Turm, der an die höchste jemals in den Vereinigten Staaten gemessene Temperatur erinnert: 134 Grad Fahrenheit (56,6 Grad Celsius) hatte es am 10. Juli 1913 im Death Valley. Heute sind es »nur« 112 Grad Fahrenheit (44 Grad Celsius).

Die Strecke ab dem »Gateway to Death Valley« führt nun beständig aufwärts. Die Wege neben der Interstate sind in einem für mich katastrophalen Zustand, total versandet, sodass der Anhänger überhaupt nicht rollen kann. Ich muss ihn aber mit sehr viel Wasser beladen, ohne das ich nicht weit käme. 15 Kilo zusätzliches Gewicht, und ständig am Anhänger zerren zu müssen, damit er sich überhaupt bewegt, kostet unfassbar viel Kraft und macht mich gleichzeitig unendlich langsam. Es ist zum Wahnsinnigwerden. Ich komme einfach nicht richtig voran, und obwohl ich wie immer schon vor Sonnenaufgang

gestartet bin, brauche ich bis zum Nachmittag, bis ich die nächste Tankstelle erreiche. Ich bin nicht nur so richtig fix und fertig, ich fange mir auch einen heftigen Sonnenbrand ein, trotz Sunblocker mit dem höchsten Sonnenschutzfaktor.

Endlich im Schatten, ruhe ich mich aus, so gut es geht, um gegen Abend weiterzulaufen. Dabei mache ich eine kuriose Entdeckung. An der Kasse, an der Lotterietickets verkauft werden, steht eine lange Schlange von Menschen an. Seltsam. Eine Angestellte klärt mich auf: Die Grenze nach Nevada ist nicht weit, und auch wenn dieser Bundesstaat so ziemlich alles gestattet, was Kalifornien verbietet – in erster Linie Glücksspiel natürlich –, gilt für Lotterien genau das Gegenteil. Die sind in Kalifornien erlaubt, aber in Nevada verboten. Und so fahren viele Kalifornier regelmäßig nach Las Vegas (oder nur bis Primm gleich hinter der Grenze) in die Casinos, während die Einwohner von Nevada umgekehrt die Grenze nach Kalifornien überqueren, um kalifornische Lotterielose zu kaufen. Die Hoffnung, den großen Gewinn zu machen, lässt die Leute hüben wie drüben ihr Geld in den anderen Bundesstaat tragen. Menschen sind schon komische Wesen.

Eine Schlange am Weg

Am nächsten Morgen verlasse ich die Parallelwege zur Interstate, weil eine nach Norden abzweigende Straße ein besseres Fortkommen verspricht. Erst Asphalt, dann eine gute Schotterstraße. Nahe der Staatsgrenze zu Nevada erblicke ich etwas Ungewöhnliches vor mir auf der Straße. Ich werde vorsichtshalber langsamer und halte dann ganz an. Eine Schlange liegt dort, bestimmt einen Meter lang. Faszinierend. Sie hat mich ebenfalls bemerkt und richtet sich drohend auf. Ich weiche ganz an den linken Straßenrand aus, während sie nach rechts kriecht. Beide behalten wir uns fest im Blick. Langsam bewege ich mich vorwärts, stets bestrebt, genug Abstand zu wahren und gehe schließlich ruhig an ihr vorbei. Auch sie schlängelt noch weiter zur Seite. Schlangen haben kein Interesse, Menschen zu attackieren, so-

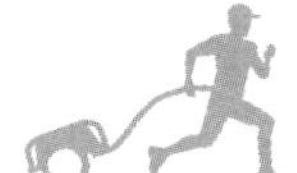

lange sie sich nicht bedroht fühlen. Es ist wohl eine Mojave-Klapperschlange, wie ich später herausfinde, eine der giftigsten Schlangenarten der USA.

Hitze, Müdigkeit, Durst sind in diesem Moment vergessen, ich fühle nichts als eine große Freude. Das sind die Dinge, die für mich die ganzen Strapazen, die Hitze, die Anstrengungen rechtfertigen. Eine Klapperschlange in freier Wildbahn zu erleben, wo wäre das sonst möglich? Es sind großartige Tiere, elegant und wunderschön. Ja, sie sind potenziell gefährlich, doch wenn man die nötige Vorsicht walten lässt, ist das Risiko nicht besonders hoch. Im Straßenverkehr sind die Gefahren durch Autos sicher deutlich größer. Und kein Auto kommt für mich auch nur annähernd an die Grazie einer Klapperschlange heran.

Über einen kleinen Pass gelange ich zur Staatsgrenze, hinter der das Städtchen Sandy Valley liegt. Irgendjemand hier muss beschlossen haben, dass die bisherige Schotterstraße nicht gut genug ist, jedenfalls laufe ich auf einmal auf tiefschwarzem, grobem Asphalt, der sich in der prallen Mittagssonne aufgeheizt hat wie eine Bratpfanne. Ich habe gute Laufschuhe mit dicken, isolierenden Sohlen an, und doch werden meine Füße auf diesem Untergrund so heiß, dass es kaum auszuhalten ist. Teilweise laufe ich neben der Asphaltdecke, was wegen des Anhängers jedoch sehr unpraktisch ist. Einmal wechsle ich die Schuhe, bis ich mich endlich in einen Laden flüchten kann, der gleichermaßen als Supermarkt wie auch als Saloon fungiert – der erste Supermarkt seit Barstow. Das war Rettung in höchster Not! Ich ordere eine große Pizza und verbringe ein paar Stunden mit kühlen Getränken im Gebäude.

Las Vegas lässt grüßen

Wie ich so dasitze und versuche, die Zeit totzuschlagen, geht die Tür auf, und ein Mann kommt herein, der mich auf Deutsch anspricht und mich zu einer Cola einlädt. Gerd stammt aus Dresden, war früher selbst Triathlet und hat im Moment einen der spannendsten Jobs, die es in

diesem Teil der Welt gibt: Er ist Bauleiter für die MSG Sphere, das spektakuläre neue Kultgebäude in Vegas, dessen Fertigstellung kurz bevorsteht. Die 112 Meter hohe Kuppel ist mit unzähligen LED-Paneelen bestückt, sodass sie wie ein riesiges, kugelförmiges Display fungiert, auf dem alles abgebildet werden kann: ein sich öffnendes Auge ebenso wie explodierende Sterne, ein Aquarium, der Mond oder einfach ein überdimensionaler Halloween-Kürbis – und zwar auf der Innenseite ebenso wie außen. Im September soll die multifunktionale Veranstaltungshalle eröffnet werden.

Gerd lebt deswegen für ein Jahr in Las Vegas. Er hat mich auf dem Livetracker gefunden und ist extra hier herausgefahren, um mich zu treffen. Vielleicht muss man nicht unbedingt tagelang in großer Hitze durch Wüsten rennen, um interessante Leute kennenzulernen, aber manchmal hilft es. Wir unterhalten uns eine Zeit lang, dann muss er wieder zurück. Morgen, wenn ich in Vegas ankomme, will er mich für ein paar Schritte begleiten.

Ich lasse mir noch Zeit, bis es Abend geworden ist, dann wage ich mich wieder hinaus. Die Straße führt bergauf in ein kahles Gebirge hinein, doch alle Müdigkeit ist von mir abgefallen. Ob es die Begegnung mit der Schlange war oder die Pizza oder das Gespräch mit Gerd (wahrscheinlich alles zusammen), ich fühle mich beschwingt und ausgeruht wie lange nicht und laufe deshalb weiter bis tief in die Nacht hinein. Als ich oben am Pass mein Zelt aufschlage, habe ich 58 Kilometer hinter mir – die längste Tagesleistung bisher, und trotzdem fühle ich mich fit und leistungsfähig ohne irgendwelche Beschwerden.

Den Stadtrand von Las Vegas erreiche ich am nächsten Tag gegen Mittag. Die kleine Parallelstraße neben der Interstate, auf die ich inzwischen wieder gestoßen bin, wird direkt zum Las Vegas Boulevard – auf dem »Strip« genannten Abschnitt die großen Casinos stehen. Hier bekomme ich wieder ein paar Begleiter, teils zu Fuß, teils auf dem Fahrrad. Darunter sind auch Gerd von gestern sowie Alexander Doujak, ein Freund und Geschäftspartner, der seinen Rückflug von Asien nach Österreich extra über Las Vegas gelegt hat, um mich hier zu treffen.

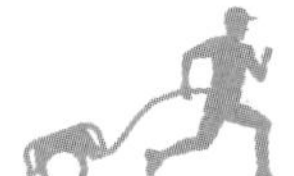

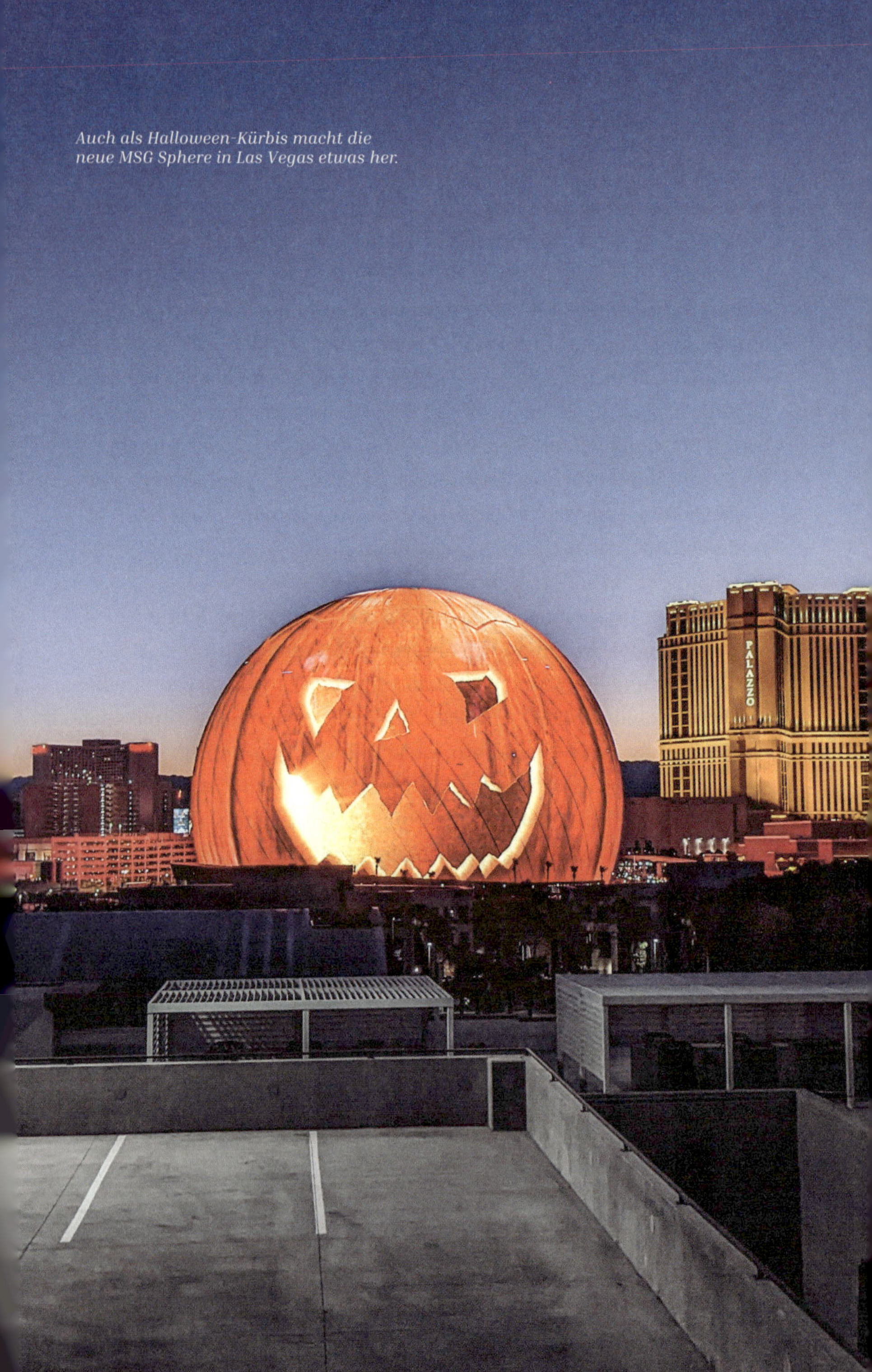

Auch als Halloween-Kürbis macht die neue MSG Sphere in Las Vegas etwas her.

Ich fühle mich außerordentlich geehrt von diesem Beweis der Wertschätzung. Und auch Markus hat seinen Urlaub an den kalifornischen Stränden unterbrochen und ist mit seiner Tochter Freya hergekommen. Was immer man von dieser Stadt halten mag, als Kulisse für prächtige Aufnahmen eignet sie sich allemal.

Den Strip heben wir uns für morgen auf und buchen uns vorher in einem der billigeren Hotels ein. Abends sind wir in Gerds Wohnung eingeladen, dessen Dachterrasse einen traumhaften Ausblick über die Skyline der Stadt, die beleuchteten Casinos und das ganze Bling-Bling bietet. So wenig ich mit Glückspiel anfangen kann und so ernüchtert ich bei der Durchfahrt vor gut zwei Wochen war, jetzt beeindruckt mich diese verschwenderisch strahlende Fassade dann doch. Der Kontrast zum gestrigen Abend, als ich noch allein in der Wüste gezeltet habe, ist aber auch besonders krass.

Wie jeden Tag, solange es so heiß ist, geht's gleich im Morgengrauen weiter, sodass wir den Strip am frühen Morgen passieren. Alexander, Markus und Freya sind dabei, auch Gerd stößt dazu. Selbst um diese Uhrzeit schillern die Casino-Paläste, sind Autos unterwegs und auch ein paar Fußgänger – und nein, sie sind nicht schon unterwegs, sie sind noch unterwegs. Sie haben die Nacht durchgemacht.

Hier entlangzulaufen ist ein eindrucksvolles Erlebnis, das ich nicht missen möchte. An meiner grundsätzlichen Meinung über diese Stadt hat sich aber nichts geändert. Sie kommt mir vor wie ein Freizeitpark, nur hundertmal größer und noch viel verrückter. Ich bin froh, als ich wieder raus bin.

In den Outskirts bestärkt sich mein Eindruck noch, denn sie präsentieren sich exakt so, wie ich sie schon vor zwei Wochen erlebt habe: heruntergekommen und verwahrlost. »Make it or break it«, heißt es in Las Vegas, und für die Mehrzahl der Leute trifft wohl Letzteres zu.

Am Stadtrand kehren die anderen um, während es für mich wieder hinausgeht in die Wüste. Bretteben präsentiert sie sich, und so unwirtlich, wie man sich nur vorstellen kann. Ich gebe Gas und habe meine 50 Kilometer schon um die Mittagszeit geschafft. An der Abzweigung

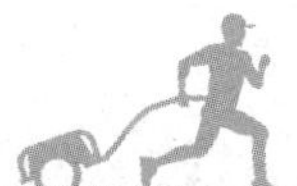

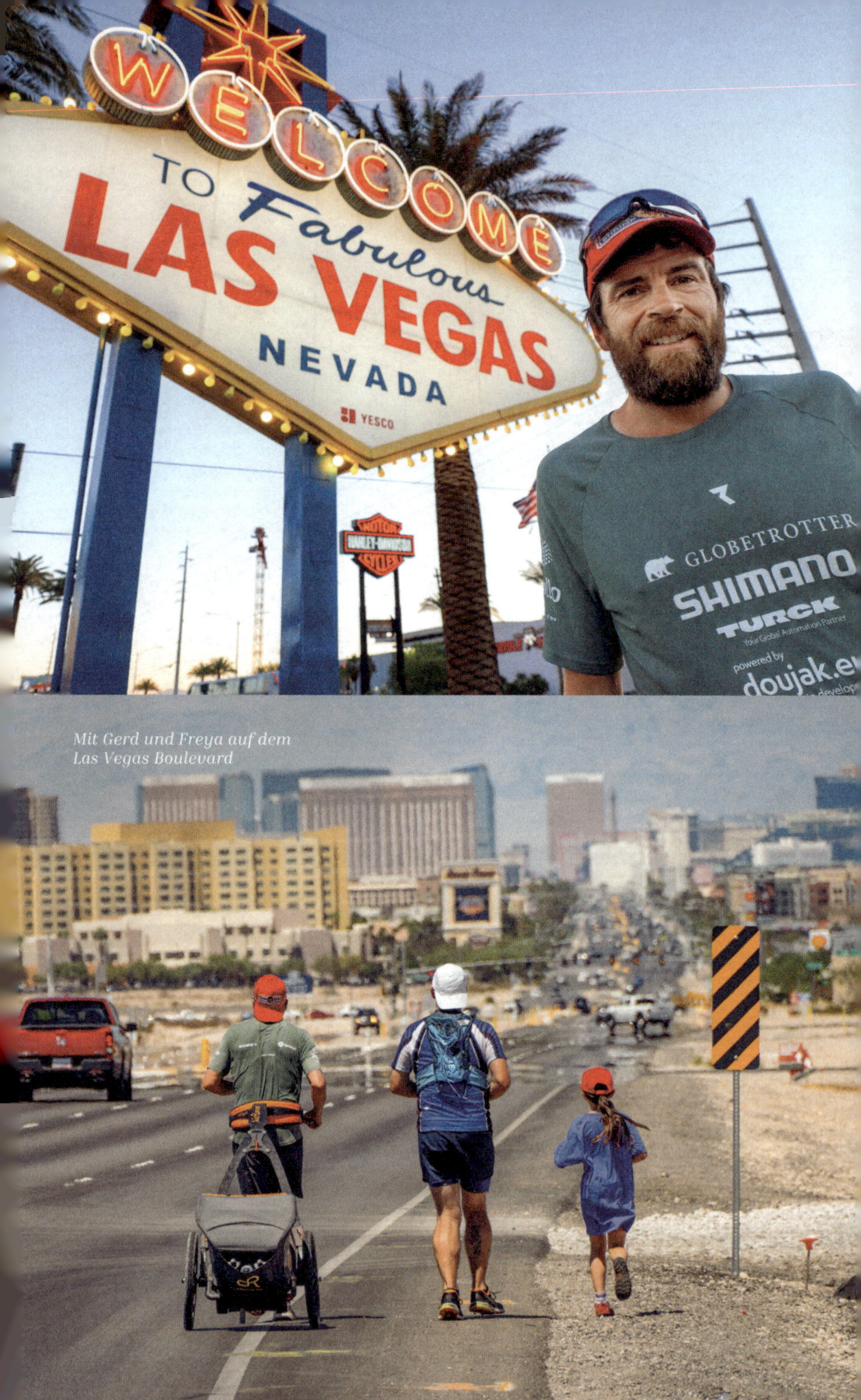

Mit Gerd und Freya auf dem Las Vegas Boulevard

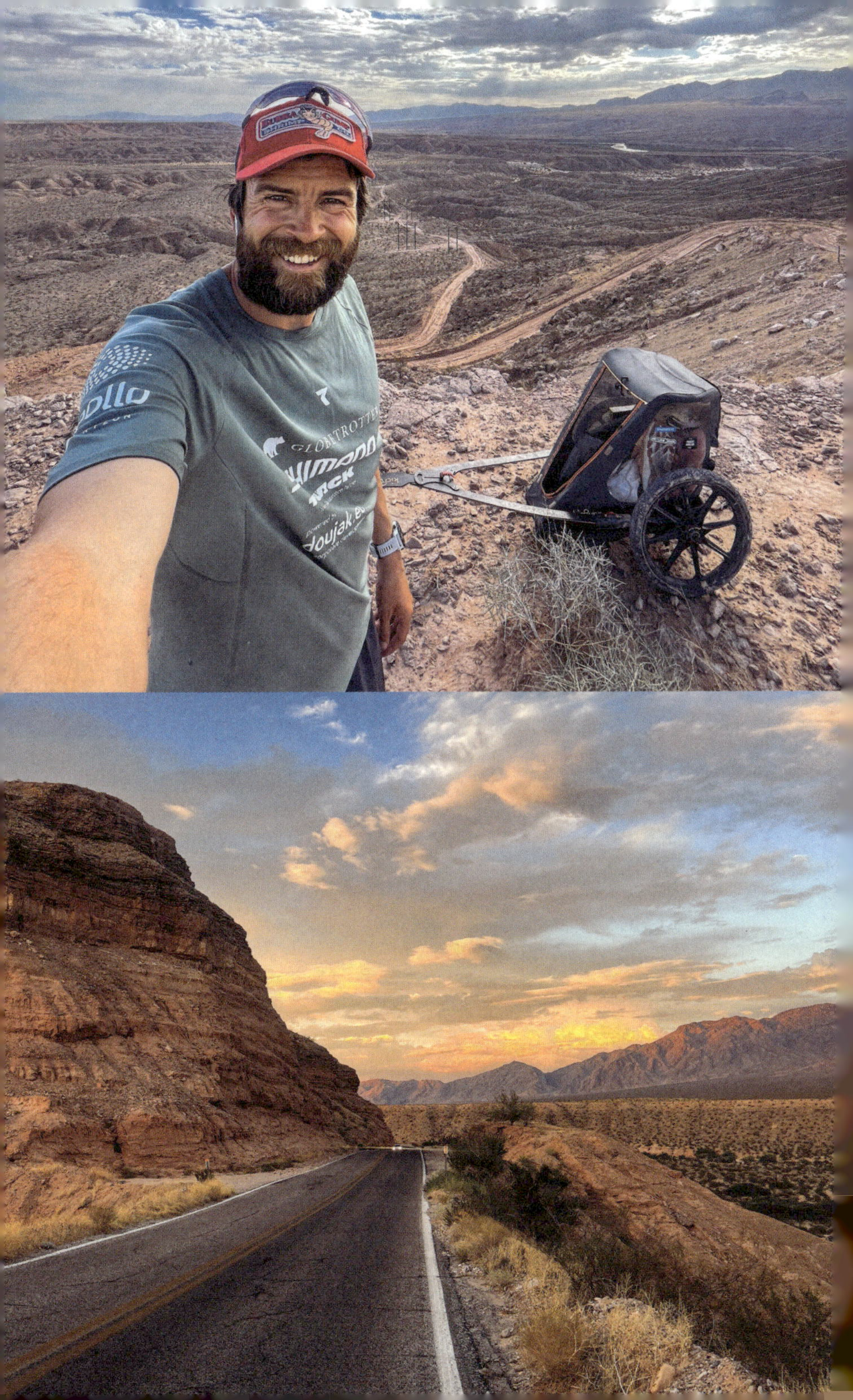

zum Great Basin Highway, der nach Norden führt, steige ich in einem Hotel ab und lasse den Rest des Tages vertröpfeln. Von dort bin ich etwa 14 Tage zuvor mit dem Fahrrad gekommen, jetzt wähle ich eine andere Route, die mich weiter nach Südosten führen wird.

Valley of Fire

Eine Baustelle blockiert die Unterführung unter der Interstate, durch die ich durchwill. Noch ein paar Kilometer habe ich den kleinen Parallelstraßen zu folgen, dann kommt die Abzweigung, die mich ins Valley of Fire bringen soll. Ein Trupp mexikanischer Bauarbeiter ist damit beschäftigt, etwas an der Straße zu reparieren. Sie schauen verwundert auf den komischen Fußgänger mit seinem Wagen im Schlepptau, der sich ihnen da nähert. Als ich frage, ob sie mich durchlassen, zögern sie einen Moment, doch da ruft einer von ihnen: »Ah, Forrest Gump alemán!« Ein Leuchten geht über alle Gesichter, sie machen mir bereitwillig Platz, klopfen mir auf die Schulter und wünschen mir viel Glück. Da ist also mein zwei Jahre alter Ruhm aus Mexiko bis zu diesen Arbeitern in Nevada vorgedrungen! Die nächste Stunde muss ich immer wieder lächeln, wenn ich daran denke.

Es brennt nicht im Valley of Fire, trotz des Namens. Der älteste State Park des Bundesstaates Nevada heißt so wegen seiner Felsformationen aus gemasertem rotem Sandstein, die vor allem in der Abendsonne wie Feuer zu glühen scheinen. Es ist eine fantastische, bizarre Welt, einer der schönsten Orte innerhalb der Mojave-Wüste. Ich muss eine ganze Menge Höhenmeter überwinden bei Temperaturen wieder über 45 Grad Celsius, doch die Begeisterung über dieses grandiose Stück Natur lässt mich die Anstrengung gut wegstecken. Die Taktik, morgens sehr früh zu starten und erst abends weiterzulaufen, geht auf. Was nicht bedeutet, dass mir mittags nicht die Zunge raushängt und ich auch gern mit einem McDonald's am Wegesrand vorliebnehme, nur um aus der Hitze rauszukommen. Zwei Tage lang kürze ich meine Etappen auf etwa 40 Kilometer ab, um mich nicht zu sehr zu verausgaben.

Köstlicher Regen

Auf kleinen Schotterstraßen bewege ich mich immer mehr auf die Staatsgrenze von Arizona zu. Ich werde, nun wieder parallel zur Interstate, diesen Bundesstaat auf einem kurzen Abschnitt in seinem nordwestlichsten Eck queren, bevor ich danach Utah erreiche. Das Städtchen Mesquite, das noch in Nevada direkt an der Grenze liegt, nutze ich nur für eine ausgedehnte Essenspause und laufe danach noch in die Nacht hinein.

So langsam ist das Ende der Mojave-Wüste in Sicht. Links und rechts der leicht ansteigenden Straße lässt sich bereits etwas frischeres Grün blicken, an kleine Sonnenblumen erinnernde, gelbe Blumen wachsen hier und dort. Sogar eine gnädige Wolke schiebt sich vor die Sonne. Ich überquere die Grenze nach Utah, was sich außer durch ein großes Schild am Straßenrand auch dadurch bemerkbar macht, dass der Asphalt der Straße ein anderer ist. Neuer, schwärzer. Im Moment muss ich jedoch keine Angst vor geschmolzenen Sohlen haben, denn die Bewölkung wird immer dichter.

Und dann geht mit einem Mal ein Wolkenbruch über mir nieder. Es schüttet wie aus Kübeln – und ich könnte einfach nur jubeln. Nach all dem Staub und der Hitze, nach so vielen Tagen Wüste regnet es! Wasser, mit dem ich die ganze Zeit sparsam hatte umgehen müssen, Wasser, das meinen Anhänger bei jedem Anstieg so unglaublich schwer machte, auf das ich jedoch nicht verzichten konnte – es fällt jetzt einfach auf mich herab.

Ich breite die Arme aus, wende den Kopf nach oben und lasse mir die Herrlichkeit ins Gesicht, in die Haare, in den Bart rinnen. Ein reines, ungetrübtes Glücksgefühl überkommt mich. »I'm singing in the rain«, rufe ich laut in das Platschen der Tropfen hinein und suche extra nach Pfützen, in die ich hineintreten kann. Hätte mich jemand in diesem Moment beobachtet, hätte er mich sicher für übergeschnappt erklärt, so wie ich auf der Straße singe und tanze (was durch den Anhänger besonders ungelenk wirkt).

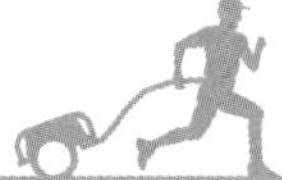

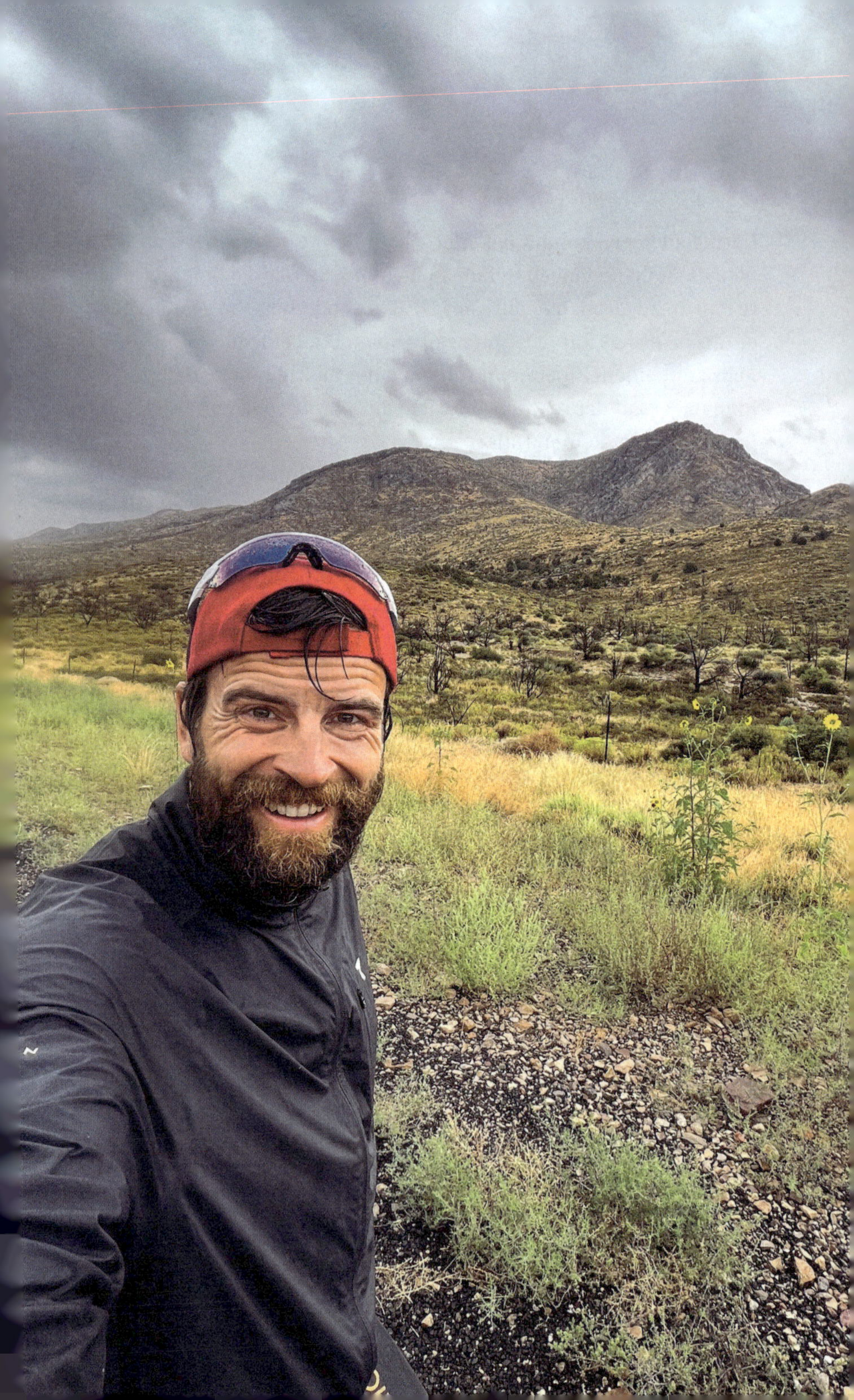

Rad ab

Nach dem Regen kommt bekanntlich die Sonne. Und: ein kaputter Anhänger. Auf dem langen Gefälle in Richtung St. George fängt das rechte Rad an zu eiern. Ich halte am Straßenrand und sehe es mir genauer an. Ja, es hat auf der Innenseite Spiel. Die Laufräder sind auf der Achse mit einem inneren und einem äußeren Lager befestigt, und das Innenlager auf der rechten Seite ist ganz klar beschädigt. Es gibt dem Rad überhaupt keinen Halt mehr.

Mit so etwas habe ich nicht gerechnet. Ich bin gerade mal 800 Kilometer unterwegs, und das Radlager ist schon kaputt? Wie kann das sein? Ich gebe zu, auf den Holperstrecken der vergangenen Tage habe ich meinen Anhänger nicht gerade geschont, und vielleicht ist auch Sand eingedrungen, was für ein Kugellager tödlich ist. Trotzdem. So schnell darf das nicht passieren!

Gegen eventuelle Reifenpannen hatte ich vorgesorgt, doch auf die Idee, Ersatzteile für defekte Radlager mitzunehmen, bin ich nicht gekommen. Ich hatte es schlicht nicht für möglich gehalten.

Glück im Unglück ist, dass mir das nicht schon in der Wüste passiert ist, sondern unweit von St. George, einer Stadt mit knapp 100 000 Einwohnern. Dort kann ich darauf hoffen, Hilfe zu finden. Stünde ich jetzt mitten im Nirgendwo, hätte ich ein echtes Problem. Mein gesamtes Gepäck, meine Vorräte, das Wasser: Alles ist in diesem Anhänger.

Ich recherchiere online und stelle fest, dass es sogar noch vor St. George, im nur noch 15 Kilometer entfernten Städtchen Ivins, einen Fahrradladen gibt. Bis dahin wird es schon irgendwie gehen. Zudem scheine ich aus irgendeinem Grund in Ivins besonders populär zu sein, denn schon lange, bevor ich dort ankomme, haben mich unabhängig voneinander mehrere Autos auf der Strecke abgepasst, mich mit Wasser und Schokoriegeln versorgt und mir viel Glück gewünscht. Ein paar Kilometer vor dem Ort gesellt sich auch ein Läufer zu mir, dann noch einer, dann ein Radfahrer – warum ich ausgerechnet hier so bekannt bin, erschließt sich mir nicht, freut mich aber umso mehr.

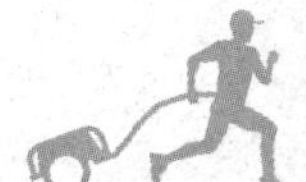

Ländle meets Mexiko

Der Fahrradladen in Ivins erweist sich als Enttäuschung und Glücksfall zugleich. Die Enttäuschung: Eine Reparatur ist hier nicht möglich. Klar ist, dass das Lager getauscht werden muss, es ist jedoch keines in der passenden Größe vorhanden. Der Mechaniker durchsucht seine gesamten Bestände, leider erfolglos. Im Anhänger sind Lager in anderen Maßen verbaut, als es für Fahrräder üblich ist. Die glückliche Fügung ist, dass mich John, der Manager des Ladens, einlädt, bei ihm zu übernachten. Hier einen Platz zum Zelten zu finden, sei eher schwierig, meint er.

Das nehme ich gerne an und gehe mit zu seinem Haus gleich gegenüber des Fahrradladens. Gerade steht das Abendessen auf dem Tisch, zu dem mich John und seine Familie gebeten haben, als es an der Tür klopft. Drei mexikanische Frauen stehen draußen, die eine Fahne von Mexiko und – wo sie die herhaben, ist mir bis heute schleierhaft – eine Fahne von Baden-Württemberg tragen. »Ist Jonas hier? Wir haben auf dem Livetracker gesehen, dass er hier im Haus sein muss«, fragen sie und schauen neugierig in die Wohnung hinein. John kratzt sich etwas irritiert den Kopf. Von meinem Hintergrund wusste er bisher nichts, und so kann er sich nicht erklären, was diese für ihn wildfremden Mexikanerinnen von mir wollen. Ich muss grinsen. Die Situation ist schnell erklärt und sorgt für viel Gelächter. Als die Frauen sich nach kurzer Zeit wieder verabschiedet haben, recherchiert John auf seinem Handy: »Das bist wirklich du? Na, das ist mir eine Ehre, dass du mein Gast bist«, sagt er bewundernd.

Schieben statt ziehen

Doch wie geht es jetzt weiter mit dem defekten Anhänger? St. George ist eine größere Stadt und nicht weit entfernt, da bestehen vielleicht bessere Chancen. Allerdings hatte John schon erfolglos alle Fahrradläden in der Umgebung nach einem passenden Lager abtelefoniert.

Versuchen muss ich es auf jeden Fall. Zwar schleift das Rad am Rahmen, wenn ich den Anhänger ziehe, doch wenn ich ihn vor mir herschiebe, läuft es relativ gerade. Das ist nicht ganz so angenehm, doch es geht. Auf diese Weise komme ich auf jeden Fall bis St. George.

Wie befürchtet, kann man mir in dem Fahrradladen dort auch nicht helfen. Zu speziell ist das benötigte Teil. Ich bekomme den Tipp, es bei einer Firma zu versuchen, die auf Lager aller Art für die Industrie spezialisiert ist. Dort kaufe ich zwei Lager, die vielversprechend wirken. Doch auch sie stellen sich beim Versuch, sie einzubauen, als ungeeignet heraus.

Es bleibt nur die Möglichkeit, die Originalteile vom Hersteller zu beziehen. Ich rufe direkt den Chef an und schildere ihm das Problem. Er verspricht, sich sofort darum zu kümmern und die Ersatzteile so schnell wie möglich auf den Weg zu bringen.

Das klingt gut, und ich bin ihm sehr dankbar dafür – ein paar Tage wird es dennoch dauern, bis die Teile vom Firmensitz, einer Kleinstadt in Oregon, bis zu mir gelangen. Das Wochenende liegt auch dazwischen. So lange kann ich auf keinen Fall hier warten. Wo also soll er sie hinschicken? Die nächsten Tage werden mich in den Grenzbereich zwischen Utah und Arizona bringen, in die Canyons und Naturparks dieser großartigen Landschaften. Der nächste nennenswerte Ort ist Page in Arizona, wohin ich es in vier Tagen schaffen müsste. Ja, das sollte klappen. Ich muss nur den Anhänger heil bis dorthin bringen.

Deutsche Gastfreundschaft

All diese fruchtlosen Reparaturversuche und die Telefonate in St. George haben eine Menge Zeit gekostet, jetzt will ich endlich weiter. Stillstand mag ich nämlich ganz und gar nicht. Den KidRunner zu schieben funktioniert erstaunlich gut; dass die Straße eben und gut asphaltiert ist, erleichtert die Sache. Trotzdem habe ich immer ein Auge auf das Rad um eventuelle Schiefstellungen schnell ausgleichen zu können.

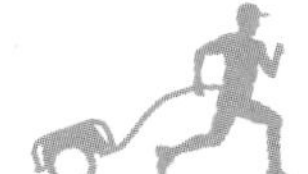

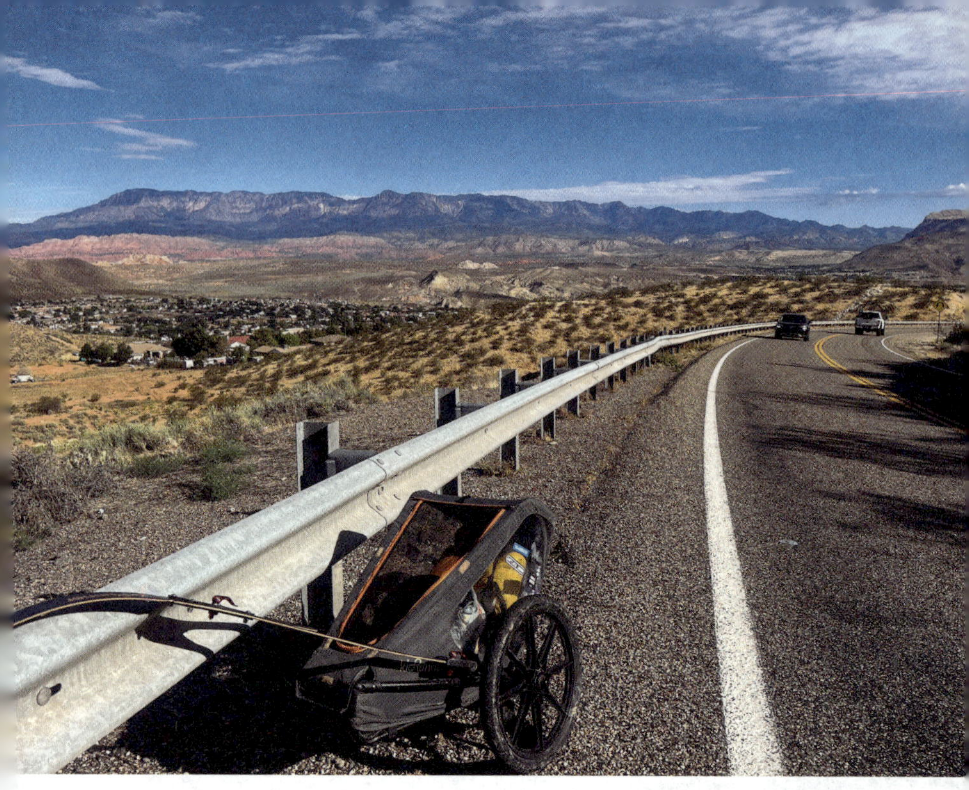

So laufe ich aus der Stadt heraus, als ein Wohnmobil vor mir am Straßenrand hält. Eine ganze Familie springt heraus und ruft mir auf Deutsch zu: »Hey, hallo, Jonas, da bist du ja! Wir haben dich schon gesucht.« Sie sind mit dem Camper auf Roadtrip durch die Nationalparks der Umgebung, von denen es hier nicht wenige gibt. Im Süden der gigantische Grand Canyon, im Norden die Nationalparks Zion, Bryce Canyon und Mesa Verde, dazu natürlich das Monument Valley und etliche weitere Naturparks und National Monuments. Nirgends in den USA konzentrieren sich so viele fantastische Naturphänomene auf so engem Raum wie hier an den Schnittstellen von Arizona, Utah und dem südlichen Colorado.

Es bleiben nicht die einzigen Touristen. Die ganzen nächsten Tage passen mich mehrmals Reisende ab, die auch auf ihrem Roadtrip zu den Naturwundern des Landes sind. Alle finden mich über den Livetracker und freuen sich, mich leibhaftig anzutreffen. Sie versorgen mich bereitwillig mit Wasser und Essen, manche haben sogar kleine

Stände am Straßenrand aufgebaut, wissend, dass ich gleich vorbeikommen werde. Da nehme ich dankbar Platz und genieße die angebotene Gastfreundschaft. Und einige steigen gar aus und laufen ein Stückchen mit. Immer gibt es ein großes Hallo, wenn die nächsten Reisenden mich gefunden haben. Es sind fast ausschließlich Deutsche.

Mir macht das natürlich Spaß, ich lasse mir die Aufmerksamkeit gern gefallen. Besonders freue ich mich über einen 17- oder 18-jährigen Jungen, der seine Eltern überredet hat, mich zu suchen. Er hat mich letztes Jahr bei einem Vortrag in seiner Schule gehört und wollte unbedingt ein Stück mit mir mitrennen. Beeindruckende 20 Kilometer ist er dabei, und währenddessen gesellt sich noch ein zweiter Läufer dazu. Als beide mich verlassen, kommt schon der Nächste, und so geht das den ganzen Tag weiter. Es ist wie eine Hop-on-Hop-off-Tour von deutschen Touristen an meiner Seite.

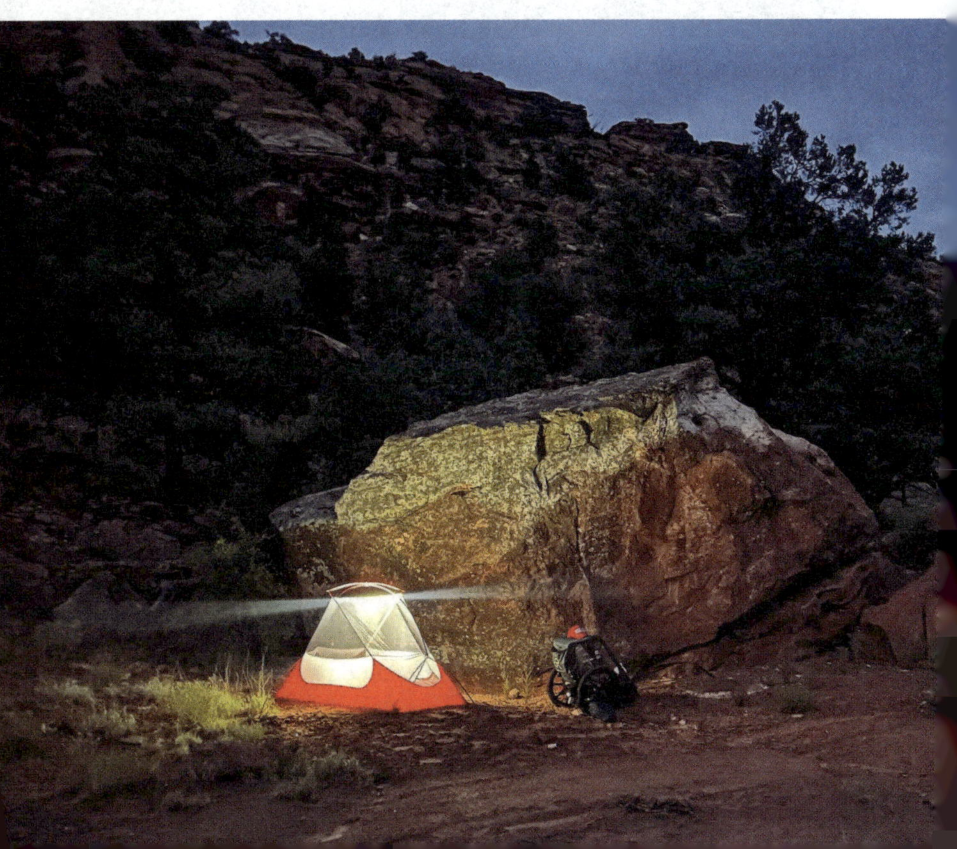

Als ich abends wieder allein bin und unter einem großen Felsen einen herrlichen Platz für mein Zelt gefunden habe, denke ich darüber nach, wie diese Reise gerade verläuft. Zu glauben, dass mir eine ähnlich große Welle der Begeisterung entgegenschlagen würde wie vor zwei Jahren in Mexiko, wäre vermessen gewesen, und ich habe es auch nicht erwartet. Ich bin nicht enttäuscht darüber, dass mir die Amerikaner zwar auf der zwischenmenschlichen Ebene meist freundlich und hilfsbereit begegnen, von meinem Projekt aber nie gehört haben. Ich brauche keine Publicity, ich komme sehr gut mit mir selbst klar. Und doch ist es an solchen Tagen auffällig, dass ich zwar in Mexiko und in Deutschland eine Fanbasis habe, in den USA aber – mit wenigen Ausnahmen – kaum ein Hahn nach mir kräht.

Das Land zeigt sich mir wieder in seiner ganzen Schönheit. Die roten Felsen rücken mal näher, mal schmücken sie nur die Berge in der Ferne. Die Talböden sind mit Buschwerk bewachsen, durch dessen Grün der orangerote bis ockerfarbene Boden schimmert.

Heiß ist es tagsüber immer noch, aber kein Vergleich mit den Temperaturen in der Mojave-Wüste, die nun weit hinter mir liegt. Der Himmel zeigt sich jetzt auch öfter bewölkt, ohne mir gleich ein Unwetter um die Ohren zu hauen. Sehr angenehm. In dieser Gegend tritt im Sommer ein Wetterphänomen auf, der Nordamerikanische Monsun, der für Regenfälle in diesem sonst so knochentrockenen Landstrich sorgt. Er bringt nicht, wie etwa der indische Monsun, lang anhaltenden Dauerregen mit sich, sondern einzelne Schauer. Von schweren Gewittern, die auch auftreten können, bleibe ich verschont. Es regnet nur nachmittags immer wieder, bei immer noch deutlich über 30 Grad Celsius. Für mich jedes Mal eine herrliche, wohltuende Erfrischung.

Lichtspiele

War es in den letzten Tagen aufgrund guter Infrastruktur mit der Versorgung relativ einfach, kommt zwischen Kanab und Page nun ein 125 Kilometer langer, sehr einsamer Abschnitt. In Kanab kaufe ich deshalb

groß ein und lade den Anhänger mit Wasser und Essen für drei Tage voll. Dass mich deutsche Touristen auf dieser Strecke wieder so großzügig unterstützen, darauf kann und will ich mich nicht verlassen – obwohl in der Realität dann doch der eine oder andere vorbeikommt.

Ein wenig mit Sorge sehe ich die Beladung des KidRunners. Der Schaden am Rad hat sich in den letzten Tagen glücklicherweise nicht vergrößert, doch wer weiß, wie sich das höhere Gewicht auswirkt. Ich habe jedoch keine Alternative. Die neuen Lager liegen (hoffentlich) in Page bereit, bis dahin muss ich es schaffen. Wenn alle Stricke reißen – der Anhänger also unterwegs die Grätsche macht (das kann man ganz bildlich sehen) –, müsste ich ihn stehen lassen, mich von einem vorbeifahrenden Auto nach Page mitnehmen lassen, die Lager holen und zurücktrampen. Das würde wohl funktionieren, ganz aufgeschmissen wäre ich also nicht.

Und was könnte ich anstelle dessen jetzt und hier tun? Nur dasselbe: hintrampen, Lager holen, zurücktrampen. Würde nur mehr Zeit kosten. Somit ist die Entscheidung klar: Los geht's.

Die Straße führt auf einer langen Geraden stetig nach oben. Die zusätzlichen Kilos machen sich deutlich bemerkbar und kosten einiges an Kraft. Ich muss die Deichsel beim Schieben in einer bestimmten Höhe halten, um das Gleichgewicht zu wahren, und spüre das immer mehr im Rücken.

Umso mehr genieße ich die Schönheit der Natur um mich. Die Ebene und die umliegenden Berge glühen in Rot- und Ockertönen, die Wolken am Himmel lassen ein Spiel von Licht und Schatten über das Land tanzen. Am Abend finde ich einen schönen Schlafplatz im trockenen Gras unweit der Straße, und während mein Nudelwasser kocht, sehe ich zu, wie die Sonne hinter den Hügeln versinkt. Auf der Unterseite nehmen die Wolken eine bleigraue Farbe an, über ihre Kanten und die höher liegenden Schichten ergießt sich ein zartes Rosa. Im Himmel darüber hält sich noch das Blau, das zum Horizont hin immer heller, fast gelb wird. Von Minute zu Minute macht sich Dunkelheit breit, Gelb wird zu Rot, Pink zu Grau, Blau zu Schwarz. Die ersten Sterne blinken auf.

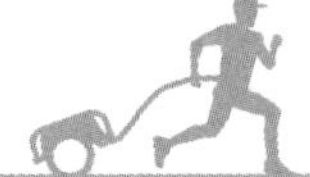

Der Wasserspeicher des Südwestens

Page liegt am Ausfluss des Colorado River aus dem Lake Powell, einem der wichtigsten Stauseen in diesem Teil der USA. Er entstand zwischen 1963 und 1980, als der Glen Canyon durch Aufstauung des Colorado River überflutet wurde und zusammen mit seinen vielen Seitencanyons zu einem riesigen, verästelten See wurde, der eine über 3000 Kilometer lange Küstenlinie hat. Für die Wasserversorgung des gesamten Südwestens ist er von überragender Bedeutung, aber auch ein beliebtes Touristenziel.

Ich überquere die Brücke direkt vor dem imposanten Staudamm, an dem ein Besucherzentrum einen großartigen Blick auf die hier relativ schmale blaue Wasserfläche bietet, die in der staubtrockenen, rostroten Wüstenlandschaft liegt. Deutlich sind die Linien zu sehen, die das Wasser bei höheren Pegelständen auf die Felsen gezeichnet

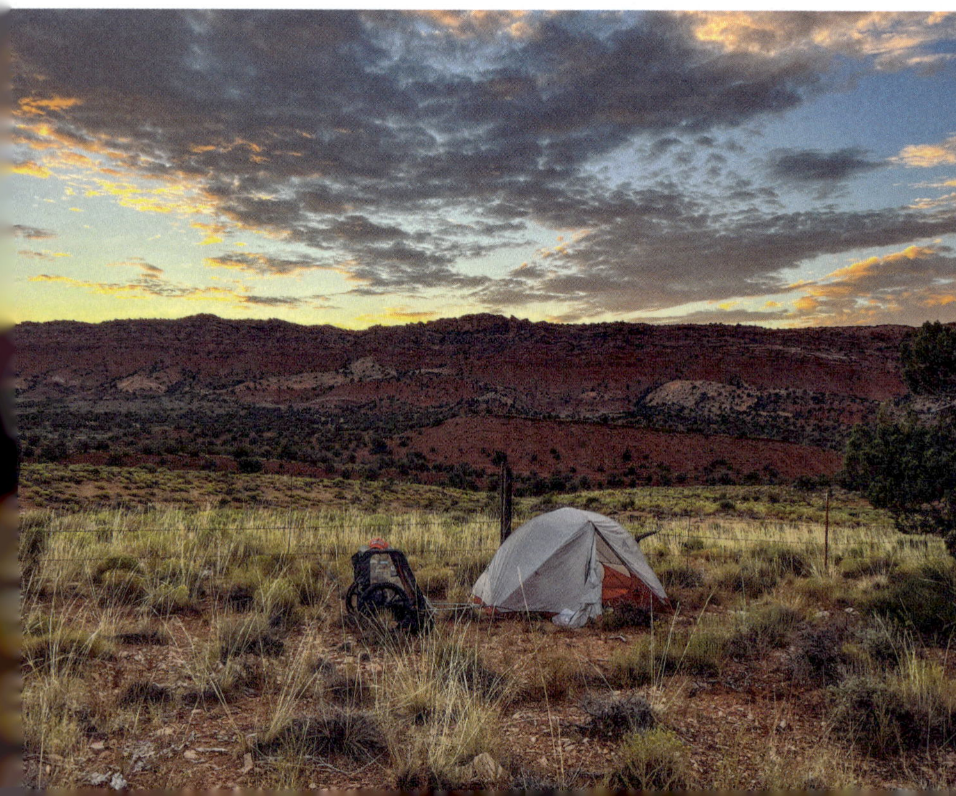

hat, und es ist auf den ersten Blick klar, wie tief der Pegel bereits gefallen ist. Der See enthält inzwischen nur noch ein Viertel seiner möglichen Kapazität. Das hat auch gravierende Auswirkungen auf den Lake Mead, den Stausee im weiteren Verlauf des Colorado River, von dem die Wasserversorgung von Las Vegas abhängt. Trocknet der Lake Powell aus, hat ein großer Teil der Städte im Südwesten kein Wasser mehr.

Wäre ich im Urlaub hier, könnte ich mich jetzt nicht nur auf dem See vergnügen, ich könnte von Page aus auch einige andere berühmte Sehenswürdigkeiten besuchen. Der Horseshoe Bend nur ein paar Kilometer flussab etwa ist eine der ikonischsten Flussschleifen des an sehenswerten Windungen und Canyons nicht gerade armen Colorado Rivers. Kaum ein USA-Kalender, in dem sein Bild fehlt. Noch weiter südwestlich kommt dann der Grand Canyon. In unmittelbarer Nähe von Page liegt auch der Antelope Canyon, ein sehr schmaler und tiefer Canyon, der für das fantastische Farbenspiel seiner Felswände berühmt ist.

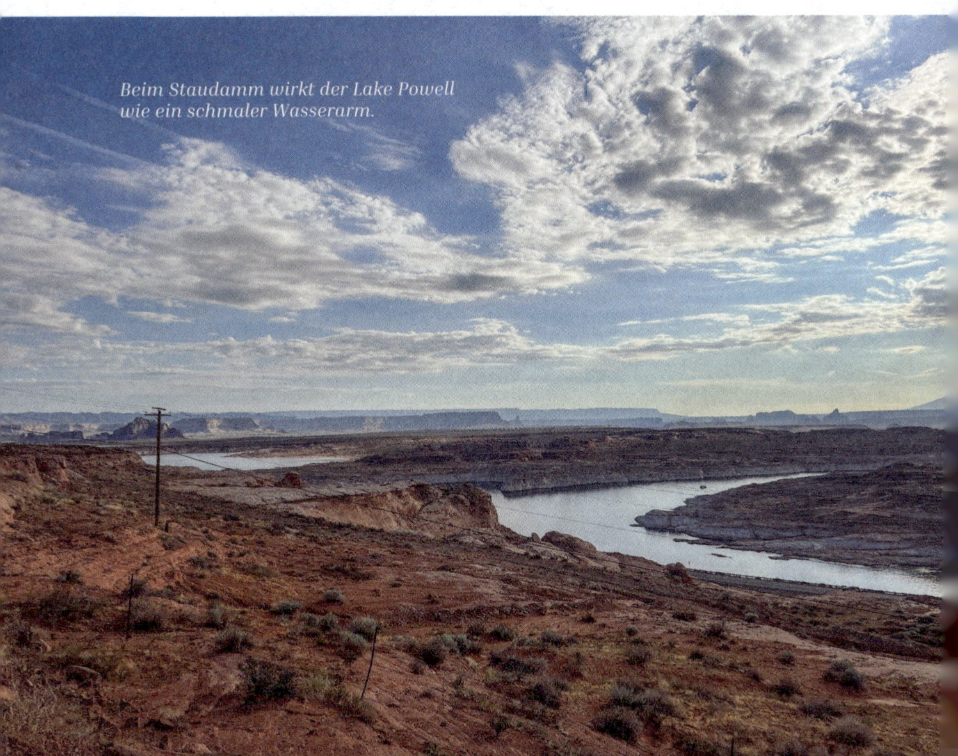

Beim Staudamm wirkt der Lake Powell wie ein schmaler Wasserarm.

Nichts von alldem kommt für mich in Frage. Ich habe mich um etwas Profaneres zu kümmern: die Radlager meines Anhängers.

Erfolgreiche Reparatur

Der KidRunner hat es tatsächlich bis Page geschafft, und nun soll er endlich richtig instandgesetzt werden. Ich bin ein wenig nervös, als ich in dem vereinbarten Hotel danach frage, doch völlig unnötig: Die Lager sind da, und ich kann sie auch problemlos einbauen. Das Rad läuft so rund wie am ersten Tag, was auch heißt, dass ich den Anhänger wieder ziehen kann. Das entlastet mich sehr, und ich kann nur hoffen, dass es von nun an so bleibt.

Erneut liegt eine lange Strecke vor mir, für die ich genug Proviant mitnehmen muss. Sie führt durch die Navajo Nation Reservation, ein riesiges Gebiet im Nordwesten von Arizona, das sich bis nach Utah, New Mexico und ins südwestliche Colorado erstreckt. Die Infrastruktur ist dünn, auf 100 Kilometern gibt es kein Handynetz, doch die weite Landschaft mit ihren Tafelbergen ist nach wie vor beeindruckend. Man fühlt sich winzig, doch gleichzeitig auch auf schöne Art und Weise geborgen. Mich beflügelt es durch diese grandiose Landschaft zu laufen.

Die Reparatur in Page hat viel Zeit in Anspruch genommen, weswegen ich an diesem Tag kaum 35 Kilometer schaffe, obwohl ich bis in die Abenddämmerung hineinlaufe. Es ist auch wieder schwierig geworden, einen Platz zum Übernachten zu finden, links und rechts der Straße ist alles mit Stacheldraht eingezäunt. Schließlich baue ich mein Zelt hinter einer Böschung oberhalb der Straße direkt neben dem Zaun auf. Irgendwie ist es schwer zu begreifen: In einem Land, das so viel auf Freiheit hält, wird einem der Zugang zu riesigen leeren Flächen versperrt. Privateigentum gut und schön, doch jeden Zentimeter mit Stacheldraht zu umgeben, das hat für mich was Paranoides. Den farbenprächtigen Abendhimmel und das Sonnenlicht, das am Morgen die Ebene überflutet, kann jedoch keiner einzäunen, und das versöhnt mich wieder ein bisschen mit der Situation.

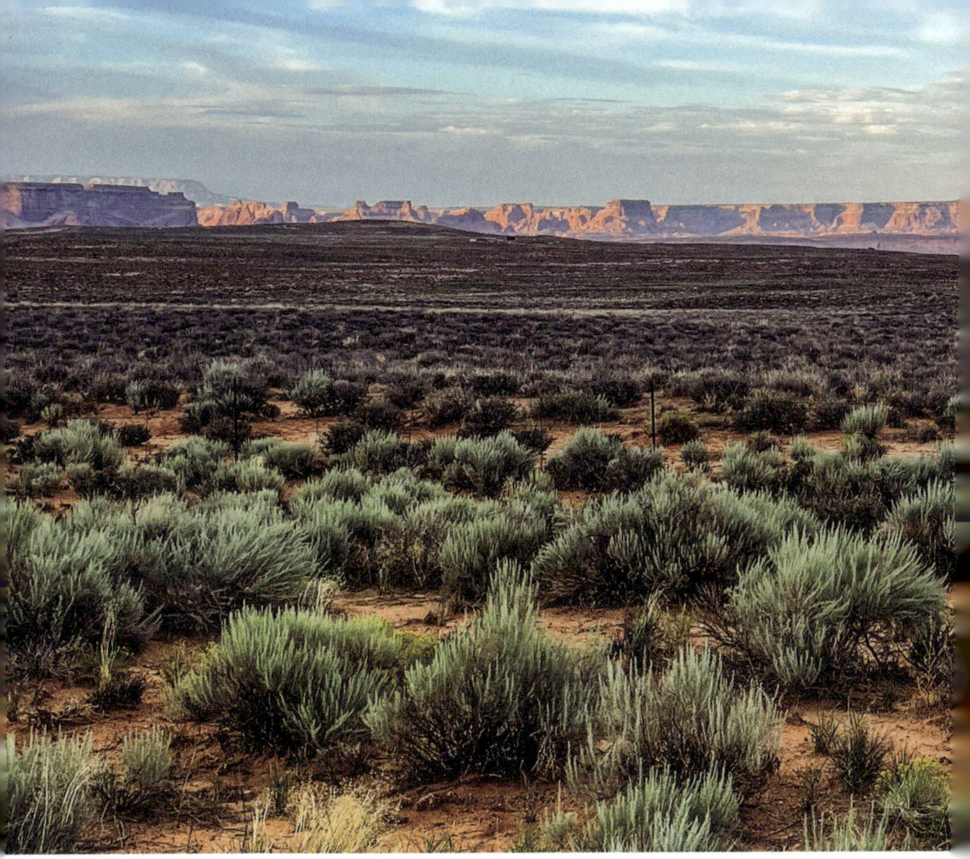

Von Tankstelle zu Tankstelle

Am nächsten Tag läuft es dafür umso besser. Zuverlässig kommen deutsche Touristen vorbei und geben mir Wasser, andere (kühle!) Getränke und Snacks. Die Beine bewegen sich wie von selbst, und der Anhänger rollt ruhig hinter mir über den Asphalt. Heute macht es einfach Spaß.

Eine zusätzliche Motivation, die mit über 63 Kilometern längste Tagesleistung zu schaffen, ist der Crossroads Store. Diese Tankstelle mit Laden, die noch mitten in der Navajo Nation Reservation liegt und von den hier ansässigen Natives betrieben wird, will ich unbedingt erreichen. Der Kulturunterschied ist deutlich spürbar. Am Haus sind Wandmalereien zu sehen, die unter anderem den Colorado River mit dem Glen-Canyon-Staudamm und ein Kohlekraftwerk zeigen, das giftige Ab-

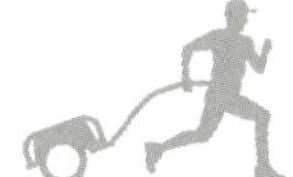

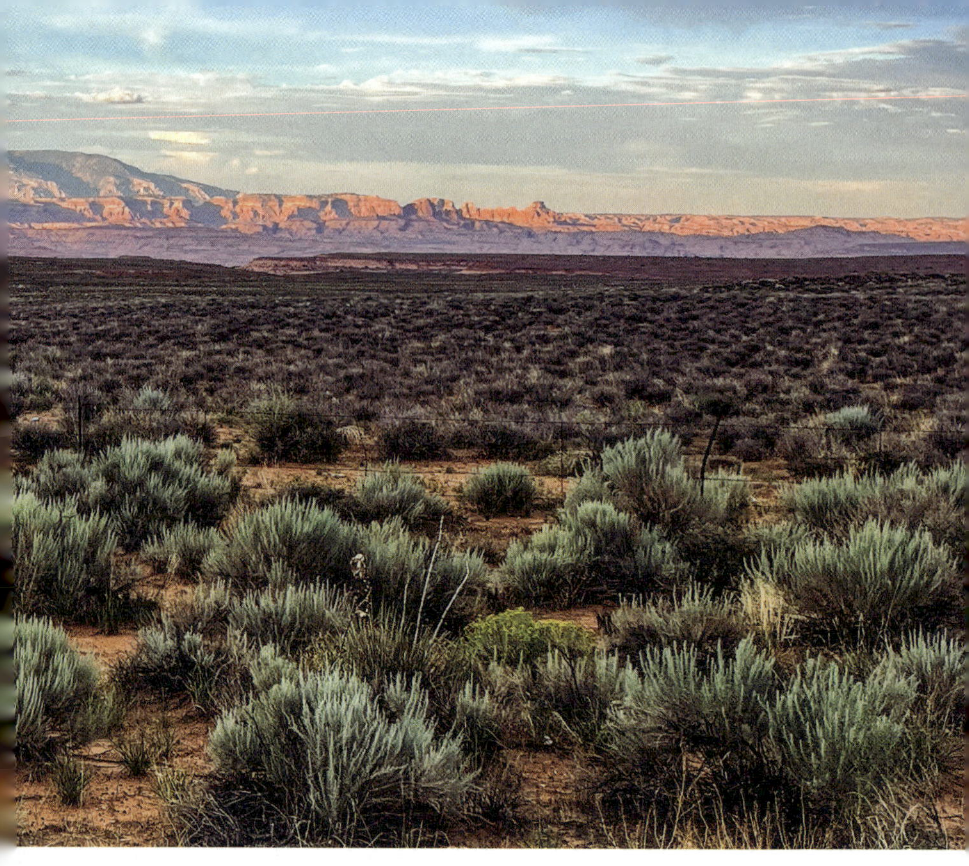

gase ausstößt – politische Themen, die die Umweltverschmutzung durch den Kraftwerksbetreiber und die Wasserknappheit im Colorado River anprangern. Das bekomme ich jedoch erst später heraus, als ich online noch einmal nachforsche. Für tiefere Gespräche bin ich zu müde nach zwölfeinhalb Stunden auf der Straße. Ich kaufe ein, esse etwas und freue mich, dass ich danach mein Zelt hinter der Tankstelle aufschlagen darf. Überhaupt stoße ich hier wieder auf sehr freundliche Menschen.

Eine Schlüsselszene

Viele der großen Sehenswürdigkeiten dieses Landes habe ich auf meiner Route ausgelassen, doch durch eine muss mein Weg unbedingt führen. Das Monument Valley ist nicht nur eine der großartigsten

Landschaften der USA, es hat für mich eine besondere Bedeutung: Forrest Gump beendet hier nach drei Jahren, zwei Monaten, 14 Tagen und 16 Stunden seinen Lauf durch die USA. Zottelbärtig und mit langen Haaren hält er inne, geht noch ein paar zögernde Schritte, dreht sich dann um und schaut auf die Traube der Läufer, die ihm in einigem Abstand gefolgt sind. »Ich bin müde, sehr sogar«, sagt er. »Ich glaube, ich gehe wieder nach Hause.« Und trottet mit schleppenden Schritten zurück, durch die Gruppe hindurch, die ihm konsterniert Platz macht. Das Ganze spielt auf der langen, schnurgeraden, leicht ansteigenden Straße im Monument Valley, dessen Felszacken und Tafelberge den Hintergrund abgeben. Eine einzigartige Szene in diesem ohnehin großartigen Film.

Dieser Ort darf bei meinem Lauf durch die USA nicht fehlen, und er muss auch filmisch und fotografisch angemessen dokumentiert werden. Deshalb stößt Markus nun wieder zu mir. Er hat die Zeit zwischen Las Vegas und jetzt für ein paar Urlaubstage mit seiner Freundin und seiner Tochter genutzt, die nun wieder nach Hause geflogen sind.

Ich muss ein paar Stunden in einer Tankstelle am US-Highway 160 auf ihn warten, weshalb es auch an diesem Tag spät wird, bis ich meine knapp 50 Kilometer beisammen habe. Es ist egal. Markus als Weggefährten zu haben ist immer ein Gewinn.

Neuer Frust

Leider wird die Vorfreude getrübt durch ein Ereignis, das mehr als ärgerlich ist. Nachdem der KidRunner seit Page seinen Dienst klaglos verrichtet hat, droht nun das andere, das linke Rad abzufallen.

Insgeheim hatte ich so etwas schon befürchtet, wollte es aber gleichzeitig nicht wahrhaben. Der Schaden am rechten Rad war also nicht nur ein Ausreißer, die Radlager sind insgesamt viel zu schwach ausgelegt für meine Anforderungen. Das wirft grundsätzliche Fragen auf. Ist – auch bei einer erneuten erfolgreichen Reparatur – der KidRunner überhaupt in der Lage, die Reise bis zum Ende durchzustehen? In

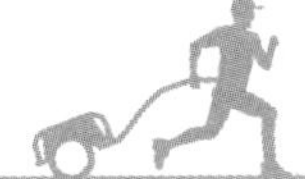

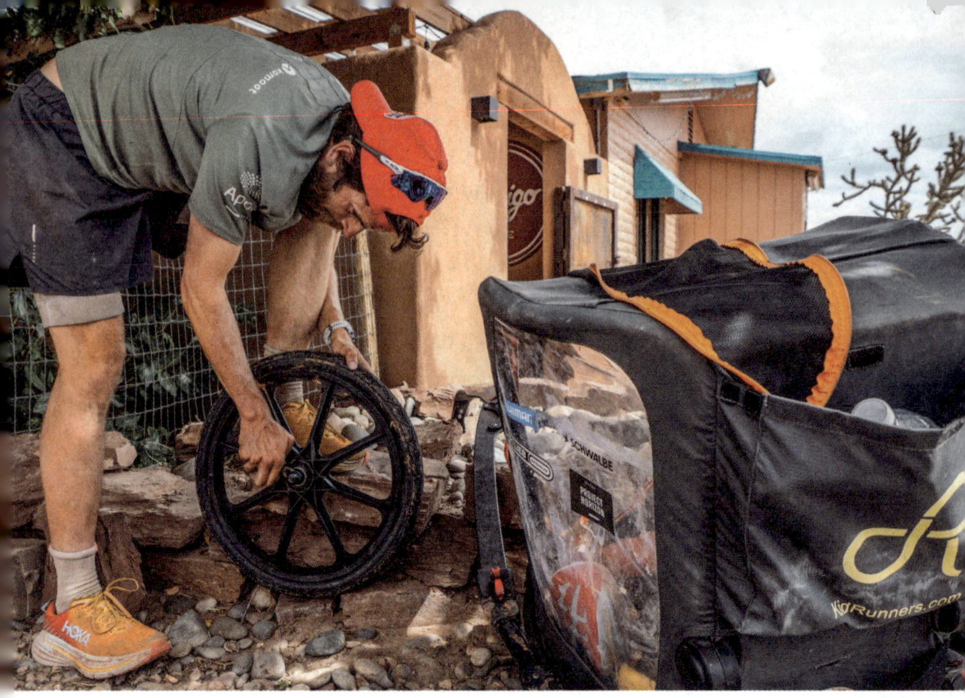

Mexiko hatte ich keinerlei Probleme dieser Art. Ich bin jetzt mit einem neueren Modell unterwegs. Ist das fragiler als das vorige? Es hat den Anschein; einige Bauteile sind jetzt aus Kunststoff, die vorher aus Aluminium waren.

Ich schiebe den Anhänger bis in den nächsten Ort, der zum Glück nur ein paar Kilometer entfernt ist, und gehe zusammen mit Markus im Restaurant eines Einkaufszentrums erst einmal etwas essen. So gestärkt, versuche ich mich dem Problem auf dem Parkplatz mit Überlegung anzunehmen. Die Diagnose ist die gleiche: Die Radlager sind kaputt, diesmal auch das Außenlager.

Ich rufe wieder beim Hersteller an, schildere die unerfreuliche Situation und drücke mich dabei wahrscheinlich nicht sehr diplomatisch aus. Dazu bin ich einfach zu verärgert. Klar ist ja auch, dass ich mit einer sofortigen Hilfe nicht rechnen kann. Nach einigem Hin und Her einigen wir uns darauf, dass mir zwei komplette neue Laufräder an den nächsten sinnvollen Ort geschickt werden sollen, nach Cortez in Colorado. Das ist 200 Kilometer von hier entfernt – noch vier Tage lang muss ich also irgendwie klarkommen.

Ich demontiere beide Räder und verfalle schließlich auf die Idee, den Deckel einer Plastikflasche so zwischen die Lagerschalen zu stecken, dass der Zwischenraum ausgefüllt ist. Die Größe passt genau.

»Mit dem Deckel willst du jetzt wirklich weiterlaufen?«, wundert sich Markus. »Hast du eine bessere Idee?«, frage ich zurück. »Ich könnte mit dem Auto in eine Stadt fahren, wo es vielleicht Ersatzteile gibt«, bietet er an. »Ersatzteile«, knurre ich, »Ersatzteile gibt es in Bend, Oregon, und so weit willst du bestimmt nicht fahren.« – »Na ja«, meint er, »deine Entscheidung. Probier's halt aus.«

Das tue ich, und es funktioniert erstaunlich gut. Ich kann den Anhänger zwar nicht mehr ziehen, sondern muss ihn schieben, auf diese Weise aber läuft er relativ zuverlässig.

Viereinhalb Stunden haben wir mit diesem Mist verplempert. Zeit, dass es weitergeht. Das Monument Valley wartet.

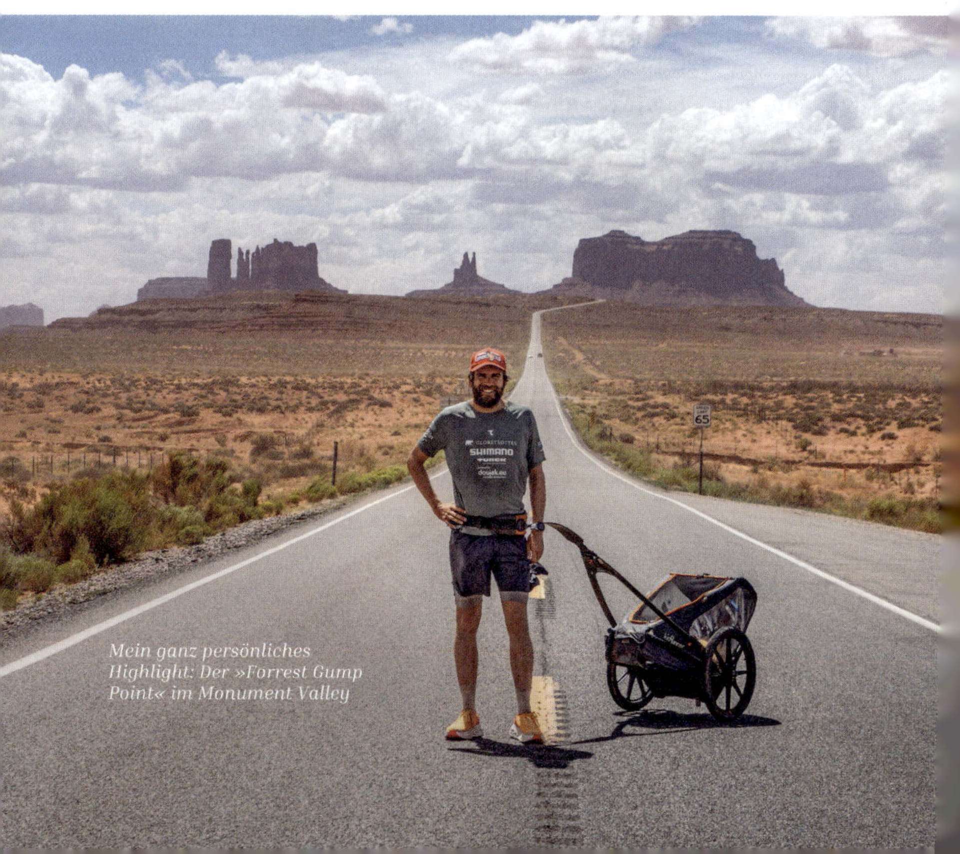

Mein ganz persönliches Highlight: Der »Forrest Gump Point« im Monument Valley

Tal der Monumente

Der Weg führt jetzt auf dem US-Highway 163 nach Norden auf die Grenze nach Utah zu. Schon bevor wir ins eigentliche Monument Valley kommen, wird es spektakulär. In Rot und Ocker erheben sich in der weiten, kargen Landschaft Sandsteinformationen, und je nach Sonnenstand verändern sich ihre Farben im Lauf des Tages. Einzelne Felszacken, die die jahrmillionenlange Erosion überdauert haben, ragen wie abgebrochene Zähne ins tiefe Blau des Himmels.

An der Einmündung einer Seitenstraße finden wir eine freie Stelle für unsere Zelte und kommen einmal mehr in den Genuss einer dieser unglaublichen Sonnenuntergänge, die die Tafelberge der Umgebung in ein glühendes Rot tauchen, während sich auf dem Boden um uns schon die Dunkelheit ausgebreitet hat.

Gegen halb elf am nächsten Morgen heißt uns ein großes Schild in Utah willkommen. Kurz danach zweigt rechts die Straße zum Visitor Center ab, das von der Navajo Nation betrieben wird; wir bleiben auf dem Highway, der uns ebenfalls an einigen der berühmten Felsformationen vorbeiführt. Es ist eine Bilderbuchlandschaft, so, wie man sich den Wilden Westen vorstellt. Das hat natürlich damit zu tun, dass hier Szenen für viele Western gedreht wurden, nicht zuletzt »Spiel mir das Lied vom Tod«. Abgesehen von Tom Hanks als Forrest Gump fallen einem bei diesem Anblick wahrscheinlich Charles Bronson oder John Wayne ein. Auch Dennis Hopper und Peter Fonda fahren in »Easy Rider« durch das Monument Valley.

Es sind endlos lange Geraden zu laufen, immer ein Stück bergab und dann wieder bergauf, bis ich an dem Punkt bin, auf den es mir ankommt: dem »Forrest Gump Point«. Genau hier spielte die berühmte Sequenz, und erst jetzt, da ich mich umdrehe, erkenne ich auch die Felsen und Berge wieder, an denen ich zuvor vorbeigelaufen bin, ohne sie zuordnen zu können. Ein tolles Gefühl, ein Höhepunkt meiner Reise. Ich rücke meine Forrest-Gump-Mütze zurecht und stelle mich mit meinem Anhänger in Positur, damit Markus von allen Seiten und aus

allen Perspektiven seine Aufnahmen machen kann. Das stellt sich als gar nicht so einfach heraus, denn hier sind auch andere Touristen, die mehr oder weniger das gleiche Foto schießen wollen. Ein paar erkennen mich oder haben aktiv auf dem Livetracker nach mir gesucht, wodurch sich ein paar nette Gespräche am Wegesrand ergeben.

Bad im Fluss

Mein heutiges Tagespensum habe ich in Mexican Hat erreicht, einer winzigen Siedlung am Nordrand der Navajo Nation Reservation, wo wir in der Mexican Hat Lodge ein Zimmer nehmen. Die letzten sechs Tage habe ich nur im Zelt geschlafen, heute kann ich mal wieder ein wenig Zivilisation mit Abendessen und Frühstück vertragen. Der Ort ist nach einem Felsen benannt, der aussieht wie ein breitkrempiger Sombrero, der auf einem Sandsteinturm liegt. Sieht so aus, als könnte er jeden Moment herunterfallen. Unterhalb des Felsens verläuft der San Juan River. Sein Wasser ist braun, weil er wohl viel Sand und Erde führt, was mich und Markus jedoch nicht davon abhält, in ihm baden zu gehen. Wir planschen herum, lassen uns ein bisschen von der Strömung flussab treiben und haben eine kindliche Freude daran. Es ist das erste Mal seit meinem Sprung in den Pazifik am Strand von Santa Monica, dass ich wieder zum Schwimmen komme.

Das Monument Valley liegt hinter uns, doch auch der nächste Tag führt uns durch eine magische Landschaft mit weiten Ausblicken und voller Canyons, Sandsteinfelsen, die wie Skulpturen wirken. Im Dorf Bluff stehen die fantastischen Twin Rocks, unter denen wir uns im Twin Rocks Trading Post eine lange Pause gönnen. Die Strecke führt jetzt beständig nach Osten auf die Grenze nach Colorado zu. Und ganz allmählich beginnt sich das Landschaftsbild zu ändern. Die roten Tafelberge, die Felsformationen, die Canyons, das alles verschwindet nicht, doch der Wüstencharakter wird weniger, immer mehr Grün zeigt sich hier und dort. Ich nähere mich einem neuen ehrfurchtgebietenden Ziel: den Rocky Mountains.

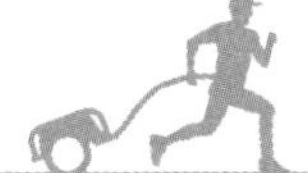

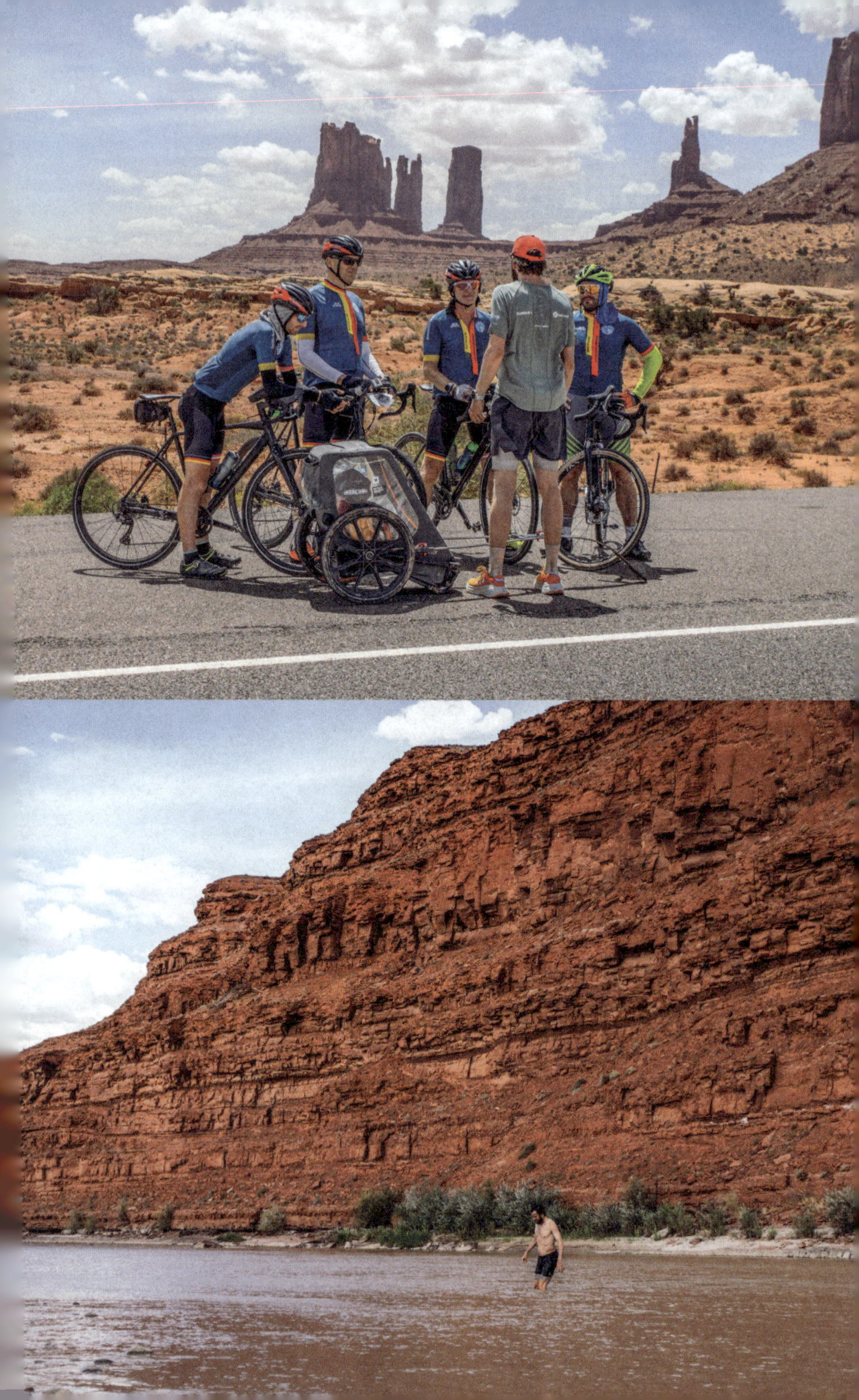

3. Durch die Rocky Mountains

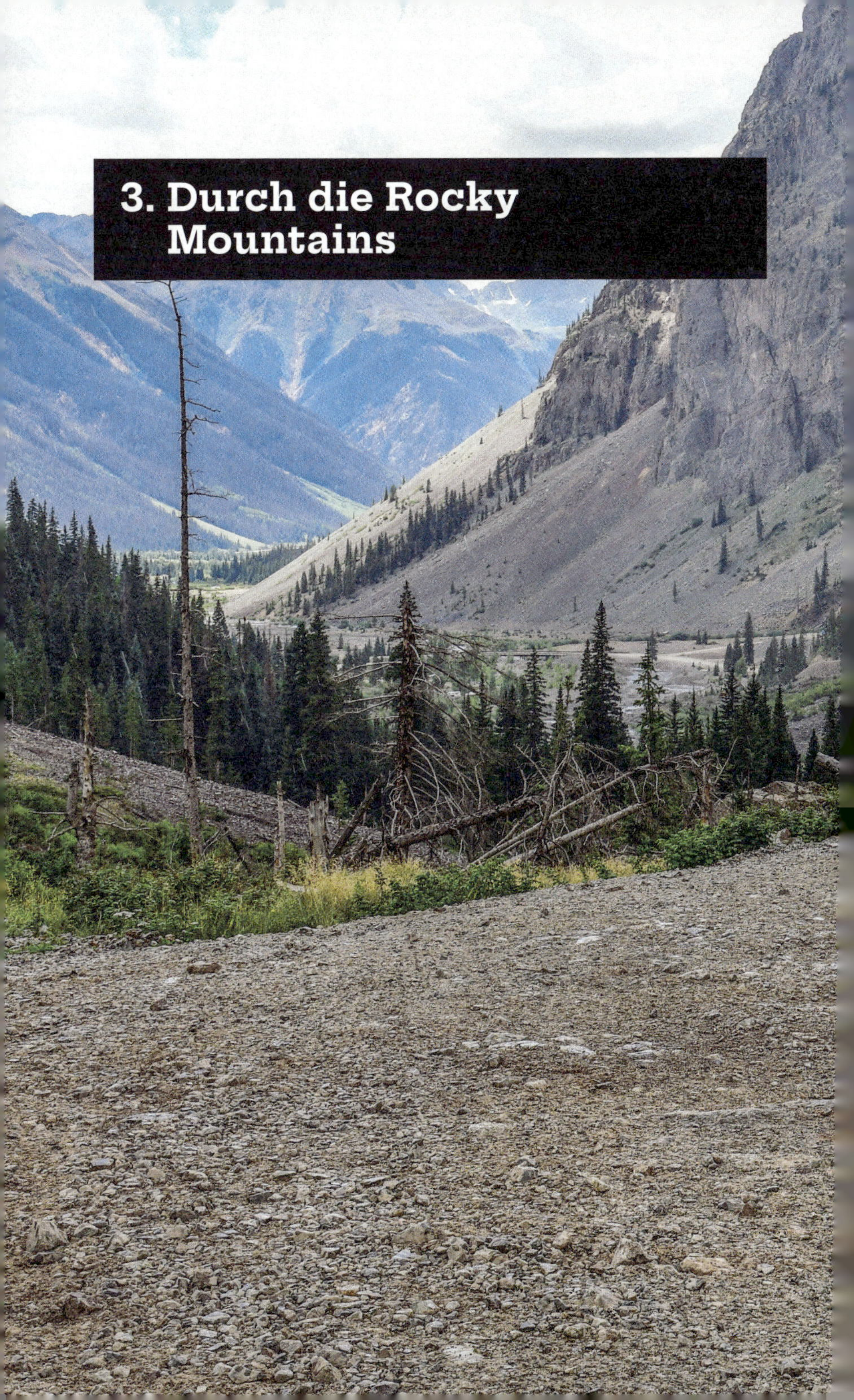

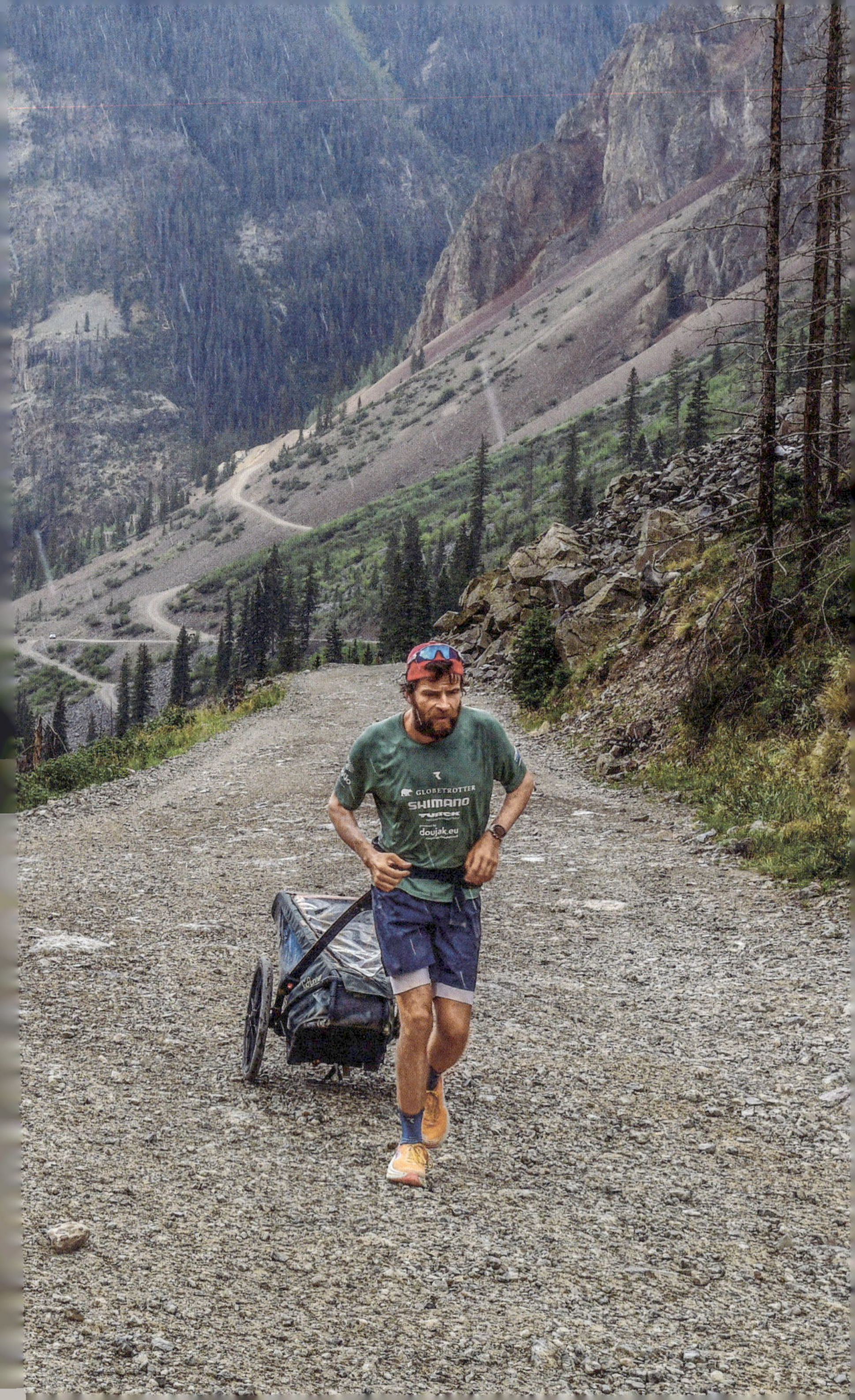
GLOBETROTTER
SHIMANO
doujak.eu

Stabwechsel

Markus wird mich heute Abend verlassen, dafür ist mein Vater Sammy gekommen, zusammen mit Martin, der am Text des Buches mitarbeitet. Sie werden mich während der nächsten knapp zwei Wochen begleiten – ich zu Fuß, sie auf dem Fahrrad. Markus hat sie in Durango mit dem Auto abgeholt und zu mir an die Strecke gebracht. Etwa 20 Kilometer vor der Stadt Cortez treffen wir aufeinander.

Meinen Vater hier zu sehen und ihn die nächsten Tage an meiner Seite zu wissen, empfinde ich als großes Geschenk. Wir hatten schon immer ein enges Verhältnis, und seit ich mich als Abenteurer selbstständig gemacht habe, ist es noch intensiver geworden. Er hilft mir, meine vielen Termine zu managen, und ist in die Vorbereitung meiner Touren eingebunden. Vor allem aber ist er mein wichtigster Ratgeber, wenn es während der Challenges zu kritischen Situationen kommt. Wir telefonieren fast täglich miteinander. Von Angesicht zu Angesicht sehen wir uns dagegen gar nicht so oft, da ich praktisch ununterbrochen unterwegs bin. Dies wird eine der selteneren Gelegenheiten sein, bei der wir länger zusammen sind.

Martin habe ich erst 2021 näher kennengelernt, als er während meines Triathlons um die Welt am Ende meiner Laufstrecke durch Mexiko nach Cancún kam. Wir fanden schnell einen Draht zueinander, deswegen bin ich sicher, dass wir uns auch jetzt gut verstehen werden. Nur seine körperliche Leistungsfähigkeit kann ich nicht einschätzen. Er ist kein Ausdauersportler, weder auf dem Rad noch als Läufer, gab sich aber zuversichtlich, die 50 Kilometer, die ich jeden Tag laufe, auf dem Fahrrad mithalten zu können. Na ja, wird schon gutgehen, denke ich mir.

Wir halten die Begrüßung kurz, denn der Nachmittag ist schon fortgeschritten, und ich habe noch einige Kilometer zu absolvieren. Markus will bei uns bleiben, bis wir einen Platz zum Zelten gefunden haben, noch mit uns zu Abend essen und dann in der Nacht nach Las Vegas düsen, von wo am nächsten Morgen sein Rückflug nach Deutschland geht.

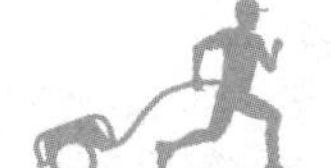

An den »Canyons der Altvorderen«

Am Ende habe ich 61 Kilometer auf der Uhr, bis wir einen geeigneten Platz zum Zelten finden. Hier ist wieder links und rechts der Straße alles in Privatbesitz. Die Landschaft ist nach wie vor beeindruckend. In der Ferne beherrscht der ikonische Ute Peak mit seinen über 3000 Metern Höhe das Bild, längs der Straße wechseln sich Buschwerk und kleine Bäche mit Canyons und Felswänden ab, auch wenn diese nicht mehr so spektakulär aufragen wie im Monument Valley. Nur ist alles mit Stacheldraht eingezäunt.

Erst als wir einen Trail Head erreichen, einen Parkplatz, von dem aus Wanderwege und Mountainbiketrails zum Sand Canyon und zum Rock Creek führen, ist wieder öffentlicher Grund erreicht. Wir schlagen unsere Zelte 100 Meter von der Straße entfernt auf dem roten Felsboden auf und gehen dann wieder hinunter, um das Abschiedsessen mit Markus zuzubereiten.

Ich habe einen fabelhaft funktionierenden, kleinen Gaskocher mit einem gerade mal einen Liter fassenden Topf, der für meine Bedürfnisse völlig ausreichend ist – nur muss er jetzt das Essen für vier

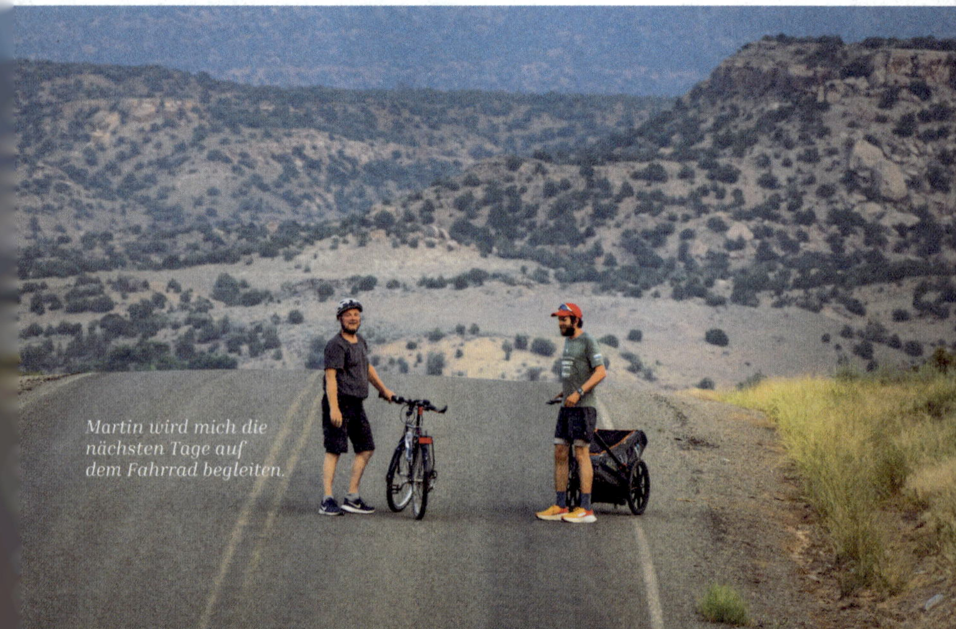

Martin wird mich die nächsten Tage auf dem Fahrrad begleiten.

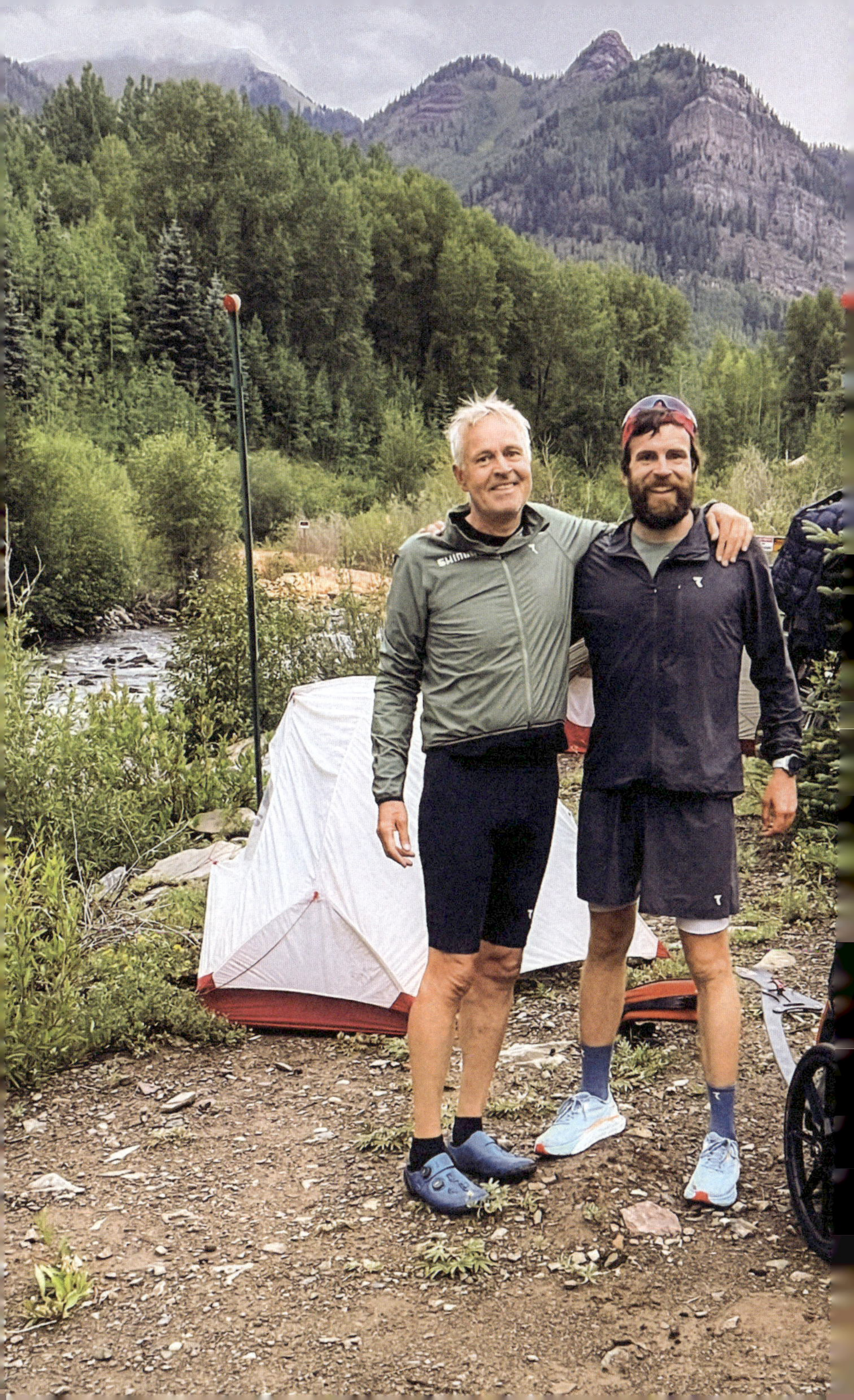

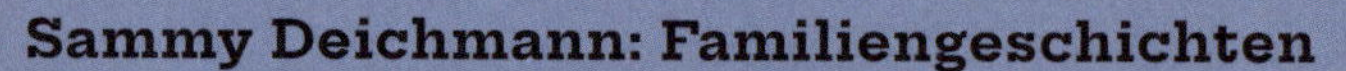

Sammy Deichmann: Familiengeschichten

»Jonas war keineswegs von Anfang an der robuste Typ, der er heute ist. Vielmehr wuchs er im Schatten seines vier Jahre älteren Bruders Siddy auf, der schon als Kind durch seine ausgeprägten motorischen Eigenschaften auffiel. Siddy war ein Sonnyboy, ständig in Bewegung und sportlich mit Leichtigkeit erfolgreich, während Jonas in den ersten Jahren kränkelte und sich seine Erfolge mühsam erarbeiten musste. Er stand in ständigem Wettbewerb mit Siddy und entwickelte daraus einen ausgeprägten Ehrgeiz, gepaart mit der ständigen Suche nach einer Disziplin, in der er seinen Bruder schlagen konnte.

Bei uns zu Hause durften die Kinder nur sehr dosiert fernsehen. Als Jonas 13 oder 14 Jahre alt war, begann er, auf einen eigenen Fernseher für sein Zimmer zu sparen, um sich dieser Reglementierung zu entziehen. In dieser Zeit hatte ich selbst angefangen, Rennrad zu fahren und unternahm auch Radtouren mit den Söhnen. Einmal, als ich mit Jonas allein unterwegs war, tauschte ich mit ihm mein Rennrad gegen sein schweres Jugendrad. Das Ergebnis war überwältigend: Er konnte zum ersten Mal seinen Vater abhängen! Es war das Schlüsselerlebnis zu seiner Radfahrerkarriere. Das Sparziel wechselte augenblicklich vom Fernseher zu einem eigenen Rennrad, das er dann auch bald bekam. Bis heute hat Jonas nie einen Fernseher besessen.«

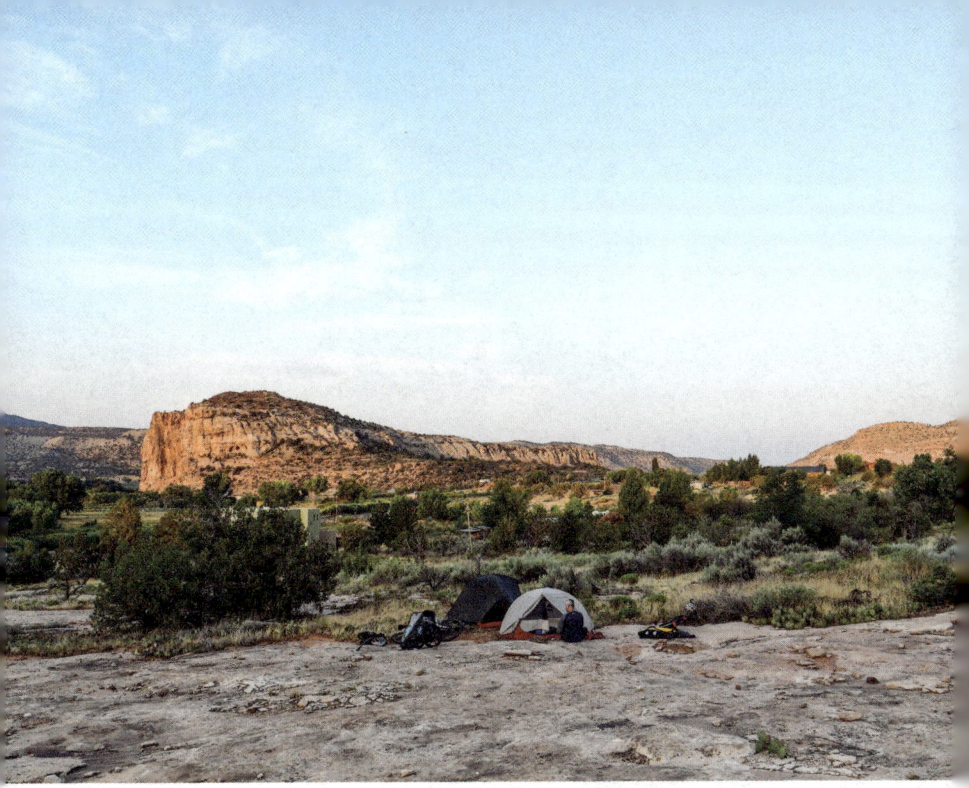

stemmen. Drei Viertel einer Nudelpackung und gerade noch genug Wasser gehen mit viel Geschick in den Topf; die Sauce dazu kommt aus der Dose. Sammy und Martin haben Essschalen dabei, ich esse direkt aus dem Topf. Das mag karg klingen, ist für mich aber in Anbetracht dessen, dass ich oft genug mit Müsli vorliebnehmen muss, fast ein Festmahl. Ich könnte natürlich noch eine zweite Portion vertragen, doch ein weiteres Mal zu kochen erscheint uns allen zu aufwendig, zumal es schon finster ist. Also gibt es Bananen und Energieriegel als Nachtisch.

Wir sind bester Laune, und die Zeit verfliegt, bis Markus auf seine lange nächtliche Reise nach Las Vegas aufbricht. Das sind fast 800 Kilometer, viel Schlaf wird er da nicht mehr bekommen. »Dass du mir nicht wegpennst am Steuer«, sage ich im scherzhaften Ton, in Wirklichkeit aber doch besorgt. »Ach, wird schon gutgehen«, meint er unbekümmert. »Ich halte zwischendurch am Straßenrand und schlafe zwei Stunden, dann passt das schon.« Ob das zeitlich aufgeht? Ich

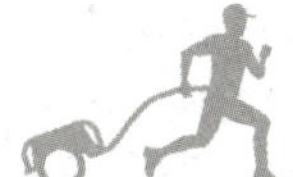

habe meine Zweifel, lasse es aber dabei bewenden. Was soll ich mir Sorgen machen? Er ist ein alter Hase und nicht zum ersten Mal auf Reisen. Beruhigt bin ich aber doch erst, als er mir am nächsten Morgen schreibt, dass er seinen Flug erreicht hat. Alles gut also.

Die Nacht verläuft ruhig. Wir haben uns in zwei Zelte aufgeteilt, ich mit Sammy im Zweier-, Martin in meinem Einmannzelt, das ich schon in Mexiko im Gepäck hatte. Es ist ein eigenartiges und schönes Gefühl, im Schlafsack zu liegen und meinen Vater neben mir zu wissen. Als ich ein Kind war, hat er mit mir und meinem Bruder oft Campingausflüge unternommen. Das sind Erinnerungen, die mich geprägt haben. Auf dieser Reise bin ich derjenige, der sagt, wo's langgeht, und ich bin stolz, dass er mich in dieser Rolle vollauf akzeptiert. Bestimmt ist er auch stolz auf mich. Was kann es Besseres geben? Dieses Urvertrauen, das ich immer in ihn hatte und das nie enttäuscht wurde, ist sicher mit ein Grund, warum ich heute der bin, der ich bin.

Als wir morgens aus unseren Zelten kriechen, zeigt sich das Land in der aufgehenden Sonne in seiner ganzen spektakulären Schönheit. Wir befinden uns unter einem markanten Felsen am Rand des »Canyons of the Ancients National Monument«, in das die hier beginnenden Wege hineinführen. Das Gebiet birgt zahlreiche archäologische Ausgrabungsstätten, wie ein großes Schild am Parkplatz besagt. Der Großteil der Häuser, Türme, Versammlungsräume (Kivas) und Pueblos, die hier noch als Ruinen bestehen, werden den Anasazi zugeschrieben, die zwischen 400 und 1300 n. Chr. eine bedeutende Kultur im südlichen Nordamerika entwickelt hatten. Daher der Name »Canyons der Altvorderen«. Die Ute und Navajo, die zur Zeit der Ausdehnung der USA nach Westen das Land besiedelten und die heute in Reservate verdrängt sind, kamen erst später in diese Gegend.

Ich gehe ein paar Schritte den Weg hinein, der um den großen Felsen herum in eine wilde Landschaft hineinführt, die mit Sicherheit voller Wunder steckt. Heute kann ich ihm jedoch leider nicht weiter folgen, denn ich habe noch 50 Kilometer in Richtung Osten zu laufen – wie jeden Tag.

Chad

Auf den folgenden 25 Kilometern wird die Landschaft immer grüner, die schroffen Felsen weichen nach und nach einem offenen Becken, in der das 9000-Einwohner-Städtchen Cortez liegt. Hier wachsen sogar Apfelbäume. Wir bewegen uns über Nebenstraßen in Richtung Zentrum, wo wir in einem mexikanischen Restaurant zu Mittag essen wollen. Da hält ein Pick-up neben uns. Der Fahrer lässt das Fenster runter und ruft herüber, ob ich Hilfe mit dem Anhänger brauche.

Dass mein Anhänger ein technisches Problem hat, hatte ich auf Social Media geteilt. Ich kann ihn derzeit ja nur schieben, was auf Dauer ziemlich unangenehm ist und den Rücken belastet. Außerdem muss ich ihn immerzu aktiv lenken, was an sich nicht schwierig ist, aber ständige Aufmerksamkeit erfordert. Schweift mein Blick seitlich in die Landschaft ab, legt der KidRunner schnell mal einen scharfen Schwenk nach links oder rechts hin – und das sollte nicht passieren, wenn gerade ein Auto an mir vorbeifährt.

Dennoch reagiere ich zunächst zurückhaltend auf das Angebot dieses Mannes. Ich weiß nicht genau, was ich von ihm halten soll. Hat er zufällig angehalten oder hat er mich auf dem Live-Tracker verfolgt? Mir wird immer mal wieder technische Hilfe angeboten, doch oft genug ist dann der gute Wille der Betreffenden größer als deren tatsächliche Fähigkeiten. Dass jemand an meinen Sachen herumdoktert und im ungünstigsten Fall alles nur noch schlimmer macht, möchte ich mir ersparen. In der Regel weiß ich mir ja selbst gut zu helfen. Der Hersteller von KidRunner hatte mir versprochen, einen Satz neue Räder zu einem Hotel in Cortez zu schicken, und wenn ich die heute dort abholen kann, sollte das Problem gelöst sein.

»Danke, ich glaube, ich komme klar«, sage ich also zu dem Mann, der inzwischen aus dem Auto gestiegen ist, uns allen die Hand schüttelt und sich als Chad vorstellt. Doch er hat mich gezielt gesucht und mir auf Facebook auch schon Nachrichten geschickt. Jetzt, als er es erwähnt, erinnere ich mich. Trotzdem: Im Moment habe ich vor allem

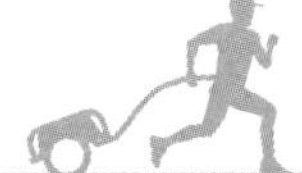

Hunger. Wir reden noch ein bisschen und verabreden uns mit ihm in dem Lokal, wo wir essen wollen. Dann fährt bzw. läuft jeder seiner Wege.

Das Restaurant ist ein Volltreffer. Ausgezeichnete Burritos, Tacos, Enchiladas und dazu ein Glas Agua de Horchata: ein großer Genuss und eine schöne Erinnerung an meine Zeit in Mexiko. Die Portionen sind groß, und wir schlagen uns gerade die Bäuche voll, als Chad hereinkommt. Er hatte zunächst bei dem anderen Mexikaner im Ort nach uns gesucht, aber Cortez ist nicht so groß, dass wir nicht zu finden gewesen wären. Jetzt komme ich näher mit ihm ins Gespräch und es stellt sich heraus: Er folgt mir bereits zwei Jahre lang auf Social Media, seit ich im Zuge meines Triathlons um die Welt durch Baja California gelaufen bin. Und er ist ein Mechaniker, der mir mit meinem Anhänger vielleicht wirklich helfen kann. Meine anfängliche Skepsis war unberechtigt.

Als wir wenig später zu dem Hotel kommen, wohin die versprochenen Räder geschickt werden sollten, sind sie noch nicht eingetroffen. Der Hotelmanager weiß Bescheid, kann aber nur bedauernd den Kopf schütteln. Der Paketdienst war noch nicht da. Ich will und kann aber nicht warten, denn der zweite Teil des Tages soll uns noch 20 Kilometer weiter in die Stadt Dolores bringen. Ich muss mein Tagespensum schaffen, außerdem haben wir in Dolores eine Unterkunft reserviert. Und so erweist sich die Bekanntschaft mit Chad als echter Glücksfall: Er bietet an, die Räder später abzuholen und mir zu bringen. Ein Klacks für ihn, sagt er, und wünscht uns noch einen guten Tag. Vorhin im Restaurant hatte er sogar unsere Zeche bezahlt. Wow!

Weiter Ärger mit dem Anhänger

Die ersten Kilometer auf dem Weg nach Dolores können wir auf Nebenstrecken zurücklegen, dann geht es wieder auf den Seitenstreifen der Hauptstraße, auf der uns die Autos mit hoher Geschwindigkeit überholen. Auch riesige Lkw brausen an uns vorbei, über 20 Meter

lang mit sechs oder acht Achsen, und machen einen Höllenlärm dabei. Immerhin achten fast alle darauf, genügend Abstand zu halten; zum Teil fahren sie auch ganz rüber auf die Gegenfahrbahn. Das habe ich schon ganz anders erlebt, vor allem in Russland und einigen Teilen Afrikas wird kaum Rücksicht auf schwächere Verkehrsteilnehmer genommen. Auch Deutschland glänzt da kaum als leuchtendes Vorbild.

Es geht sachte, aber beständig aufwärts, die Berge rücken näher. Hinter Dolores beginnen die Rocky Mountains, die uns sicherlich ziemlich fordern werden. Da tut es gut, die Nacht vorher in einem Bett zu verbringen und noch einmal Dusche und WC nutzen zu können. Als wir in Dolores ankommen, ist von der Sonne und Hitze, die die vergangenen Wochen meine steten Begleiter waren, nichts mehr zu spüren. Es ist kühl und regnerisch geworden. Wir beziehen unsere Hütte im Outpost Motel am Ende des Städtchens und widmen uns als Erstes den Dingen, die beim Zelten immer zu kurz kommen. Neben der Körperpflege ist das vor allem das Kümmern um die Kleidung. Martin, der sich sportlich bislang beachtlich geschlagen hat, wäscht gleich

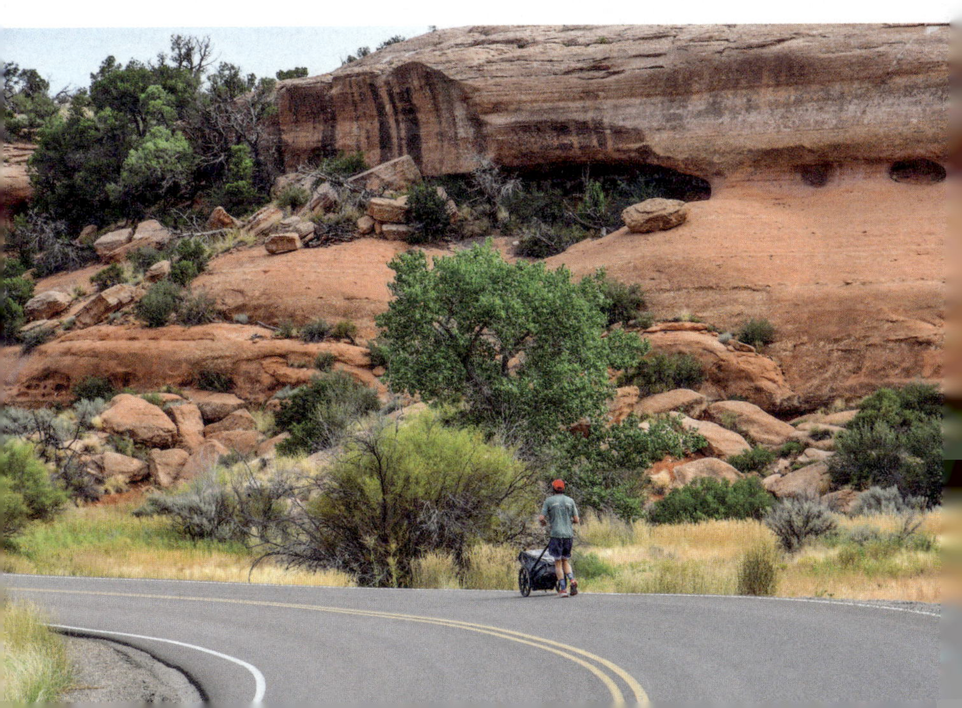

mal seine Socken aus, Sammy seine Fahrradhose. Die Sachen werden bis zum nächsten Tag nicht trocken sein, das muss man in Kauf nehmen. Vielleicht scheint ja morgen die Sonne.

Chad trifft wie versprochen am Abend ein und bringt mit: ein Rad für den KidRunner. Nicht zwei, um die ich den Hersteller eigentlich gebeten hatte. Denn auch das in Page reparierte erste Rad hat schon wieder bedenklich zu wackeln begonnen. Ich verstehe das nicht und bin ziemlich genervt. Ich dachte, ich hätte bei meinem Gespräch mit dem Unternehmen klar ausgedrückt, dass ich für beide Räder Ersatz brauche. Seit Wochen schleppe ich dieses Problem nun mit mir rum und bin zunehmend verunsichert. In Mexiko hat der Anhänger die 5000 Kilometer anstandslos durchgehalten, warum nicht auch jetzt? Gut, der Wagen ist in erster Linie dafür gebaut, in der Stadt Kinder herumzuchauffieren, statt über holprige Pisten gezerrt zu werden. Trotzdem, das ging doch schon mal besser!

Chad packt seinen Werkzeugkasten aus und hilft mir, das neue Rad zu montieren, dann sieht er sich das andere näher an. »Diese Radlager sind Billigware«, brummt er, »sie haben sogar im neuen Zustand Spiel.« – »Ich weiß«, antworte ich, »aber andere passen nicht rein. Ich hab' schon alles Mögliche versucht.« Er kratzt sich am Kopf. »Tja«, meint er, »wenn es dir recht ist, nehme ich das Rad mit in meine Werkstatt und schaue, was ich tun kann. Vielleicht habe ich einen Satz Lager, die passen. Morgen früh bringe ich es wieder.«

Das klingt ganz gut, doch große Hoffnungen mache ich mir nicht. Was in diesem Anhänger verbaut ist, entspricht anscheinend keiner üblichen Norm.

Den Abend lassen wir uns dennoch nicht verderben, sondern gehen noch einmal gut essen. Das Restaurant, nur 100 Meter weiter am wunderschön rauschenden Wildbach Dolores River gelegen, serviert wieder mal mexikanische Küche. Ich bin glücklich, auch wenn mir nicht entgeht, dass sich Sammy und Martin kurz vielsagend anblicken. Ja, Jungs, wenn es hier irgendwo Maultaschen gäbe, würde ich dort hingehen, aber ist das hier nicht die zweitbeste Möglichkeit? Habt

ihr Grund, euch zu beschweren? Haben sie nicht und tun sie auch nicht. Und es gibt köstliches Bier ...

Dass Chad und seine Verlobte, die mit ihrem kleinen Hündchen mit heraufgekommen ist, nun von uns eingeladen werden, ist Ehrensache. So wird es trotz des beginnenden leichten Regens noch ein sehr fröhlicher Abend.

Hinein in die Berge

Chad hält Wort und steht am nächsten Morgen pünktlich um acht auf der Matte. Die Ausbeute seiner Bemühungen ist aber dürftig. Natürlich waren keine passenden Lager für diese Räder zu finden. Das Einzige, was er tun konnte, war, alle Teile gründlich mit viel Fett zu schmieren, was die Stabilität zumindest ein bisschen verbessert. Wir montieren die Räder, und ein Probelauf zeigt, dass ich ab jetzt den Anhänger wieder ziehen kann. Eine Erleichterung ist das auf jeden Fall.

Chad muss weiter, wir drei gönnen uns zunächst noch ein üppiges Frühstück. Wir füllen uns dabei nicht nur mit Kalorien ab, wir reduzieren auch das Gewicht, das wir mit uns schleppen. Heute wird es permanent bergauf gehen, da wirkt sich jedes Gramm weniger positiv aus. Es wird eine lange Tagesetappe werden, doch am Ziel winkt eine Belohnung, die jede Mühe rechtfertigt: Chad hat uns verraten, wo wir eine heiße Quelle finden können, die auf keiner Karte verzeichnet ist, und neben der wir auch Platz zum Zelten haben werden. So eine Aussicht spornt an.

Martins Socken werden heute wohl nicht trocknen. Sie sind außen auf seine Packtaschen geschnallt, doch die Sonne blitzt nur ein paar Mal durch die Wolken, dann verschwindet sie ganz. Er wird es mit seinem verschwitzen zweiten Paar noch weiter aushalten müssen. Sammy hat seine Radhose sowieso gleich nass angezogen.

Je höher wir kommen, umso kühler wird es, zwischendurch regnet es immer wieder ein bisschen. Für mich ist das nach den Etappen in den Wüsten eine Wohltat; meine beiden Begleiter auf dem Rad

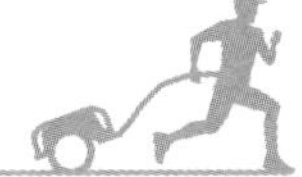

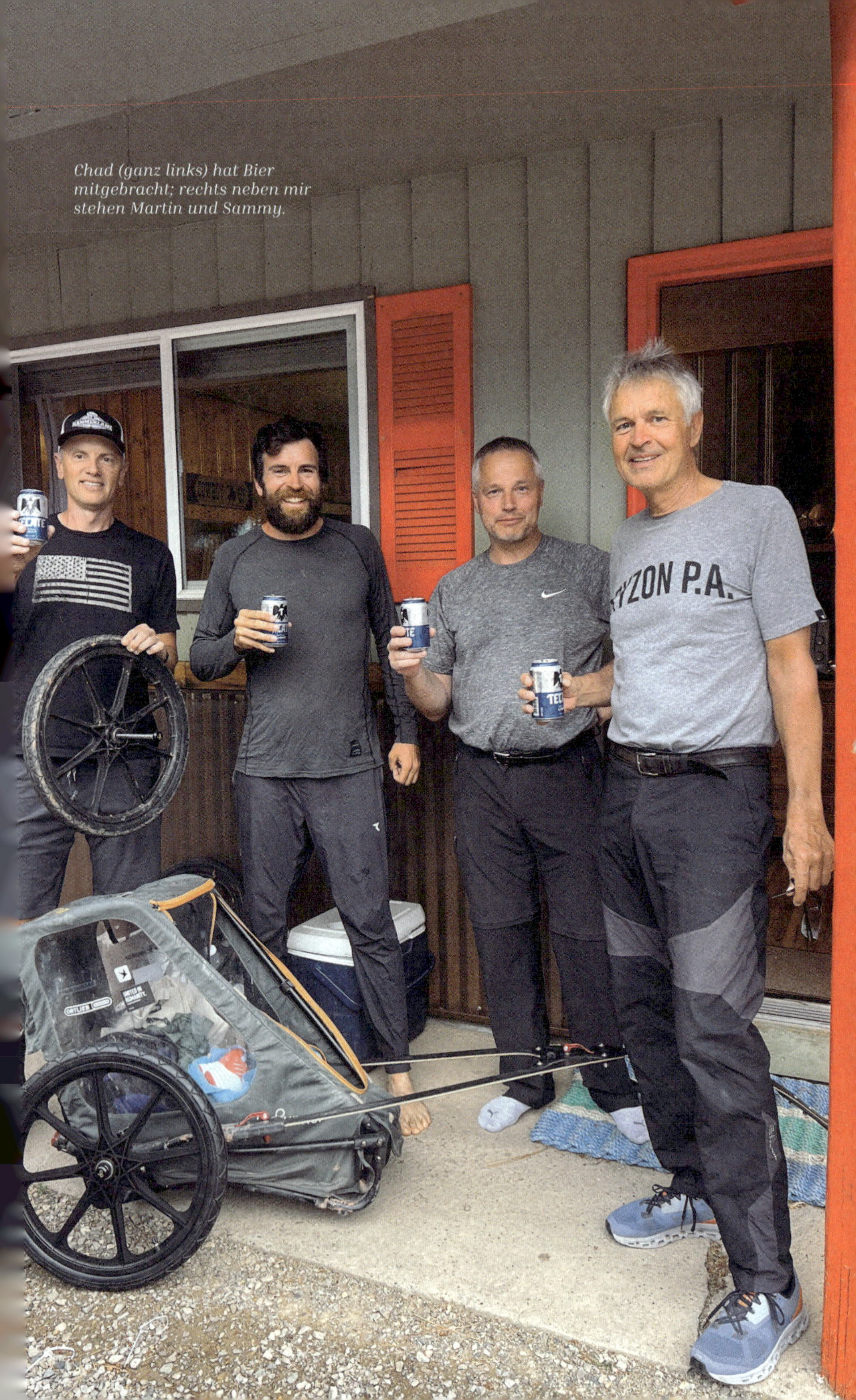

Chad (ganz links) hat Bier mitgebracht; rechts neben mir stehen Martin und Sammy.

schauen dagegen ein wenig verkniffen drein. Sammy, so stellt sich heraus, hat noch nicht mal eine richtige Regenjacke dabei. »Hast du geglaubt, hier scheint immer nur die Sonne, oder hast du sie vergessen?«, frage ich ihn. Dass ihm das passiert, mit seiner Erfahrung, kann ich kaum glauben. Aber er ist mein Vater, also bekommt er meine Regenjacke. Dadurch werde ich ein bisschen nass, doch mir macht das nichts aus. Ich produziere beim Laufen genug Wärme.

Gestern sind die beiden meist langsam neben mir her gerollt; wir haben viel geredet, Fotos geschossen und ein paar Videosequenzen gedreht. Heute fahren Sammy und Martin immer ein Stück voraus und warten dann auf mich. Ich laufe in meinem Trott und habe sie jedes Mal bald wieder eingeholt.

Das Land ringsum ist nun überall grün. Die Straße folgt dem Lauf des Dolores River, links und rechts steigen dicht bewaldete Hänge steil an. Was für ein Wechsel der Landschaft! Nur die roten Felsen, die immer wieder zwischen den Bäumen aufblitzen, wecken noch entfernte Erinnerungen an das Monument Valley, das ich erst vor vier Tagen verlassen habe.

Mittags gönnen wir uns eine lange Pause vor dem Laden eines RV-Resorts. Diese Stellplätze für Wohnmobile (*recreational vehicle* = RV) gibt es über das ganze Land verteilt, auch hier im Gebirge. »Wohnmobil« klingt dabei aus europäischer Sicht recht harmlos, doch wie alles in den USA sind auch diese Fahrzeuge hier viel größer. Man sieht Gefährte von den Dimensionen eines Reisebusses, viele ziehen noch einen Anhänger hinter sich her, auf dem sich ein kleineres Auto befindet – ein Jeep oder ein sogenanntes OHV *(off-highway vehicle)*. Das sind Geländewagen mit Vierradantrieb und hoher Bodenfreiheit, reine Spaßmobile. Ich habe sogar dreiteilige Gespanne gesehen, die aus Wohnmobil, Anhänger und einem noch zusätzlich daran angehängten kleinen Jeep bestanden.

Was mir gerade hier besonders auffällt: Es gibt eine erstaunliche Diskrepanz zwischen den Autos auf den Straßen und vielen Häusern vor allem in den kleineren Städten. Letztere sind klein und leicht ge-

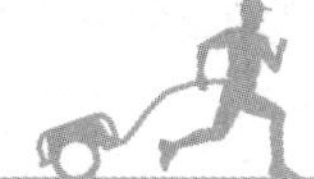

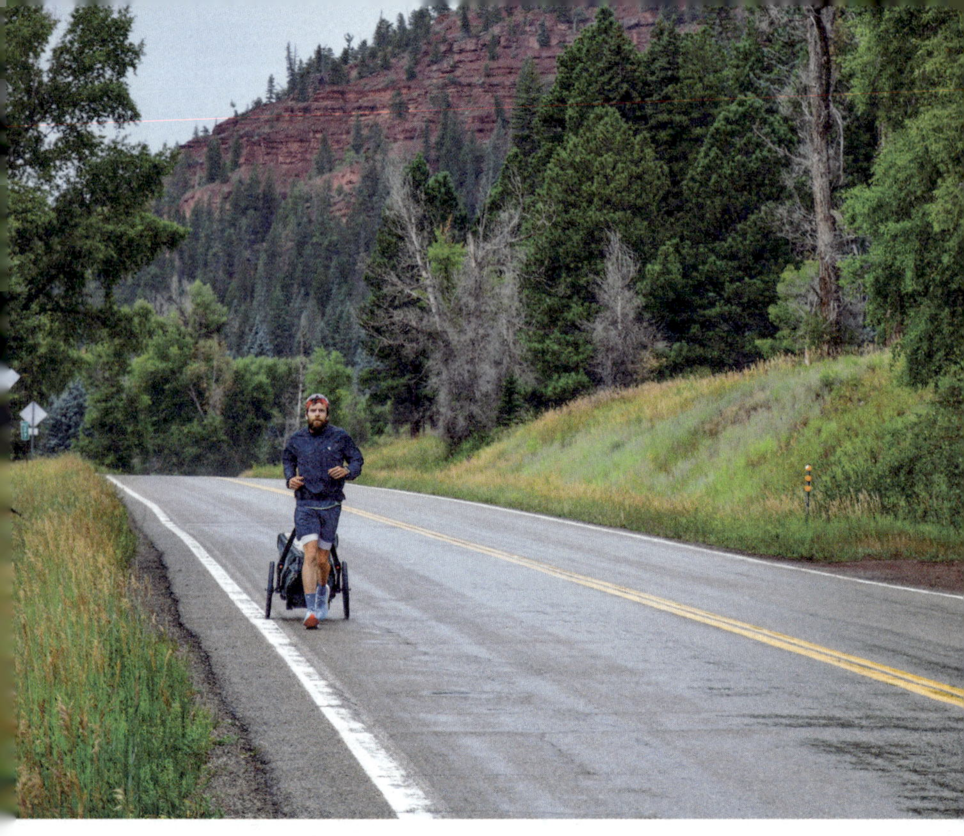

baut mit dünnen Wänden, erstere groß, mächtig, massiv und sicherlich nicht billig. Wo für die Amerikaner die Prioritäten liegen, ist augenfällig.

Schritt für Schritt bergauf

Vielleicht haben wir die Mittagspause etwas übertrieben. Als wir wieder aufbrechen, rechne ich kurz und komme zu dem Schluss, dass ich unser Ziel wohl nicht vor Sonnenuntergang erreichen werde. Klar ist, dass wir heute keine feste Unterkunft haben werden, schließlich wollen wir neben der versprochenen heißen Quelle zelten. Wir beratschlagen uns kurz, dann schicke ich Sammy und Martin mit den Zelten vor. Sie sind schneller als ich und können das Lager schon mal aufschlagen. Idealerweise schaffen sie auch noch den Einkauf unterwegs, dann dürfte der Abend gerettet sein. Wir vergewissern uns

anhand der Karten, wo die beschriebene heiße Quelle sein muss, dann fahren sie davon.

Ich hole meine Kopfhörer raus, ergebe mich der Musik und laufe weiter. Schritt für Schritt. Die Straße führt sanft bergauf, und ich habe keine Mühe, in meinem Rhythmus zu bleiben.

Die Konstellation mit Sammy, Martin und mir hat sich bisher gut bewährt. Dass es mit meinem Vater klappt, hatte ich ohnehin erwartet, und auch Martin hat sich als unkomplizierter Weggefährte erwiesen. Diese Konstellation ist ja etwas Neues für mich. Wenn ich sonst auf meinen Challenges unterwegs bin, laufen oder fahren zwar immer wieder Leute mit, aber in der Regel nur tagsüber und für kürzere Abschnitte. Einen festen Begleiter über mehrere Tage oder Wochen hatte ich eigentlich nur mit Markus während einiger Abschnitte meines Triathlons um die Welt und mit Philipp Hympendahl, der 2019 mit mir zu »Cape to Cape« aufgebrochen ist (aber unterwegs aufgeben musste). Beides Radfahrer, die athletisch mit mir mithalten können. Jetzt bilde ich mit zwei über Sechzigjährigen ein Dreierteam, das nur deshalb zusammenbleiben kann, weil sie Fahrrad fahren, während ich laufe. Ich habe mir im Vorfeld einige Gedanken darüber gemacht, ob ich die beiden »Alten« mit meiner Streckenführung womöglich überlaste. Zwar liegen die steileren Pässe noch vor uns, doch bis jetzt kann man sagen: Es läuft wirklich gut.

Warmes Wasser

Die Dämmerung ist schon weit fortgeschritten, als ich von der Straße abbiege, um kleine Teiche herumkurve und schließlich den Weg finde, der zu der heißen Quelle führen soll. Er ist mit einer Schranke versperrt, davor steht ein Auto. Ich drücke mich an ihr vorbei und tatsächlich: Ein paar Meter weiter blubbert es in einem von großen Steinen eingefassten Erdloch. Ich halte vorsichtig meine Hand ins Wasser: warm! Ein Rohr führt von diesem Erdloch nach links zu einem runden, improvisierten Becken, in dem zwei Menschen sitzen. Doch

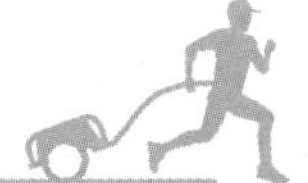

das sind nicht Sammy und Martin, sondern ein unbekannter Mann und eine Frau. Wahrscheinlich die Besitzer des Autos vorne.

Der Weg führt auf der anderen Seite weiter, und da stehen auch die beiden Zelte. Sammy und Martin begrüßen mich überschwänglich. »Na, hast du uns doch gefunden«, meint Martin. »Wieso denn nicht, war doch klar ausgemacht«, antworte ich. »Habt ihr gedacht, ich finde euch hier nicht? Wart ihr schon im Wasser?« Waren sie nicht, ist ja besetzt.

Wir beschließen, zunächst zu essen. Deshalb zaubert mein kleiner Gaskocher heute: Nudeln mit Soße. Klar hatten wir das vorgestern schon, aber heute wird das Mahl aufgewertet mit ein paar Dosen Bier, die die beiden noch besorgen konnten. In der Wildnis ein seltener Genuss – aus gutem Grund. Abgesehen davon, dass Alkohol bei hoher körperlicher Anstrengung sowieso mit Vorsicht zu genießen ist, gilt es ja auch, die leeren Dosen (mit allem anderen Abfall) so lange weiter mitzuschleppen, bis sich ein Mülleimer findet. Das ist in der Regel nur in Ortschaften der Fall.

Das Timing ist perfekt. Als wir gegessen haben, erhaschen wir durch die Büsche einen Blick auf die beiden Badegäste, die zu ihrem Auto

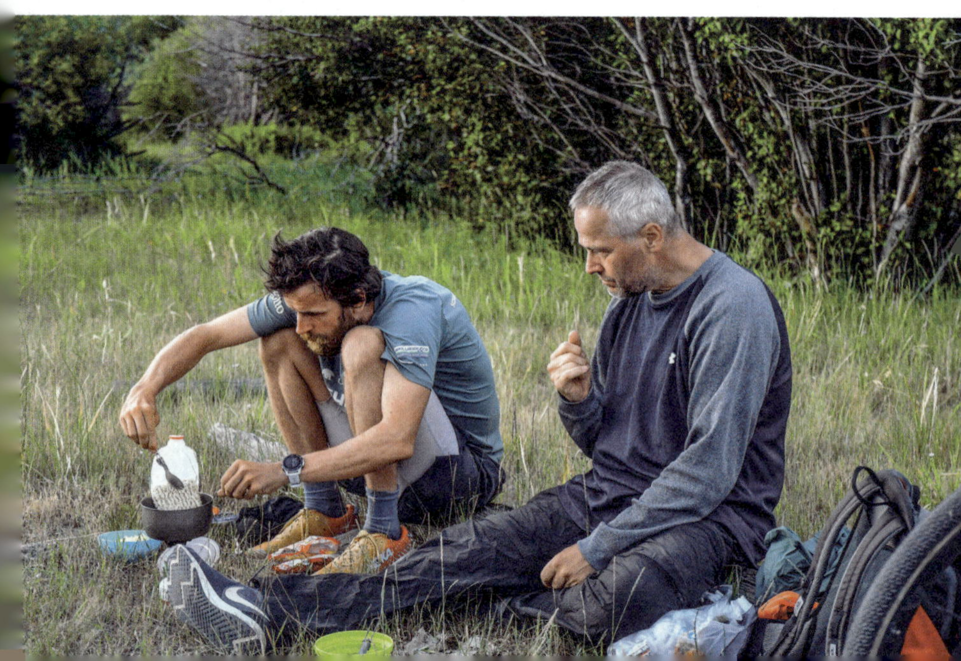

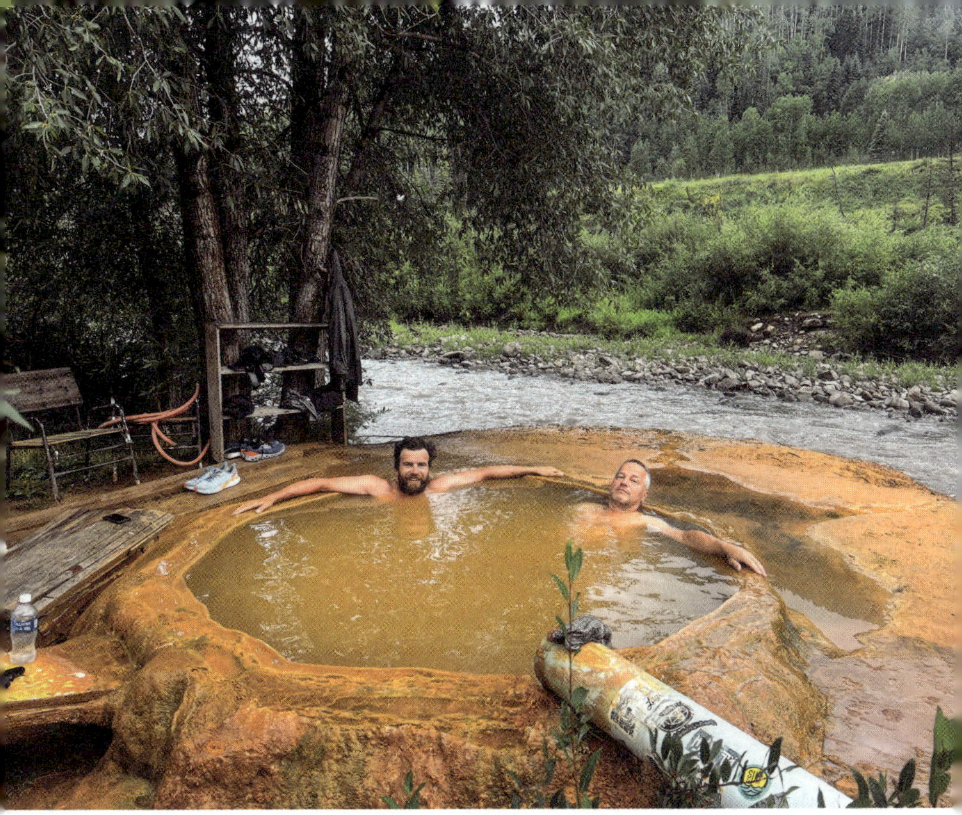

zurückkehren und kurz darauf davonfahren. Jetzt kommt unser Moment! Im einsetzenden Nieselregen schnappen wir uns die letzten Bierdosen, gehen zum Becken hinüber und steigen vorsichtig hinein. Aahhh, wie gut das tut! Jetzt erst, wo sich die Wärme in meinem ganzen Körper breitmacht, merke ich, dass ich schon etwas gefroren hatte. Das Becken ist geschickt angelegt, man kann darin bequem sitzen und sich anlehnen, und unter dem Baum daneben steht ein kleines Regal für die Kleider. Darin sind die Sachen sogar einigermaßen vor den nun immer beständiger fallenden Regentropfen geschützt.

Regen von oben, heißes Wasser um mich herum, das meine beanspruchten Muskeln lockert, und ein kühles Bier für die Kehle ... das ist wie ein Wellnessurlaub heute, wirklich! Sogar eine Tüte Chips haben wir. Es ist schon längst dunkel, doch wir bleiben mindestens eine Stunde im heißen Wasser und erzählen uns Geschichten von heißen Quellen auf der ganzen Welt. Martin legt sein kleines Handtuch auf den

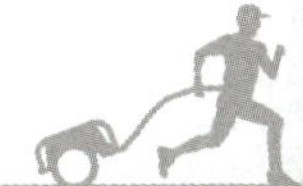

Kopf und behauptet, in Japan mache man das so. Man verwende es erst als Waschlappen und wringe es danach gut aus, das reiche, um sich später abtrocknen zu können. Sammy erzählt von seinen Reisen, und auch ich steuere ein paar Anekdoten bei.

Ich könnte hier ewig sitzen bleiben. So langsam werde ich schläfrig. Noch fünf Minuten, denke ich, lege den Kopf nach hinten und mache die Augen kurz zu. Einzelne Tropfen fallen mir ins Gesicht, es fühlt sich wie ein Traum an. »Jetzt im Wasser einzuschlafen ist keine gute Idee«, höre ich meinen Vater sagen. Recht hat er, und so hieven wir uns schließlich aus dem Wasser, trocknen uns notdürftig ab und schlurfen zu unseren Zelten zurück. Kleider und Schuhe sind in der Zwischenzeit doch recht nass geworden, das könnte morgen unangenehm werden. Aber jetzt erst mal schlafen.

Der Schokoriegel-Effekt

Der Regen hält bis spät in der Nacht an, morgens hängen noch schwere Wolken an den Berghängen. Wir verlegen das Frühstück hinüber zum Becken und steigen dann noch einmal ins warme Wasser. Solche Gelegenheiten muss man schließlich ausgiebig nutzen.

Schon eine halbe Stunde später bereue ich das. Heute Morgen fehlt mir jeglicher Schwung, meine Beine fühlen sich bleischwer an. Einzig mein Wille hält mich auf Trab und das Wissen, dass es im Lauf des Tages besser werden wird. Es ist mal wieder ein Lehrstück, dass mein Körper zu üppige Ruhepausen während einer Challenge nicht gut verkraftet. Er schaltet dann in den Regenerationsmodus um, und ihn wieder zur Leistung zu zwingen, ist umso anstrengender. Ich setze auf mein bewährtes Rezept: einfach weitermachen. Nur weil etwas mühsam ist, bedeutet es nicht, dass es nicht geht. Ich brauche vielleicht eine halbe Stunde länger, vielleicht auch eine ganze, doch schließlich finden die Beine in ihren Rhythmus und tun einfach, was sie sollen: Schritt für Schritt zu laufen, so lange, bis ich ihnen erlaube, damit aufzuhören.

Die Straße steigt weiter an und wird merklich steiler, gleichzeitig wird es immer besser mit dem Laufen. Ich merke nur, dass ich zu wenig gefrühstückt habe. Mein Magen knurrt vernehmlich. Da trifft es sich gut, dass ich vor mir zwei Radfahrer sehe, die schon auf mich warten: natürlich Sammy und Martin. »Habt ihr vielleicht noch einen Riegel oder irgendwas auf die Schnelle?«, frage ich leichthin. »Jaaa, da muss ich mal nachsehen«, sagt Sammy und tut so, als würde er intensiv im Rucksack kramen. Ich muss grinsen und lasse mich auf das Spiel ein. Ich weiß, dass er mindestens noch einen Snickers darin hat.

Mit der Hand tief im Rucksack schaut er mich an und zieht die Augenbrauen hoch. »Es sind erst acht Kilometer, die er heute gelaufen ist«, ruft er Martin zu und holt den Schokoriegel endlich heraus. Ich strecke die Hand aus, doch er zieht schnell den Arm zurück, sodass ich ins Leere greife. Noch ist das alles lustig, doch wenn ich Hunger habe, ist mein Geduldsfaden recht kurz. »Er hat heute Morgen zu wenig gegessen und ist jetzt ganz gierig. Aber ausnahmsweise soll er seine Belohnung schon bekommen«, doziert Sammy weiter. »Das ist wie früher beim Einkaufen, wenn die Kinder an der Ladentheke quengelten und ihre Schoki unbedingt gleich kriegen mussten.«

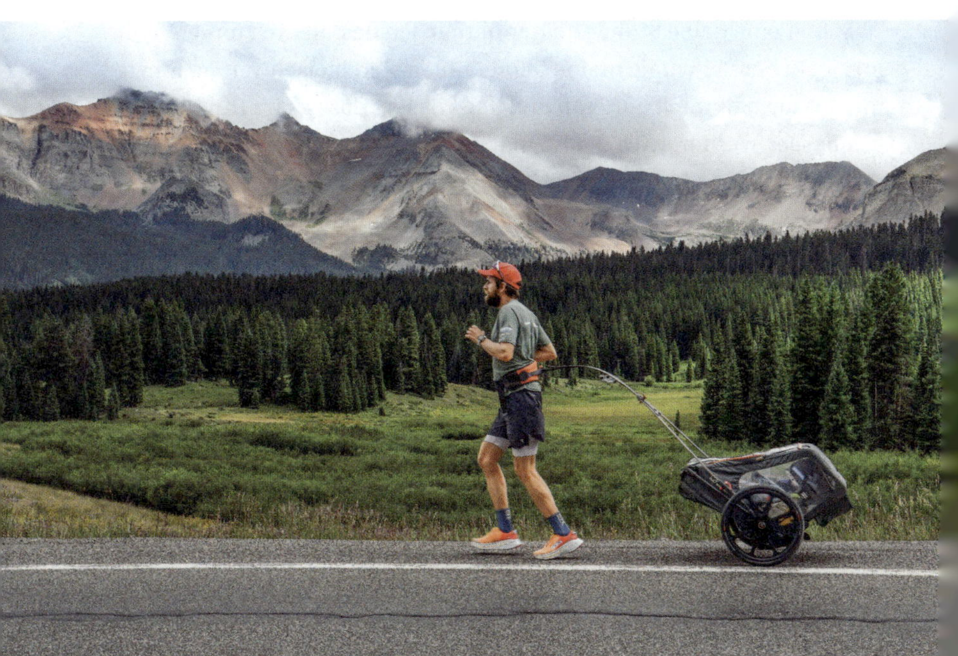

Ach, er ist mein Papa, ich lasse ihm den Spaß. Dann greife ich wieder zu, und diesmal bin ich schneller. Martin lacht und wünscht guten Appetit, Sammy setzt sich fröhlich den Rucksack wieder auf, und ich genieße die Kalorienzufuhr.

Der erste hohe Pass

Weiter geht's. Immer höher hinauf, immer steiler. Ich spüre das Gewicht des Anhängers, der mehr und mehr mein Tempo drosselt. Noch viel stärker wirkt sich der steile Anstieg jedoch auf die beiden Radfahrer aus. Vor allem Martin hat jetzt schwer zu kämpfen. Er schaltet in immer niedrigere Gänge und wird langsamer und langsamer. Jetzt will ich's wissen. Ich gebe etwas mehr Gas und ziehe an ihm vorbei. Er ist rot im Gesicht, der Schweiß läuft ihm in Bächen herunter, doch immerhin bringt er ein etwas verzerrtes Lächeln zustande. Sein Widerstandgeist scheint jedoch gebrochen; er steigt ab und schiebt weiter. »Bergab hole ich dich wieder ein«, ruft er mir noch nach.

Mein Vater ist eine härtere Nuss. Auch er müht sich ab und kommt bei 15, 16 Prozent Steigung nur langsam vorwärts. Doch immer, wenn ich ihn fast eingeholt habe, rafft er sich nochmal auf und steigt stärker in die Pedale. Den Triumph will er mir nicht gönnen. Schließlich steigt aber auch er vom Rad, tut so, als müsse er etwas richten und schiebt ebenfalls auf der Straße weiter. Ich lasse beide hinter mir. Zu Fuß mit Anhänger zwei Radfahrer überholt, das muss man mir erst mal nachmachen! Keine Spur mehr von Schwäche.

Auf dem Lizard Head Pass auf über 3100 Metern Höhe halte ich an, bald darauf trudeln auch Sammy und Martin ein. Wir haben uns eine ausgedehnte Mittagspause verdient, essen etwas und nehmen uns sogar die Zeit für einen kurzen Powernap. Eine große Tafel am Parkplatz zeigt eine vereinfachte Karte der Umgebung, die ich mir genauer ansehe. Wir haben nämlich nicht den höchsten Punkt der heutigen Strecke erreicht, es soll später noch über den fast 3600 Meter hohen Ophir Pass gehen. Weitere 500 Höhenmeter, das müsste machbar sein, war

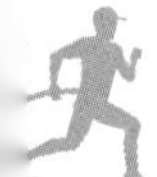

meine Planung gewesen. Doch die Höhenangaben auf der Tafel zeigen, dass es zum Ort Ophir erst einmal wieder 300 Meter runtergeht, bevor der Anstieg zum Pass beginnt. Es gibt heute Nachmittag also erneut 800 Höhenmeter zu bewältigen.

Ich sehe meine Gefährten an. Schaffen sie das? Wie geht es ihnen überhaupt in der Höhe? Im Vergleich zu den Alpen sind die Gipfel hier viel weniger schroff, die Berge wirken abgerundet und vergleichsweise harmlos. Aber 3000 Meter sind 3000 Meter, da kann man schon Probleme bekommen.

Beide kratzen sich den Kopf und sind nicht gerade begeistert. Immerhin, was die Höhe angeht, geben beide Entwarnung. »Ich fand es ungeheuer anstrengend«, meint Martin, »es kam mir aber viel mehr wegen der Steilheit so vor. Beim Atmen habe ich keine Probleme.« Er grinst: »Abgesehen davon, dass ich schnaufen muss wie ein Pferd.« Und Sammy? Keine Kopfschmerzen, keine Übelkeit? »Nein«, sagt er. »Schlapp fühle ich mich, doch das wird schon wieder. Jetzt geht's ja erst mal abwärts. Außerdem: Was hätten wir für Alternativen?«

Ja, was hätten wir für Alternativen? Keine, außer ich würde meine Route komplett umplanen. Wir könnten höchstens den Tag abkürzen und schon früher irgendwo zelten. Allerdings sind wir alle hoch motiviert, durchzuhalten: Wenn wir es bis Silverton schaffen, winkt dort die Aussicht auf wunderbar weiche Hotelbetten. Das gibt den Ausschlag.

Holperpfad

Wir vereinbaren, dass Sammy und Martin die folgende Abfahrt auf der Straße nutzen und einen Vorsprung herausfahren. Auf dem langen, steilen Anstieg zum Ophir Pass werden sie wieder schieben müssen, und dann bin ich schneller. Ich werde, wenn ich sie tatsächlich überhole, auf dem Pass auch nicht auf sie warten, sondern weiterlaufen. Denn wie Martin eben ganz richtig sagte: Bergab holen sie mich auf dem Fahrrad locker wieder ein. Der Tag ist schon fortgeschritten, wir haben keine Zeit zu verlieren. Und so sausen sie davon.

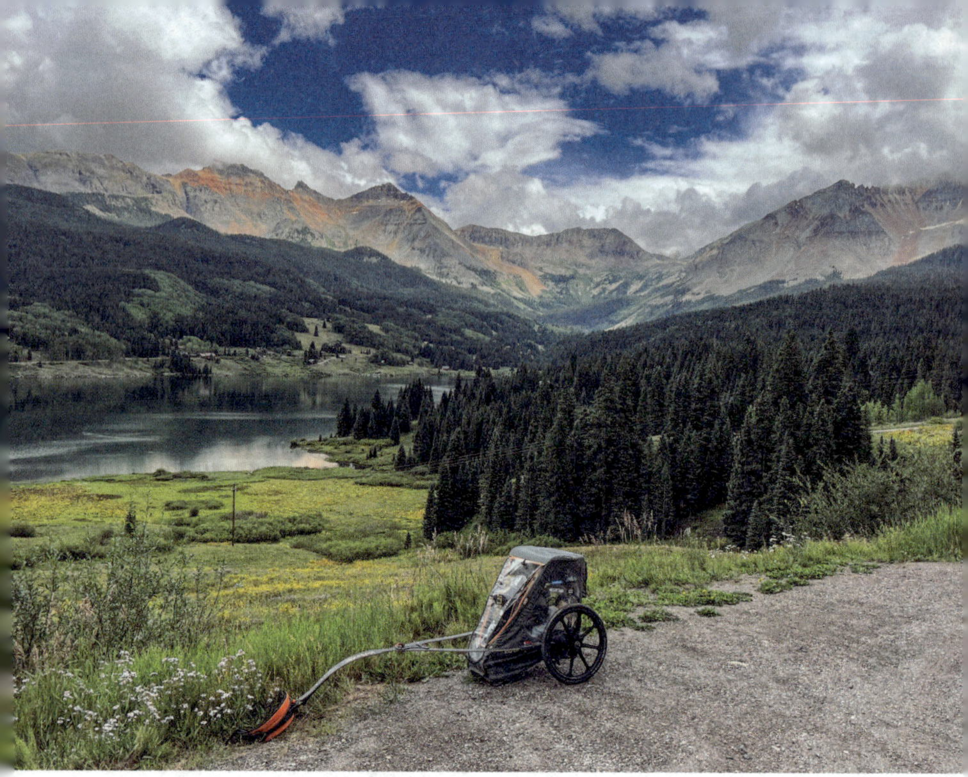

Nach gut zwei Stunden auf der steilen Asphaltstraße bergab zweigt rechts die Straße zum Ophir Pass ab. Die Rocky Mountains zeigen sich hier von ihrer dramatisch schönen Seite. Weit geht der Blick zu den Bergen, die es zu überwinden gilt. Bis auf zwei Drittel der Höhe sind sie bewaldet, darüber kahl: graues Gestein, an den Hängen durchzogen von intensiv rostrot bis orange gefärbten Streifen. Dieses Gebiet ist sehr eisenhaltig, was ich übrigens auch im Wasser schmecke, das in den klaren Bergbächen fließt. Wenn der Pass durch diese Gipfel schon auf 3600 Metern liegt, muss es sich um lauter Viertausender handeln.

Die Straße führt ein kleines Seitental hinauf und ist nicht asphaltiert, macht aber einen gut gangbaren Eindruck. Zwar ist vor dem kleinen Ort Ophir eine Steilstufe voller tiefer Schlaglöcher zu überwinden, doch danach wird es wieder eine passable Dirtroad. Ich laufe um eine Kurve, und da steht mein Vater, der auf mich gewartet hat. »Ich hatte gehofft, hier noch ein Café oder einen Laden zu finden, aber da

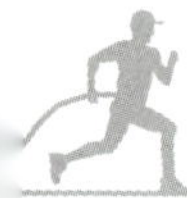

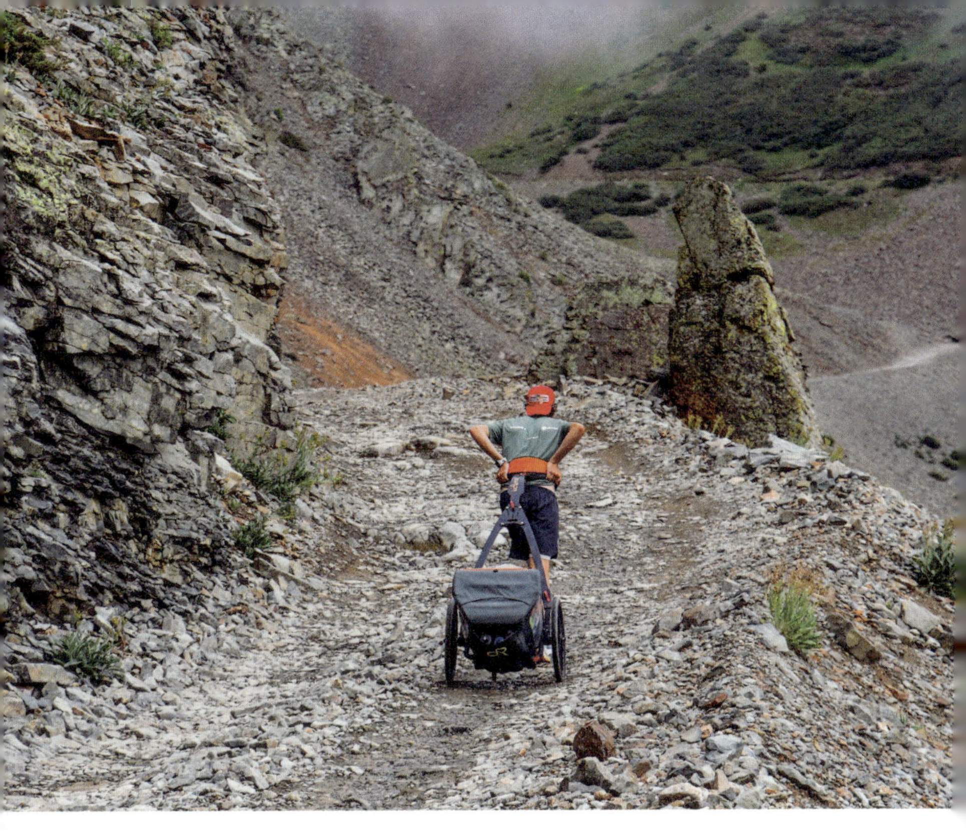

ist leider nix. Martin ist vorausgefahren, er plant, noch vor uns auf dem Pass zu sein.«

Das spornt mich an. Wenn jemand vor mir ist, will ich ihn einholen, da kann ich nicht raus aus meiner Haut. Ich lege noch einmal einen Zahn zu – bis der Weg in den Wald führt. Und von da an wird's heftig.

Dass es auf dieser Strecke steile Stellen zu überwinden gilt, hatte ich zuvor recherchiert. Das gehört dazu. Nicht auf der Rechnung hatte ich, dass die Straße sich in eine grobe Schotterpiste voller Wackersteine verwandelt, die weder mit dem Rad noch mit meinem Anhänger irgendwie zu befahren ist. An Joggen ist nicht mehr zu denken. Ich versuche, um die besonders großen Steine herumzukurven, um die Räder möglichst zu schonen, aber viel bringt das nicht. Immer wieder bleibt der Anhänger an einer Kante hängen, immer wieder muss ich ihn mit aller Kraft hochzerren, um weiterzukommen. Hin-

ter mir schiebt und wuchtet Sammy sein Fahrrad voran und sieht schon ganz schön fertig aus.

Das Irre ist: Ständig kommen Autos entgegen oder überholen uns. Es scheint eine Spielwiese für Offroad-Fahrzeuge zu sein. Land Rover sind dabei, Jeeps und auch diese offenbar nur für solche Pisten gebauten OHVs. Dazu ein paar Geländemotorräder. Die Fahrer sehen mitleidig aus dem Fenster, manche rufen uns aufmunternde Worte zu. Das hat mir gerade noch gefehlt. Ich schaue auf meine Uhr, die mir Entfernung und Geschwindigkeit anzeigt, und da steht: 2 km/h. Super.

So geht das über zwei Stunden. Wir kämpfen uns voran, eine andere Möglichkeit haben wir nicht. Erstaunlich nur, dass von Martin jede Spur fehlt. Hätten wir ihn nicht längst einholen müssen? Kann er eine falsche Abzweigung genommen haben?

Schließlich kommen wir aus dem Wald heraus. Bei aller Anstrengung: Der Blick in die San Juan Mountains vor uns ist traumhaft schön. Weithin sichtbar zieht sich der Weg an der rot, orange und graubraun marmorierten Bergflanke entlang, aus deren Schutt einzelne Felsen wie Finger ragen. Die Gipfel haben sich in Wolken gehüllt, die mal tief sinken, dann wieder plötzlich aufreißen und den Blick freigeben. Und dort, weit vor uns, schiebt eine einsame Gestalt ein Fahrrad. Ist er doch schneller vorangekommen, als ich ihm zugetraut hätte. »Beneidenswert«, murmelt Sammy. »Wenn wir erstmal da vorne sind ...«

Der Weg wird nicht besser. Sogar die Geländewagen, die uns nun hauptsächlich entgegenkommen, manövrieren äußerst vorsichtig, um keinen Achsbruch zu riskieren. Als wir nach stundenlanger Quälerei endlich die Passhöhe erreichen, hat sich die Wolkendecke wieder gesenkt. Es ist es kalt und neblig geworden – kein Ort, um sich lange aufzuhalten. Martin vor dem Pass noch einzuholen ist uns nicht mehr gelungen, auch wenn wir am Ende nah dran waren. Doch er wartet oben und hat auch eine gute Nachricht für uns: »Ich hab' ein paar der Entgegenkommenden gefragt, und alle sagen, dass die Straße auf der anderen Seite viel besser ist.« Das lässt ein wenig hoffen. Es ist schon

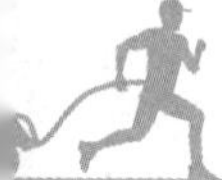

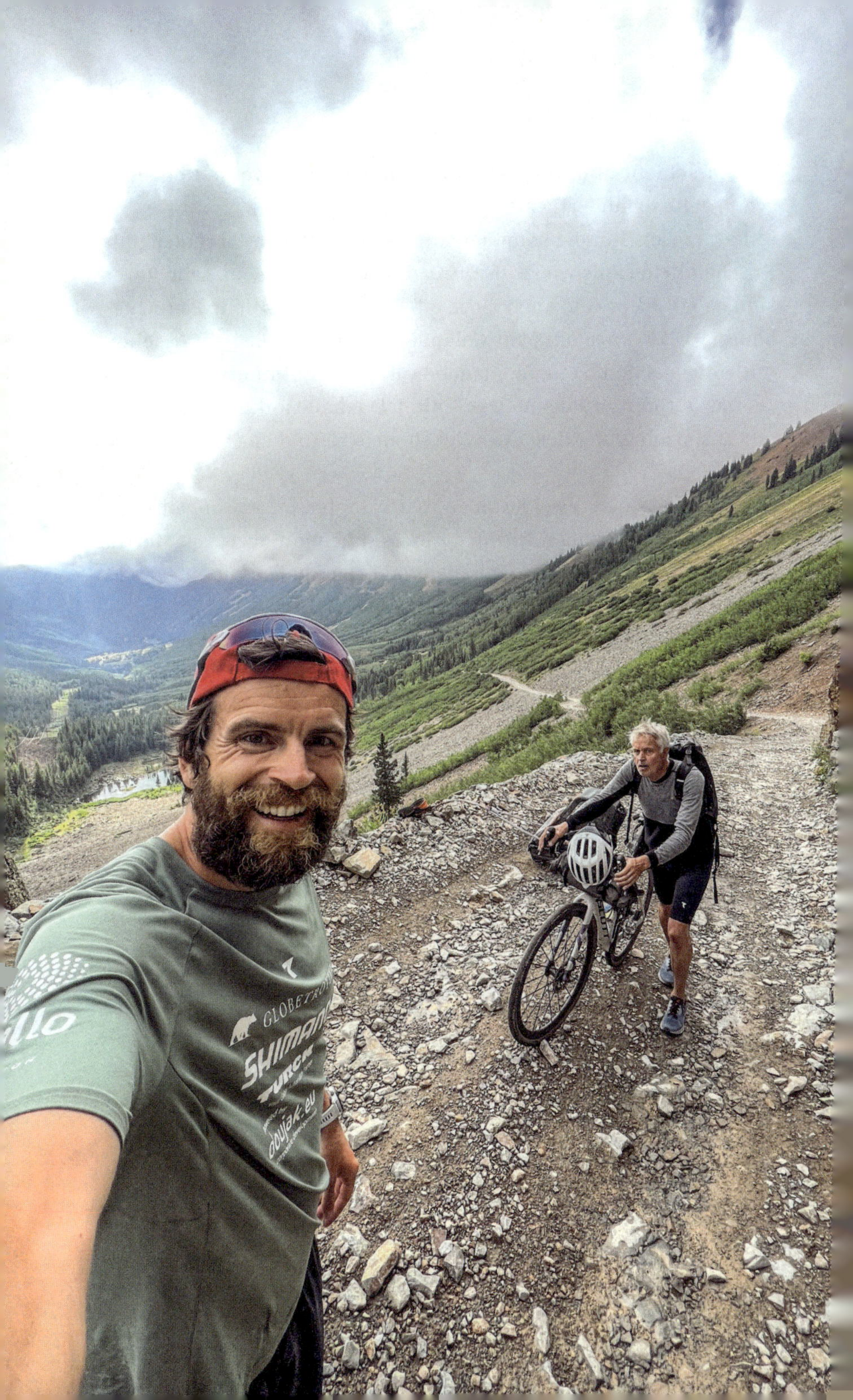

fast sieben, und bis Silverton fehlen noch gut 15 Kilometer. Bergab müsste ich das in zwei Stunden schaffen – wenn der Weg es tatsächlich hergibt. Müsste ich ihn herunterklettern, wie ich raufgekommen bin, würde es kritisch. Wir beratschlagen kurz und bleiben beim ursprünglichen Plan: Silverton ist und bleibt das Ziel. Die Radfahrer sollen vorausfahren und ein Hotel buchen, ich komme nach, so schnell ich kann.

Man hat uns nicht belogen: Der Weg bergab ist sehr abschüssig und weist einige Spitzkehren auf, aber seine Oberfläche ist vergleichsweise komfortabel. Der Anhänger kann rollen, und so komme ich gut voran. Nur mein Magen beginnt immer lauter zu knurren. Seit der Pause auf dem Lizard Head Pass konnte ich kaum etwas essen, und jetzt muss ich mit den verbliebenen Riegeln vorliebnehmen, die schnell verspeist sind. Für eine richtige Essenspause bleibt keine Zeit mehr.

Nach einer knappen Stunde erreiche ich die Kreuzung mit dem Highway 550, der nach Silverton führt. Ab jetzt geht es auf Asphalt noch besser voran, gleichzeitig habe ich es wieder mit Autoverkehr zu tun. Ich hole meine Lichter raus, damit ich in der Dunkelheit nicht überfahren werde. Kurz danach ploppt eine Nachricht auf dem Handy auf. Oh, habe ich hier wieder Netz? Das war die meiste Zeit des Tages nicht der Fall gewesen. Sammy gibt die Adresse des Hotels durch (sie haben das letzte verfügbare Zimmer bekommen), und sie kümmern sich um Essen. So wartet, als ich endlich kurz vor neun eintreffe, eine noch ofenwarme Pizza auf mich. Sie ist richtig gut, ich greife zu, doch rätselhafterweise bin ich schon nach der Hälfte satt.

Bergbauland

Ein frisch gewaschener, strahlend blauer Himmel begrüßt uns, als wir in der Frühe aus den Betten steigen. Es ist ein Morgen wie gemalt. Unschuldig scheint die Sonne auf die Berggipfel, die Silverton umgeben, als wäre sie gestern niemals in den Wolken verschwunden. Das Städtchen selbst zeigt sich von seiner besten Seite, mit den typischen

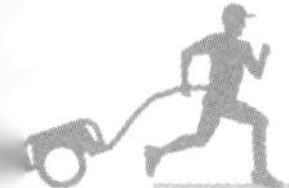

Fassaden einer wohlhabenden Westernstadt an der Hauptstraße. Früher wurde hier Silber aus den Bergen geholt, heute steht der Tourismus im Vordergrund. Ich nutze die schöne Kulisse für ein paar Aufnahmen, dann führt uns die Route aus dem Ort hinaus und auf die Berge im Nordosten zu.

Heute steht der höchste Pass der ganzen Reise auf dem Plan, der Cinnamon Pass mit 3852 Metern. Nach den gestrigen Erfahrungen bin ein wenig nachdenklich geworden, was uns auf dieser Strecke wohl erwarten wird. Es geht ins Herz der San Juan Mountains, und diesmal werden wir es auf keinen Fall in den nächsten Ort schaffen, sondern einen Platz zum Zelten finden müssen. Die Straße führt zunächst asphaltiert und nur leicht ansteigend in ein schönes Tal hinein, die Sonne scheint, auch meine Begleiter sind guter Dinge – so schlimm wie gestern wird es schon nicht werden! Es ist heute nur ein Pass zu bezwingen, gestern waren es zwei.

Ringsum zeigen sich überall Spuren des Bergbaus; einige Minen sind sogar noch in Betrieb. Mittags erreichen wir Eureka (mehr als 20 Orte in den USA tragen diesen Namen), eine ehemalige Bergbausiedlung, von der eigentlich nur ein Laden und ein Wohnmobil-Stellplatz übriggeblieben sind. Wir besorgen uns im Laden kalte Cola, machen es uns davor auf der Veranda bequem und bewundern den Berghang gegenüber, der völlig durchlöchert ist. Hier wurde in der Vergangenheit offensichtlich besonders intensiv geschürft. Der Hang daneben ist ein einziges rötlich-braunes Schuttfeld, in dessen Mitte sich wie durch ein Wunder ein einsamer Baum behauptet.

Die Straße ist nun zwar nicht mehr befestigt, bereitet den Radfahrern und meinem Anhänger aber keine Probleme. Lästig sind nur die Autos, die im Minutentakt vorbeifahren und eine Menge Staub aufwirbeln. Ich kann es kaum verhindern, jedes Mal etwas davon einzuatmen. Auffällig sind die vielen kleinen, offenen Geländefahrzeuge – Funmobile, die sich offenbar bei Touristen größter Beliebtheit erfreuen. Wir hatten schon in Silverton eine große Mietstation dafür gesehen und unterwegs an der Strecke eine weitere. Familien düsen damit an

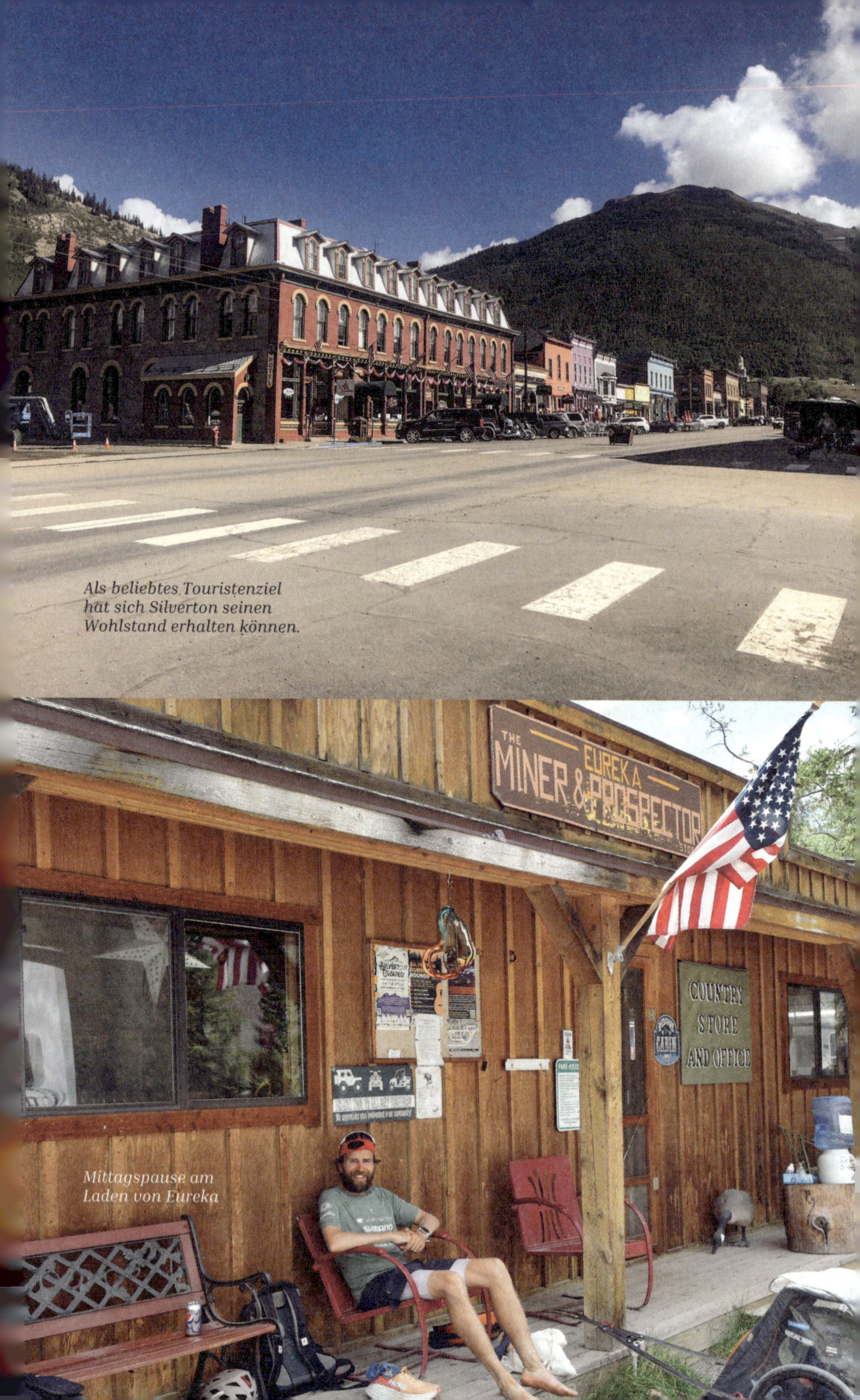

Als beliebtes Touristenziel hat sich Silverton seinen Wohlstand erhalten können.

Mittagspause am Laden von Eureka

uns vorbei, Papa am Lenkrad, während die Kinder hinten mit großen Augen zu uns hinausschauen. Wir sind als Einzige unmotorisiert auf dieser Straße unterwegs, und wahrscheinlich halten sie uns für übergeschnappt. »Der Typ ist nicht ganz dicht«, hatte ja schon Paul Ripke in Los Angeles über mich gesagt. Na, sollen sie doch. Das habe ich ja wirklich schon oft zu hören bekommen.

Unter dem Zimtberg

Es geht noch etwa fünf Kilometer relativ gemächlich weiter, dann zeigt der Berg seine Muskeln. Die Straße wird steiler und steiniger. Wolken ziehen auf, aus einem entfernten Grollen wird echter Donner, es blitzt. Das Gewitter hält sich nicht lange mit Vorgeplänkel auf, sondern schüttet sofort einen Hagelschauer über uns aus, gefolgt von wolkenbruchartigem Regen. Ich flüchte mich mit Sammy unter eine kleine Baumgruppe am Hang, Martin, der 100 Meter hinter uns den Berg hochkeucht, erwischt es voll. Aus dem Weg ist im Nu ein schlammiger Bach geworden. Endlich schließt ein durchnässter Martin zu uns auf und ruft: »Bei Gewitter unter einem Baum, ist das euer Ernst?« Das hatte ich mir auch zuerst gedacht, dann aber entschieden, dass dies trotzdem den besten Schutz verspricht. Wenn man den zeitlichen Abstand von Blitz und Donner berechnet, müsste das Gewitter noch ein Stück von uns entfernt sein. Nach kurzem Zögern scheint auch Martin das so zu sehen und drängt sich neben mich in den relativen Schutz der Baumwurzel.

Zwei Funmobile kommen vorbei, und jetzt haben wir gut lachen. Diese Gefährte haben zwar ein Dach, sind seitlich aber offen, was bedeutet, dass der scharfe Wind den Regen nur so hineinpeitscht. Die Leute sehen nicht glücklich aus, sind pitschnass in ihren dünnen Plastikjacken. »Have fun«, bin ich versucht, ihnen zuzurufen, verkneife mir diese billige Retourkutsche aber dann doch.

Wir lassen eine Viertelstunde verstreichen, bis der Regen etwas nachgelassen hat, dann muss es weitergehen. Was ich schon befürch-

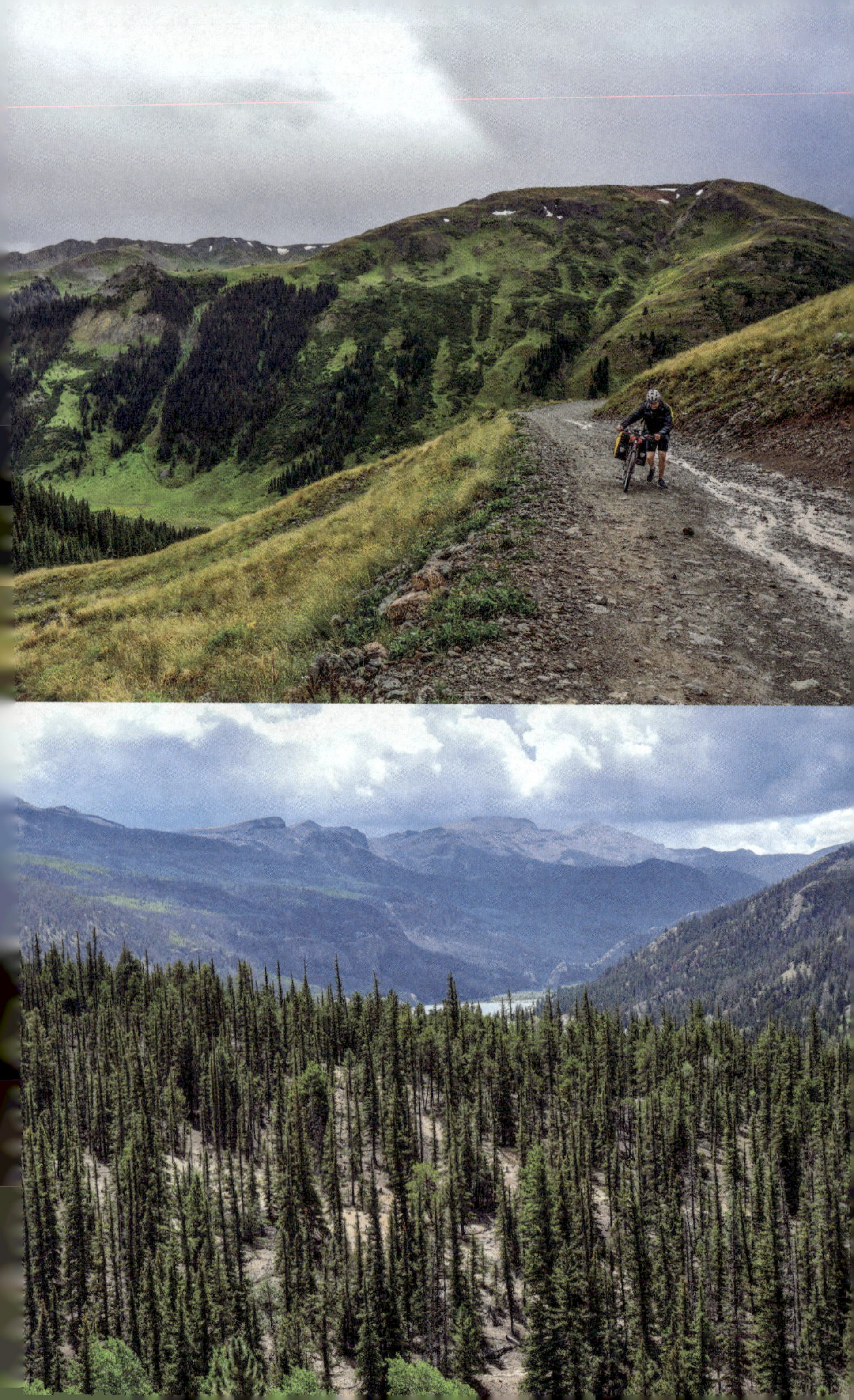

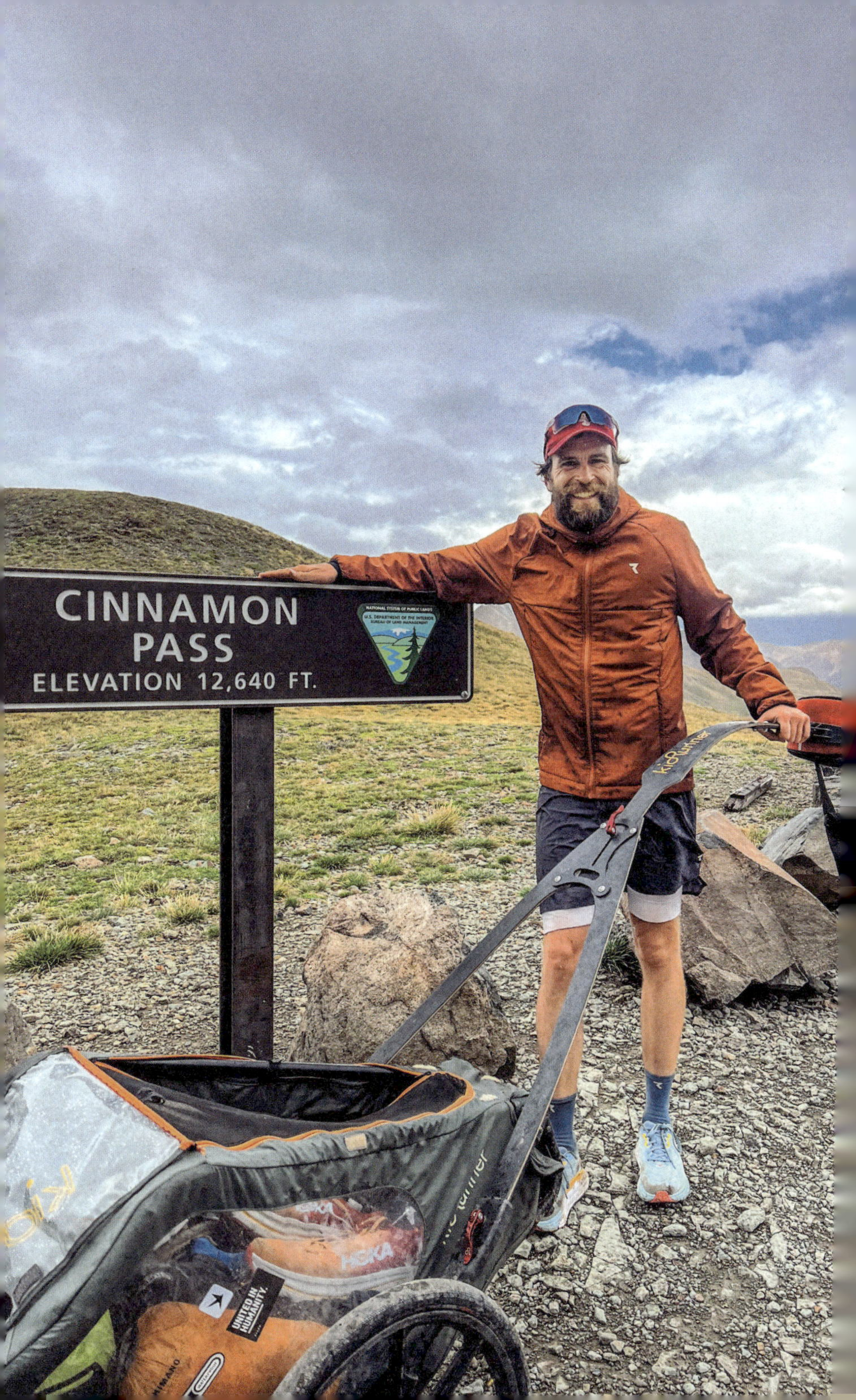
CINNAMON
PASS
ELEVATION 12,640 FT.
HOKA
UNITED IN HUMANITY.

tet hatte, bewahrheitet sich nun: Der Weg zum Cinnamon Pass ist noch schlimmer als der gestern zum Ophir Pass. Er besteht eigentlich nur aus großen Steinen. Ich holpere voran, die Radfahrer schieben hinter mir her. Erneut gilt: Ich werde zuerst oben sein, warte aber nicht, sondern laufe nach der Passhöhe gleich weiter. Irgendwann werden sie mich wieder eingeholt haben. Es ist jetzt Viertel nach drei, wir müssen zumindest so weit kommen, dass wir auf der anderen Seite des Passes einen Platz zum Zelten finden, und das wird wohl erst auf dem Talboden möglich sein.

Es ist ziemlich kalt geworden. Der Regen lässt eine halbe Stunde später nach, dafür tauchen einzelne Schneefelder an den Berghängen auf. Die Baumgrenze habe ich schon lange hinter mir gelassen. Rechts ragt der Cinnamon Mountain auf, nach dem der Pass benannt ist. Er heißt wahrscheinlich wegen seiner rotbraunen Färbung so (»Zimt-Berg«). Richtiger Zimt kann hier ja wohl nicht angebaut worden sein. Oder hat einer der Siedler, der sich hier niedergelassen hat, seine Kameraden mit Zimtspeisen beglückt? Hat das überhaupt was mit dem Zimtgewürz zu tun, oder hat der Name einen anderen Ursprung?

Ich bin so in Gedanken, dass ich gar nicht richtig bemerkt habe, wie sich die Verhältnisse gebessert haben. Ich jogge wieder, stelle ich fest, und der Anhänger läuft einigermaßen sauber hinter mir her. Der Weg ist nicht mehr so holprig und auch nicht mehr so steil. Ich kann das Hochtal, das zum Pass führt, jetzt vollständig überblicken. Die Berge links und rechts machen einen sanften, irgendwie unspektakulären und doch erhabenen Eindruck. Kein Baum steht hier mehr, nur Gras färbt alles grün bis weit hinauf unter die Gipfel. Noch einen Schwenk nach links macht die Straße, dann ist der Pass erreicht. Elevation 12 640 ft. steht da, 3852 Meter.

Ich hole tief Luft. Fühlt sie sich so dünn an, wie sie sein müsste? Schwer zu sagen, denn in diesem Moment bin ich einfach nur glücklich, und die Endorphine, die mich durchströmen, machen eine objektive Einschätzung unmöglich.

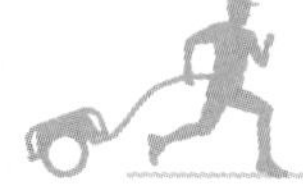

Wieder Probleme mit dem Anhänger

Nach einem schnellen Gipfelfoto mache ich mich an den Abstieg. Von Martin und Sammy ist noch nichts zu sehen, aber so war es ja ausgemacht. Vor mir sind bereits blaue Wolkenlücken zu sehen. Nicht nur das Wetter ist auf der anderen Seite des Passes besser, auch die Straße hat sich in eine ordentliche Dirtroad verwandelt, die in vielen Serpentinen abwärts führt. Die Landschaft hat sich abermals verändert. Alles hier ist dramatischer, schroffer, spannender. Dicht steht der Wald auf den Hängen; gegenüber, weit unter mir, ergießt sich ein Wasserfall ins enge Tal. Mit jedem Schritt, den ich tiefer komme, wird es wärmer.

Irgendwann höre ich zwei Fahrräder von hinten heranrauschen. Sammy und Martin halten kurz an, und wir beratschlagen, wie weit wir es heute noch schaffen wollen. Das enge Tal, in dem wir uns gerade befinden, mündet in gut zehn Kilometern in ein breiteres Flusstal. Irgendwo dort sollten wir uns nach einem Platz umsehen.
So werde ich heute zwar meine 50 Kilometer nicht ganz absolviert haben, doch das ist eben der Tribut, den ich dem Cinnamon Pass entrichten muss. Dabei geht es mir verhältnismäßig gut, verglichen mit den beiden Radfahrern. Sie frieren, sie schlottern buchstäblich. Der flotte Downhill, den sie gerade genießen durften, bedeutete eben auch viel Fahrtwind ohne Erwärmung durch Muskelarbeit, und das in immer noch nassen Klamotten.

Ich schicke sie also wieder voraus und hoffe, sie noch vor Anbruch der Dunkelheit mit aufgebauten Zelten antreffen zu können. Sicher ist das nicht.

Ich verfalle erneut in meinen Trab. Das Ende der Steilstufe ist erreicht, der Weg nach wie vor passabel, doch irgendwas ist komisch. Der Anhänger ruckelt. Eine böse Ahnung steigt in mir auf. Ich halte an, schiebe ihn ein wenig hin und her. Und tatsächlich: Das rechte Rad eiert. Das darf nicht wahr sein. Hey, du muss jetzt noch eine Woche durchhalten! Der Hersteller hat mir einen neuen Anhänger verspro-

chen – eigentlich einen alten, das robustere Vorgängermodell nämlich –, den bekomme ich aber erst in Pueblo, wenn ich die Rocky Mountains hinter mir gelassen habe. Hier, mitten in der Wildnis, gibt es keine Möglichkeit, den Anhänger reparieren zu lassen.

Ich drücke am Lager und an der Achse herum, mache einen erneuten Rollversuch. Jetzt scheint es etwas besser zu laufen. Okay, mehr kann ich im Moment nicht tun. Die Strecke ist einigermaßen eben, ich kann nur hoffen, dass es nicht schlimmer wird.

Als ich die Mündung in das breitere Tal erreiche, ist die Dämmerung schon weit fortgeschritten. Es ist schön hier, alles saftig und grün, der Bach plätschert verlockend. Doch was mir gar nicht gefällt: Links und rechts ist die Straße mit Zäunen gesäumt. Sollte hier schon wieder alles Privatgrund sein? Das wäre fatal. Von Sammy, Martin und den Zelten ist auch nichts zu sehen. Muss ich mich darauf einstellen, noch kilometerlang weiterzulaufen?

Doch Moment, da liegt mein Fahrrad am Straßenrand. Das kann nur ein Hinweis für mich sein, und tatsächlich, bei genauem Hinsehen ist durch die Bäume etwas Rotes zu erblicken. Ein Zelt. Das sind sie, haben sich direkt am Flussufer niedergelassen. Ich hieve meinen Anhänger über den Straßengraben und durchs Unterholz, dann bin ich bei ihnen. Was für ein Tag!

Elchspuren

Und wieder strahlt am nächsten Morgen die Sonne fröhlich vom Himmel, als sei nichts geschehen. Jetzt erst kann ich erkennen, an was für einem idyllischen Platz wir hier gelandet sind. Die kleine Lichtung ist auf der einen Seite von hohen Bäumen zur Straße hin einigermaßen abgeschirmt, auf der anderen fließt der Bach, hinter dem sich ein grünes Tal ausbreitet. Jenseits davon liegt ein bewaldeter Berghang im Morgenlicht. Die Bäume stehen dicht an dicht, mindestens die Hälfte davon ist jedoch schwarz und kahl. Auch hier leidet der Wald, und zwar beträchtlich.

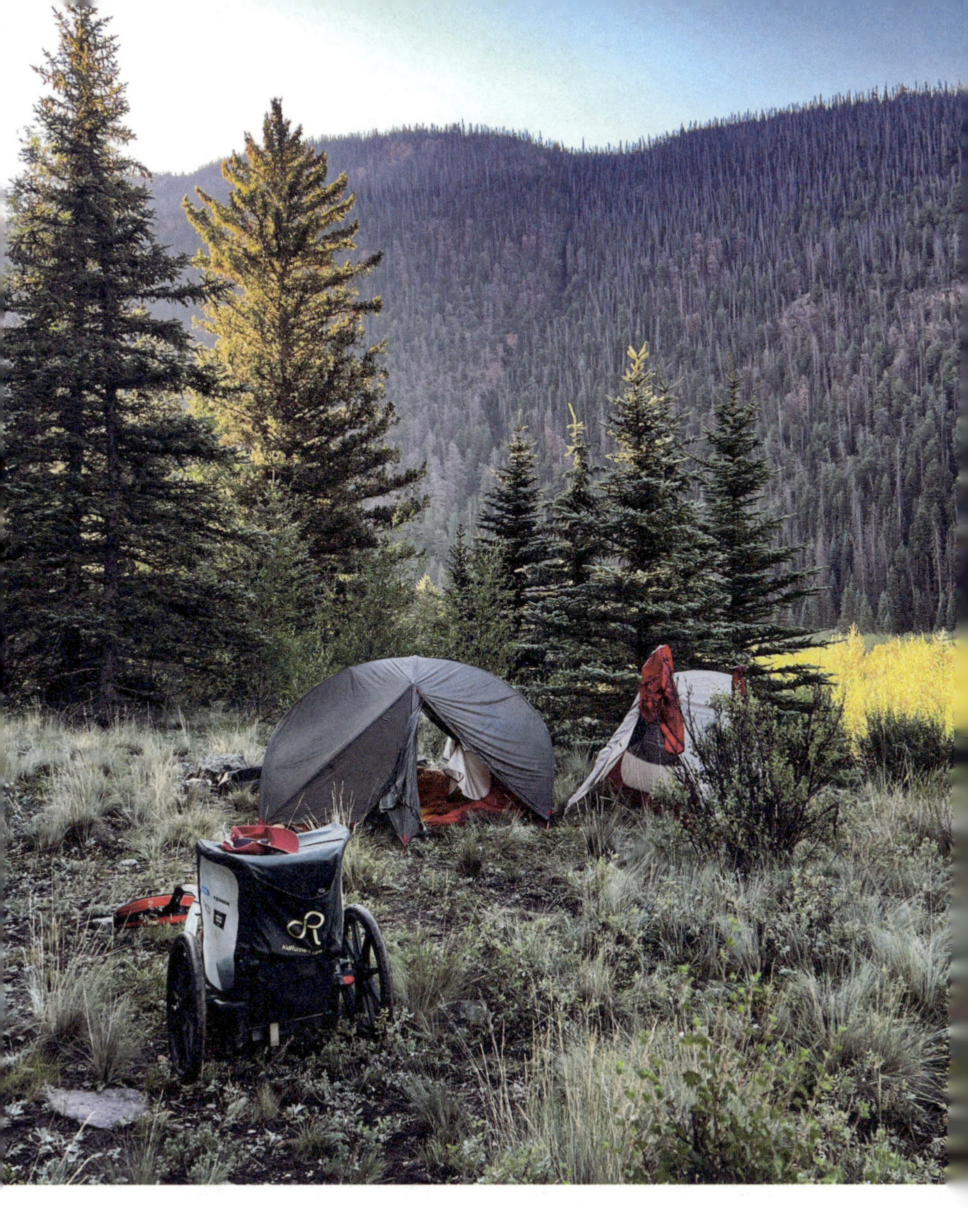

Kalt ist es; bis die Sonne zu unserem Platz vorgedrungen ist, wird es noch etwas dauern. Ich gehe zu den Sachen, die ich gestern noch zum Trocknen ausgebreitet hatte, und da schimmert der Rest eines weißlichen Belags. Raureif, tatsächlich. Ich habe also doch nicht nur geträumt, dass ich im Schlafsack friere.

Ich klettere zum Bach hinunter, um Wasser zu holen. Am Rand verläuft nur ein kleines Rinnsal, offenbar ein toter Arm. Ich muss noch ein paar Meter weiter durch Gebüsch und hohe Gräser gehen, um meine Flaschen füllen zu können. Vor mir hat sich eine Spur tief in den weichen Boden eingegraben: groß, mit deutlich gespalteten Klauen. Das muss ein Elch gewesen sein. Die Spur sieht frisch aus; instinktiv blicke ich mich um, doch leider ist das Tier nirgends zu sehen.

Beim Frühstück machen wir eine Bestandsaufnahme unserer Vorräte. Wir kommen heute in der Nähe einer Stadt vorbei, Lake City, dort muss eingekauft werden, auch wenn das einen Umweg von ein paar Kilometern bedeutet. Danach wird es voraussichtlich für zwei Tage keine Möglichkeit mehr geben, sich mit Lebensmitteln einzudecken. Nur auf Wasser dürfen wir hier im Gebirge hoffen, bisher waren klare Bäche keine Mangelware. Wasser ist entscheidend – es mitschleppen zu müssen, würde eine hohe Gewichtsbelastung bedeuten.

Für die nächsten 20 Kilometer verläuft die Straße weitgehend eben, sodass die Radfahrer wieder schneller sind als ich. Das trifft sich gut, denn so übernehmen sie den Einkauf in Lake City, während ich mir den Umweg sparen und gleich den Anstieg zum nächsten Pass in Angriff nehmen kann.

Das Tal wird mit jedem Kilometer breiter, der Bach weitet sich zu einem großen See aus, der offensichtlich ein Touristenzentrum ist. Boote fahren darauf herum, zu einer kleinen Insel ist eine Hängebrücke gespannt, auf der Menschen zu sehen sind. Schön hier, vielleicht komme ich mal in einem Urlaub zurück. Doch jetzt geht es direkt weiter auf den Highway 149, auf den ich am Ausgang des Sees treffe, und damit wieder in die Berge hinein.

Burger aus Lake City

Sammy und Martin sind hier mindestens schon vor eineinhalb Stunden nach Lake City abgebogen. Ob sie schon fertig sind mit dem Ein-

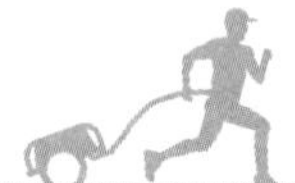

kauf? Wann sie mich wohl einholen? Hoffentlich bald, denn nach vier Stunden Laufen habe ich jetzt ordentlich Hunger.

Mein Handy meldet sich. Sammy schickt mir ein Foto, darauf zu sehen: ein fetter Burger. Oh Mann, reibst du auch noch Salz in meine Wunden! »Kommt ihr bald?«, schreibe ich zurück. »Wir müssen erst aufessen«, ist die Antwort. Mein Magen knurrt vernehmlich. Jetzt hätte ich gern mein Fahrrad, um mal schnell in die Stadt zu fahren.

Da die Straße wieder deutlich ansteigt, ist es wohl besser, wenn ich mir ein geeignetes Plätzchen suche und warte, sonst holen mich die beiden nie ein. An der Spitze einer Serpentine geht der Blick weit über den See, an dessen anderem Ufer ich vorhin entlanggelaufen bin, und die Berge dahinter. Ein paar Bäume bieten Schatten – perfekt.

Gegen halb zwei keucht Sammy heran. »Wir haben uns aufgeteilt«, japst er. »Ich bringe dir deinen Burger, Martin erledigt währenddessen die restlichen Besorgungen.« Er holt die Essenspackung aus dem Rucksack und hält sie mir hin. Ich muss mich sehr beherrschen, um sie ihm nicht aus den Händen zu reißen, was er wahrscheinlich erwartet hat. So, wie er schaut. Die Blöße gebe ich mir nicht. Ich setze mich in aller Ruhe auf einen Stein, hole meine Wasserflasche heraus und nehme erst dann die Packung entgegen. Zwei große Burger mit Pommes liegen darin. Herrlich, herrlich. »Na, keinen Appetit?«, fragt Sammy scheinheilig. Ich grinse ihn von unten her an, beiße in den ersten Burger – und dann gibt es kein Halten mehr.

Als alles verputzt ist, sieht auch mein Vater zufrieden aus. Martin und er hatten es sich in einem Restaurant in Lake City gemütlich gemacht, in aller Ruhe gegessen und getrunken und noch einen Regenschauer abgewartet. Dann hat Sammy vielleicht doch ein schlechtes Gewissen bekommen, seinen Sohn so darben zu lassen – denke ich mir zumindest.

Nun müsste aber auch Martin endlich auftauchen. Ich bin seit fast zwei Stunden hier, so langsam möchte ich weiter. Ich schicke ihm meine Position aufs Handy, in der Hoffnung, dass er Netz hat. »Bin ca. 1,5 Kilometer dahinter«, antwortet er prompt. Eine so schnelle Reak-

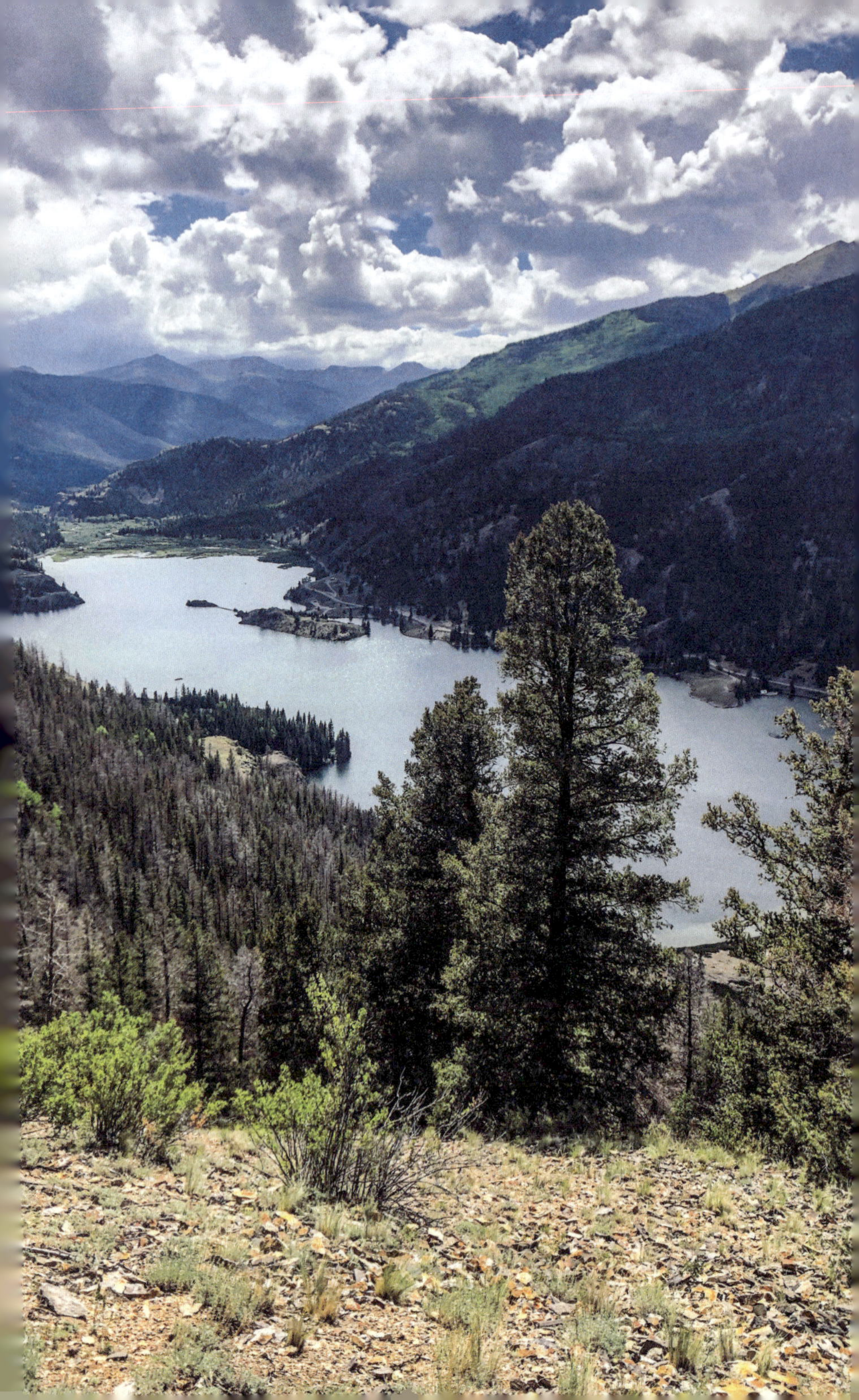

tion – da kann er nicht auf dem Fahrrad sitzen. Richtig, er schiebt und braucht deshalb noch eine halbe Stunde, bis er endlich bei uns ist. Er hat allerdings auch die gesamten Vorräte in seinen Satteltaschen.

Der Pass, auf den es heute geht, heißt Slumgullion Pass und ist über 3500 Meter hoch – immerhin auf einer Asphaltstraße. Danach biegt die Route links auf eine kleine Nebenstrecke ab, die tief hinein in die Wildnis des Gunnison National Forest führt. Darauf freue ich mich besonders. Wir treffen unsere übliche Vereinbarung: Ich laufe voraus, erreiche wahrscheinlich als Erster den Pass, und auf dem Weg abwärts holen sie mich wieder ein.

Hidden Valley

Kurz vor der Passhöhe geht es links in eine Schotterstraße, die nur sehr gemächlich abwärts führt. Kein Vergleich zu den steilen Abfahrten der letzten Tage. »Slumgullion ¼, Deer Lakes 4, Hidden Valley 7 miles«, steht auf dem kleinen braunen Schild, das mir den Weg weist. »Hidden Valley« klingt verheißungsvoll. Rechts neben mir fließt ein kleiner Bach, der unterwegs einige Teiche bildet. Die Landschaft ist ungeheuer idyllisch, ich bin ganz allein. Seit ich abgebogen bin, ist kein Auto mehr vorbeigekommen. Der Himmel hat kurz gegrummelt und mit dunklen Wolken gedroht, doch die ziehen gerade zur anderen Seite hin ab. Vor mir ist alles blau mit nur ein paar Wölkchen darin. Was also stört?

Der Anhänger. Er macht nun echte Probleme. Das rechte Rad eiert so stark, dass es am Rahmen schleift. Ich versuche, Lager und Achse noch einmal fester hineinzudrücken, doch ohne Werkzeug bringt das nicht viel. Ich reduziere mein Tempo und versuche, die seitliche Bewegung des Rades durch geschicktes Steuern beim Laufen auszugleichen. Das geht so einigermaßen.

Eine Bewegung rechts im niedrigen Gebüsch lässt mich innehalten. Da ragt ein großes Geweih heraus – ein Elch! Ungerührt sitzt er da, kaum zehn Meter neben der Straße, und ist von mir in keiner Wei-

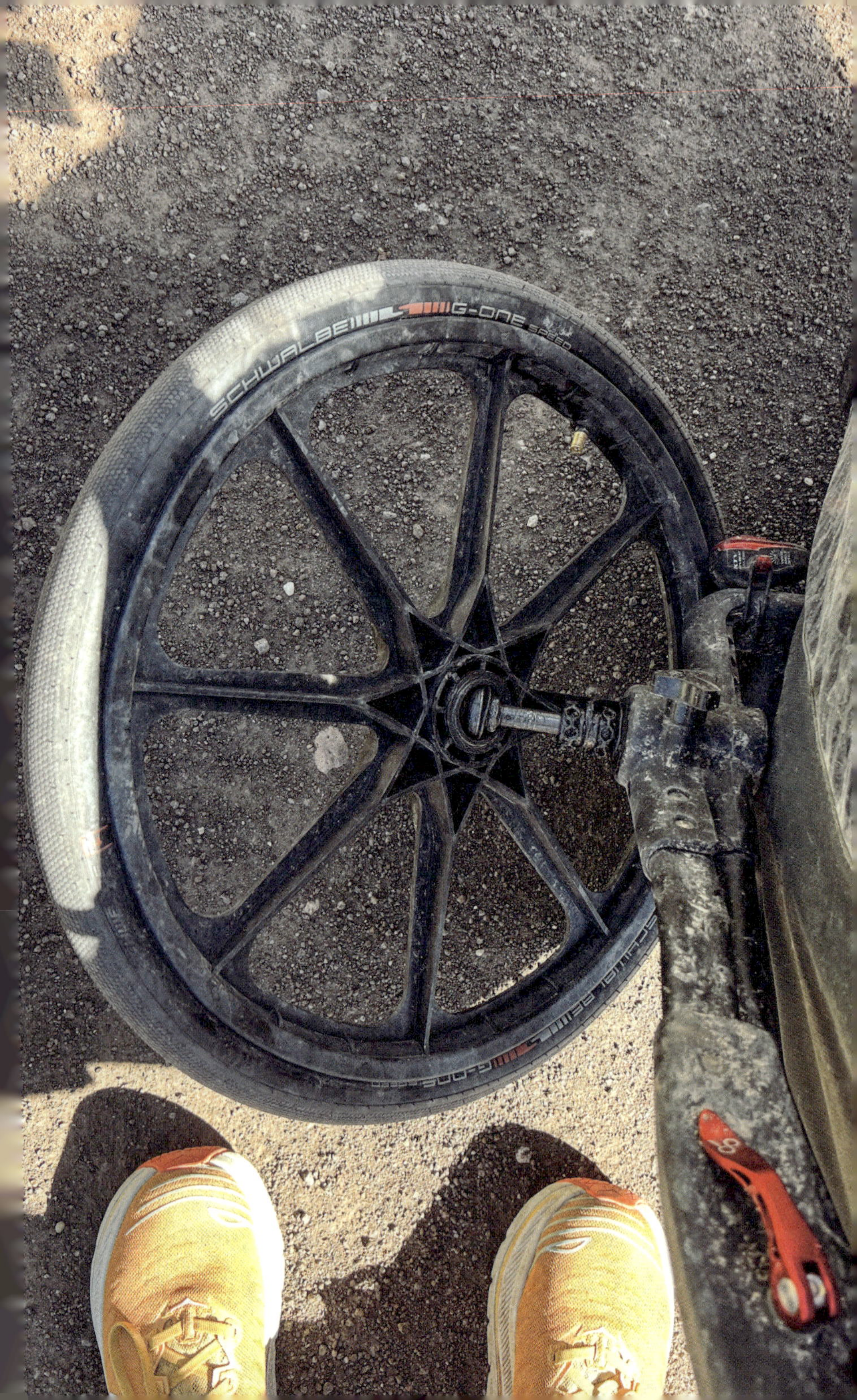
SCHWALBE
G-ONE SPEED

se beeindruckt. Ich höre Sammy und Martin von hinten herankommen und hebe den Arm, um ihnen zu signalisieren, vorsichtig zu sein. Der Elch lässt sich auch von ihnen nicht stören. Wir warten noch ein paar Minuten in der Hoffnung, dass er sich erhebt, doch vergeblich.

Großer Ärger

So geht es nicht weiter. Außen- wie Innenlager des rechten Rades sind nun völlig hinüber. Das Rad dreht sich nur noch auf der Achse selbst, was ein Spiel von mehreren Zentimetern bedeutet. Es ist dabei, sich komplett vom Anhänger zu lösen.

Ich bin total genervt. Wie oft hatte ich mit dem Hersteller telefoniert und auf die Probleme hingewiesen. Hätte er mir zwei neue Radsätze nach Dolores geliefert und nicht nur einen, wäre ich zumindest durch die Berge gekommen. Doch das hier ist aussichtslos.

Ich möchte dem Ding gerade am liebsten einen Tritt geben, sodass es im nächsten Abgrund verschwindet. Aber natürlich kann ich den Anhänger nicht einfach hier mitten in der Natur entsorgen. Meinen Abfall nehme ich immer penibel bis zum nächsten Mülleimer mit, da kann ich einen so großen Müll nicht einfach am Weg abstellen.

Aber was tue ich dann? Versuchen, per Anhalter in die nächste Stadt zu kommen, um Ersatzteile zu holen, dann wieder zurücktrampen und die Reparatur selbst versuchen? Das ist schon Chad in Dolores nicht gelungen, und der ist ein erfahrener Mechaniker. Und wo würde ich überhaupt passende Teile herbekommen? Nein, das ist zum Scheitern verurteilt, es würde nur kostbare Zeit verschwenden. Ich bin ratlos.

Die Sonne steht schon tief, vordringlich gilt es jetzt, zu Sammy und Martin aufzuschließen, die wie immer vorausgefahren sind, um einen Zeltplatz zu suchen. Es bleibt mir nichts übrig, als den Anhänger wieder anzuschieben. Wenn ich langsam gehe und mit der Deichsel dabei ausgleiche, kann ich den Lauf des Rades so weit beeinflussen, dass es irgendwie vorwärts läuft. Zwischendurch halte ich mehrmals an, um das Rad wieder auf die Achse zu schieben. Es ist mühsam.

Auf einer weiten Fläche zwischen Straße und Bach stehen die Zelte. Sammy kommt mir entgegen; als er meine finstere Miene sieht, weicht sein Lächeln einem besorgten Blick. »Der Karren ist endgültig im Eimer«, knurre ich. »Schau dir das an. Und überhaupt, hier können wir nicht bleiben. Ich habe erst 42 Kilometer auf der Uhr. Zu wenig.«

Das ist Unsinn und ich weiß es. Mich reitet der Teufel, an irgendwem muss ich meinen Frust auslassen. Sammy reagiert vorsichtig. Mir jetzt direkt zu widersprechen wäre nicht klug, das weiß er aus langer Erfahrung. »Jetzt komm erst mal her. Was ist mit dem Anhänger?« Da muss ich nicht viel erklären, ein Blick genügt. »Was willst du jetzt machen?«, fragt er. »Weiß nicht. Aber wir müssen weiter. Sind erst 42 Kilometer. Vier oder fünf müssen noch drauf, dann habe ich immer noch nicht mein Soll von 50«, insistiere ich. Noch habe ich mich mit der Situation nicht abgefunden.

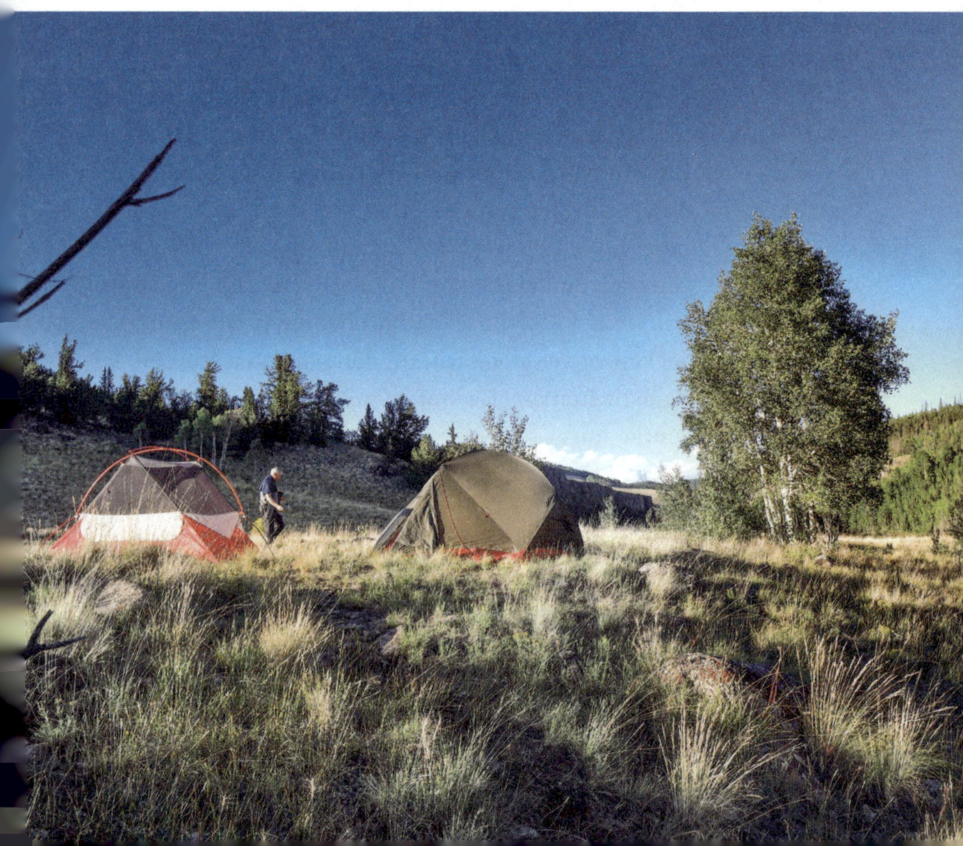

Martin kommt dazu. Aus seinem Blick lese ich, dass er bereit dazu wäre, die Zelte wieder abzubrechen und mir zu folgen, doch Sammy kennt mich und spielt auf Zeit. »Du kannst mit meinem Rucksack weiterlaufen«, sagt er. »Wir müssen nur schauen, wie viel du reinkriegst.« Dabei lotst er mich zu den Zelten, und langsam setzt auch meine Vernunft wieder ein. Natürlich hat es keinen Sinn, heute noch weiterzulaufen. Ich brauche jetzt einen Plan, und ein solcher lässt sich viel besser schmieden, wenn der Hunger gestillt ist. Und ich habe Hunger wie ein Wolf.

Lagerfeuer

Martin erklärt sich bereit, die Nudeln zu kochen, während ich mit Sammy trockenes Holz zusammensuche. Dieser Platz ist wirklich ideal, er hat sogar eine mit Steinen eingefasste Stelle, auf der wir gefahrlos ein Lagerfeuer anzünden können. Zumindest ein kleiner Ausgleich für den ganzen Ärger.

Als das Feuer brennt, setze ich mich neben Sammy und beratschlage, wie es weitergehen kann. Wir hatten nicht im Ernst damit gerechnet, dass es nötig sein würde, aber weil Vorsicht die Mutter der Porzellankiste ist, hat er aus der Schweiz einen Rucksack mitgebracht. Eine Notmaßnahme, auf die ich jetzt zurückgreifen muss. Sammy kann den Rucksack nehmen, den Martin im Moment trägt, und der muss dann eben mehr in seinen Satteltaschen unterbringen. Das dafür notwendige Probepacken verschieben wir auf den nächsten Morgen. Ich kann mir über Nacht schon mal Gedanken machen, worauf ich gegebenenfalls verzichten muss.

Ein lauter Fluch reißt uns aus unserem Gespräch. Martin kniet vor dem Gaskocher und schimpft heftig vor sich hin. Beim Abgießen ist ihm der Topf weggerutscht, und die Hälfte der Nudeln liegt jetzt auf dem Boden ausgebreitet. Kleinlaut schaut er zu uns herüber. Wir haben nur die eine Packung Nudeln, von denen er gerade zwei Drittel gekocht hat. Mehr passt ja nicht in den Topf. »Ich sammle sie wieder

auf und spüle sie ab, dann geht das schon«, ruft er. »Vielleicht tust du sie dann noch mal kurz in heißes Wasser«, meint Sammy. »Kalt möchte ich sie nicht essen.«

Martin gibt sich alle Mühe. Das bisschen Dreck, das wir am Ende mitessen, ist nicht der Rede wert. Satt sind wir allerdings alle nicht. »Ich koche den Rest auch noch«, verspricht Martin und geht zum Bach, um Wasser zu holen. Sammy und ich widmen uns wieder den anderen Problemen, die wir haben.

Was sollen wir mit dem defekten Anhänger anstellen? Ihn einfach irgendwo stehen lassen und hoffen, dass es keiner merkt? Nein, das geht gar nicht, das sieht mein Vater genauso wie ich. Doch ich kann ihn auch nicht bis zur nächsten Stadt mitschleifen, um ihn dort ordentlich zu entsorgen. Das sind 100 Kilometer, wie soll das funktionieren? Das Einzige, was mir einfällt: An der Strecke liegen laut Karte einige sehr einfache Campgrounds, teilweise sogar mit Toiletten versehen. Zu einem solchen Platz müsste ich den Anhänger noch schieben können. Vielleicht ergibt sich eine Möglichkeit, ihn dort ordentlich abzustellen.

»Das gibt's doch nicht«, hören wir Martin murmeln. Er hat es geschafft, auch die zweite Portion Nudeln auf den Boden zu schütten. Erneut sammelt er auf, was sich noch aufsammeln lässt, spült aus, um den gröbsten Dreck zu entfernen und will dann noch mal Wasser heiß machen, um die Nudeln wieder anzuwärmen.

Der Gaskocher geht nicht mehr an. Ich schüttle ihn. Die Kartusche ist leer. Eine Ersatzkartusche habe ich nicht dabei. Heute sind wir wirklich vom Pech verfolgt.

Wir essen die Nudeln kalt mit dem Rest der Soße (und ein bisschen Erde). Auch das sättigt einigermaßen. Die Aussichten für den morgigen Abend sind jedoch nicht rosig, denn mit den Reis-Kochbeuteln, die noch da sind, können wir ohne einen funktionierenden Kocher nichts anfangen. Dann bleiben nur Müsli und die Taco-Fladen mit Erdnussbutter, die ich bei der letzten Mittagsrast schon kaum hinunterbekommen hatte.

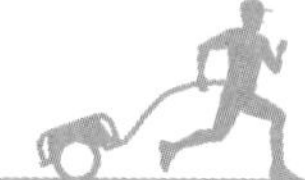

Was soll's. Um die Probleme von morgen werden wir uns morgen kümmern. Für heute gilt: Der gröbste Hunger ist gestillt, Wasser ist vorhanden, und das kleine Lagerfeuer ist ein Luxus, den wir bisher nicht hatten. Über uns breitet sich ein prachtvoller Sternenhimmel aus. Wir sitzen am Feuer, bis die letzten Zweige verbrannt sind, löschen die Glut und legen uns schlafen. Ich bin genau da, wo ich sein will. Nur das zählt wirklich.

Weiter mit Rucksack

Bis ein geeigneter Platz gefunden ist, muss ich den KidRunner am nächsten Morgen noch ein paar Kilometer vor mir herschieben. Ich habe direkt Übung bekommen, ihn so zu bugsieren, dass das im 45-Grad-Winkel abstehende Rad trotzdem rollt. Spaß macht das aber nicht. Hinter dem Toilettenhäuschen auf einem der genannten Campgrounds stelle ich ihn schließlich ab. Für die Leute, die sich ehrenamtlich um den Platz kümmern, hinterlasse ich in einem Umschlag eine Nachricht, etwas Geld und meine Kontaktdaten für alle Fälle. Ich kann nur hoffen, dass die Menschen hier mir es nicht übelnehmen, dass ich den Anhänger in ihre Obhut übergeben musste. Glücklich bin ich über die ganze Entwicklung nicht.

Der Rucksack ist nicht besonders groß. Meine Ausrüstung passt nicht vollständig hinein, den Schlafsack kann ich nur noch außen draufbinden. Auch von einem Paar Ersatzschuhe muss ich mich trennen. Dennoch bleibt kaum Platz für Proviant, von Wasser ganz zu schweigen. Gerade mal eine Einliterflasche lässt sich in der Außentasche unterbringen. So wenig Flüssigkeit ist gut für den Tragekomfort und schlecht für trockene Gegenden. Das Laufen fühlt sich ungewohnt an mit dem zusätzlichen Gewicht auf dem Rücken, doch ich werde mich schon daran gewöhnen.

Das Hidden Valley ist traumhaft schön. Canyons mit steil über dem Weg aufragenden Felsen wechseln sich ab mit hügeliger Landschaft, Wald mit Grasland. Und stets plätschert der Bach neben uns. Ein ein-

ziges Auto passiert uns an diesem Vormittag, sonst sind wir ganz allein in dieser herrlichen Natur, die im Sonnenschein in strahlenden Farben leuchtet.

Sammy und Martin trödeln neben mir her. Sammy verkündet, dass sie heute mal langsam machen wollen; die Pässe der letzten Tage hätten sie viel Kraft gekostet. Ich hege den Verdacht, dass er mich in Wirklichkeit in der neuen Situation mit dem Rucksack nicht alleinlassen will, und bin gar nicht unglücklich darüber. Nicht dass ich Hilfe benötigen würde, doch es ist schön, im Moment in Gesellschaft zu sein und sich mit ihm unterhalten zu können.

Am Cathedral Point lassen wir das Hidden Valley hinter uns. Gut ein Dutzend der berühmten tonnenförmigen amerikanischen Briefkästen mit den roten Signalfähnchen stehen nebeneinander an der Straßenkreuzung, an der wir unsere Mittagspause machen – offenbar wohnen in dieser Umgebung wieder Menschen. Auch ein Wegweiser steht da.

»Los Pinos Pass?«, fragt Martin. »Hast du nicht gesagt, dass es jetzt vorbei ist mit den Pässen?« Auch Sammy schaut etwas beunruhigt. »Das ist doch kein Pass, das ist ein Pässchen«, versuche ich zu beschwichtigen. »Ein paar 100 Meter hoch, kein Vergleich zu dem, was ihr schon geleistet habt. Wie sieht es eigentlich mit unseren Vorräten aus?«

Das Ablenkungsmanöver funktioniert, führt jedoch nicht zu besserer Laune. Die Lage ist nämlich bescheiden, seit uns das Gas des Kochers ausgegangen ist. »Eine Chance hätten wir, sicher ist das aber nicht.« Ich zeige auf die Karte auf dem Handy. Wir haben zwar seit gestern nirgendwo mehr Netzempfang, doch ich hatte sie mir rechtzeitig heruntergeladen. »Es gibt in zwei Kilometern Entfernung die Cathedral Ranch Cabins. Man kann dort übernachten – vielleicht verkaufen sie auch Lebensmittel. Für euch mit den Rädern ist das kein großer Umweg.«

»Und du läufst inzwischen weiter?«, seufzt Martin. »Na gut, einen Versuch ist es wert.« Und so trennen wir uns wieder.

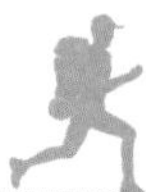

Noch ein Elch

Der Weg beginnt steil, und da bin ich mit dem Rucksack im Vorteil. Ich muss nicht mehr darauf achten, wie die Räder hinter mir rollen, sondern nur noch darauf, wohin ich meine Füße setze. Füße und Knie scheinen keine Probleme zu machen, nur im Rücken spüre ich die zusätzliche Belastung. So komme ich besser voran, als es mit dem Anhänger möglich gewesen wäre. Auch bergab ist es besser ohne den Wagen, der mich an steilen Stellen immer nach vorne schieben wollte.

Der Wald ist im Vergleich zum Vormittag lichter geworden, und nachdem ich den Pass überquert habe, wird die Landschaft offener und flacher. Canyons gibt es hier keine mehr. In einem Tümpel neben der Straße bewegt sich etwas, hebt den Kopf aus dem Wasser und schaut mich neugierig an. Eine Elchkuh. Auch ohne Geweih beeindruckend groß. In dem Moment halten die beiden Radfahrer hinter mir. Das Tier bewegt sich, steigt aus dem Wasser. Kann das jetzt gefährlich werden? Hat sie Junge in der Nähe, die sie meint, verteidigen zu müssen?

Langbeinig und auf eigenartige Weise graziös stakst sie hoch, überquert den Weg und verschwindet auf der anderen Seite im Unterholz, ohne uns eines weiteren Blickes zu würdigen. Wir sind alle drei für einen Moment stumm. Eine watteweiche Wolke segelt langsam über den Himmel.

»Gute Nachrichten«, sprudelt es aus Sammy heraus. »Da gab es tatsächlich einen Laden, super ausgestattet mit allem, was Bikepacker brauchen. Instant-Nudelsuppen, Schokoriegel, Elektrolyttabletten. Sogar eine Gaskartusche haben wir bekommen. Und den Abfall von gestern bin ich auch losgeworden.«

Wieder einmal bestätigt sich, was mir auf meinen Reisen immer widerfährt: Mal hast du Pech, mal hast du Glück. Nicht aufzugeben, wenn es schlecht läuft, sondern darauf zu bauen, dass es auch wieder besser wird, diese Einstellung hat sich noch jedes Mal bewährt.

Die Aussicht, uns heute Abend etwas kochen zu können, spornt uns alle an. Wir machen aus, wo ungefähr wir uns treffen wollen, dann schicke ich die beiden wieder auf die Strecke.

Ein Drama

Das Tal hat sich zu einer Ebene ausgeweitet, die von der schon tief stehenden Sonne in weiches Licht getaucht wird. In der Mitte fließt ein Bach, doch sein Wasser ist grün vor Algen und riecht muffig. Ungenießbar. Nach Kartenlage hatte ich das anders erwartet. Das Land ist eingezäunt, in der Ferne grasen Rinder. Sicher gehören sie zu der Ranch, deren Häuser nach einer Kurve vor mir auftauchen. Ich muss hier um Wasser bitten. Auf der Veranda eines der großen Blockhäuser

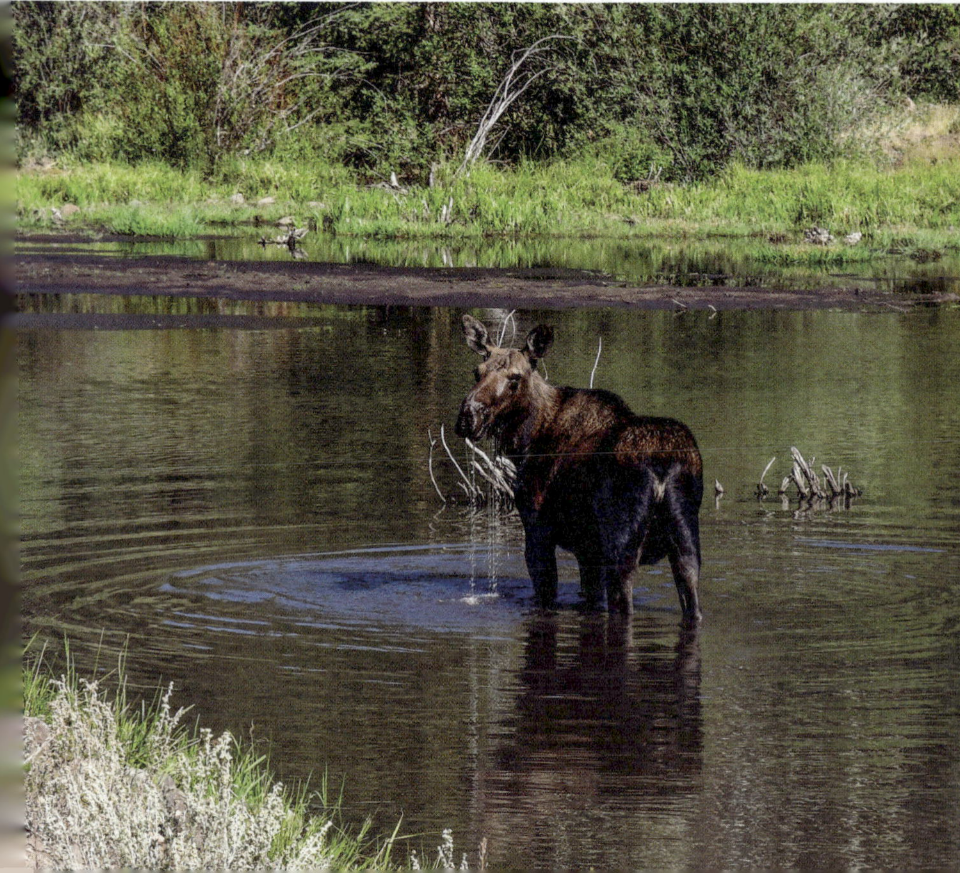

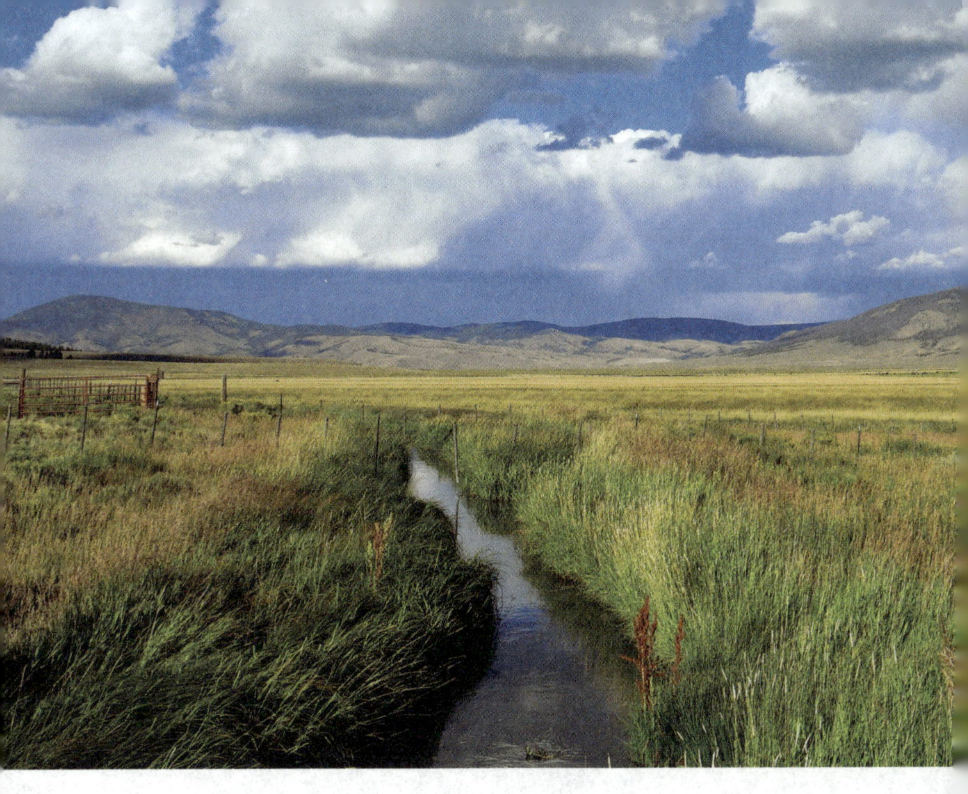

sitzt eine fröhliche Gesellschaft, die mich freundlich empfängt. Ja, meine Kameraden seien auch schon hier gewesen und hätten nach Wasser gefragt. Sie füllen meine Flaschen und bieten mir ein paar Biskuits an, die ich gerne annehme. Den Hunger stillen sie nicht, aber ich will die Gastfreundschaft der Leute nicht überstrapazieren, deshalb bedanke ich mich und verabschiede mich bald.

Eine halbe Stunde weiter sehe ich die Zelte neben der Straße stehen. Endlich. Knapp 50 Kilometer heute, Soll erfüllt. Der Rücken tut mir allerdings weh nach diesem ersten Tag mit Rucksack. Und Wasser gibt es hier auch keines. Doch es soll noch schlimmer kommen.

»Ich habe die GoPro verloren«, ist das Erste, was Sammy sagt, als er mich erblickt. Ich kann es nicht glauben. »Wie kannst du die verloren haben? Das gibt's doch nicht!«, rufe ich fassungslos. Die Aufnahmen, die wir auf dieser Minikamera haben, sind unersetzlich für den Film, der über meine doppelte Amerikaquerung produziert werden soll. »Wann ist das passiert?«

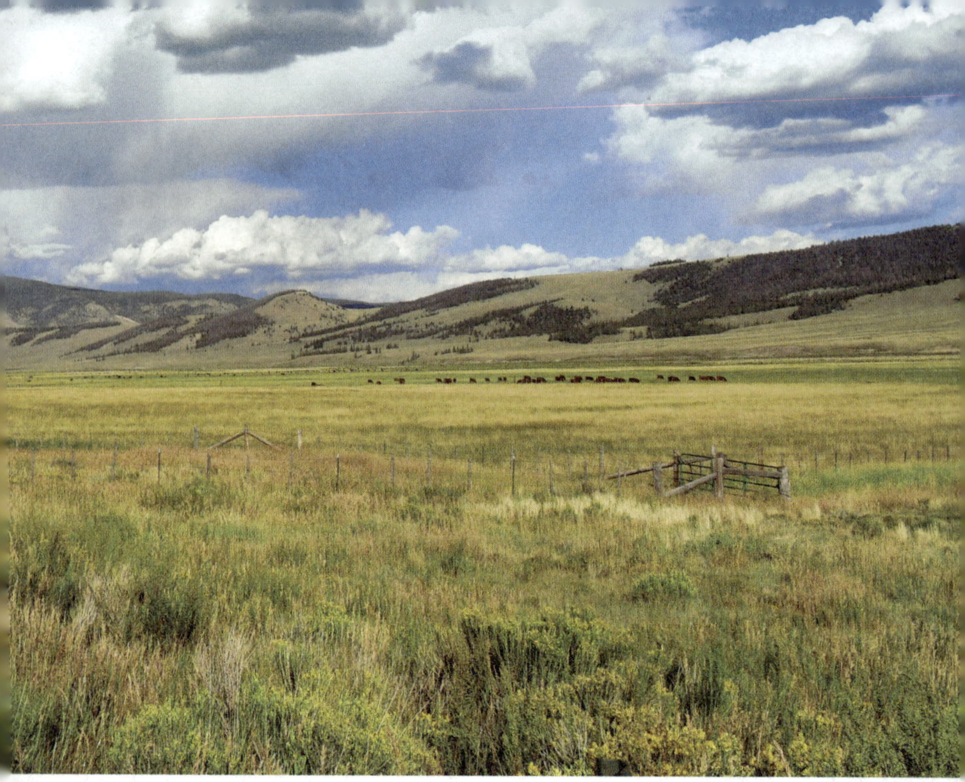

»Keine Ahnung, ich habe es jetzt erst bemerkt. Sie war in der Außentasche, und jetzt ist sie weg.« Ich sehe mir den Rucksack an. Die Außentasche ist ein loses Netz, das schon ziemlich ausgeleiert ist. »Wie kann man die aber auch da drin aufbewahren?«

Ich bin wirklich stinksauer, ob er nun mein Vater ist oder nicht. »Ich wollte sie eben immer griffbereit haben. Du willst doch dauernd gefilmt werden«, verteidigt er sich mit erkennbar schlechtem Gewissen.

»Da gibt's nur eins, zurück und suchen!« Er sieht mich an und schüttelt langsam den Kopf. »Das schaffe ich nicht. Es ist Abend, wir haben noch nichts gegessen, und ich bin völlig k.o.«

Er hat natürlich recht. Heute hat es keinen Wert mehr. »Dann halt morgen«, sage ich schon versöhnlicher. Sammy schweigt. »Lass uns erst mal essen«, mischt Martin sich ein. »Wir brauchen deinen Kocher.« Gut, das Nächstliegende zuerst. Ich setze den Rucksack ab und hole den Kocher heraus.

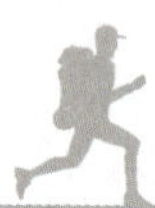

»Üppig wird es nicht«, warnt mich Martin. »Wir sind knapp dran mit Wasservorräten. Wie viel hast du noch?« Ich habe nichts mehr. Was ich in der Ranch bekommen habe, ist ausgetrunken. »Dann reicht es nicht für die Nudelsuppen. Wir müssen uns mit dem Reis begnügen. Soße haben wir auch keine mehr.«

Das ist mir in diesem Moment egal. Ich hadere immer noch mit dieser Nachricht. »Wo könntest du sie denn verloren haben? Wann hattest du sie das letzte Mal in der Hand?«, quetsche ich Sammy aus. »Das war heute Morgen. Danach habe ich den Rucksack mehrmals abgesetzt. Das kann überall passiert sein.«

»Wir müssen es versuchen. Du kannst mit dem Fahrrad morgen die ganze Strecke noch mal abfahren. Ohne Gepäck schafft du das in zwei Stunden. Und bis zum Nachmittag habt ihr mich wieder einge-

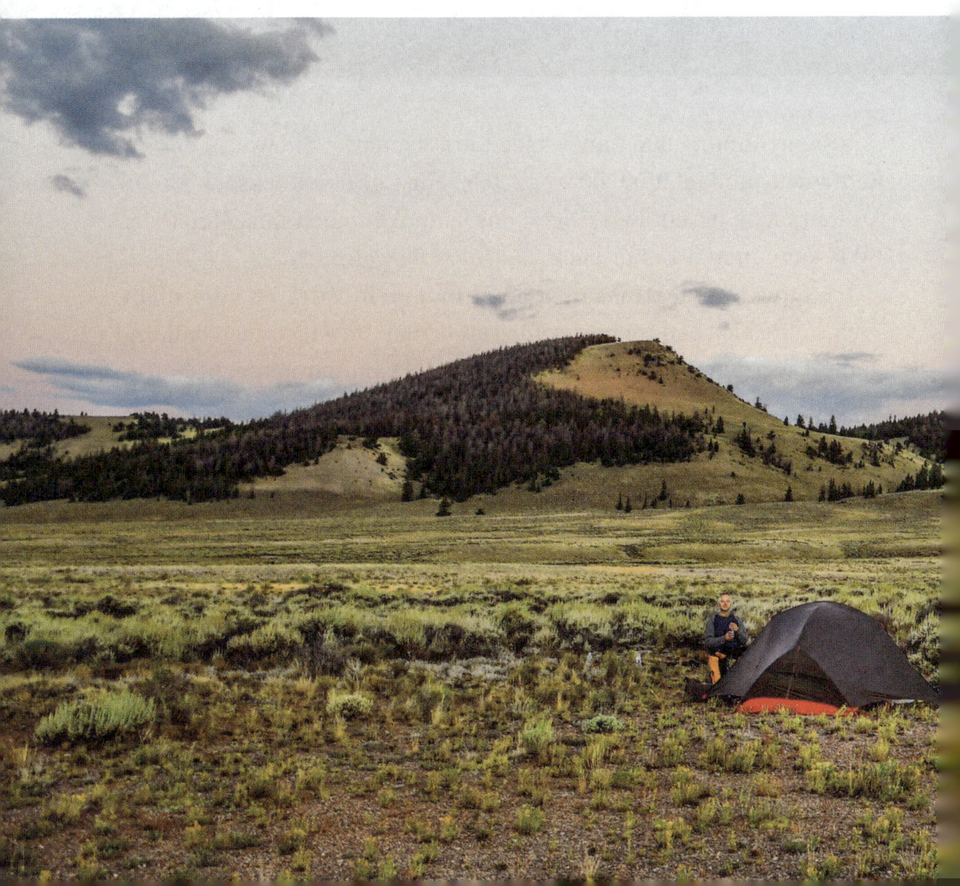

holt.« Sammy antwortet nicht. Noch immer verstimmt wende ich mich ab und packe meinen Rucksack für die Nacht aus.

Der Reis schmeckt fade und macht nicht wirklich satt. Für morgen können wir nur hoffen, wieder auf trinkbares Wasser zu stoßen, um die Nudelsuppen zubereiten zu können, sonst bleiben uns wirklich nur Taco-Fladen und Erdnussbutter. Der Rest des Müslis ist fürs Frühstück reserviert. Einkaufen können wir erst übermorgen wieder, dann wird die Stadt Saguache erreicht.

Nachdem wir unser karges Mahl beendet haben, gibt Sammy sich einen Ruck. »Ich mach's«, entscheidet er. »Ich fahre morgen ganz früh los, vielleicht finde ich die Kamera ja wirklich.« – »Gut«, sage ich. »Dann lass uns überlegen, wie wir das morgen hinkriegen.« Der Mond ist aufgegangen und scheint dick und rund über die Ebene.

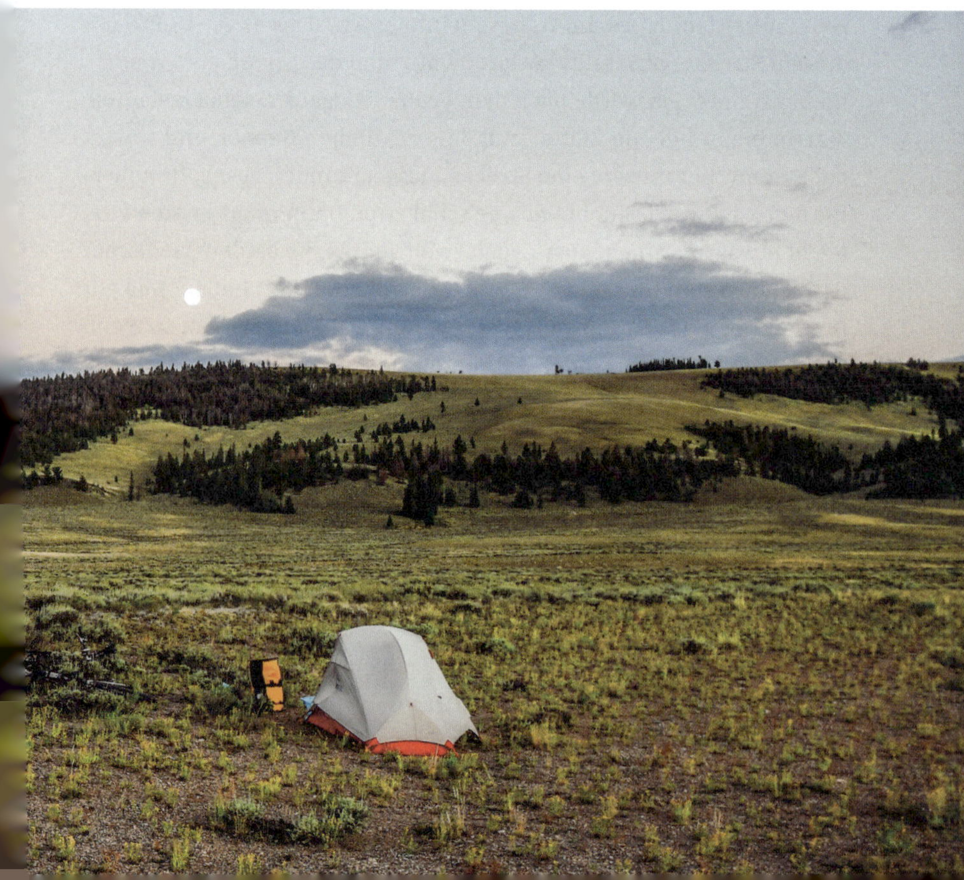

Ein Tag voller Ungewissheiten

Ich höre, wie Sammy aufsteht. Es ist noch dunkel. Er kramt herum, zieht sich an – und liegt auf einmal wieder neben mir im Zelt. »Zu kalt«, höre ich ihn murmeln und dämmere wieder weg.

Als ich das nächste Mal aufwache, ist es gegen sieben, und Sammy ist schon in voller Montur. »Bis später«, verabschiedet er sich leise. Aus dem offenen Zelt sehe ich ihn in der Morgensonne davonfahren. Ich strecke mich und höre, wie im anderen Zelt auch Martin langsam in die Gänge kommt.

Beim Frühstück sprechen wir noch einmal alles durch. Mit Sammy habe ich vereinbart, dass er maximal bis zu unserem gestrigen Rastplatz bei den Briefkästen am Cathedral Point fahren, notfalls auch noch den Umweg zu dem Laden machen soll. Alles andere wäre zu weit, außerdem ist es am wahrscheinlichsten, dass er die GoPro auf diesem Streckenabschnitt verloren hat – und dass er sie dort wiederfinden könnte. Ich werde nach dem Frühstück ganz normal loslaufen, Martin bleibt bei den Zelten und dem restlichen Gepäck und wartet auf Sammy. Der müsste eine Strecke in zwei Stunden geschafft haben, für den Rückweg bräuchte er noch mal zwei. Dann muss er sich vielleicht etwas ausruhen, aber gegen zwölf sollten die beiden wieder auf den Rädern sein und mich bis zwei oder so eingeholt haben. Das gilt für den Fall, dass Sammy die gesamte Route abklappern muss. Wenn er die Kamera früher findet, verkürzen sich die Zeiten entsprechend. Das wäre der Idealfall.

Ich mache mir keine Illusionen und schätze seine Chancen auf maximal fifty-fifty. Die GoPro ist keine zehn Zentimeter groß. Es ist zwar noch der Handgriff dran, trotzdem: Wenn sie einfach irgendwo auf dem Weg liegt, dürfte es schwer sein, sie im Vorbeifahren von einem Stein zu unterscheiden. Und Steine gibt es auf diesem Weg genug. Die Hoffnung beruht darauf, dass sie bei einer der Gelegenheiten herausgefallen ist, bei der Sammy angehalten und den Rucksack abgesetzt hat. Und dass er diese Orte beim Zurückfahren wieder-

erkennt. Erschwert wird die Lage dadurch, dass es hier weit und breit kein Handynetz gibt. Wir haben keine Möglichkeit, Kontakt miteinander aufzunehmen.

Bevor ich aufbreche, bespreche ich mit Martin die heutige Wegführung. An einigen Kreuzungen gilt es, richtig abzubiegen. Martin hat bisher einen guten Orientierungssinn bewiesen, sodass ich mir in dieser Hinsicht kaum Sorgen mache. Ein gewisses Restrisiko bleibt jedoch. Kurz vor neun schultere ich meinen Rucksack und laufe los.

Wassermangel

Es ist mein zweiter Tag ohne den Anhänger. Die Straße verläuft meist eben, und ich spüre das Gewicht des Rucksacks bei jedem Schritt. Mein Rücken hat sich noch nicht daran gewöhnt. Aus dem wolkenlosen Himmel scheint die Sonne herab und lässt die Ebene um mich herum leuchten. Im niedrigen Gestrüpp neben der Straße wachsen kleine, gelbe Blumen, die die Luft mit einem Duft erfüllen, der mich an Kamille erinnert. Ein kleiner See direkt neben der Straße glitzert verführerisch, sodass ich mir eine kurze Pause an seinem Ufer gönne, obwohl ich gerade mal zwei Stunden unterwegs bin. Das Wasser ist kühl, trinken möchte ich es aber nicht, obwohl meine Flasche bereits leer ist. Zu essen habe ich auch nichts mehr; was ich gefrühstückt habe, muss bis heute Abend reichen. Dann werden wir hoffentlich wieder alle zusammen sein und die Nudelsuppen schlürfen, die in Martins Gepäck warten.

Das Wasserproblem habe ich unterschätzt. Die Tage zuvor waren wir ja immer an Bächen mit klarem Wasser gewesen, und auch für diese Gegend hatten die Karten Wasserläufe verzeichnet. Damit, dass sie veralgt und nicht zum Trinken geeignet sein könnten, hatte ich nicht gerechnet. Ich halte hier und da Fahrzeuge an, die auf diesen staubigen Straßen gelegentlich vorbeikommen, und bitte um etwas Wasser, was mich irgendwie über den Tag rettet. Unangenehm dehydriert fühle ich mich trotzdem die meiste Zeit.

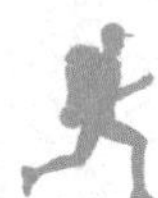

Nach etwa 20 Kilometern stoße ich auf den Colorado State Highway 114. Highway klingt nach Autobahn, aber es ist eine normale Landstraße, immerhin asphaltiert. In einem Staat, in dem die meisten Nebenstraßen unbefestigt sind, reicht das wahrscheinlich schon, um als Highway zu gelten.

Es ist jetzt kurz vor zwei. Sammy und Martin müssten mich nach meiner Berechnung so langsam eingeholt haben. Die zurückliegende Strecke ist von hier aus gut zu überblicken, doch auch nach den 20 Minuten Pause, die ich mir gönne, taucht niemand am Horizont auf.

Also weiter. Die Straße führt langsam, aber beständig aufwärts zum North Cochetopa Pass, der zur kontinentalen Wasserscheide gehört. Als ich eine Stunde später auf der Passhöhe ankomme, ist immer noch nichts von den beiden zu sehen. Drei Uhr. Können sie wirklich so langsam sein? Na gut, die letzten Tage haben sie ziemlich geschlaucht. Am besten warte ich mal auf sie.

Später und später

Auf der Passhöhe sind Schilder mit touristischen Infos angebracht. Die Flora und Fauna der Umgebung wird vorgestellt, die geologischen Besonderheiten des Gebirges beschrieben. In einem Aushang wird da-

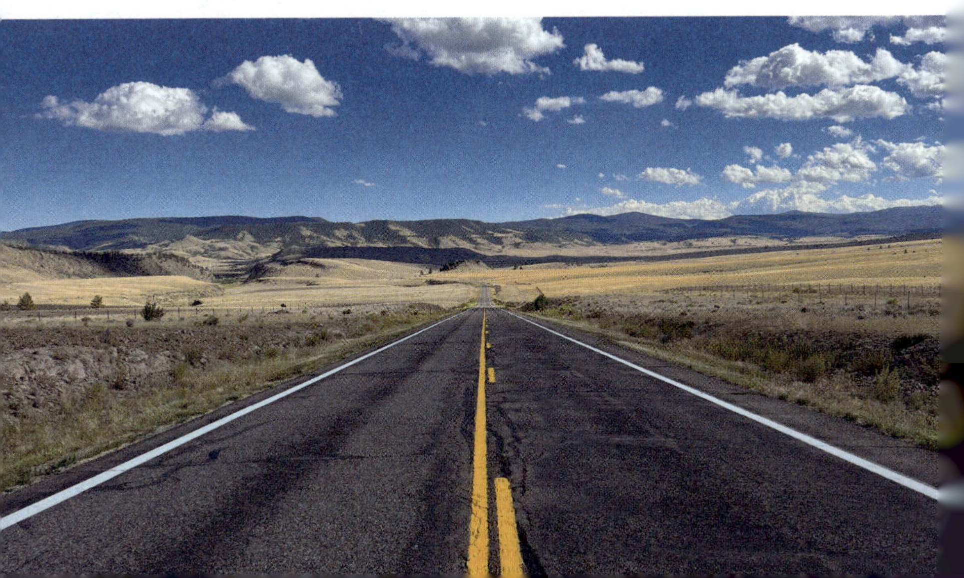

von abgeraten, Wasser aus Bächen zu trinken, weil es mit einzelligen Parasiten verseucht sein könnte.

Als hätte ich's geahnt. Parasiten im Wasser, das wir die ganze Zeit getrunken haben? Bitte nicht! Durchfallerkrankungen könnten sie verursachen, steht da, bei Personen mit schwachem Immunsystem auch schwerere Krankheiten. Hm, keine gute Nachricht. Ich spüre allerdings nichts. Ach, wir sind bestimmt verschont geblieben.

Nach einer Dreiviertelstunde wird mir langsam kalt. Hier oben weiter auszuharren, hat wenig Sinn. Es ging ja bergauf, da haben sie sicher wieder länger gebraucht. Ab jetzt verläuft die Route bergab, da werden sie schneller sein als ich.

Ich laufe und laufe. Meine Wasserflasche ist längst wieder leer. Von einer Seitenstraße kommt ein Pick-up an, den ich anhalte und um etwas zu trinken bitte. Dar Fahrer steigt aus, zapft mir von einem großen Kanister auf seiner Ladefläche Wasser in meine Flasche und fragt mich, was ich denn so mache.

»Na, ich laufe quer durch die USA«, antworte ich, und bemühe mich, die halbautomatische Waffe neben dem Tank zu übersehen. »Und, wo soll es hingehen?« – »Nach New York«, sage ich wahrheitsgemäß.

Er schaut mich groß an und wird ganz aufgeregt. »Nach New York?«, ruft er. »Ich war mal in New York, warum willst du da hin? Geh nicht nach New York! Das sind die ganzen Liberalen, die muss man alle erschießen. Die machen lauter Probleme, wir sollten die alle umbringen.« Er feuert mit einer imaginären Waffe in der Gegend herum. »Bam, bam, bam. Umbringen muss man die alle, umbringen.«

Er kann sich gar nicht mehr einkriegen. Dann hört er plötzlich auf, schaut mich an und hantiert an einer Kiste rum, die auf der Ladefläche steht. Für einen Moment halte ich die Luft an. Hoffentlich hält er mich nicht auch für einen Liberalen.

»Hier, magst du ein Bier? Oder Whisky?« Ich atme aus, zwinge mich zu einem Lächeln und lehne dankend ab. Kein Alkohol beim Sport, das kann er hoffentlich verstehen? Dann mache ich mich so schnell wie möglich aus dem Staub.

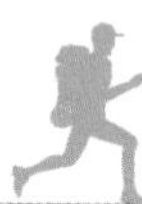

17:30 Uhr. Jetzt beginne ich wirklich, mich zu sorgen. Sollte einem der beiden was passiert sein? Ein Sturz? Oder ist einer unter der Belastung zusammengebrochen? Eigentlich kann ich mir das nicht vorstellen. Sammy ist ein alter Hase, und Martin konnte sich am Morgen noch weiter ausruhen. Ein Unfall? Ein Bär? Vielleicht ja einfach nur ein technischer Defekt? Seit dem Pass habe ich wieder Handyempfang und schreibe jedem von ihnen eine Nachricht. Sie geht nicht durch.

Was tue ich, wenn sie gar nicht auftauchen? Ich müsste die Nacht ohne Zelt verbringen – das ist bei Martin verblieben – und zu essen habe ich auch nichts mehr. Ich könnte versuchen, bei einer Farm an der Strecke zumindest etwas Essen zu ergattern. Vielleicht bekäme ich sogar ein Dach über dem Kopf, doch auch wenn nicht, würde ich eine Nacht im Freien schon überstehen. Ich könnte auch versuchen, bis zur Stadt Saguache zu laufen, was eine Tagesstrecke von 75 Kilometern bedeuten würde. Sehr weit, aber nicht völlig unmöglich. Nein, ich komme schon irgendwie klar. Aber was ist den anderen passiert? Sogar nach meiner konservativsten Kalkulation müssten sie schon seit vier Stunden hier sein. Brauchen sie Hilfe? Kann ich etwas unternehmen? Es gibt aber nichts, begreife ich ernüchtert, das ich tun könnte.

Bericht Martin

7:08 Uhr. Sammy bricht auf, ich notiere mir die Uhrzeit.

Beim Frühstück frage ich Jonas, wie gut er Sammys Chancen einschätzt, die Kamera zu finden. Wenn sie auf die Straße gefallen ist, ist womöglich schon ein Auto darübergefahren. »Das wäre nicht so schlimm«, meint Jonas. Die Speicherkarte geht davon nicht kaputt, und die ist es, die wir wirklich brauchen. Eine neue GoPro kann ich kaufen, aber die Aufnahmen sind unersetzlich.« – »Glaubst du denn, dass er sie findet?«, frage ich noch mal. Er wiegt den Kopf. »Versuchen müssen wir es auf jeden Fall.«

8:42 Uhr. Jonas läuft los. Er hat versucht, Zuversicht auszustrahlen, doch ich spüre, dass auch er sich Gedanken macht. Ich sehe zu, wie

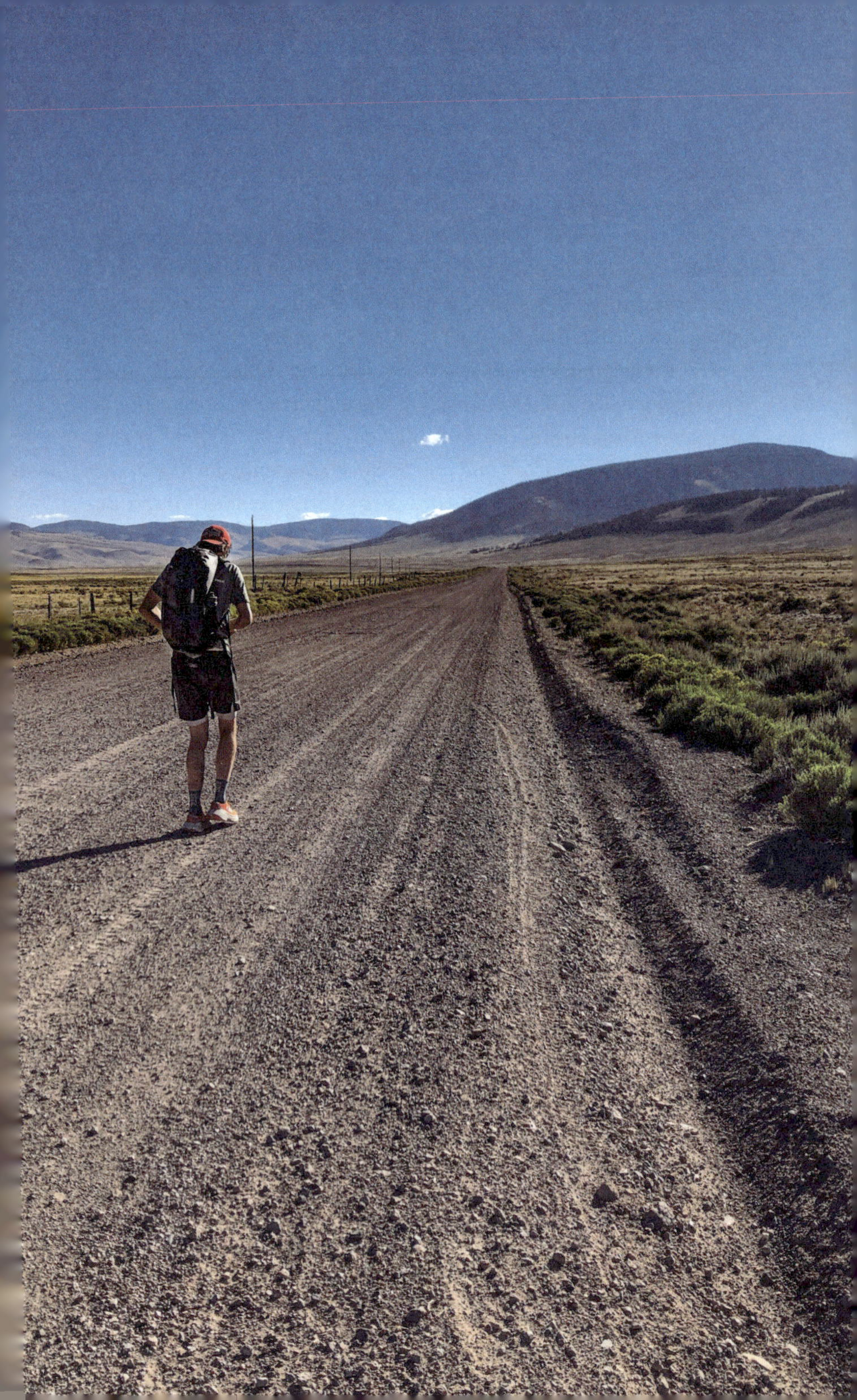

seine Gestalt auf der langen Straße immer kleiner wird, dann gehe ich zu den Zelten zurück. Ich überlege, unser Lager schon mal abzubauen, damit wir schnell weiterkönnen, wenn Sammy zurückkehrt, verwerfe den Gedanken aber schnell wieder. Wenn Sammy den ganzen Weg zurückfahren muss, wird er sicher vier Stunden unterwegs sein, und wenn er früher kommt, weil er die GoPro gefunden hat, bleibt uns umso mehr Zeit, alles einzupacken. Ich meinerseits muss mich vor der Sonne schützen, die auch jetzt schon aus einem wolkenlosen Himmel mit ganzer Kraft strahlt. Immerhin ist die Luft noch angenehm kühl. Ich lege mich in mein Zelt und mache noch ein wenig die Augen zu.

11 Uhr. Vier Stunden sind rum, kein Sammy. Sollte mich das beunruhigen?

Ich rechne Jonas' Kalkulation nach, die ich von Anfang an zu optimistisch fand. Ich habe gestern Fotos geschossen: von dem Laden, wo wir unverhofft einkaufen hatten können, von der Elchkuh im Wasser und von der Ankunft hier. Alle sind mit der Uhrzeit versehen: Schon vom Laden zur Elchkuh haben wir zwei Stunden gebraucht, zweieinhalb weitere, bis wir hier waren. Klar, wir haben Pausen eingelegt, Sammy hat immer wieder auf mich warten müssen, und wir hatten das ganze Gepäck dabei. Dass er die Strecke heute doppelt so schnell schafft wie gestern, glaube ich trotzdem nicht. Sagen wir drei Stunden, also sechs hin und zurück. Das aber nur, wenn er nicht fündig wird. So oder so, vor 12 muss ich ihn nicht zurückerwarten, und vor 13 Uhr muss ich mir keine Sorgen machen.

Mein Problem ist: Ich habe hier zu viel Zeit, und ich mache mir Sorgen. Der Los Pinos Pass, über den Sammy hin und zurück muss (denn dass er vorher schon fündig wurde, kann ich inzwischen ausschließen), ist an einigen Stellen steil und steinig. Was, wenn er gestürzt ist? Ich will mir nicht vorstellen, wie er am Boden liegt. Vielleicht ist er ohnmächtig, vielleicht hat er sich etwa gebrochen. Er braucht Hilfe, niemand kommt vorbei. Versucht es mit dem Handy, hat aber keinen Empfang. Vielleicht blutet er und kann die Blutung nicht stillen. Vielleicht ... Nein, ich will mir das nicht vorstellen. Doch die Gedanken

drängen sich auf und sind von der kühlen Vernunft nur schwer im Zaum zu halten.

11:30 Uhr. Ich habe kein Wasser mehr. Jonas und Sammy haben mitgenommen, was sie transportieren konnten, mir ist gerade mal ein Zehntel in meiner Literflasche geblieben. Das ist jetzt ausgetrunken. Der Bach ist nicht weit entfernt, wenn auch hinter Stacheldraht. Über den ganzen grünen Teil der Ebene stehen die schwarzen Rinder verteilt, die man in Colorado häufig sieht. Gestern habe ich das Wasser noch mit gutem Grund verschmäht.

Nur vier oder fünf Kilometer entfernt befindet sich aber auch die Ranch, an der wir gestern schon unsere Flaschen hatten füllen können. Sie werden sich vielleicht wundern, dass ich schon wieder auftauche, aber mich wohl heute auch nicht abweisen. Hoffe ich. Ich räume die ganzen Sachen, die im Freien – zum Teil zum Trocknen, zum Teil einfach so – herumliegen, in die Zelte und ziehe die Reißverschlüsse zu. Seit unserer Ankunft gestern Abend sind keine zehn Autos auf der Straße vorbeigekommen, und niemand hat uns Beachtung geschenkt. Diebstahl muss ich nicht fürchten. Und die Straße zur Ranch ist dieselbe, die auch Sammy nehmen muss. Wir können uns also nicht verfehlen.

Ich bin froh, etwas zu tun zu haben und nicht weiter über trüben Gedanken brüten zu müssen. Zum ersten Mal seit Langem fahre ich ohne meine Satteltaschen und bin überrascht, wie leicht es sich so fährt. Vielleicht müsste Sammy doch schneller sein. Kurz vor der Ranch kommt mir ein Auto entgegen. Ich halte es an und frage den Fahrer, ob er unterwegs jemanden auf dem Fahrrad überholt habe. Negativ. Von wo er herkäme. Ich verstehe die Antwort nicht genau. Nicht vom Los Pinos Pass? Nein. Er fährt weiter. Beruhigt bin ich nicht.

Bei der Ranch ist niemand zu sehen. Ich gehe vorsichtig zu dem großen Blockhaus mit der Veranda, um zu sehen, ob sich hier jemand aufhält. Keiner da. An der Seite des Hauses ist ein Wasserhahn, an dem ein Schlauch hängt. Als ich mich darauf zubewege, höre ich eine Stimme hinter mir. Eine Frau, die ich gestern nicht gesehen habe, die mich

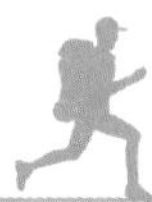

aber ebenfalls bereitwillig Wasser zapfen lässt. Sie hat am Vortag schon Jonas getroffen, weiß also, wer wir sind. Ich erzähle ihr, was vorgefallen ist. Sie nickt verständnisvoll, aber auch irgendwie desinteressiert. Drei erwachsene Männer sollten vermutlich in der Lage sein, aufeinander aufzupassen. Eine Viertelstunde später bin ich wieder bei den Zelten. Immer noch kein Sammy.

13.00 Uhr. Ich kann meine Unruhe nicht mehr unterdrücken. Wenn Jonas' Vater wirklich etwas zugestoßen sein sollte, kann ich hier nicht einfach sitzen bleiben. Es müsste eigentlich hier so etwas wie eine Bergrettung geben. Dass ich mich darüber nicht im Vorhinein informiert habe, ärgert mich besonders. Bis 14 Uhr will ich noch warten. Dann fahre ich wieder vor zur Ranch, erkläre die Situation und bitte darum, dass Hilfe geholt wird.

Bericht Sammy

Die ganze Nacht zermartere ich mir das Hirn, wo ich diese blöde GoPro verloren haben könnte. Jonas' harsche Reaktion hat mich gestern erst vor den Kopf gestoßen. Ich fühlte mich nicht in der Lage, diese ganze Strecke noch einmal doppelt zu fahren, also 35 Kilometer über den Los Pinos Pass und 35 wieder zurück. Plus die 50 Kilometer am Folgetag, um Jonas wieder einzuholen. Die Kraft würde einfach nicht reichen.

Doch schließlich sehe ich ein, dass er recht hat. Markus hat, bevor er uns verließ, die bis dahin gemachten Aufnahmen gesichert. Von allem, was danach kam – die hohen Pässe, die heiße Quelle, Silverton und so weiter, haben wir das meiste mit der GoPro aufgenommen. Das darf man nicht so einfach verloren geben.

Der Tag wird anstrengend werden, deshalb möchte ich so früh wie möglich aufbrechen – ohne Frühstück, denn zu essen haben wir ohnehin kaum noch was. Ich verspüre sowieso schon seit einiger Zeit keinen Appetit mehr, bringe kaum etwas runter, wenn wir essen. Ich schreibe das der Höhe zu – seit Tagen schon befinden wir uns bestän-

dig auf ungefähr 3000 Metern. Das macht mir offenbar mehr zu schaffen als den beiden anderen.

Mit der Morgendämmerung stehe ich sofort auf und ziehe mich an. Doch als ich aus dem Zelt trete, trifft mich die Kälte wie ein Schock. Es hat gefroren in der Nacht, Reif liegt auf den Taschen. Dafür bin ich nicht ausgerüstet. Bei diesen Temperaturen loszufahren, mit kurzen Radlerhosen und einem Trikot, das vom Vortag noch nass ist, wäre verrückt. Wärmere Sachen kann ich nicht anziehen, weil ich die später, wenn die Sonne herauskommt, wieder wegpacken müsste. Ich fahre aber völlig ohne Gepäck, sonst geht das Ganze gar nicht. Nur Geldbeutel und Handy sind dabei; die kann ich in die Taschen hinten im Radtrikot stecken.

Ich lege mich also noch einmal in den Schlafsack und warte, bis zumindest die Sonne da ist. Sie lässt sich gegen halb sieben blicken. Die Luft ist immer noch bitterkalt, doch jetzt muss ich wirklich los. Ich werde einfach schnell fahren, das wird die Muskeln und damit den ganzen Körper wärmen. Rauf aufs Rad und los!

Mein Plan funktioniert, solange ich in der Sonne fahre. Nach einer halben Stunde komme ich um eine Bergkuppe herum und in den Schatten, und schlagartig wird es eiskalt. Binnen Minuten spüre ich meine Zehen nicht mehr und kann mit den eiskalten Händen kaum den Lenker richtig fassen. Zum Glück geht es bergauf, sodass ich hart in die Pedale treten muss, was zumindest ein bisschen Wärme produziert.

Einen Riegel habe ich von unseren kaum noch existenten Vorräten mitgenommen. Ich hangle mich durch die nächste Stunde, indem ich immer ein winziges Stückchen davon abbeiße und es mit einem Schluck Wasser runterwürge. Ganz ohne Nahrung kann ich das nicht durchziehen, ob es mir schmeckt oder nicht.

Aber wofür bin ich überhaupt hier? Ich muss Ausschau halten nach der GoPro und versuchen, mich zu erinnern, wo ich angehalten und den Rucksack abgestellt habe. Von dieser Seite kommend sieht jedoch alles anders aus. Ich bemühe mich, lasse den Blick unablässig über den Weg schweifen. Das da, das ist ein Stein. Das auch. Die Oberflä-

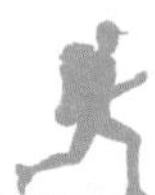

che der Straße ist meist heller Schotter, die Chancen, eine dunkle Kamera mit schwarzem Handgriff zu erkennen, stehen meiner Meinung nach gar nicht so schlecht. Außer sie liegt seitlich neben dem Weg an einer Stelle, wo wir Rast gemacht haben. Wo könnte das gewesen sein? Alles sieht gleich aus.

Schließlich habe ich den Pass überwunden. Es ist wärmer geworden, sodass die Abfahrt kein Problem mehr darstellt, zumindest, was die Temperatur angeht. Ich fahre bis zu der Abzweigung, wo wir am Vortag Mittag gemacht hatten. Nichts.

Die letzte Chance ist jetzt noch der Laden bei den Cathedral Ranch Cabins. Ich fahre den Abstecher und erzähle den Besitzern die ganze Geschichte. Nein, sorry, bei ihnen ist die Kamera auch nicht geblieben, das wäre sofort aufgefallen. Sie spendieren mir eine Cola und ma-

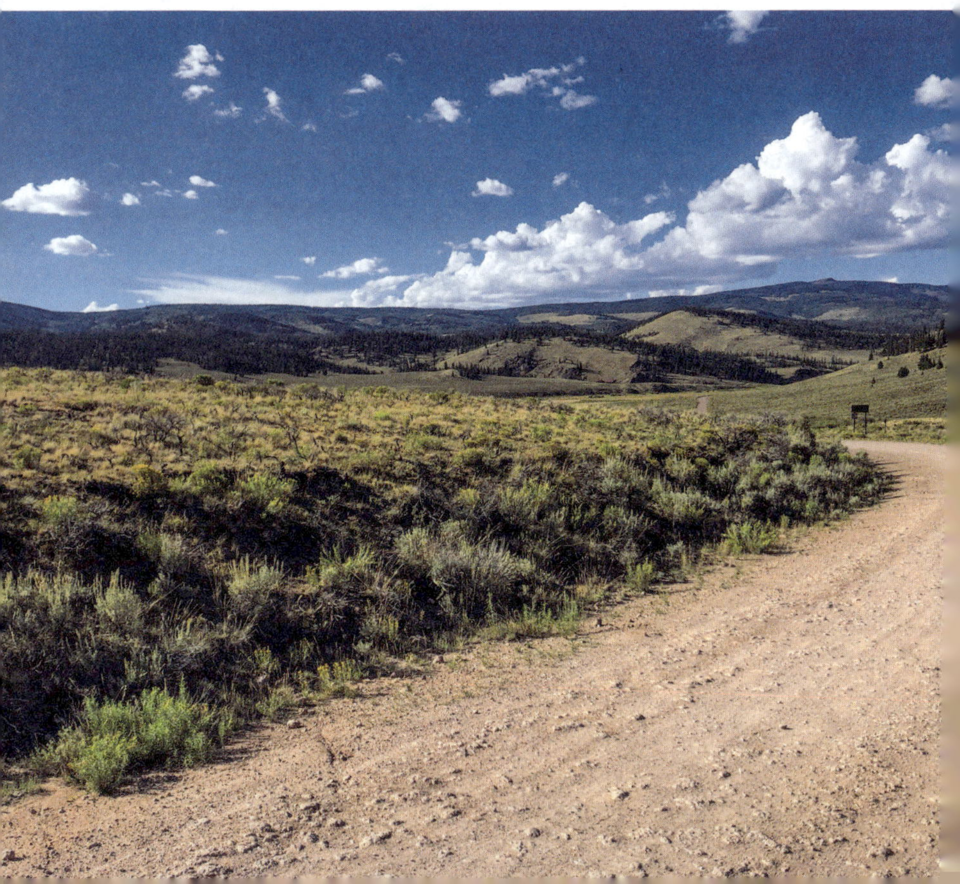

chen mir sogar einen Burrito in der Mikrowelle heiß. Er schmeckt mir nicht, aber das kann ich unmöglich zugeben, also bekomme ich ihn irgendwie aufgegessen.

Und es tut gut, etwas im Magen zu haben. Zweieinhalb Stunden habe ich bis hier gebraucht und noch eine knappe halbe Stunde Pause gemacht. Ich fühle mich wieder einigermaßen frisch und halte mich nicht länger auf, denn ich weiß, dass Martin auf meine Rückkehr wartet.

Ich gebe richtig Gas. Oben am Pass hole ich sogar einen anderen Biker ein, der auch in der Cathedral Ranch war und 20 Minuten vor mir aufgebrochen ist. Tempo ist jetzt alles. Ich stelle mir vor, wie Martin bei den Zelten in der Pampa sitzt und womöglich schon nervös an den Fingernägeln knabbert. Ich kann ihm ja nicht einmal eine Nachricht schicken. Auch bergab rattere ich den Weg in hohem Tempo hinunter, dass der Reifen manchmal bis auf die Felge durchschlägt, wenn ich über einen besonders spitzen Stein fahre. Dabei bin ich mir des Risikos bewusst. Wenn hier irgendwas am Rad kaputt geht, wenn ich nur einen Platten kriege – geschweige denn aus der Kurve fliege und stürze –, dann wird's dramatisch. Dann muss ich zurücklaufen, und was Martin und Jonas dann machen, weiß der Himmel. Wobei ich mir um Martin mehr Gedanken mache, Jonas kommt ja immer irgendwie zurecht.

Den Los Pinos Pass kenne ich jetzt gut genug, nachdem ich dreimal nun schon hier war. Ich nehme noch Wasser auf an der Stelle, wo wir gestern die Elchkuh gesehen haben, und kann anschließend auch die Stelle identifizieren, an der wir danach pausiert hatten. Leider ist da nichts zu finden, weder neben der Straße noch im Gebüsch dahinter. Wir müssen die GoPro abschreiben, daran ist nichts zu ändern.

Um 13:10 Uhr fahre ich auf unseren Lagerplatz ein. Martin läuft mir entgegen und fällt mir in die Arme. Er hatte sich wirklich Sorgen gemacht.

Ich bin völlig ausgepumpt. Kann sein, dass wir Jonas später einholen, als er erwartet, doch ich muss mich jetzt erst mal hinlegen.

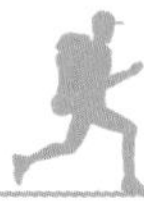

Bericht Martin

Mir fällt ein Stein vom Herzen in der Größe der gesamten Rocky Mountains. Gleichzeitig rührt es mich, dass Sammy nicht wollte, dass ich seinetwegen beunruhigt sei. Das Ganze war durchaus riskant – und hat nichts gebracht. Höchstens eine Erfahrung mehr.

Sammy nimmt sich fast eine Stunde, dann packen wir zusammen und brechen auf. Wir biegen an der richtigen Stelle ab und kommen nach einer weiteren Stunde an einen schmalen, lang gestreckten See. So kalt die Nacht war, jetzt ist es wieder heiß in der prallen Sonne. Ich schaue zu Sammy hinüber. »Da hätte ich jetzt gute Lust hineinzusteigen«, sage ich halb im Scherz. Er biegt prompt ab, legt das Fahrrad auf den Boden und zieht sich die Schuhe aus. er hatte offenbar den gleichen Gedanken. Ich tue es ihm nach, entledige mich auch des Rests meiner Kleider aus und liege schon im Wasser. Das tut so gut! Seit drei Tagen habe ich mich nicht richtig waschen können. Neben mir planscht auch Sammy hinein. Trinken würde ich das nicht, doch für ein Bad ist es herrlich.

Wir hätten beide gute Lust, noch länger hierzubleiben, aber wir müssen ja Jonas einholen. Sammy ist offenbar regeneriert; auf den Anstiegen habe ich Mühe, ihm zu folgen, und bin sehr dankbar, dass er regelmäßig auf mich wartet. Als wir den North Cochetopa Pass erreicht haben, sieht aber auch er sehr erschöpft aus. Ich bin völlig k.o. und brauche dringend eine Pause. Wir steigen ab, teilen uns das restliche Wasser, und ich hole mal mein Handy heraus. »Hey, Sammy, ich habe ein Netz!«, rufe ich. »Ja«, antwortet er, »und ich habe auch eine Nachricht von Jonas. Ich antworte ihm mal.«

Versöhnlicher Abschluss

Da kommen die beiden endlich angestrampelt. Es ist schon nach sieben. Ich lag wirklich extrem daneben in der Einschätzung, wie lange sie brauchen. Man könnte auch sagen, sie waren ultralangsam. Die

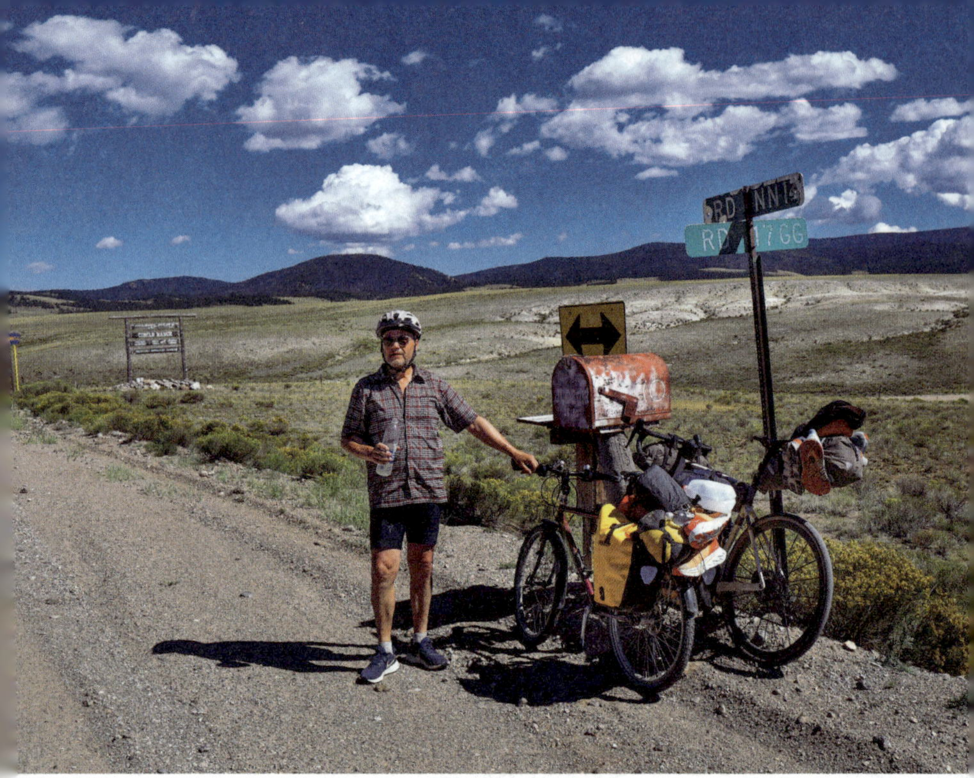

Nachricht, die sie mir vom Pass geschickt haben, hat mir die ärgsten Sorgen genommen, doch dass sie dann immer und immer noch nicht kommen … Was soll's. Ich kann hier nicht meine Maßstäbe anlegen. Wichtig ist, dass wir jetzt wieder beisammen sind, dass wir hier zelten können und dass es sogar Wasser im Bach nebenan gibt. Weiter wäre ich sowieso nicht gelaufen, denn ab hier ist schon wieder alles Privatgrund neben der Straße. Und mit 56 Kilometern bin ich deutlich über meinem Soll.

Wir richten unser Camp ein und bauen den Kocher auf. Allen knurrt der Magen. Seit ich das Schild oben am Pass gelesen habe, werde ich alles Wasser aus Bächen abkochen. Für die Nudelsuppe ist das sowieso notwendig.

Dass die GoPro endgültig verloren ist, habe ich inzwischen hingenommen. Der Verlust ist schmerzhaft, aber nicht zu ändern. Sinnlos also, weiter damit zu hadern. Einige Interviews können wir mit der Spiegelreflexkamera nachdrehen, anderes ist eben weg. Punkt.

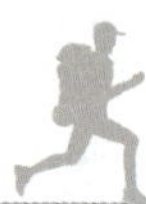

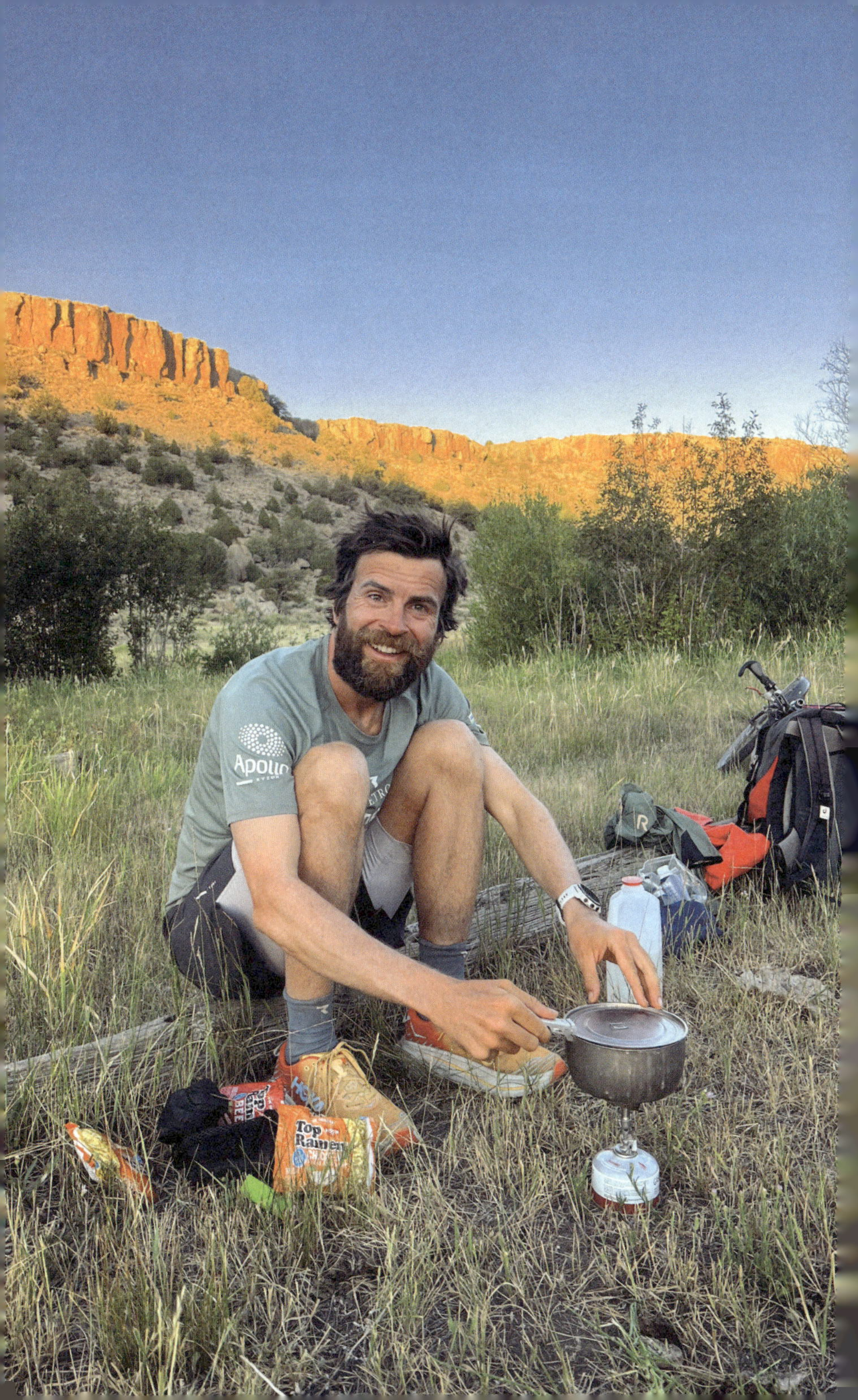
Top Ramen

Die Sonne verschwindet gerade hinter einer Hügelkette, als das Essen fertig ist. Die heiße Suppe wärmt Magen und Seele, die Kohlenhydrate stärken Körper und Geist, und die Erleichterung, dass sich keine der Sorgen des Tages bewahrheitet hat, schafft ein schönes Gefühl der Verbundenheit zwischen uns dreien.

»Habe ich euch Radfahrer müde gelaufen, was?«, grinse ich Martin an. »Das kann man so sagen«, antwortet er, während er seine Suppe schlürft. »Ich fand das alles wirklich sehr anstrengend.« – »Es heißt doch, die harten Momente werden die besten Erinnerungen«, halte ich dagegen. Er lächelt. »Ja, wenn sie später zu Erinnerungen werden, bestimmt. Jetzt sind es erst mal nur harte Momente. Aber weißt du: Dein letztes Buch heißt ja ›Das Limit bin nur ich‹. Das kann ich auch für mich in Anspruch nehmen. Nur liegt mein Limit viel niedriger als deines.« Das kann ich gelten lassen. »Außerdem«, schränkt er ein, »mit der Nudelsuppe im Bauch geht es mir schon viel besser. Keine Klagen meinerseits. Und wenn ich mich umsehe: In dieser großartigen Landschaft sein zu dürfen ist schon umwerfend.«

Ein schönes Schlusswort für diesen Tag.

Essensträume

Zum Frühstück gibt es ... Taco-Fladen mit Erdnussbutter. »Hmm, Taco-Fladen mit Erdnussbutter. Was ganz Leckeres!«, schwärmt Sammy. »Ja, wann hatten wir die zum letzten Mal? Gestern? Und vorgestern?«, haue ich in dieselbe Kerbe. »Höre ich da einen Funken Ironie in euren Worten?«, lässt Martin sich vernehmen. Alle drei kauen wir schwer an dem zähen Zeug und tagträumen von Essen. »Ich wünsche mir einen Kaffee in einem französischen Bistro«, sinniert Sammy. »Mit einem Croissant.« – »Schoko-Croissant«, setze ich eins drauf. Sammy seufzt nur.

25 Kilometer sind es noch bis Saguache, der ersten Stadt seit Tagen. Da können wir nicht nur einkaufen, da gibt es Restaurants – bestimmt auch ein mexikanisches. Was für eine herrliche Mittagspause wird

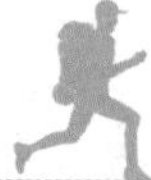

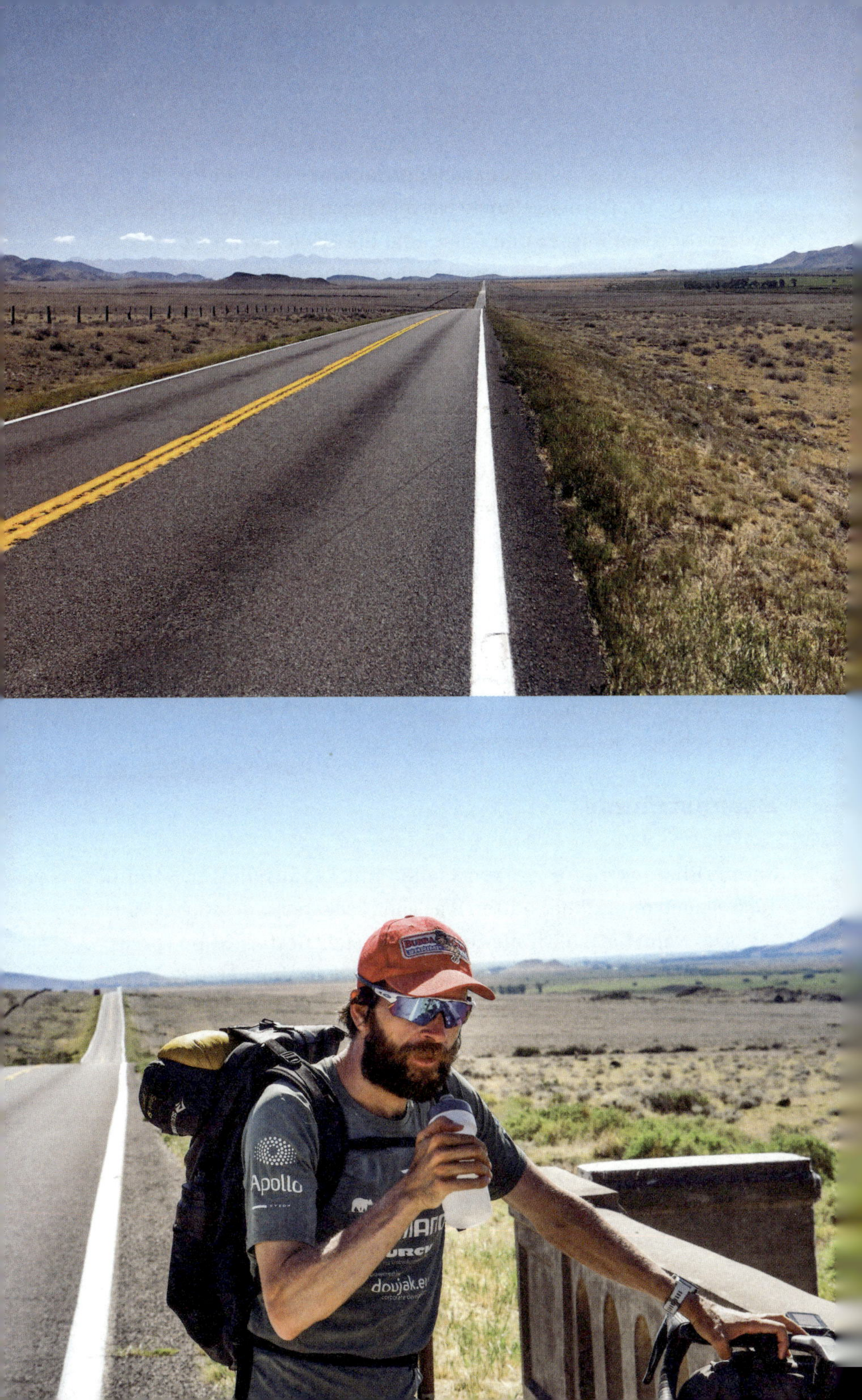
Apollo
doujak.eu

das werden! Insgeheim beneide ich Sammy und Martin, die auf ihren Rädern sicher vor mir da sein werden, schließlich geht es jetzt nur noch bergab.

Die Straße führt aus dem Gebirge heraus in eine weite Ebene und verläuft von da an schnurgeradeaus. Die Sonne brennt auf ein karges Land mit niedrigen Büschen und vertrocknetem Gras. Die Wälder und Canyons, die Bäche und saftigen Rinderweiden der letzten Tage wirken plötzlich wie eine ferne Halluzination.

Das Restaurant erreiche ich eine Stunde nach den beiden anderen und bestelle mir als Erstes eine kalte Cola und eine große Burrito-Platte. Die Bedienung stellt gleich eine Literkaraffe hin. Man sieht mir meinen Durst offensichtlich an. Richtiges warmes Essen in großen Mengen, und dazu ein kaltes, sprudelndes Getränk: Eine Wonne! Und als weitere wichtige Ressource gibt es hier Strom für unsere Powerbanks und Handys. Vom WLAN des Restaurants ganz zu schweigen.

Wir lassen uns Zeit, und es gibt einiges zu besprechen. Die Zeit, die ich mit meinem Vater und Martin verbringe, neigt sich dem Ende zu. Übermorgen geht ihr Flug von Denver zurück nach Europa, und die Frage, wie sie dorthin kommen, ist keine ganz nebensächliche. Von Saguache sind es über 300 Kilometer nach Denver; mit dem Fahrrad würde vielleicht ich das schaffen, aber Sammy nur schwer und Martin überhaupt nicht.

Wir prüfen im Internet verschiedene Möglichkeiten, und am Ende bleibt nur, dass wir uns bereits morgen trennen werden. Ich werde die letzte Gebirgskette der Rocky Mountains Richtung Osten überqueren, während Sammy und Martin die Straße nach Norden zur Stadt Salida nehmen, von wo aus ein Linienbus nach Denver fährt.

Dies ist also der letzte gemeinsame Tag.

Hot Spring Nr. 2

Hinter Saguache kommt wieder lange nichts, nur ein kleiner Ort namens Villa Grove liegt in Reichweite. Bis dort will ich es heute schaffen,

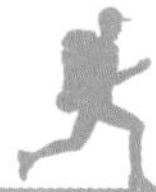

dann habe ich meine 50 Kilometer voll. In der Ebene wird sich ein Platz für die Zelte finden, und da es in Villa Grove laut Internet ein Café gibt, sollte für morgen sogar ein Frühstück drin sein.

Die Straße verläuft jetzt schnurgerade in der Ebene, weshalb sich mit meinen beiden Begleitern wieder das Schaukelspiel der ersten Tage einstellt: Sie fahren ein paar Kilometer voraus, machen Pause, bis ich zu ihnen aufschließe, Fotos werden gemacht, dann beginnt das Spiel von Neuem.

Das Essen hat mir sehr gutgetan, ich fühle mich wieder fit, und auch an den Rucksack gewöhne ich mich immer besser. Mein Rücken schmerzt heute lange nicht so wie am ersten Tag. Es macht richtig Spaß zu laufen, auch wenn die lange, gerade Straße mit der Zeit ziemlich öde wird.

Ich habe Sammy und Martin wieder einmal eingeholt, als ich merke, dass sie etwas auf dem Herzen haben. »Weißt du eigentlich, dass es gar nicht weit von Villa Grove Hot Springs gibt?«, fragt Martin. Nein, wusste ich nicht, wo sollen die sein? Er zeigt sie mir in seiner Kartenfunktion auf dem Handy. Tatsächlich, »Mineral Hot Springs« steht da mit einer Internetadresse, die Martin auch schon aufgerufen hat. »Übernachtung möglich in Cabins, Jurten oder Tipis. Und in jedem Fall: Zugang zu den Thermalquellen in verschiedenen Pools. Dazu Abendessen und Frühstück«, referiert er begeistert. Auch Sammy hat ganz glänzende Augen. Ich zögere. »Das ist ja noch fünf Kilometer vor Villa Grove, da bleibe ich wieder unter meinem Schnitt. Und was kostet das überhaupt?« Noch während ich das sage, spüre ich, dass die Entscheidung längst gefallen ist, egal was ich einwende. Die beiden wollen das unbedingt. Es gibt ja auch nicht viel daran zu deuteln. Die Preise sind in Ordnung, und die Aussicht, noch einmal in heißes Wasser zu steigen, ist wirklich extrem verlockend. Die fünf Kilometer sind nicht der Rede wert, die hole ich an einem anderen Tag wieder rein.

Es ist eine absolut bezaubernde Anlage, eine echte Oase in der trockenen Ebene. Wir nehmen uns ein Tipi, in dem wir in den eigenen Schlafsäcken übernachten, aber dazu haben wir sie ja mit. In den Jur-

ten und Cabins gäbe es richtige Betten, die wären aber wesentlich teurer. Was viel wichtiger ist: Das Essen ist im Preis inklusive, und die Heißwasserpools sind sowieso der Hit. Hier sind wir zwar nicht allein wie in der wilden Quelle vor ein paar Tagen, aber das ist egal. Es gibt mehrere Pools mit unterschiedlich temperiertem Wasser, sodass genug Platz für alle ist. Wir liegen im 38 Grad warmen Wasser und schauen durch die Glaswände nach draußen, wo gerade der Vollmond über der Bergkette aufgeht, die ich morgen überqueren will. Und wenn ich mich umdrehe, sehe ich die Berge, aus denen wir heute Morgen gekommen sind. Schwarze Wolken liegen über ihnen, die ein Rest Abendrot violett färbt, während es in ihnen wetterleuchtet. Es ist fast zu schön, um wahr zu sein. Hierherzufahren war die beste Entscheidung, die wir treffen konnten.

Abschied

Wir kosten das Frühstück am nächsten Morgen reichlich aus und sitzen danach noch eine ganze Weile auf der Bank vor dem Tipi. Es war eine tolle Zeit mit den beiden, die mir richtig Spaß gemacht hat, trotz

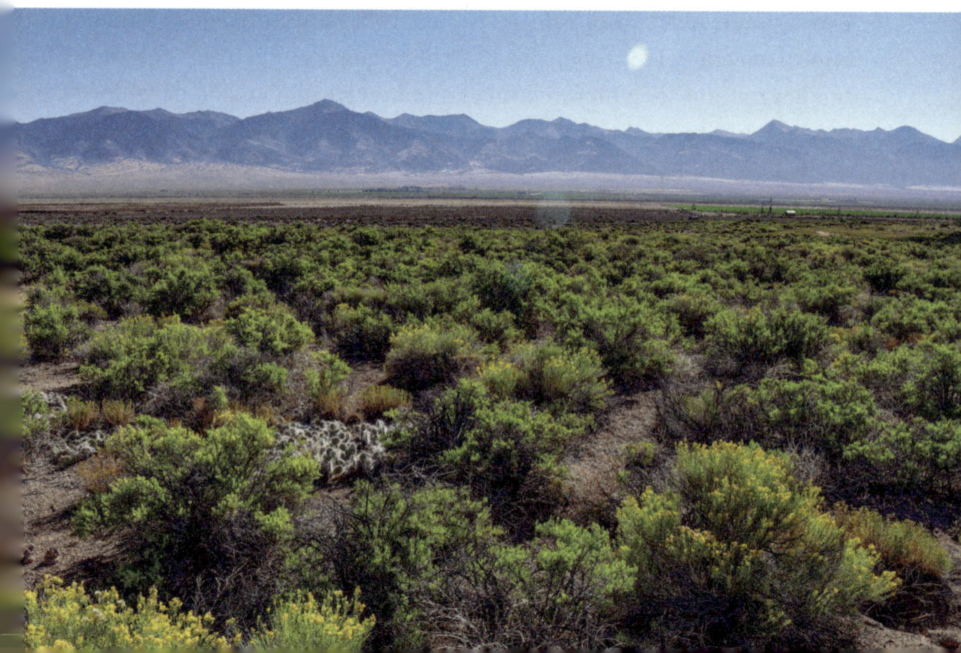

oder weil nicht immer alles optimal verlaufen ist. Sammy findet die richtigen Worte: »Jeden Tag ein neues Problem, jeden Tag eine neue Lösung. Ein super Abenteuer.«

Für mich geht das Abenteuer weiter. Wir lassen uns mit dem Abschied Zeit, doch zu lange trödeln darf ich auch nicht. Es gilt, den letzten hohen Pass der Rocky Mountains zu bewältigen, der mich über 800 Höhenmeter auf mehr als 3100 Meter bringen wird, bei teilweise über 20 Prozent Steigung.

Ich laufe als Erster los, wenig später überholen mich die beiden auf ihren Fahrrädern zum letzten Mal. Wir winken uns noch einmal zu, dann sind sie davon.

Der Aufstieg ist unglaublich steil und steinig – im Vergleich dazu waren sowohl der Ophir Pass als auch der Cinnamon Pass gepflegte Straßen. Im Moment bin ich froh, keinen Anhänger hinter mir herzuziehen. Sammy und Martin hätten hier keine Freude gehabt. Nur mit dem Rucksack auf dem Rücken und ganz auf meine Beine gestellt, bin ich auf diesem Weg eindeutig am besten dran. Vor allem am Anfang ist es für mich mehr eine Bergwanderung als ein Lauf, so steil geht es nach oben.

Dafür wird um mich herum wieder alles grün. Wald umgibt mich, Wasserläufe strömen zu Tal – es ist, als wollten mir die Rocky Mountains noch einmal ihr schönstes Gesicht zeigen. Nur die toten, schwarzen Bäume, die auch hier in unübersehbarer Anzahl an den Berghängen stehen, stören das Bild.

Der Hayden Pass markiert die Wasserscheide zwischen dem Einzugsgebiet des Rio Grande und dem des Arkansas River, in das ich auf der anderen Seite gelange. Je tiefer ich komme, umso mehr wird der Weg wieder zu einer richtigen Straße, im unteren Teil laufe ich sogar auf Asphalt.

Bei der Kreuzung mit dem US-Highway 50 stoße ich am späteren Nachmittag dann auf den Fluss. Hier ist der Arkansas River noch ganz jung, ein munterer Wildbach, der einen wunderschönen Canyon bildet. An einem Parkplatz mit Picknicktischen schlage ich das Lager für

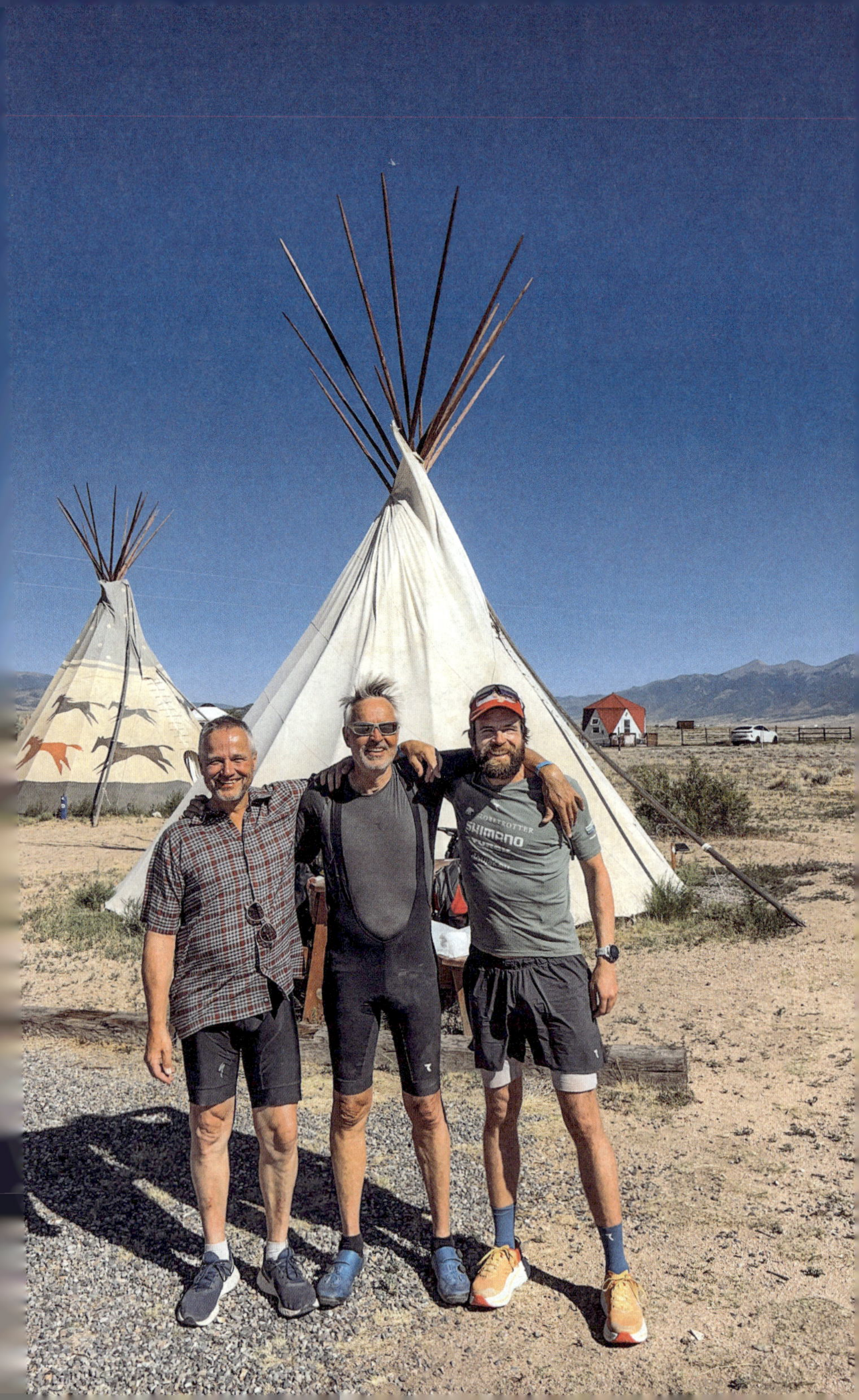
SHIMANO

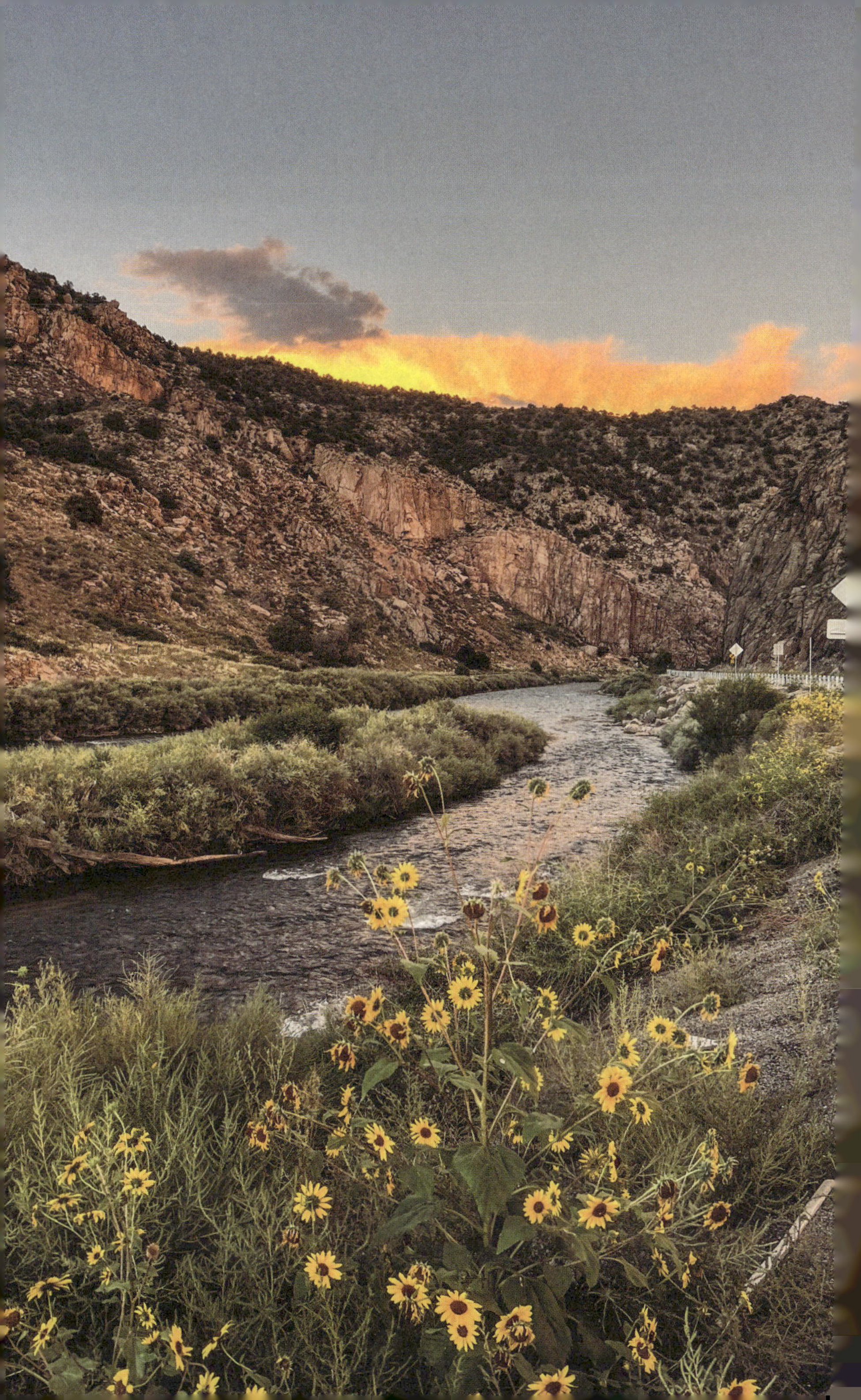

die Nacht auf. Der Platz ist herrlich, ich kann sogar im Fluss baden – schade eigentlich, dass Sammy und Martin das nicht mehr miterleben konnten. Sie waren ja sehr fürs Baden zu haben und es hätte sie sicherlich noch ein bisschen mehr mit den Strapazen versöhnt.

Es wird wieder heiß

Den ganzen nächsten Tag folge ich dem Arkansas River auf seinem Lauf durch die Berge, die immer mehr zu Hügeln schrumpfen. Ich genieße noch einmal die Landschaft; die Straße verläuft direkt am Flussufer, und mit jeder Windung zeigt sich das enge Tal von einer etwas anderen Seite. Mal dominiert nackter, zerklüfteter Fels, dann, wenn die Hänge etwas zurückweichen, sanfter ansteigen und den Wuchs von Büschen und Bäumen erlauben, zeigt sich wieder viel Grün. Abends erreiche ich Cañon City – mit 17000 Einwohnern nicht wirklich groß, aber für mich seit Saguache wieder ein Ort mit kompletter Infrastruktur. Meinen Hunger stille ich mit großem Appetit in einem Restaurant, ein Hotel spare ich mir jedoch. Das ist nicht nur eine Kostenfrage, es fühlt sich einfach richtig an. Ich bin wieder allein und entscheide auch allein, was nötig ist und was nicht. Cañon City hat eine hübsche Grünanlage am Fluss, in der der Arkansas Riverwalk Trail beginnt, und dort finde ich einen Platz für mein Zelt und verbringe die Nacht ungestört.

Die Berge habe ich nun endgültig hinter mir, was zweierlei bedeutet: Die Straßen werden lang und eintönig. Und es wird wieder heiß.

Wobei »heiß« natürlich relativ ist. Mit der ungeheuren Hitze der Mojave-Wüste können die Temperaturen hier zum Glück nicht konkurrieren. Das Thermometer pendelt um die 35 Grad Celsius. Nichtsdestoweniger bin ich der Sonne komplett ausgesetzt, denn Schatten ist rar. Ich werde sehr viel trinken müssen. Doch ich habe nur den Rucksack für mein Gepäck, in den eben nicht viel passt. Mehr als etwa eineinhalb Liter kann ich nicht mitführen, und die sind schnell aufgebraucht. Das wird nun wirklich zum Problem.

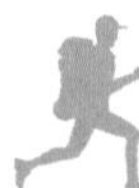

Auf halber Strecke nach Pueblo komme ich an einem RV-Park vorbei, der an einer völlig unspektakulären Stelle – um nicht zu sagen, mitten im Nirgendwo – am Rande des inzwischen vierspurigen Highways liegt. Halb verdurstet und in der Hoffnung, dass es dort eine Einkaufsmöglichkeit gibt, trotte ich zum Büro – und werde freundlichst aufgenommen. Ich bekomme zu essen und zu trinken, dazu noch Kaffee hinterher, und als ich bezahlen will, winken sie nur ab. Herzlichen Dank! Diese Stärkung, auch mental, kam zur richtigen Zeit!

Auf Dauer wird das jedoch nicht funktionieren mit dem Rucksack. Die Great Plains liegen vor mir, ewig lange Straßen mit großen Entfernungen zwischen den Orten, in denen ich mich versorgen kann. Ich müsste mehr Proviant mitnehmen, als es mir möglich ist, vor allem eben Wasser. Auf Bäche brauche ich hier nicht mehr zu hoffen und noch weniger darauf, dass regelmäßig Autos mit freundlichen Menschen vorbeikommen, die mir ungefragt Labsal und Leckereien anbieten. Ich kann nur hoffen, dass der neue KidRunner – das stabilere Vorgängermodell – wie versprochen in Pueblo auf mich wartet. Und dass der dann durchhält. Sonst müsste ich eine ganz andere Lösung aus dem Hut zaubern. Ich wüsste nur nicht, welche. Der Rucksack wird jedenfalls nicht für die über 3000 Kilometer reichen, die noch vor mir liegen.

Doch apropos freundliche Menschen: Für diese Nacht habe ich eine Einladung einer ehemaligen Soldatin, die jetzt im Ruhestand ist und sich seitdem mit Ultraläufen die Zeit vertreibt. Sie hat mich auf Social Media angeschrieben und angeboten, bei ihr in Pueblo West zu übernachten. Mal wieder eine Erfahrung großartiger Gastfreundschaft. Von der Distanz her passt das genau. Ich komme auf 53 Kilometer an diesem Tag, und morgen werde ich dann hoffentlich meinen Anhänger bekommen, der an ein Hotel in Pueblo geliefert werden sollte.

Dann beginnt wieder ein neuer Abschnitt.

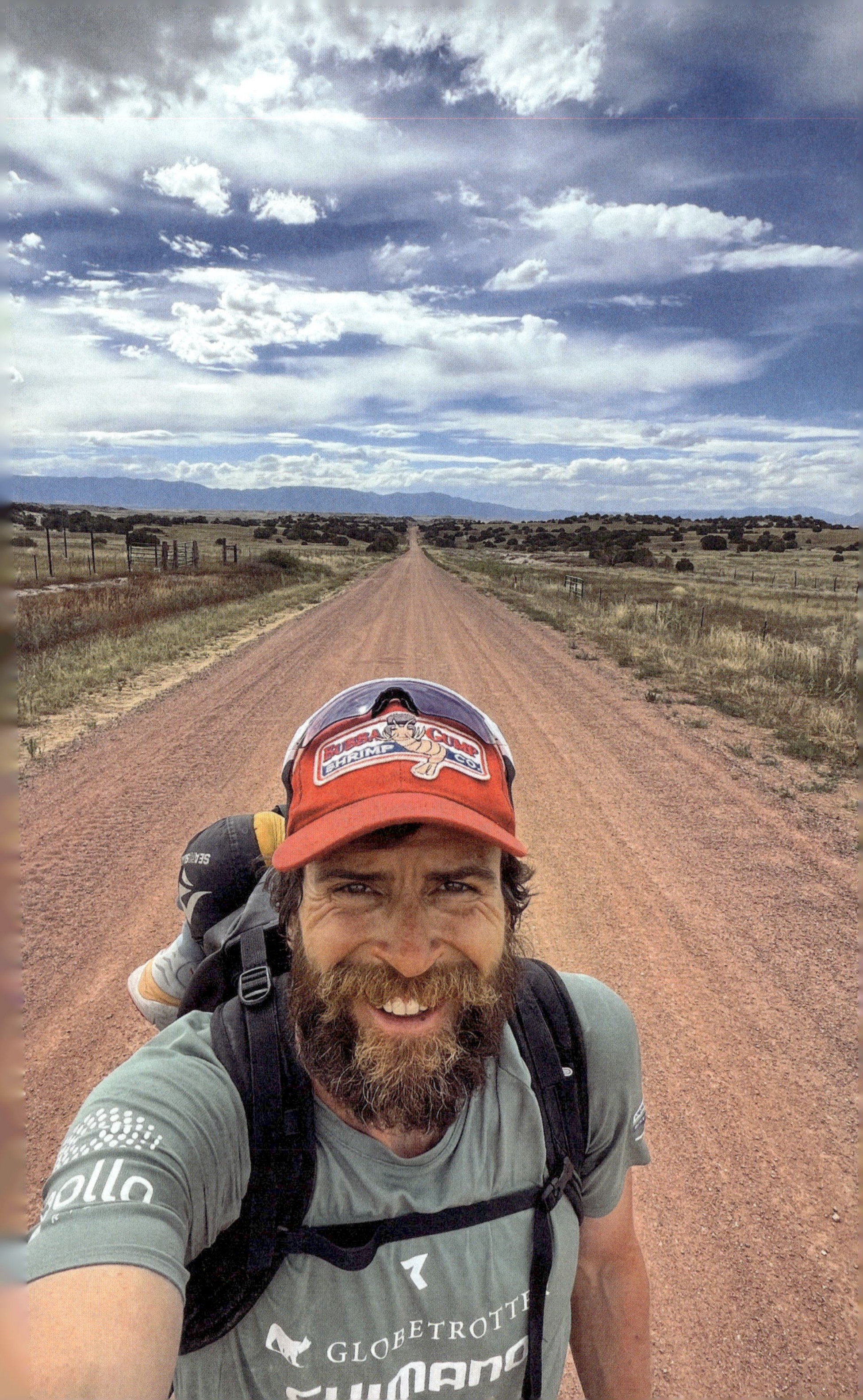
BUBBA GUMP
SHRIMP CO.

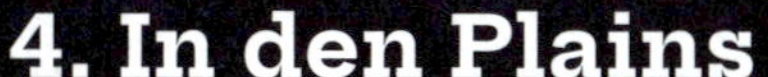

4. In den Plains

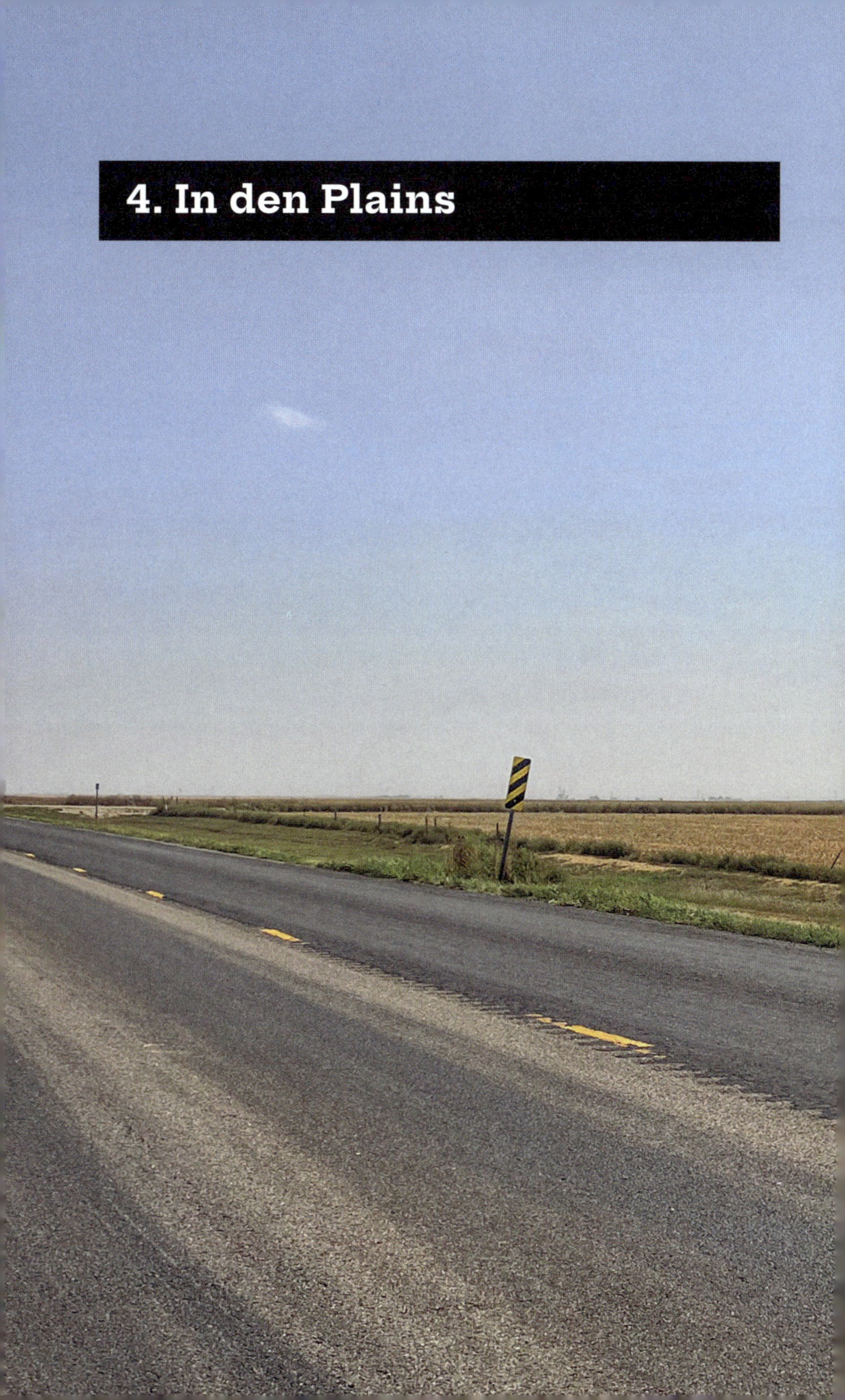

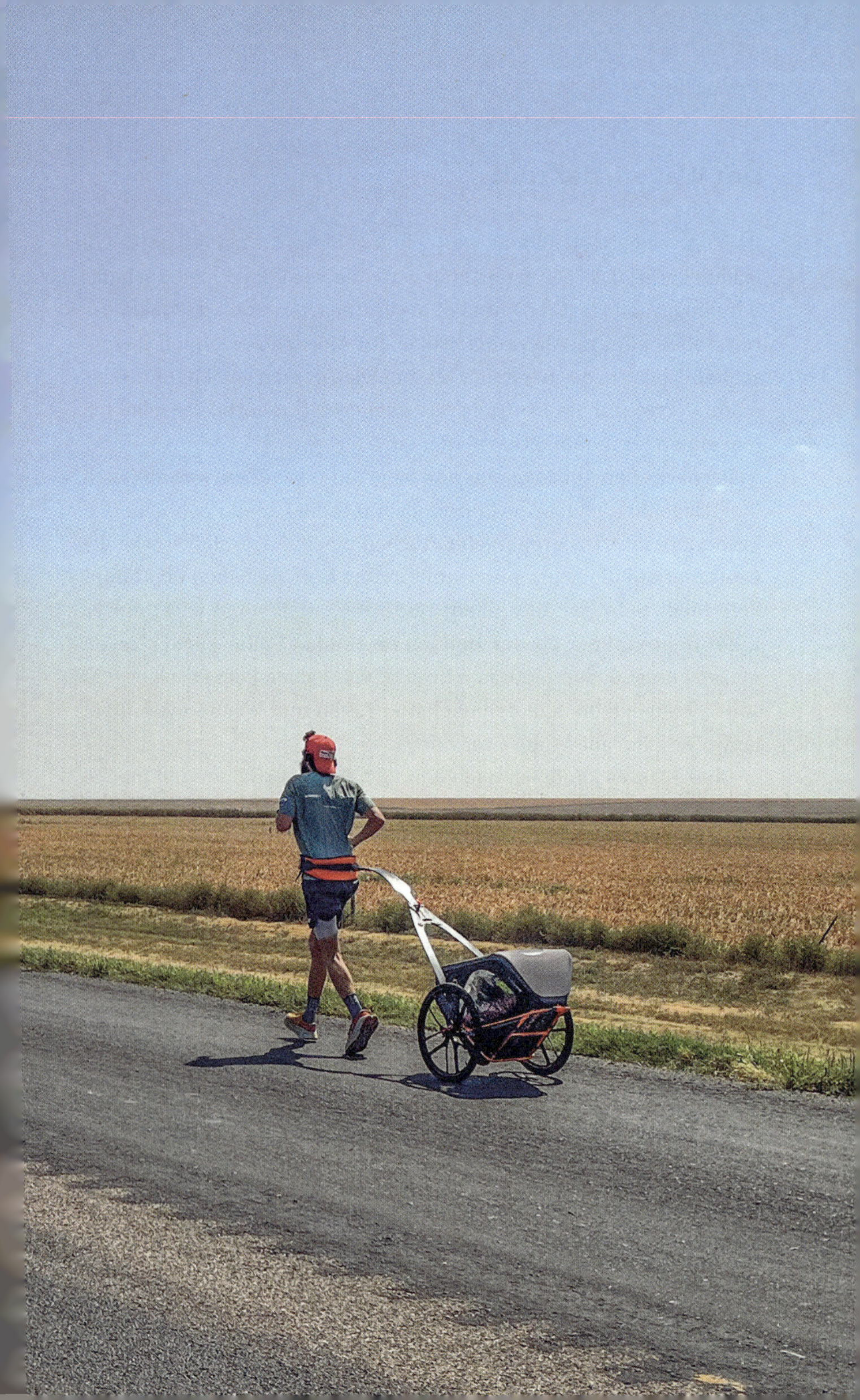

Der Wagen, der rollt

Da ist er also! Nach alldem, was schon schiefgelaufen ist, hatte ich leichte Sorge, dass der neue Anhänger – der wie gesagt eigentlich das Vorgängermodell ist – nicht in dem vereinbarten Hotel in Pueblo bereitstehen könnte. Allerdings gab es für Misstrauen keinen Grund, schließlich hatte der Hersteller bislang alle Zusagen eingehalten. Dass ich in Cortez nur ein Laufrad statt zwei erhalten hatte, schreibe ich mal einem Kommunikationsfehler zu.

Ich packe den Anhänger aus und baue ihn zusammen, was mir auch die Gelegenheit gibt, seine Einzelteile unter die Lupe zu nehmen. Insbesondere interessieren mich natürlich die Radlager. Ich stecke die Laufräder auf die Achsen und stelle sofort fest: Sie haben überhaupt kein Spiel. Sehr gut, das macht Hoffnung. Auch sonst wirkt dieser KidRunner stabiler als der, den ich im Hidden Valley zurücklassen musste. Er ist dadurch etwas schwerer, was jedoch kein Problem sein sollte, habe ich doch in den nächsten Tagen und Wochen vor allem lange Geraden auf Asphalt vor mir.

Guten Mutes kaufe ich noch einmal Lebensmittel ein und mache mich dann gleich auf den Weg. Pueblo ist mit gut 100 000 Einwohnern eine relativ große Stadt, macht aber einen heruntergekommenen Eindruck. Sie wurde während des Goldrauschs in den 1850er-Jahren gegründet und war im 20. Jahrhundert Standort eines großen Stahlwerks, zeitweise der größte Arbeitgeber in ganz Colorado. Als aber in den 1980er-Jahren die Stahlindustrie in die Krise geriet, bedeutete das auch den Niedergang der Stadt. Heute wirkt sie vor allem im Zentrum verwahrlost und marode. Angesichts der vielen Obdachlosen auf den Straßen ist die Armut nicht zu übersehen. In den Außenbezirken erwarten mich dagegen hübsche Viertel mit gepflegten Häusern. Das ist der sogenannte Donut-Effekt, der sich in vielen amerikanischen Städten mit sterbender Industrie breitmachte: Wer es sich leisten konnte, zog in die Außenbezirke, wo Platz für Einfamilienhäuser war, während die Innenstädte verfielen und verödeten. Die Städte beka-

men – wie ein Donut – ein »Loch« in der Mitte mit einem Speckgürtel außenherum. Auch Detroit ist ein berühmtes Beispiel dafür.

Abschied von den Bergen

Ich lasse Pueblo hinter mir und laufe hinaus in die Prärie. Wenn ich mich umdrehe, kann ich noch die Berge der Rocky Mountains in der Ferne ausmachen, vor mir liegt plattes Land. Der Osten Colorados erinnert mich an die ödesten Strecken in Nebraska – nur dass hier alles noch eintöniger und ärmlicher wirkt. Zwischen den bewirtschafteten Äckern liegen größere Flächen einfach brach. In den Ortschaften stehen viele Häuser leer oder sind schon verfallen. Mal leben noch ein paar Hundert Leute im Dorf, mal nur eine Handvoll. Prosperierende Siedlungen sind hier nicht zu finden. Das Land liegt im Regenschatten der Rocky Mountains und leidet seit Jahren unter Trockenheit. Der Grundwasserspiegel sinkt beständig, was die Landwirtschaft immer weniger einträglich macht, und außer Landwirtschaft gibt es eben nichts. Es ist bedrückend.

Die Schwierigkeiten, die ich schon auf der Hinreise in den Great Plains hatte, wiederholen sich hier, verschärft dadurch, dass ich zu

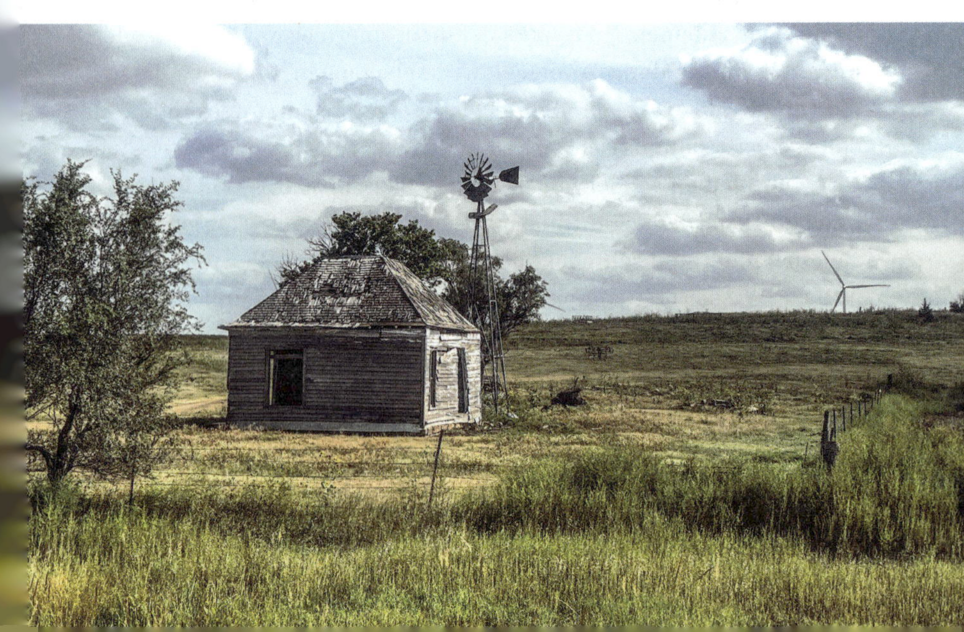

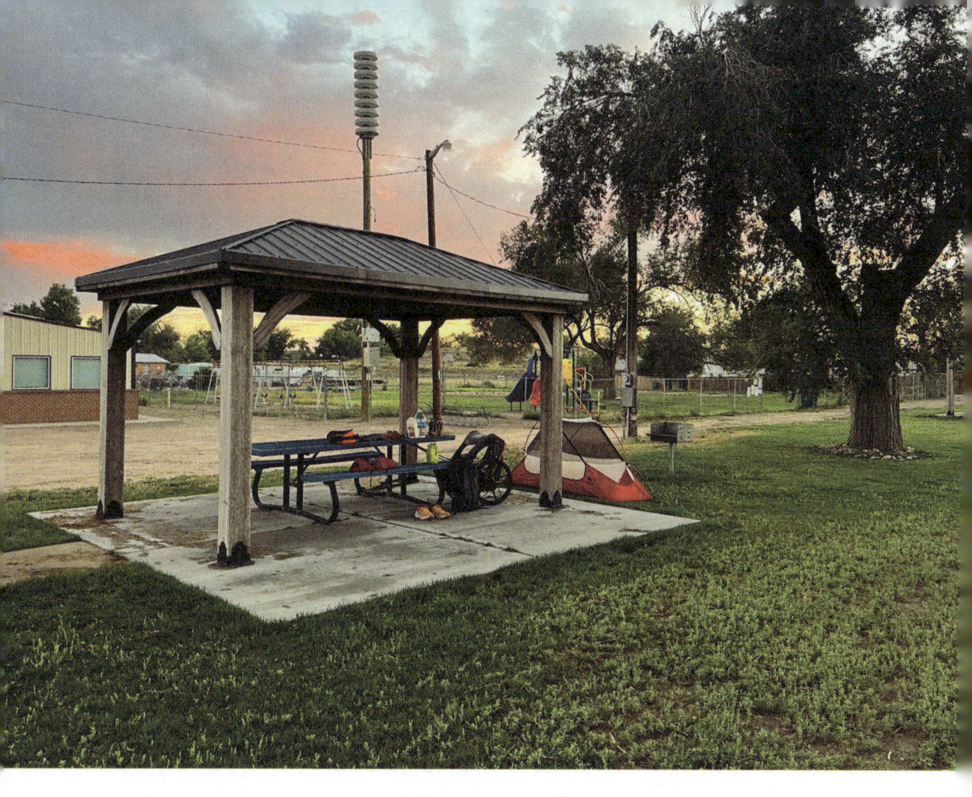

Fuß viel langsamer vorankomme als mit dem Fahrrad: Übernachtungsplätze, an denen ich mein Zelt aufschlagen könnte, sind Mangelware, da wieder alles eingezäunt ist, selbst Felder, die allem Anschein nach schon lange nicht mehr bewirtschaftet werden. Ich muss wieder Zuflucht in den kleinen Stadtparks nehmen, sofern es welche gibt, oder mich mit Einmündungen von Feldwegen begnügen. Und auch die Ernährung wird karger – im Sinne von üppiger, fetter, ungesünder. In den Läden ist kaum Frischware zu finden, Restaurants oder Cafés sind rar – mir bleiben wieder nur die Tankstellen mit Pizza und Burgern. Und natürlich süßen Softdrinks. Wasser kann ich kaufen, es ist jedoch ziemlich teuer und schmeckt bescheiden. Die Hersteller werben damit, das Wasser erst komplett keimfrei zu destillieren und anschließend mit ein paar isotonischen Zusatzstoffen anzureichern.

In der ersten Nacht nach Pueblo habe ich aber Glück. Ich komme relativ spät in dem Örtchen Boone an, wo ich noch etwas einkaufen kann und den Tipp bekomme, mein Lager im Stadtpark nebenan auf-

zuschlagen. Durch Boone führt der TransAmerica Bicycle Trail, weshalb im Sommer viele Fahrradreisende durchkommen. Man ist daran gewöhnt, dass im Park gezeltet wird. Tatsächlich begegne ich derzeit immer wieder Radfahrern auf der Straße, die die USA durchqueren. Lust auf Camping hat hier heute Abend aber keiner außer mir. Ich breite meine Sachen auf einem überdachten Picknicktisch aus und stelle mein Zelt daneben auf. Es ist warm. Die Nacht verspricht, ruhig und trocken zu bleiben, und so verzichte ich auf das Außenzelt. Es ist luftiger, und ich kann vor dem Einschlafen die Sterne sehen.

Ein Anfängerfehler

Ich träume: Ich laufe unter einem weiten, blauen Himmel – wobei ich mehr in großen Sprüngen wie in Zeitlupe durch die Luft schwebe. Ich unterhalte mich mit jemandem, den ich nicht erkennen kann. Die Person redet mir gut zu, hat aber eine fürchterlich feuchte Aussprache, was mir unangenehm ist. Ich bekomme immer mehr Tröpfchen ab, meine Stirn und die Wangen sind schon ganz nass, doch der Mund der Person ist so nah an mir dran, dass ich nicht ausweichen kann. Ich wache auf.

Meine Haut ist tatsächlich von Feuchtigkeit überzogen, und nicht nur sie, auch der Schlafsack und Teile des Zelts innen. Es dämmert bereits, und nach einem kurzen Moment realisiere ich, was los ist: Der Rasensprenger ist angesprungen – wie wahrscheinlich jeden Morgen um fünf. Hastig schäle ich mich aus dem Schlafsack und ziehe das Zelt an eine sichere Stelle.

Ich schüttle lachend den Kopf über mich selbst, dass mir ein solcher Anfängerfehler unterlaufen ist. Angesichts des sattgrünen Rasens in einer so trockenen Gegend hätte ich gewarnt sein müssen. Na ja, Dummheit wird eben bestraft. Halb so schlimm, der Schlafsack ist nur äußerlich ein bisschen feucht, deshalb trockne ich mein Gesicht ab und lege mich noch mal für zwei Stunden hin. Von diesem Zwischenfall abgesehen war es eine wunderbare Nacht.

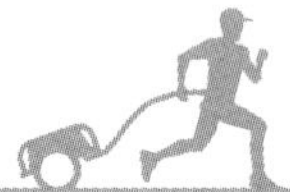

Auch der nächste Tag hält nach 54 Kilometern Laufstrecke eine kleine Belohnung für mich bereit. Ich erreiche abends den Ort Ordway, wo ich noch einkaufen kann, und sehe, dass nur fünf Kilometer entfernt der Lake Meredith liegt, an dessen Ufer eine Campingmöglichkeit besteht. Bei einbrechender Dämmerung laufe ich noch dorthin – und fast die ganze Strecke über erstreckt sich links neben mir eine Rinderfarm, so gigantisch, wie ich sie noch nie gesehen habe. Zehntausende Rinder stehen in quadratischen Parzellen auf mehreren Kilometern Länge. Der Geruch ist entsprechend. Fasziniert laufe ich daran vorbei und erreiche schließlich den Platz am See. Ein paar große Wohnmobile stehen schon da, wir stören uns jedoch gegenseitig nicht. Es ist fast schon dunkel, als ich noch in den See springe. Das erfrischende Bad kühlt meinen beanspruchten Körper ab und lässt mich die Nacht über tief und fest schlafen.

Und täglich grüßt die Ebene

Die folgenden Tage ähneln sich alle sehr. Nur die Bergkette hinter mir ist inzwischen verschwunden. Ansonsten renne ich durch die weite Ebene. Dass ich tatsächlich vorwärtskomme, sehe ich hauptsächlich auf meiner Uhr, die mir die zurückgelegten Kilometer anzeigt. Da es keine besonderen Hindernisse zu überwinden gilt, weder steile Anstiege noch viel Gewicht im Anhänger, komme ich gut voran – meist etwa 55 Kilometer am Tag, also zehn Prozent über meinem Soll. Die Abstände zwischen den Ortschaften, in denen ich mich verpflegen kann, sind nicht mehr ganz so weit wie in der Wüste oder in den Rocky Mountains. Wenn ich die Etappen gut plane, muss ich immer nur Proviant für den jeweiligen Tag dabeihaben.

So verbringe ich meine Zeit, indem ich zwischen Maisfeldern, Wiesen und vereinzelten Rinderfarmen Musik oder Podcasts höre, auch Nachrichten, wenn die Netzabdeckung es zulässt, um ein bisschen up to date zu bleiben. Gelegentlich telefoniere ich beim Laufen auch mit meinem Vater oder mit Freunden.

Ich habe also viel Muße, um meine Gedanken schweifen zu lassen. Die Beine spulen von selbst ihr ewig gleiches Programm ab, der Anhänger hat sich bisher zuverlässig gezeigt und erfordert keine Aufmerksamkeit, und auch sonst gibt es nichts in dieser eintönigen Landschaft, das mich ablenken könnte. Bei solchen Gelegenheiten entstehen die Pläne für kommende Projekte. Erst sind es nur einzelne Gedanken, von denen ich manche schnell wieder verwerfe, andere verbinden sich miteinander, wieder andere bleiben zunächst für sich allein stehen. Ich kann mir die verrücktesten Dinge ausmalen, sie zurückstellen, sie wieder aufgreifen. Es ist eine Spielwiese, auf der ich mich austoben kann, ohne irgendetwas entscheiden zu müssen. Ich werde oft gefragt, wie ich auf die Ideen für meine Challenges komme: Dies ist ein wichtiger Baustein dafür.

Die Grenze nach Kansas überschreite ich am Abend des 7. September. Ein blaues Schild heißt mich in diesem Bundesstaat willkommen, und die Landschaft verändert sich … überhaupt nicht. Hinter mir liegen Felder, vor mir liegen Felder, dazwischen verläuft die schnurgerade Straße bis zum Horizont. Der einzige Unterschied ist, dass die Trockenheit abnimmt, je weiter ich nach Osten komme. Hier und da erwischt mich sogar ein Regenschauer.

Die Ortschaften in Kansas wirken nicht ganz so heruntergekommen wie in Ost-Colorado. Ich sehe immer noch viele verlassene und verfallene Häuser, doch alles in allem scheint hier ein wenig mehr Wohlstand zu herrschen.

Nach wie vor ist Landwirtschaft das alles prägende Bild. Riesige Weizenfelder, nicht enden wollende Rinderfarmen säumen meinen Weg. Eine freudige Überraschung ist, dass die Felder in Kansas oft nicht mehr eingezäunt sind, was meine Tagesplanung erleichtert, da ich mit Übernachtungsplätzen am Wegesrand rechnen kann.

Unübersehbare Landmarken sind die riesigen Getreidespeicher. Sie waren hier und da auch schon in Colorado zu bestaunen, doch in Kansas trifft man noch häufiger auf sie. »Grain elevator« heißen sie,

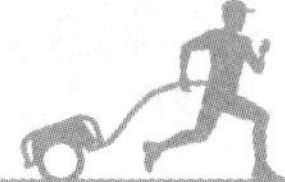

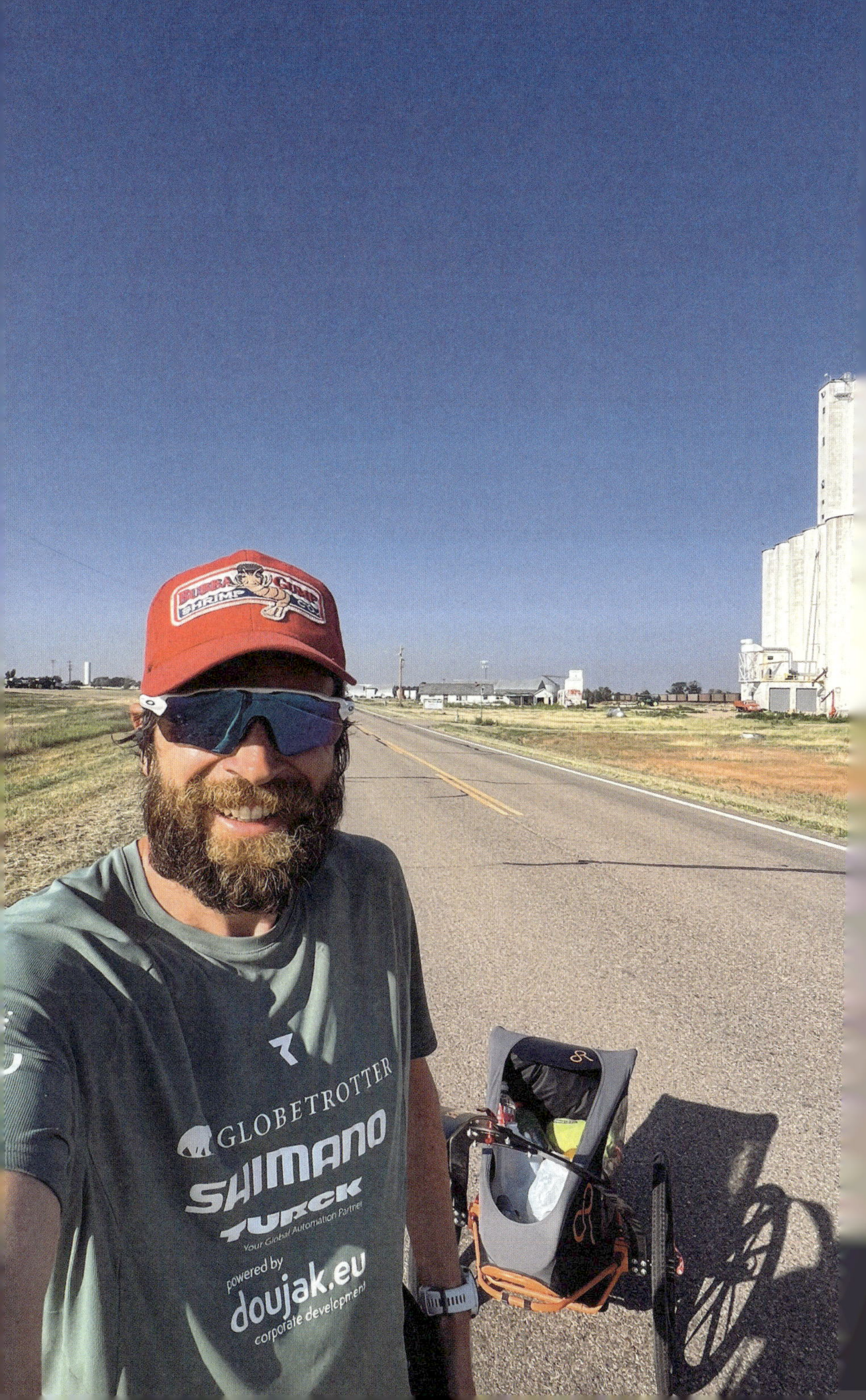
GLOBETROTTER
SHIMANO
TURCK
Your Global Automation Partner
powered by
doujak.eu
corporate development

»Kornaufzüge«, weil das Getreide darin mit Hebeanlagen in die turmartigen Silos befördert wird. Nebendran ist nominell immer noch eine Siedlung, die auch auf den Onlinekarten angezeigt wird und sogar ein Ortsschild aufweist. Meist stehen dort aber nur einige wenige Häuser, von denen sicher auch nicht mehr alle bewohnt sind. Markant sind diese Silos ohne Zweifel und für mich in dieser reizarmen Umgebung wichtige Wegmarken, die ich anpeilen kann und die mir so das Gefühl geben, langsam, aber stetig voranzukommen.

Der einzige Demokrat der Gegend

Der Tag, an dem es ausschließlich geradeaus geht, ohne eine einzige Kurve oder Kreuzung, ist der interessanteste. Das liegt nicht an der Landschaft, sondern an meinem Begleiter: Jordan aus Scott City, das ich gegen Mittag erreichen werde, hat sich zu mir herausfahren lassen und läuft die nächsten 40 Kilometer mit mir mit. In einem Landstrich, dessen Einwohner fast alle Republikaner sind – die meisten auch beinharte Trump-Fans –, ist er wahrscheinlich der Einzige, der zu den Demokraten hält.

Von ihm erfahre ich aus erster Hand etwas über die Probleme, mit denen das Land zu kämpfen hat. Der Grundwasserspiegel sinkt seit Jahren, Besserung ist nicht in Sicht. Es steht völlig außer Frage, dass das mit der globalen Erwärmung zu tun hat, doch die Farmer verschließen die Augen davor. Dabei ist absehbar, dass hier irgendwann keine Landwirtschaft mehr möglich sein wird, wenn sich nichts ändert. Und zwar nicht im nächsten Jahrhundert, sondern bereits in 20 Jahren. Vielleicht nur zehn. Alle aber tun so, als wäre nichts, und machen Business as usual.

»Es ist zum Verzweifeln«, sagt er, »die Lebensgrundlage droht wegzubrechen, doch den Leuten ist es wichtiger, über eine angeblich gestohlene Wahl zu schimpfen. Und solange die Republikaner hier in der Region an der Macht sind, wird sich daran auch nichts ändern. Wir steuern sehenden Auges auf einen Abgrund zu. Aber mit den Leuten

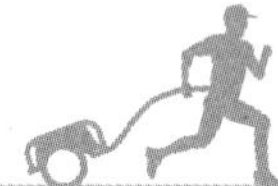

ist nicht darüber zu reden, die blocken alles ab und kommen mit ihren Verschwörungstheorien daher.«

Scott City bereitet mir trotzdem einen unglaublich freundlichen Empfang. Jordan, der selbst ein begeisterter Mountainbiker ist (»Es gibt halt nur keine Berge hier.«) hat ein bisschen Werbung für mich gemacht. Ein paar Leute heißen mich am Stadtrand mit selbst gemalten Schildern willkommen und feuern mich an; sogar die Feuerwehr zeigt Präsenz und begrüßt mich mit Sirenengeheul. Ich bekomme zu essen und zu trinken, und da ich für diese ersten 40 Kilometer nur viereinhalb Stunden gebraucht habe, kann ich mir eine längere Pause in der Stadt gönnen. Ich komme mit drei Radreisenden ins Gespräch, die mir schon lange auf Social Media folgen und ganz begeistert sind, mich hier anzutreffen. Das Pärchen aus England ist seit eineinhalb Jahren per Fahrrad unterwegs um die Welt; es handelt sich immer noch um ihre Hochzeitsreise. Der Dritte im Bunde hat sich ihnen auf dem TransAmerica Bicycle Trail angeschlossen und will von Colorado nach St. Louis fahren.

Tollkühne Männer in fliegenden Kisten

Sich mit anderen Weltreisenden zu unterhalten ist immer anregend, man kommt vom Hundertsten ins Tausendste, tauscht nützliche Informationen und witzige Anekdoten aus. Doch da ich heute noch meine restlichen zehn Kilometer zurücklegen möchte, bin ich schon dabei, wieder aufzubrechen, als Jordan sich noch einmal einschaltet.

Ich dürfe auf keinen Fall das Ereignis des Jahres verpassen, das heute Abend stattfindet: Ganz Scott City fiebert schon auf die große Airshow auf dem Flugplatz der Stadt hin. Ich lasse mich überzeugen. Auf dem Programm stehen Kunstflugmanöver, Fallschirmspringer und vieles drum herum – und das in einer gewöhnlichen 4000-Einwohner-Kleinstadt im Mittleren Westen. Amerikanischer geht's nicht. Das will ich mir wirklich nicht entgehen lassen und plane diese ungeplante Pause natürlich gerne ein.

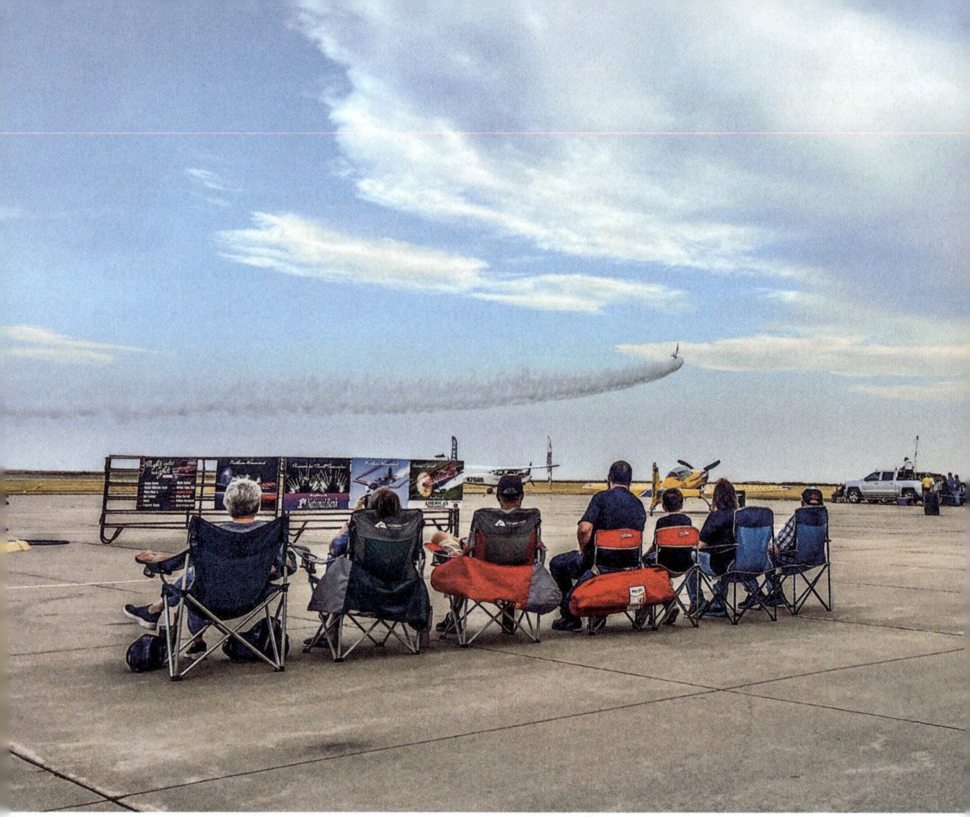

Um fünf Uhr nachmittags beginnt die Show auf dem kleinen Municipal Airport am Stadtrand. Eine Bühne ist aufgebaut, auf der Livebands spielen, an den Foodtrucks wird fleischlastiges Essen verkauft, Kinder springen auf Hüpfburgen herum, und vor dem Hangar sind historische Flugzeuge zu besichtigen. Die halbe Stadt ist gekommen und hat sich Klappstühle mitgebracht, um ab 19 Uhr die Hauptattraktion zu bestaunen. Mir wird ein Ehrenplatz in der ersten Reihe angeboten.

Es beginnt damit, dass Fallschirmspringer heruntersegeln und genau vor dem Publikum am Rand des Rollfelds landen. Einer wird ganz besonders beklatscht: Er lässt eine amerikanische Fahne im Wind flattern, und nachdem er am Boden angekommen ist, stehen alle auf, legen sich die Hand aufs Herz und singen die Nationalhymne. In mehreren Reden wird der Armee gedankt und den Soldaten, auf die alle stolz sind – Patriotismus wird hier mit der Muttermilch eingesogen.

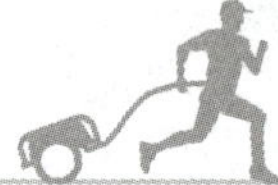

Nun sind die Kunstflieger an der Reihe. Drei Propellermaschinen starten und zeigen ihre Tricks – Loopings, Sturzflüge bis kurz vor dem Boden, Schrauben, fliegen kopfüber. Das finde ich schon beeindruckend. Bis zum Ende bleibe ich dennoch nicht, ich möchte ja meine 50 Kilometer noch vollmachen.

Ich bedanke mich bei Jordan und seiner Familie, verabschiede mich und laufe in die Dunkelheit hinein. Von ferne sehe noch ich das Feuerwerk, das über dem Flugplatz abgebrannt wird, und als ich mein Soll erfüllt habe, gehe ich ein paar Meter in einen Feldweg hinein und schlage mein Zelt am Rande eines Maisfelds auf.

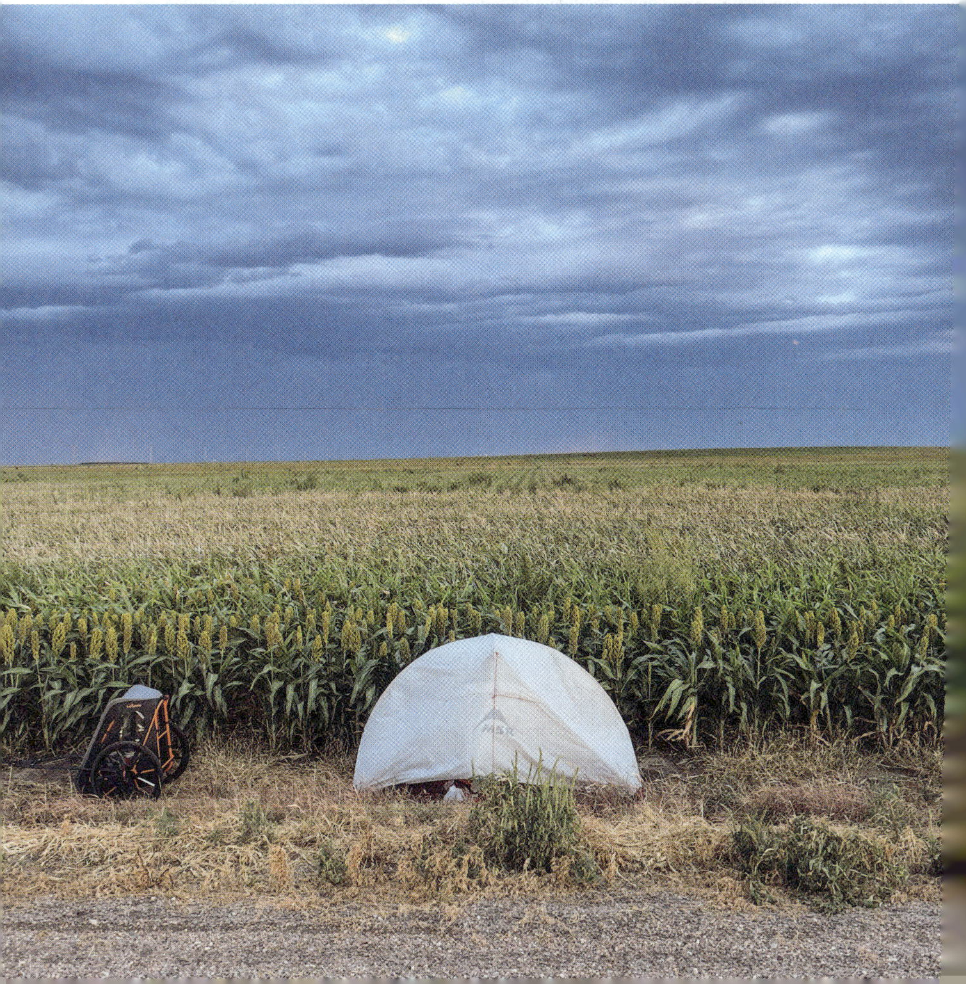

Präriestürme

Lautes Donnergrollen weckt mich mitten in der Nacht. Ein Windstoß lässt das Zelt erzittern, dann bricht die Hölle los. Binnen Minuten schüttet es aus Eimern, während gleichzeitig ein heftiger Sturm zu toben beginnt. Es blitzt und donnert unaufhörlich. Der Wind reißt und zerrt am Außenzelt, sodass ich froh bin, die Schnüre gestern noch gut mit Heringen im Boden verankert zu haben. Gleichzeitig wächst meine Sorge, dass der Sturm den Stoff zerfetzen könnte, so groß ist seine Gewalt. Unaufhörlich fällt der Regen in Sturzbächen vom Himmel. Selbst die eigentlich sehr stabile Plane meines Außenzelts kann nicht mehr alles Wasser abhalten. Das Gewitter ist absolut apokalyptisch, so etwas habe ich noch nicht erlebt. Auch von unten her wird es nass, denn das Zelt steht einen halben Meter unter dem Niveau des Wegs, und hier sammelt sich nun das Wasser. Nur zwei Lagen dünner Stoff halten die entfesselten Elemente von mir ab, und ich frage mich, wie lange das gut geht. Ich bin hier draußen völlig auf mich gestellt, es gibt keinen anderen Unterschlupf in der weiten Prärie. Ich muss das jetzt hier aushalten und kann nur hoffen, dass mir das Zelt nicht um die Ohren fliegt. An Schlaf ist nicht zu denken. Ich sitze in meinem Schlafsack auf der Isomatte, versuche die wichtigsten Dinge einigermaßen trocken zu halten und bete, dass es aufhört.

Der Sturm ist am schlimmsten. Er zerrt nicht nur am Zelt, sondern auch an meinen Nerven, mehr noch als Blitz und Donner. Diese entfernen sich nach einiger Zeit langsam, der Wind jedoch bleibt. Jede Böe lässt mich von Neuem zittern, ob nun nicht doch etwas reißt. Zwei Stunden geht das so, bis es endlich ruhiger wird.

Offenbar bin ich dann doch noch eingeschlafen, erwache aber keineswegs ausgeruht. Der Regen hat aufgehört, am Horizont wetterleuchtet es noch immer – oder schon wieder. Trocknen wird hier erst mal nichts. Ich packe alles ein, wie es ist, und schaue, dass ich wieder auf die Straße komme. Erst eine gute Stunde später wage ich eine Frühstückspause, als sich abzeichnet, dass das Wetter hält.

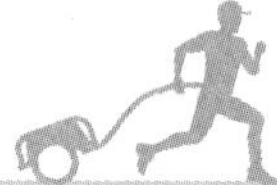

Am frühen Nachmittag erreiche ich Dighton, ein 1000-Seelen-Nest an der Kreuzung der Kansas-Highways 96 und 23. Beim Einkaufen im Supermarkt errege ich Aufmerksamkeit sowohl bei den Kassiererinnen als auch bei der Kundschaft, und als ich erzähle, was ich mache und wohin ich unterwegs bin, drängen sich alle um mich für ein Selfie. Dann folgt eine Art Lagebesprechung.

Dass der Wetterbericht Regen voraussagt, habe ich schon mitbekommen, doch jetzt ermahnen mich die Einheimischen, heute lieber nicht mehr weiterzulaufen. Denn es ist nicht einfach Regen, es sind erneut ausgewachsene Unwetter zu erwarten. Nach dem Erlebnis in der vergangenen Nacht und auch in Erinnerung daran, was mir auf der Hinfahrt nahe Ogallala widerfahren ist, will ich mich dem nicht noch einmal aussetzen. Hinter Dighton gibt es nichts, was ich am heutigen Tag noch erreichen könnte. Ich bin abenteuerlustig, aber nicht verrückt. Ich bleibe über Nacht hier. Durchs Hotelfenster beobachte ich später das Gewitter, das am Abend aufzieht wie vorhergesagt und dem gestrigen in nichts nachsteht, und beglückwünsche mich zu meiner Entscheidung.

An der Tankstelle

Die erholsame Nacht hat mir sehr gutgetan. Zwar war die gestrige Etappe mit 34 Kilometern die kürzeste bisher, sie passt mir aber trotzdem in den Kram, weil für die nächsten drei Tage die Entfernung zum nächsten Ort immer ziemlich genau 50 Kilometer beträgt. Dann kann ich jeweils entscheiden, ob ich im Stadtpark zelte oder zur Sicherheit ein Hotel aufsuche.

Die Straßen bleiben schnurgerade, die Landschaft beginnt langsam attraktiver zu werden. Erste Hügel tauchen am Horizont, die Felder sind nicht mehr ganz so unüberschaubar groß, immer häufiger stehen Bäume dazwischen. Jetzt erst fällt mir rückwirkend auf, wie sehr das Fehlen von Bäumen zur Monotonie beiträgt. Nach zwei Wochen Geradeauslauf über plattes Land empfinde ich schon diese beschei-

dene Änderung als wohltuend. Ein wichtiges Zwischenziel ist ebenfalls erreicht: die Hälfte der Laufstrecke durch die USA.

Meiner Laune sehr zuträglich ist auch die große Freundlichkeit der Menschen, die ich hier in Zentralkansas antreffe. Mehrere Tage hintereinander werde ich in den Orten, an denen ich abends ankomme, zum Essen eingeladen. Im Städtchen Hoisington bringt mir am Morgen sogar jemand Frühstück an mein Zelt im Stadtpark.

Am Abend desselben Tages entdecke ich nach 55 Kilometern in Geneseo, einem weiteren dieser kleinen Orte in Kansas, die ihre besten Zeiten schon hinter sich haben, eine verlassene Tankstelle, die mir als Platz für die Nacht ideal erscheint. Das Gebäude ist definitiv geschlossen – nicht völlig verfallen, aber auch nicht gut in Schuss –, und dahinter gibt es ein Stück gemähte Wiese, die mir förmlich zuruft: »Bau dein Zelt hier auf!« – »Jawohl, mach ich«, antworte ich im Geiste.

Nachdem das erledigt ist, setze ich mich noch einmal an die Vorderseite, um zu essen. Da habe ich Licht von der Straßenbeleuchtung, außerdem kann ich mich mit dem Rücken an die Wand lehnen.

Wenige Minuten später fährt ein Pick-up vor, und ein Cowboy steigt aus – zumindest sieht er mit seinen Cowboystiefeln, dem Cowboyhut und dem Halstuch aus wie einem Westernfilm entsprungen. Er hat mich auf dem Livetracker verfolgt, nun setzt er sich zu mir und fragt mich ein bisschen aus. Der nächste Besucher lässt nicht lange auf sich warten, es ist der Eigentümer der Tankstelle. Weit davon entfernt, mich von seinem Besitz verscheuchen zu wollen, interessiert auch er sich für mein Woher und Wohin. Er hat kein Problem damit, dass ich die Nacht hier zelte. Im Gegenteil, er sperrt seinen Laden auf und holt für jeden von uns ein Bier heraus. Sechs Jahre stand die Tankstelle leer, nun hat er sie gekauft, renoviert und möchte sie im Oktober wieder eröffnen. Meiner Meinung nach ein riskantes Unterfangen, auch wenn ich das natürlich nicht beurteilen kann.

Am nächsten Morgen bei Sonnenaufgang, ich habe mich gerade aus meinem Schlafsack geschält, ist er wieder da und bringt mir

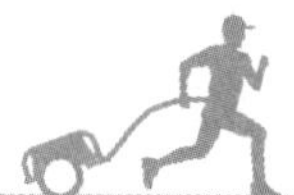

Frühstück. Das zaubert ein breites Lächeln auf mein Gesicht. Es ist jedes Mal ein Privileg, so viel Gastfreundschaft genießen zu dürfen.

Little Sweden

Es regnet in Strömen. Das kenne ich schon fast gar nicht mehr. Ja, es gab vereinzelte Schauer und natürlich die heftigen Unwetter mit ihren Sturzfluten, aber ansonsten herrschte bislang ein heißer Sommer um mich herum. Einen ganzen, ruhigen Regentag – ohne Sturm und Gewitter – empfinde ich als etwas besonders Wertvolles. Passend dazu wird die Landschaft immer grüner, auch kleinteiliger, es sind vermehrt Bäche zu sehen. Immer öfter darf ich meinen Schlafplatz unter Bäumen aufschlagen, die ein wenig Schutz bieten, wenn es dann nach Stunden doch einmal etwas zu viel wird mit dem Regen.

Lindsborg ist meine nächste Station, und wer meint, dass der Name schwedisch klingt, hat recht. 1869 ließ sich hier eine Gruppe Siedler aus der mittelschwedischen Provinz Värmland nieder, deren Nachkommen heute noch hier leben. Das sieht man dem Ort sofort an. Viele Straßen tragen schwedische Namen, schwedische Fahnen wehen, und in den Souvenirshops gibt es Dalapferde zu kaufen, die kunstvoll bemalten roten Holzpferdchen, die als typisch schwedisch gelten.

Kansas wird nach Osten hin immer hügeliger – immer noch kein landschaftliches Highlight, aber vielleicht bin ich in dieser Beziehung einfach verwöhnt. Die Great Plains habe ich auf jeden Fall hinter mir. Die Tage verlaufen ohne besondere Höhepunkte, mal scheint die Sonne, gelegentlich regnet es. Ich bewege mich oft auf kleineren Straßen, zum Teil Schotterwegen, und habe immer wieder Begleitung. Läufer ebenso wie Radfahrer schließen sich mir für meist 20 oder 30 Kilometer an, was nach der Monotonie der vergangenen Wochen anregend und abwechslungsreich ist. Immer nur Podcasts zu hören, wurde auf die Dauer auch langweilig.

Bei Ottawa biege ich auf den Flint Hills Nature Trail ein, der auf einer stillgelegten Bahntrasse längs durch Kansas verläuft. Er wurde

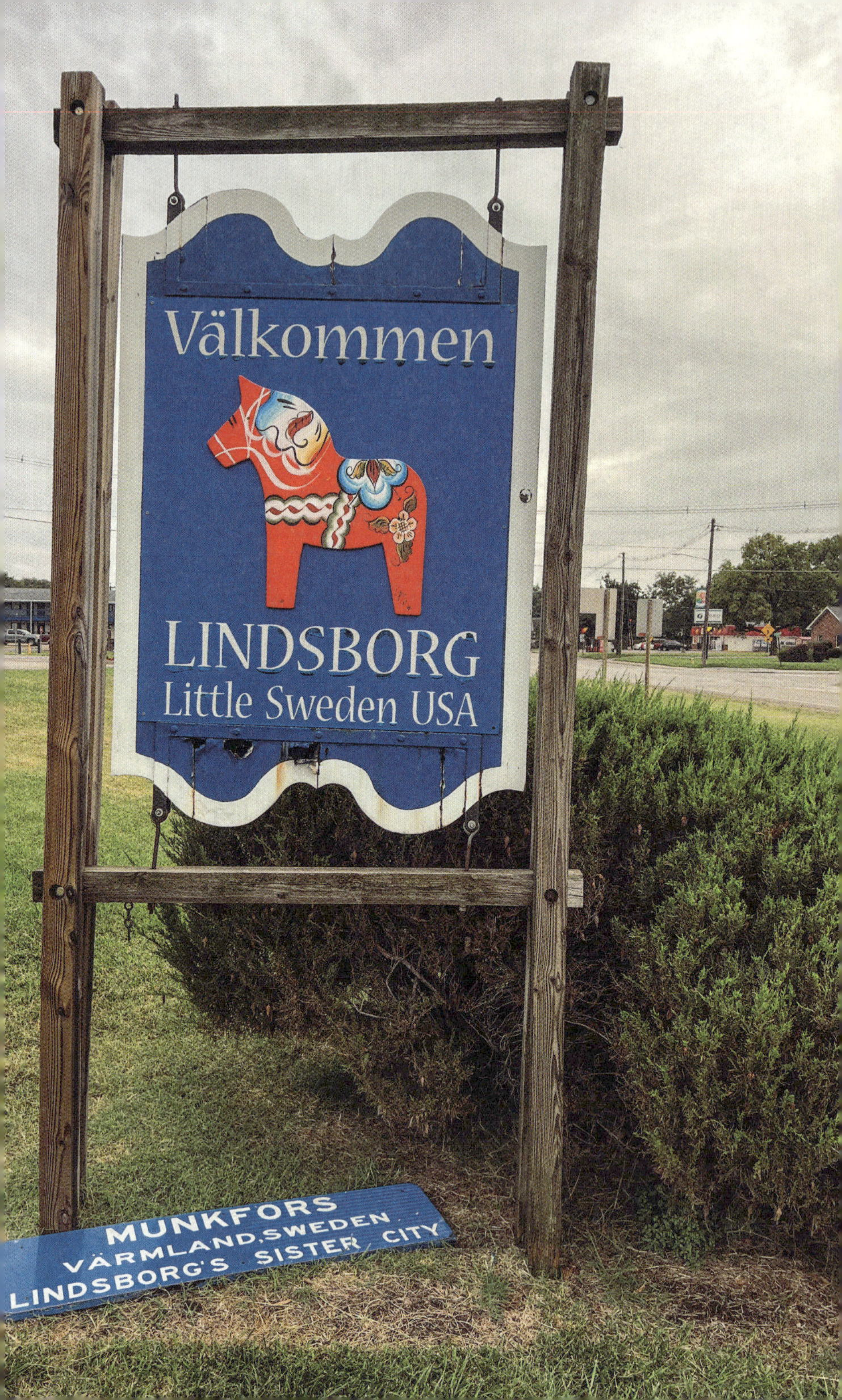
Välkommen
LINDSBORG
Little Sweden USA
MUNKFORS
VÄRMLAND, SWEDEN
LINDSBORG'S SISTER CITY

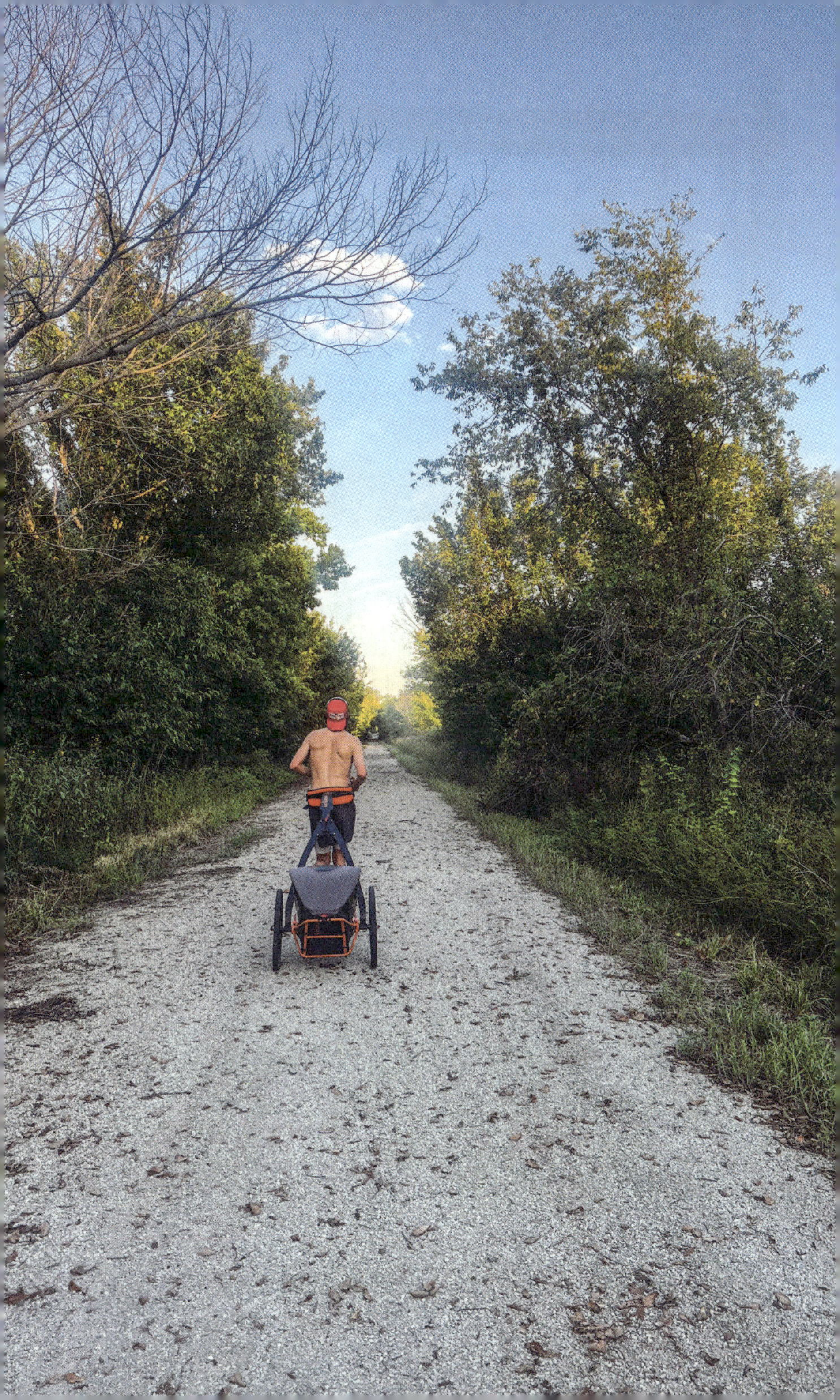

mir von vielen Leuten als wunderschöne Strecke durch die Natur angepriesen, und gemessen an dieser enthusiastischen Empfehlung bin ich fast ein wenig enttäuscht. Der Pfad ist autofrei und grün, aber er geht auch flach geradeaus, mit Gebüsch und Bäumen auf beiden Seiten – nett, aber nicht spektakulär.

Der Herbst ist da

Als ich bei Louisburg schließlich die Grenze zu Missouri erreiche, bin ich sehr erleichtert. Auch wenn sie am Ende ein wenig interessanter wurde, war die Strecke durch Kansas mental doch herausfordernd. Jetzt freue ich mich auf mehr Abwechslung, buntere Farben und den Missouri River, den ich in ein paar Tagen erreichen werde.

Außerdem ist Markus wieder da, um mich eine Woche lang zu begleiten. Er parkt entweder weit voraus und kommt dann per Anhalter zu mir, um mitzulaufen, oder er startet mit mir und trampt dann zurück zum Auto.

Als mich südlich von Kansas City zwei meiner Landsleute am Weg abpassen, die eine Deutschlandfahne schwenken, ist er gerade nicht bei mir. »Wir haben Eis mitgebracht! Wo ist Markus?« Es stellt sich heraus, dass die beiden aus Mutzschen in Sachsen stammen und Markus von einem früheren Filmprojekt her kennen. »Er bringt gerade das Auto weg«, antworte ich. »Ach, wie schade! Und wer soll jetzt die Zehnerpackung Eis essen?« Da müssen sie nicht lange fragen, sondern sind bei mir an der richtigen Adresse. Eis kann ich auch in größeren Mengen vertilgen, wenn es darauf ankommt.

Leider kommt Markus nicht mehr rechtzeitig, um seine Freunde noch zu treffen. Sie verabschieden sich irgendwann, und ich muss ja auch weiter. Als ich ihm später davon berichte, blickt er ein wenig traurig drein, wobei unklar bleibt, ob er wegen des verpassten Treffens geknickt ist oder weil er kein Eis abbekommen hat.

Abends schlagen wir unsere Zelte in der Einfahrt vor einer verlassenen Scheune auf; ein schöner Platz unter Bäumen. Nachts bricht

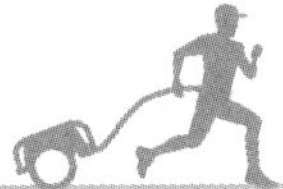

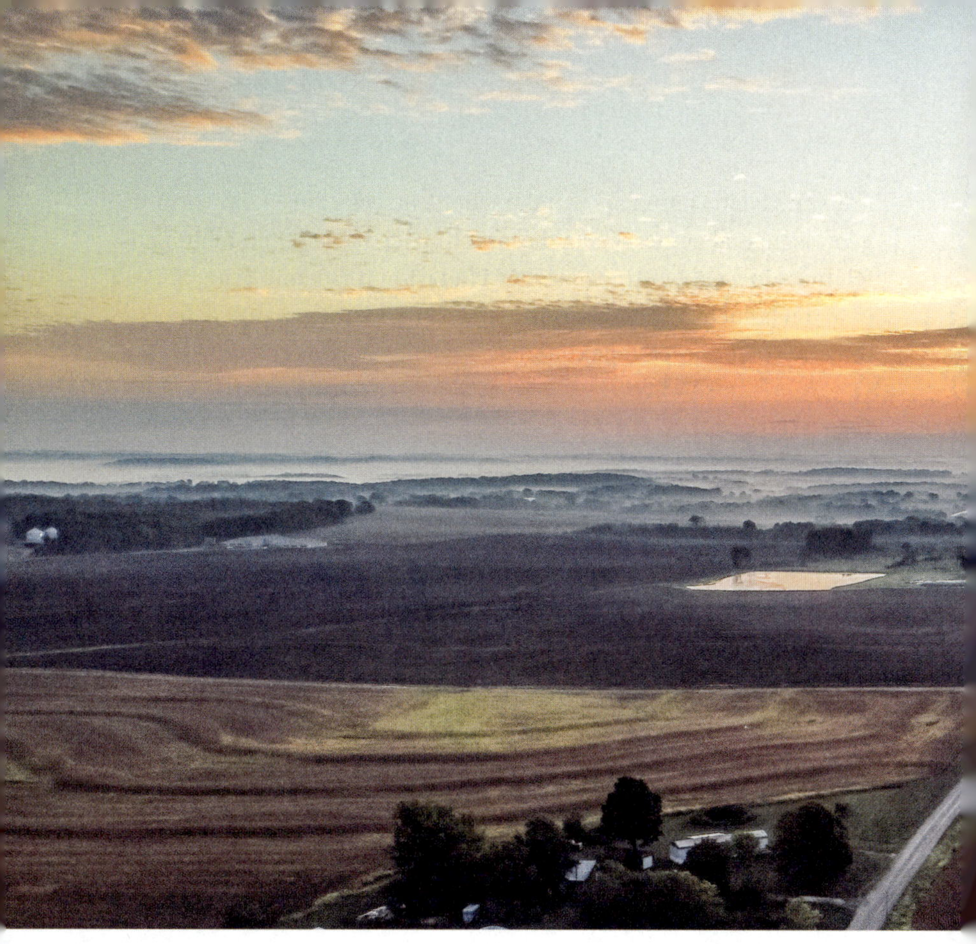

wieder ein schweres Gewitter los. Auch wenn ich das nun schon diverse Male erlebt habe, es fühlt sich jedes Mal furchtbar an. Markus sieht ebenfalls ganz mitgenommen aus, als wir am Morgen zusammenpacken. Es regnet zwar nicht mehr, doch die Wolken hängen immer noch tief, und die Luft ist kühl. Mit einem Mal ist es Herbst geworden.

Auf dem Katy Trail

Mein Knöchel tut weh. Das Fußgelenk ist geschwollen. Man muss kein Mediziner sein, um zu diagnostizieren, dass es sich um Überbelastung handeln dürfte; in der letzten Woche bin ich regelmäßig deutlich mehr

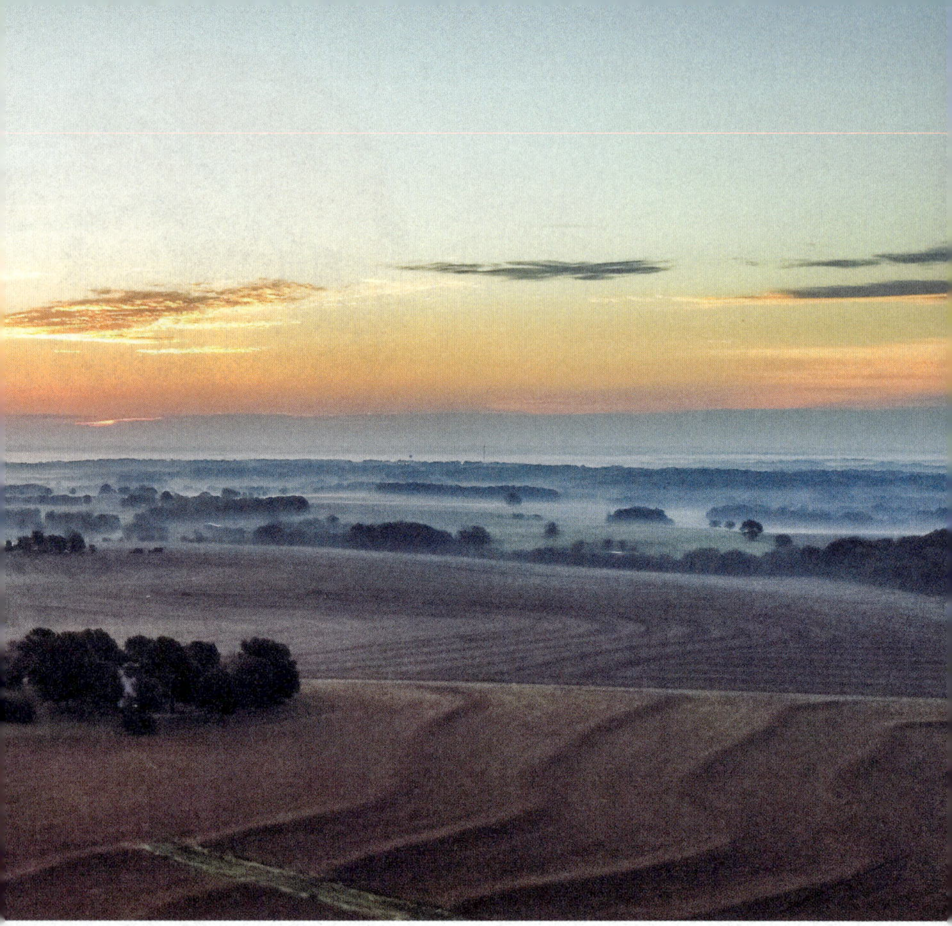

als 50 Kilometer pro Tag gelaufen. Der Schmerz ist erträglich, aber ich lege jetzt besser ein paar kürzere Etappen ein, bis ich wieder völlig fit bin. Wir sind inzwischen auf dem Katy Trail unterwegs, ebenfalls ein Rad- und Wanderweg, der auf der Trasse einer stillgelegten Bahnlinie verläuft. Es wirkt ein bisschen paradox: Im 19. Jahrhundert hatte die Eisenbahn entscheidenden Anteil an der Eroberung des Westens, im 20. Jahrhundert war sie ein wichtiges Transportmittel für die Industrie. Heute haben Flugzeug und Auto ihr den Rang abgelaufen, aus den Gleistrassen wurden Parks und Spazierwege. Ob ich es wohl noch erlebe, dass man Autobahnen zu Radstrecken umbaut?

Dennoch: Dass man den Bahnstrecken auf diese Weise ein neues Leben verleiht, anstatt sie einfach verfallen zu lassen, ist unbedingt

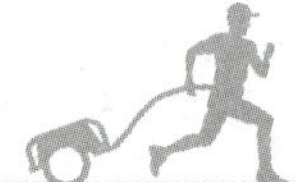

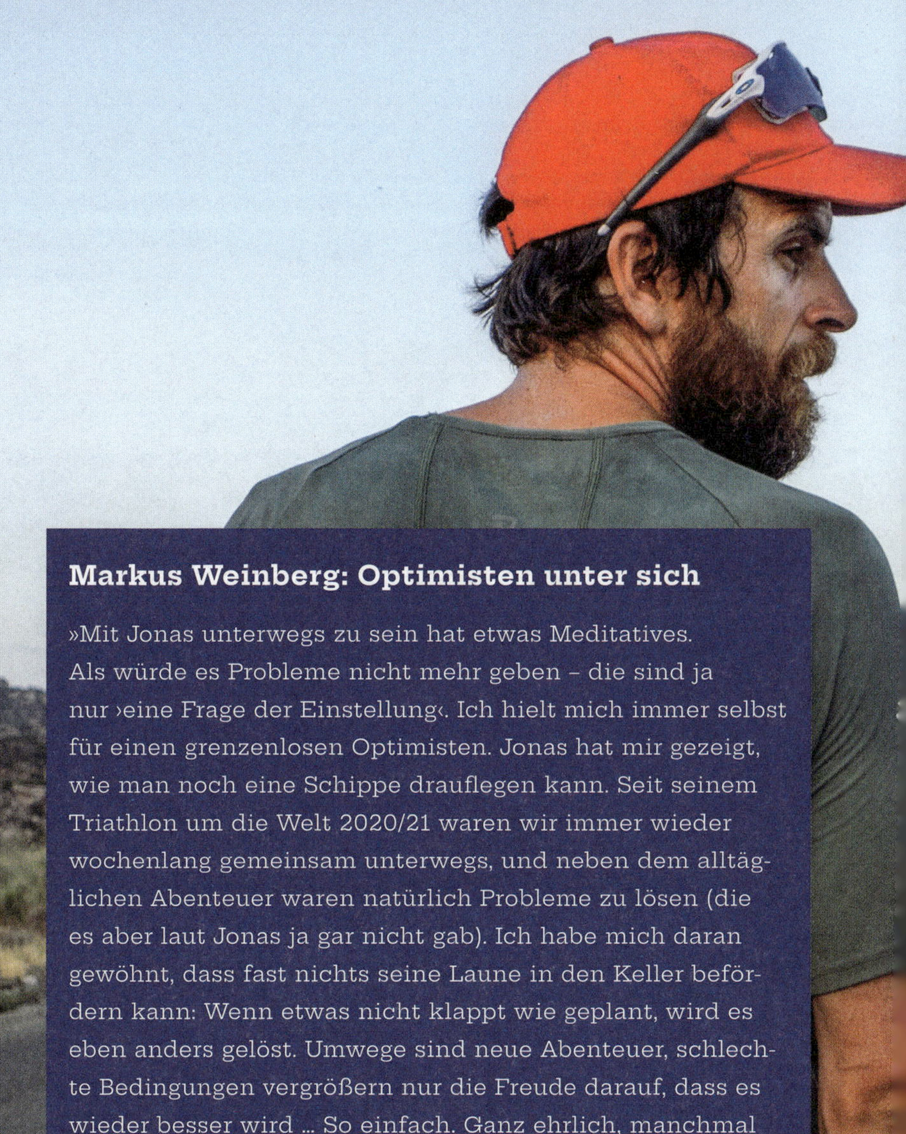

Markus Weinberg: Optimisten unter sich

»Mit Jonas unterwegs zu sein hat etwas Meditatives. Als würde es Probleme nicht mehr geben – die sind ja nur ›eine Frage der Einstellung‹. Ich hielt mich immer selbst für einen grenzenlosen Optimisten. Jonas hat mir gezeigt, wie man noch eine Schippe drauflegen kann. Seit seinem Triathlon um die Welt 2020/21 waren wir immer wieder wochenlang gemeinsam unterwegs, und neben dem alltäglichen Abenteuer waren natürlich Probleme zu lösen (die es aber laut Jonas ja gar nicht gab). Ich habe mich daran gewöhnt, dass fast nichts seine Laune in den Keller befördern kann: Wenn etwas nicht klappt wie geplant, wird es eben anders gelöst. Umwege sind neue Abenteuer, schlechte Bedingungen vergrößern nur die Freude darauf, dass es wieder besser wird … So einfach. Ganz ehrlich, manchmal kann man an dieser rosaroten Welt verzweifeln und will nur laut Fu*k in den Wald rufen. Ich habe Jonas mit meiner Kamera um die halbe Welt begleitet. Nach Hause gekommen bin ich immer körperlich belebt, im Geiste erfrischt und voll Heiterkeit, denn seine Einstellung färbt ab und macht tatsächlich vieles leichter. Und wenn Jonas doch mal ein seltener Fluch über die Lippen kommt, kann ich ein kleines verschmitztes Lächeln nicht unterdrücken.«

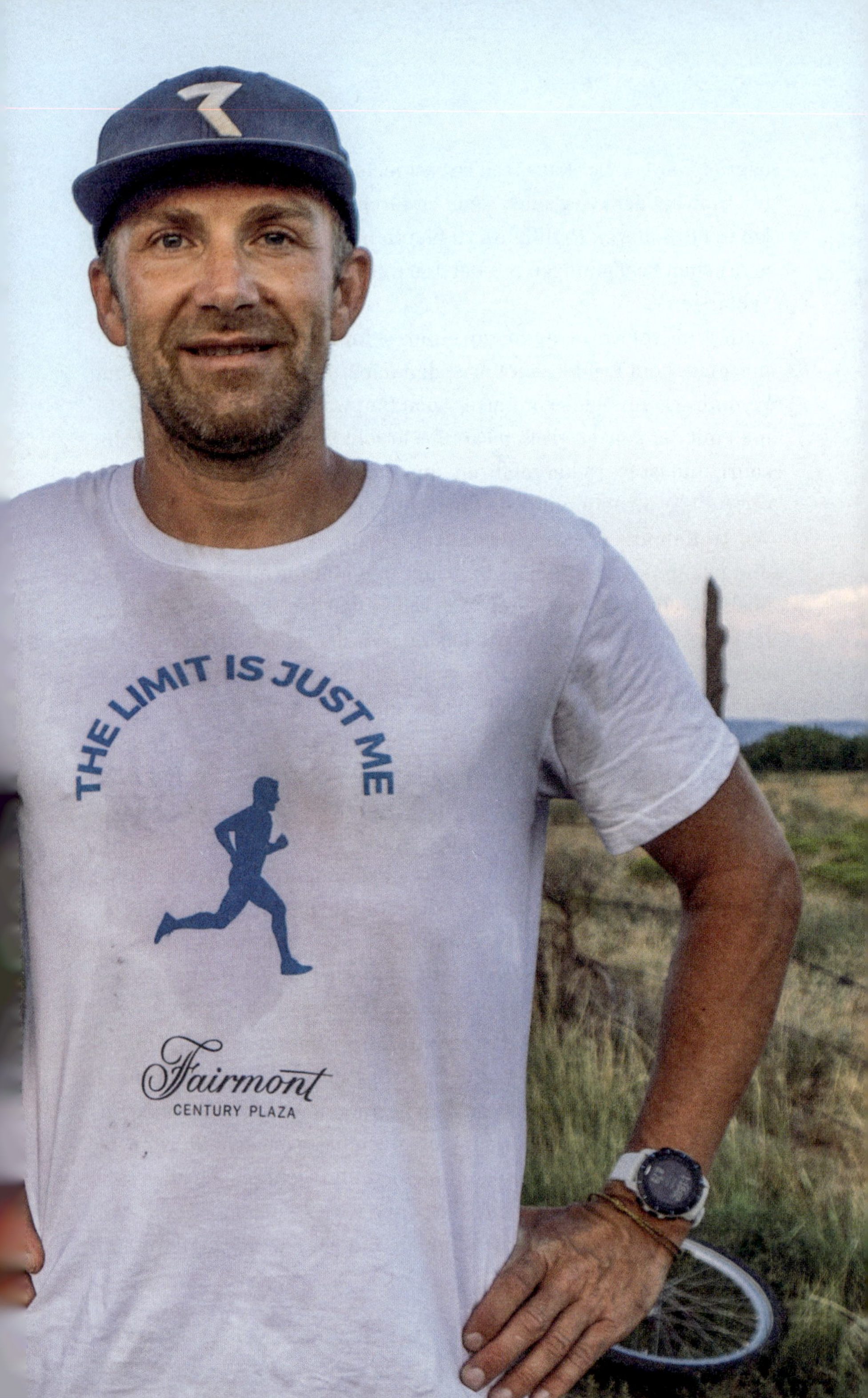
THE LIMIT IS JUST ME
Fairmont
CENTURY PLAZA

begrüßenswert. Der Katy Trail hat seine Reize im Herbst mit dem bunten Laub auf dem Weg, auch wenn er durchweg eben verläuft und sonst keine besonderen Highlights zu bieten hat. Spannend sind die gelegentlichen Begegnungen mit der Tierwelt, darunter Schildkröten und Schlangen.

In Windsor verbringen wir einen schönen Abend mit Dan Zimmerman, dem Bruder von Chris, den ich 2018 in einer Hot Spring in Wyoming kennengelernt hatte. Auch Dan war damals dabei, zusammen mit der ganzen großen Familie. Er lebt heute in Springfield, Missouri, und ist extra hergefahren, um mich zu sehen, fast 160 Kilometer – die Wahrnehmung von Entfernungen ist hier wirklich anders. Wir treffen uns in einem Restaurant, schwelgen ein wenig in alten und neuen Geschichten, dann bringt Dan Markus auf dem Heimweg noch zu seinem Auto, während ich schon mal das Zimmer in dem Motel beziehe, das wir uns heute leisten. Ein richtiges Bett tut mal wieder gut und ein bisschen Körperpflege ist dringend notwendig. Dass wir so dem Gewitter ausweichen, das auch in dieser Nacht niedergeht, ist ebenfalls kein Schaden.

Tags darauf wechsle ich in Sedalia vom Katy Trail auf kleinere Nebenstraßen. Das ist der kürzere Weg, um nach Jefferson City zu gelangen, der Hauptstadt des Bundesstaates Missouri, wo ich auch endlich den namengebenden Fluss erreichen möchte. Der Trail schlägt hier einen großen Bogen nach Norden, und so überwältigend finde ich ihn auch wieder nicht, dass ich diesen Umweg mitmachen müsste. Ich brauche mal eine Abwechslung, und die bieten mir die kleinen Schotterwege durch die Hügel.

Wir haben Sedalia schon weit hinter uns gelassen, als der Himmel immer schwärzer und schwärzer wird. Es gab eine Unwetterwarnung, und dass sie zutreffen würde, daran bestand nach meinen Erfahrungen der letzten Tage kein Zweifel. Dennoch hatte ich gehofft, wir würden vom Schlimmsten verschont bleiben. Nun geht jedoch alles sehr schnell. Am Horizont blitzt es bereits und wir versuchen, so rasch wie möglich einen Unterschlupf zu finden. Ein paar Hundert Meter ent-

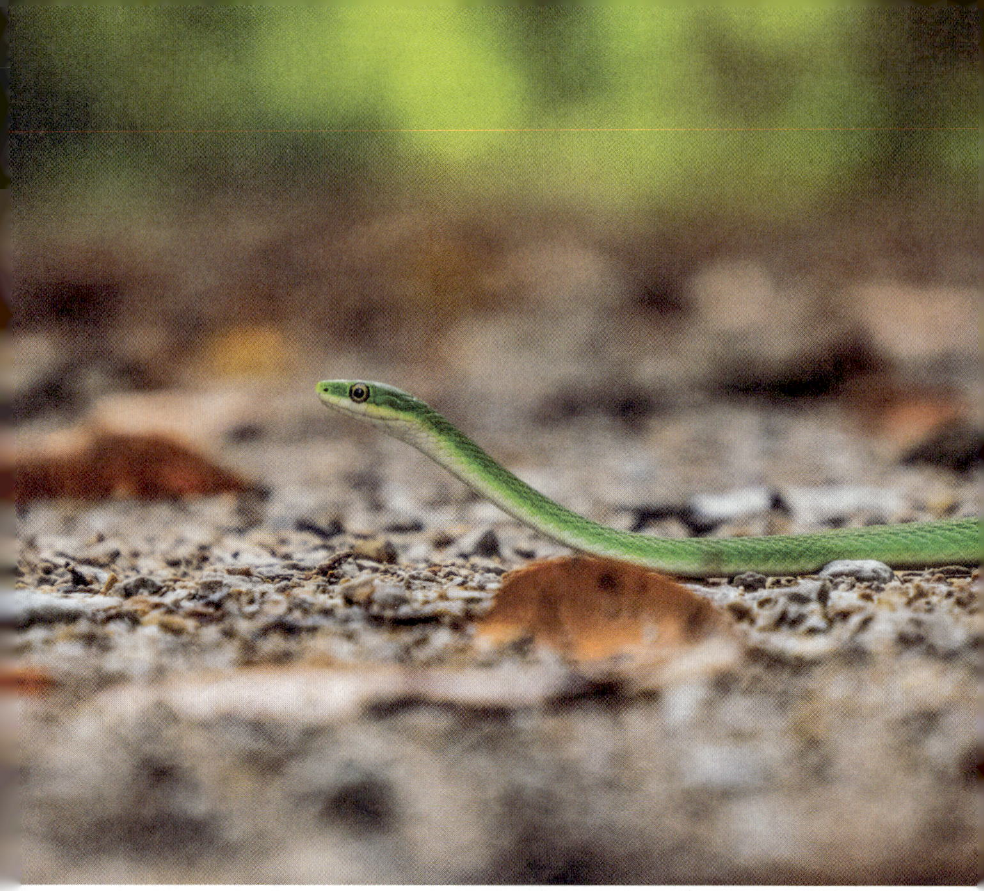

fernt liegt eine Einfahrt, die zu einem anscheinend verlassenen Hof führt. Wir laufen hinein, um schnell unsere Zelte im relativen Schutz des Gebäudes aufzuschlagen, während schon die ersten Tropfen vom Himmel fallen.

Es ist keine Minute vergangen, als ein Mann im Pick-up heranbraust und uns fragt, was wir hier zu suchen hätten. Das ist ein Phänomen, das mir in den USA oft auffällt: Die soziale Kontrolle ist sehr dicht. Kaum eine Gegend, mag sie noch so verlassen wirken, in der man nicht angesprochen wird: Wer bist du und was machst du hier? Jedes Mal, wenn ich vor einem Haus oder einer Scheune stehen bleibe, taucht schon der Besitzer oder ein Nachbar auf, um zu erfahren, was ich dort verloren habe. Wenn ich die Sache dann erkläre, werden in der Regel fast alle freundlich und hilfsbereit, zumindest aber entspannter.

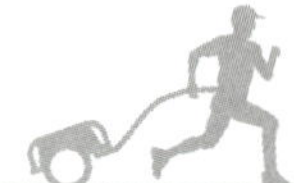

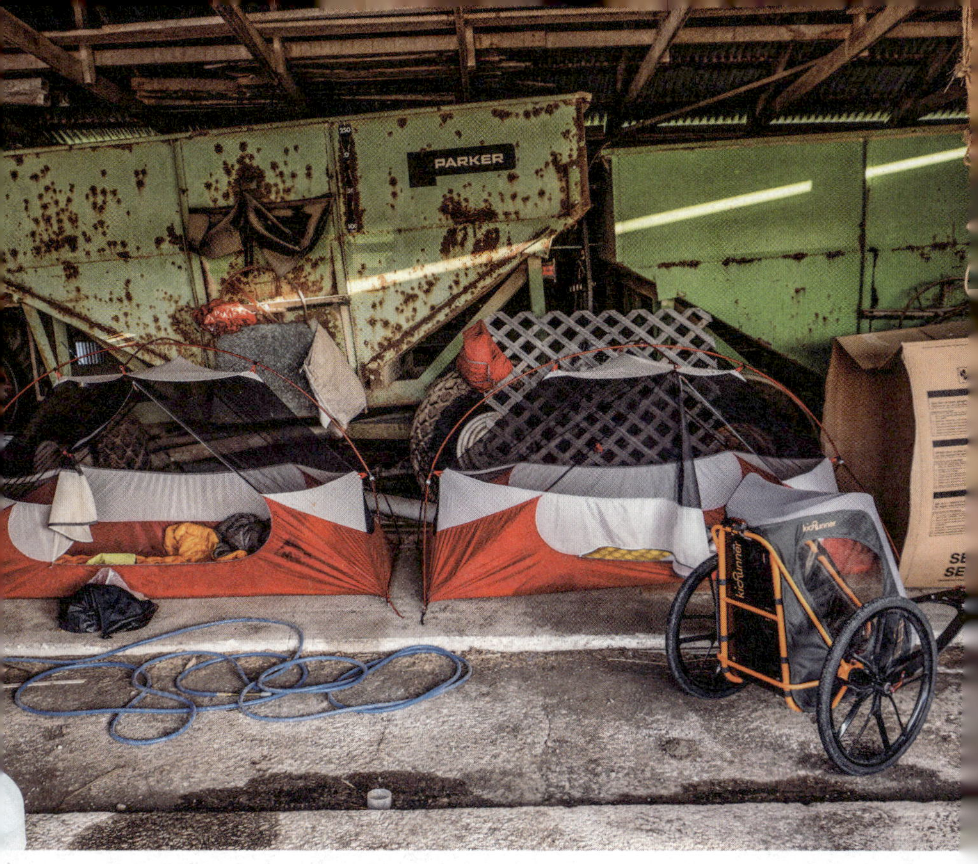

So auch hier. Als ich ihm die Geschichte in der gebotenen Kürze erläutere, bietet der Mann spontan an, dass wir angesichts des nahenden Unwetters in seinem Geräteschuppen unterschlupfen können. Ein Dach über dem Kopf, ja, darauf gehe ich mit Freuden ein. Im Schuppen stehen landwirtschaftliche Maschinen, ein Traktor und auch eines dieser Spaß-Geländefahrzeuge, wie sie mir auf den Passstraßen in Colorado zuhauf entgegengekommen sind. Auch für unsere beiden Zelte ist genug Platz – und kaum sind wir drin, rumst es draußen gewaltig. Das Gewitter ist direkt über uns und es wütet stundenlang. Unser Timing hätte nicht knapper sein können. Wir kochen uns unser Süppchen, essen in aller Ruhe, und als ich später in meinem Schlafsack liege, finde ich es fast gemütlich, wie es draußen blitzt und donnert und der Regen so laut auf das Blechdach prasselt, dass man sein eigenes Wort nicht versteht.

California Motel

Ich bin auf dem Weg schon durch einige Städtchen mit Namen gekommen, die man normalerweise mit berühmteren Plätzen verbindet – Ottawa oder Windsor beispielsweise –, und jetzt ist California an der Reihe. California in Missouri hat immerhin 4500 Einwohner und ein Motel, in dem wir auf Markus' Wunsch absteigen. Er braucht für seine Arbeit mal einen Tisch und einen Stuhl.

Der Stuhl wird am Abend zum Zankapfel mit einem anderen Hotelgast, eine der wenigen unangenehmen Begegnungen auf meiner Reise. Dieser Stuhl steht auf dem langen Balkon, der alle Zimmer auf dieser Etage verbindet und quasi Gemeinschaftsraum ist. Markus sitzt darauf. Wir sehen unseren Zimmernachbarn herauskommen, einen Mexikaner, der ein langes Messer in der Hand hält und eindeutig schlechter Laune ist. Er zieht ein grimmiges Gesicht und flucht herum. Möglicherweise ist er auf Streit aus. Wir verhalten uns defensiv, sodass er sich in sein Zimmer zurückzieht, aus dem kurz danach ein typischer Geruch dringt: Hier kifft einer. Etwas später ist er wieder da und raunzt Markus an, dass er aufstehen solle, das sei sein Stuhl. Der Typ ist großflächig tätowiert und sieht ganz so aus, als könnte er einem Drogenkartell angehören. Er packt den Stuhl an der Lehne und will ihn zu sich rüber ziehen. In Sorge, dass Markus sich provozieren lässt und das Ganze eskaliert, überzeuge ich ihn davon, dass der Klügere hier lieber nachgibt. Nachts achten wir gut darauf, unser Zimmer von innen abzuschließen. Am nächsten Morgen bleiben wir vor einer weiteren Begegnung glücklicherweise verschont.

Vom Capitol ins Rheinland

Den Missouri River erreiche ich in Jefferson City, der rund 40 000 Einwohner zählenden Hauptstadt des Staates Missouri. Abgesehen von ihrer Lage am großen Strom ist die Stadt vor allem bekannt für ihr Kapitol mit der weithin sichtbaren, weißen Kuppel. Da mein Knöchel

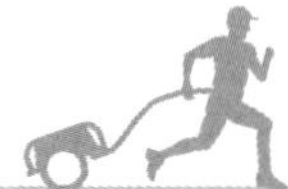

sich wieder erholt hat, verspüre ich Lust, weiterzulaufen, halte mich also nicht länger als nötig in der Stadt auf. Auf die Essenspause verzichte ich allerdings nicht, es wäre auch schade gewesen, sich die überraschend gute Pizza entgehen zu lassen. Anschließend bin ich geboostert genug, um noch einmal 20 Kilometer Strecke draufzulegen. Insgesamt werden es 62 Kilometer werden, die für die heutige Etappe auf der Uhr stehen.

Ich überquere die einzige große Brücke, die in Jefferson City über den hier bereits Hunderte Meter breiten Missouri River führt, und wechsle dann wieder auf den Katy Trail, der 360 Kilometer weit quer durch den US-Bundesstaat führt und nun weitgehend den Flusswindungen folgt. Markus stellt das Auto am Parkplatz des Trail Head ab und bleibt den Rest des Tages an meiner Seite.

Spät abends erreichen wir im Dorf Tebbetts den Turner Katy Trail Shelter, eine Unterkunft für Fahrradreisende auf dem Katy Trail. Mit Stockbetten und Gemeinschaftsraum ist sie einfach eingerichtet, ein bisschen wie eine Jugendherberge, doch es herrscht eine wunderbar warme, freundliche Atmosphäre.

Wir werden bereits erwartet. Don, der selbst gerade auf Reisen ist und hier übernachtet, steht vor dem Haus, läutet mit einer Kuhglocke, als wir uns nähern, und begrüßt uns mit lauten Willkommensrufen. Er hat sogar einen Teil seines Abendessens für mich aufgehoben. Das wäre aber gar nicht nötig gewesen, denn kurz darauf kommt Rachel angefahren, die mich ebenfalls auf dem Livetracker verfolgt, und bringt ein köstliches Mahl herbei, an dem wir uns sattessen können. Hackbraten, Kartoffelbrei, Nachtisch – leckere, von ihr selbst gekochte Hausmannskost und eine Wohltat nach all dem Junk-Food, das ich sonst meist bekomme. Rachel kümmert sich zusammen mit ihrem Mann um das Hostel, das als reine Non-Profit-Unternehmung für Biker und Wanderer in Missouri schon Legendenstatus hat. Es ist wie ein Ankommen bei Freunden.

Für die Bezahlung – mit zehn Dollar pro Person und Nacht ohnehin unschlagbar günstig – gibt es eine Art Vertrauenskasse: Es liegen leere

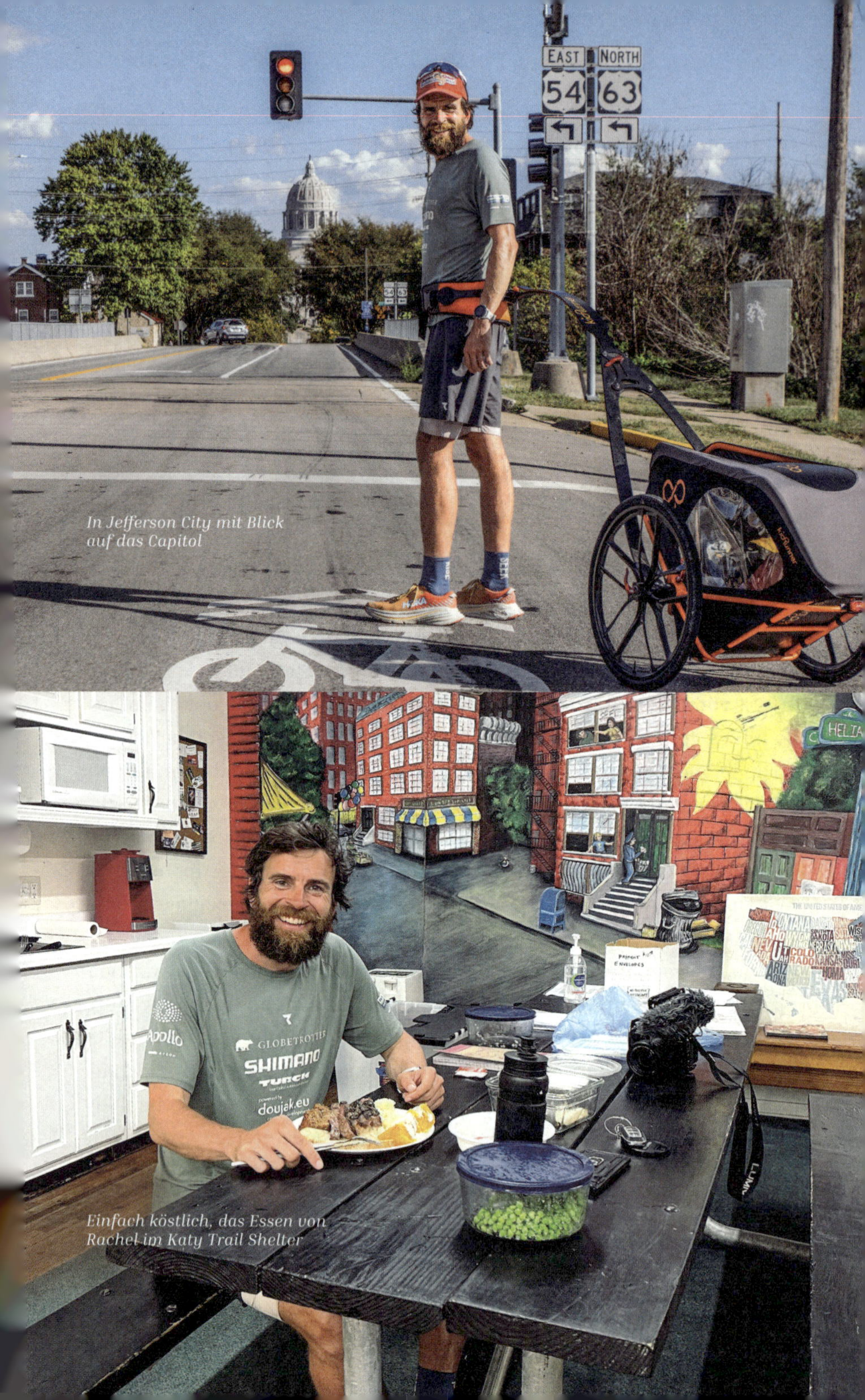

In Jefferson City mit Blick auf das Capitol

Einfach köstlich, das Essen von Rachel im Katy Trail Shelter

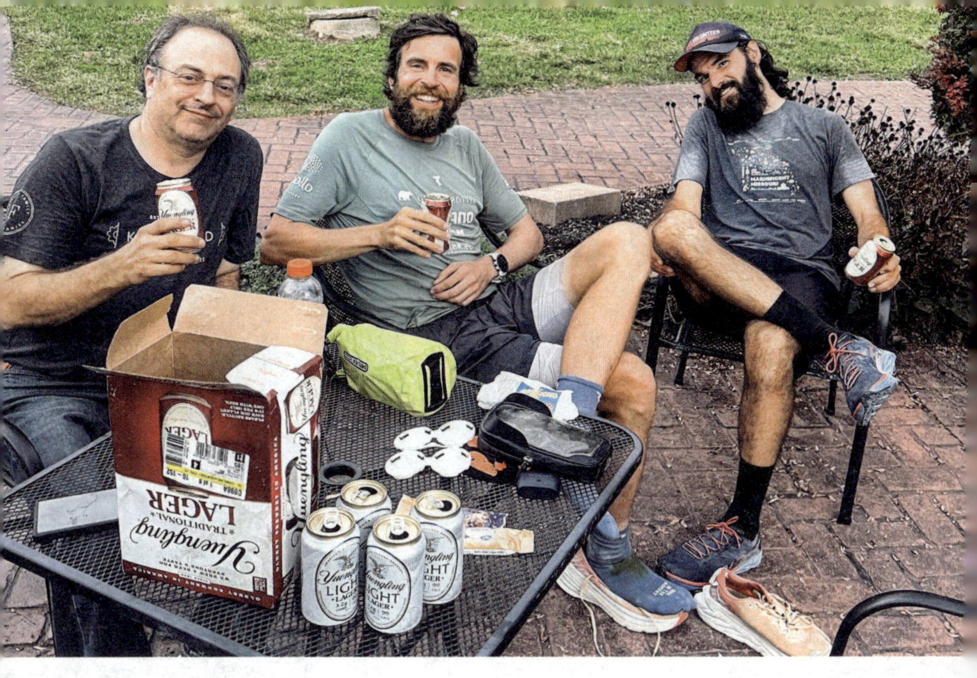

Umschläge bereit, in die man das Geld steckt und sie dann in einen dafür vorgesehenen Kasten wirft. Nach dieser Methode wird in dieser Art von Unterkünften, die von sogenannten Charity Trusts gemeinnützig geführt werden, häufig verfahren. Hier ist die Besonderheit jedoch, dass man den Umschlag im Post Office gleich nebenan in den normalen Briefkasten werfen soll. Markus wundert sich. »Ist das wirklich in Ordnung?« fragt er. »Da steht doch gar kein Name und keine Adresse?« – »Keine Sorge«, lautet die Antwort, »Hier in Tebbetts kennt jeder jeden. Wir wissen genau, für wen diese Umschläge sind.«

Ins Rheinland komme ich am Nachmittag des folgenden Tages. Genauer gesagt, ins »Missouri Rhineland«, das auf halbem Weg zwischen Jefferson City und St. Louis liegt. Hier ließen sich im 19. Jahrhundert viele Siedler aus Deutschland nieder, die insbesondere um das Städtchen Hermann herum Weinbau betrieben. Nicht nur die Landschaft ähnelt dem deutschen Rheinland, auch die geologischen Gegebenheiten sind vergleichbar. Die deutsche Tradition wird stolz hochgehalten und mit »Oktoberfest«, »Wurstfest« und »Maifest« auch gebührend gefeiert. Weingüter gibt es ebenfalls viele, einige haben auch überregionale Bedeutung.

Ein Bierexperte

Markus muss sich in Hermann wieder von mir trennen; ich bleibe auf dem Katy Trail bis St. Louis, das ich drei Tage später erreiche. Unterwegs gibt es noch eine lustige Begegnung: An einer Art Imbissbude am Katy Trail bei Marthasville halte ich mittags an, als mir der Besitzer schon entgegenkommt. »Ich habe auf dich gewartet! Komm her und such' dir aus, was du essen möchtest, ich lade dich ein.« Er kredenzt mir einen sehr leckeren Burger und leistet mir dann ein wenig Gesellschaft. Jon ist selbst Ultraläufer und erzählt mir von den beeindruckenden Touren, die er schon gemacht hat. Als ich nach fast drei Stunden wieder aufbrechen will, kratzt er sich am Kopf und meint dann: »Eigentlich müsste ich noch ein bisschen länger aufhaben ... Aber egal, ist eh keiner da, ich schließe den Laden jetzt und dann gehen wir laufen.«

Er packt sein Zelt ein und joggt kurzerhand die nächsten 25 Kilometer mit mir mit. Das finde ich klasse: Er trifft eine Entscheidung und fackelt nicht lange, sondern macht es einfach. Vielleicht nicht ganz in der Größenordnung von Forrest Gump, doch in genau demselben Geist. Wir verstehen uns prächtig.

Am Abend kommen wir in den aus ein paar Häusern und einem Postamt bestehenden Ort Defiance, wo es auch einen Fahrradladen direkt am Katy Trail gibt. Mein Blick ist mittlerweile geübt darin, geeignete Zeltplätze zu finden, und der Rasen hinter dem Laden sieht ideal aus, um unser Camp aufzuschlagen. Als wir uns nähern, kommt der Besitzer direkt entgegen. Er hat überhaupt keine Einwände, im Gegenteil, er setzt sich dazu und versorgt uns mit reichlich Bier. Köstlich!

Unser Gastgeber stellt sich als Bierexperte heraus, der schon oft in Deutschland war und in den USA in verschiedenen einschlägigen Gremien sitzt. Bei Bierverkostungen und Prämierungen ist er ein gefragtes Jurymitglied. Auch andere Biernationen wie Tschechien und Belgien kennt er gut. Sein Wissen – und seine Vorräte – scheinen uner-

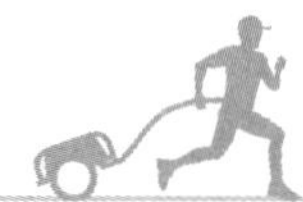

schöpflich zu sein. Wir müssen natürlich alles probieren und verbringen einen feuchtfröhlichen Abend miteinander. Zum Glück haben wir es am Ende nicht weit in unsere Zelte.

Stadt der Kontraste

Jon muss am nächsten Morgen schon extrem früh zurücklaufen – er hat ja seinen Imbiss zu betreiben. Auf mich wartet die große Stadt St. Louis, die erste richtige Metropole seit Las Vegas.

Viele der Menschen, die ich in den letzten Tagen traf, haben mich gewarnt. St. Louis gehöre zu den gefährlichsten Städten der USA, sagen sie, und die Viertel mit hoher Kriminalitätsrate seien unbedingt zu meiden. Insbesondere im Norden gebe es richtige No-go-Gebiete. Ich bin nicht ängstlich, doch es wäre verrückt, einen solchen Rat in den Wind zu schlagen, deshalb passe ich meine Route an.

Zunächst geht es durch sehr wohlhabende Viertel mit großen Villen, die einmal mehr deutlich machen, wie weit die Schere zwischen Arm und Reich in den USA auseinandergeht. Die Universität, an der ich vorbeilaufe, wird offensichtlich von einer äußerst betuchten Schicht besucht und finanziert, zumindest gemessen an den Prachtbauten, die sich hier aneinanderreihen.

In der Nähe des Stadtzentrums habe ich 52 Kilometer voll und beginne, mich nach einem Hotel umzusehen. Wild zu zelten verbietet sich selbstverständlich in dieser Stadt, und vorgebucht habe ich auch nicht, weil ich erst sehen wollte, wie weit ich komme. Das erweist sich als Glücksfall, denn unversehens kommt mir jemand entgegen, der mich mit »Hi, Jonas!« anspricht.

Er kennt mich, denn wir sind uns schon begegnet, wie ich auf den zweiten Blick feststelle. In Scott City in Kansas war er der Dritte im Bunde mit dem englischen Pärchen, das mit dem Rad auf Weltreise war. Ryan heißt er, und er lädt mich zu sich nach Hause ein. So genieße ich an diesem Abend die Gastfreundschaft von Ryan und seiner Freundin Emily in Downtown St. Louis.

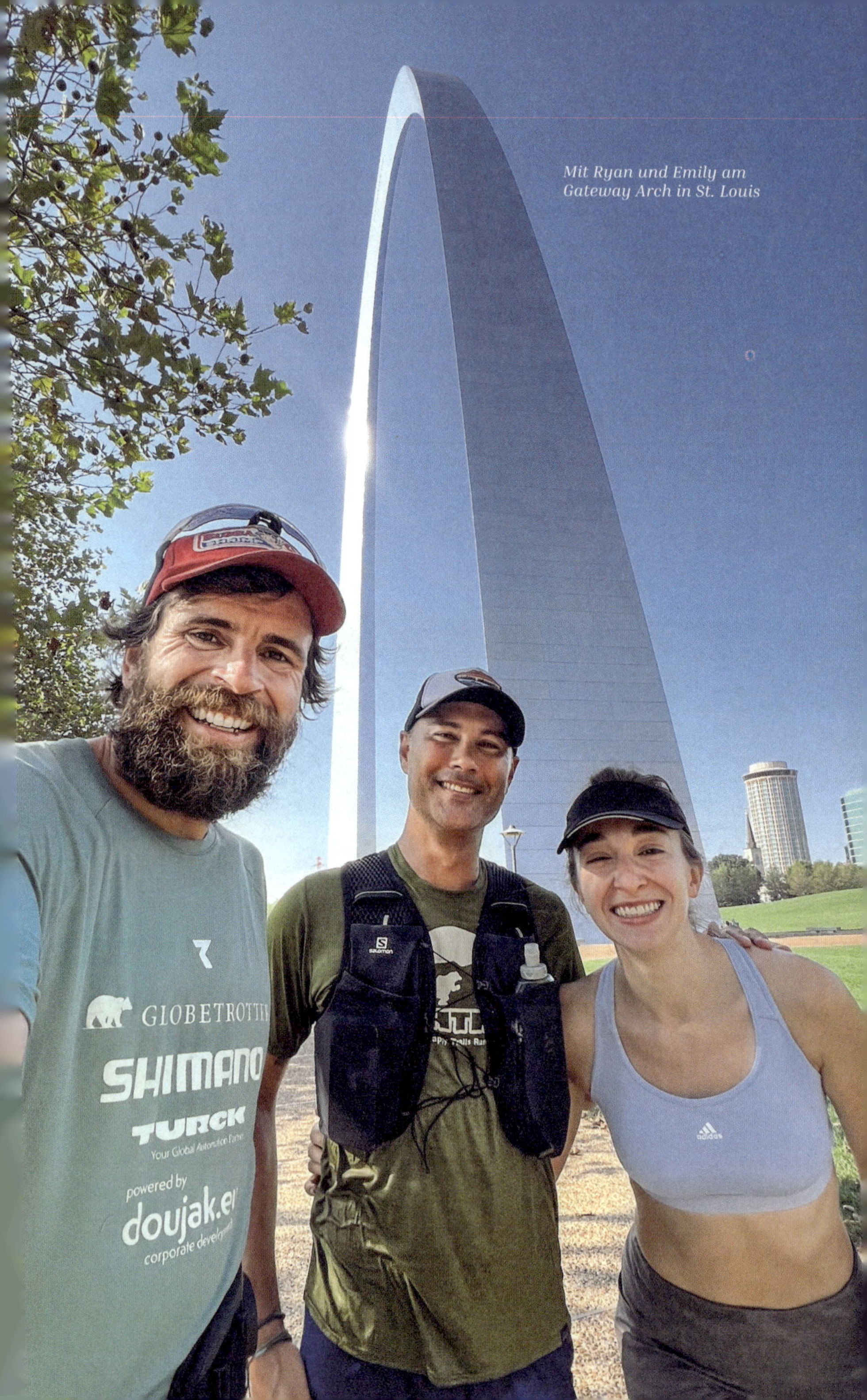

Mit Ryan und Emily am Gateway Arch in St. Louis

Emily ist gebürtige Französin, die hier in einer Klinik eine »Residency« in Medizin ableistet. Das entspricht etwa dem, was in Deutschland früher »Arzt im Praktikum« war: Nach Abschluss des Medizinstudiums erfolgt noch eine verpflichtende praktische Fortbildung in einem Krankenhaus. Sie arbeitet in der Notaufnahme und hat ununterbrochen mit Verletzten aus Schießereien oder anderen gewaltsa-

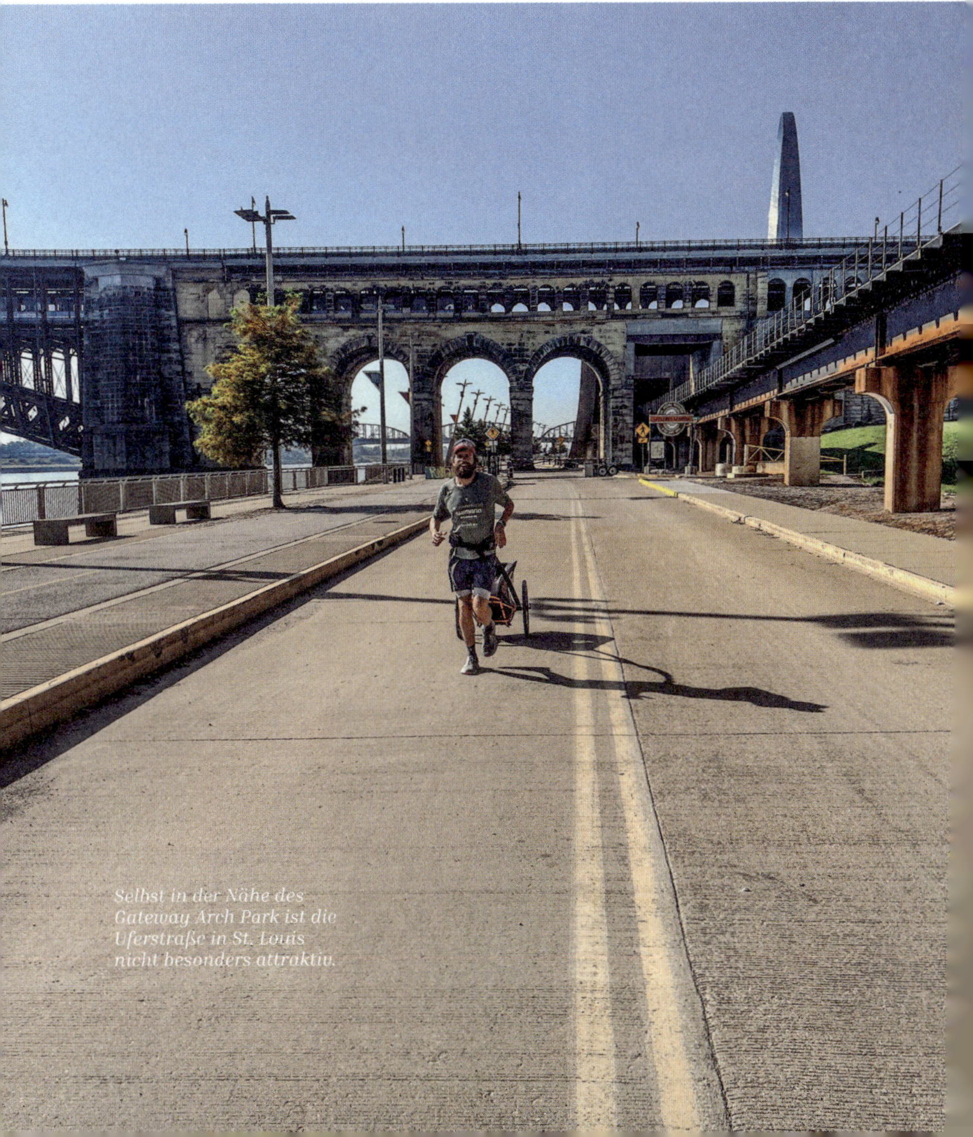

Selbst in der Nähe des Gateway Arch Park ist die Uferstraße in St. Louis nicht besonders attraktiv.

men Auseinandersetzungen zu tun. Das Klinikum wirbt sogar offen damit, dass es kaum eine bessere Ausbildung für Notfallmediziner gebe als genau hier – wegen der hohen Gewaltkriminalität. Emily berichtet von ein paar Fällen, die sie selbst erlebt hat und die ich ziemlich gruselig finde. Es ist trotzdem ein wunderbarer Abend, der mit dem von Emily gebackenen Apfelkuchen zusätzlich versüßt wird.

Beide begleiten mich am nächsten Morgen durch Downtown bis zum Wahrzeichen von St. Louis, dem Gateway Arch, der in einem Park am Ufer des Mississippi steht. Dieser gigantische, 192 Meter hohe Stahlbetonbogen ist ein Symbol für die Erschließung des Westens. Die berühmte Expedition von Lewis und Clark, auf der zum ersten Mal die Pazifikküste auf dem Landweg erreicht wurde (1804–1806), hatte ihren Ausgangspunkt in St. Louis.

Der Anblick der Innenstadt ist erschreckend. Es ist kaum zu glauben, wie heruntergekommen Teile davon sind, gerade im Kontrast zur Wohlhabenheit anderer Viertel. Häuser, die nur noch Ruinen sind, Menschen auf den Straßen, denen man nicht im Dunkeln begegnen möchte, Obdachlose in Hauseingängen, die ihre ganzen Habseligkeiten in Einkaufswägen aus dem Supermarkt mit sich führen.

St. Louis liegt auf 30 Kilometern Länge am Ufer des Mississippi, und man würde meinen, dass es zumindest im Zentrum eine schöne Flusspromenade gibt, mit Cafés, Bänken und Aussichtsplätzen. Ich hatte Straßenmusikanten erwartet, Jogger, Flaneure, spielende Kinder und so weiter. Die Realität ist dagegen leider sehr trostlos. Es gibt zwar einen Riverfront Trail, dem wir einige Kilometer folgen, doch er führt durch Industrie- und Gewerbegebiete, die auch schon ziemlich verfallen wirken, vorbei an rostigen Kränen, verlassenen Lagerhallen, mit Graffiti besprühten Gebäuden, in denen keine Fensterscheibe mehr heil ist. Bahngleise und Straßen versperren den Zugang von der Stadt zum Fluss fast auf der gesamten Länge. Es fühlt sich auch am helllichten Tag nicht besonders sicher an.

Auf der McKinley Bridge überquere ich schließlich den breiten, anmutig ruhig dahinfließenden Mississippi und damit die Grenze zu

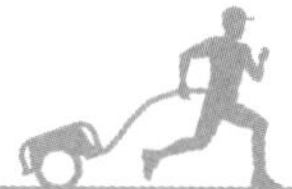

Illinois. Das ungute Gefühl bleibt auch in den ersten Orten, die ich dort durchquere. Ich bin ja immer noch im Großraum St. Louis, und so sieht es auch aus. Reiche Viertel, das andere Gesicht der Stadt, sind hier nicht mehr anzutreffen. Beim Einkaufen lasse ich meinen Anhänger lieber nicht draußen vor dem Supermarkt stehen, sondern nehme ihn mit rein.

Erst am Nachmittag bin ich aus dem Gröbsten raus. In der Nähe des Horseshoe Lake gelange ich auf einen Fahrradweg, und abends, nach 57 Kilometern auf dieser Etappe, finde ich schließlich einen schönen Platz, an dem ich bedenkenlos mein Zelt aufschlage.

Erntezeit

In Illinois haben mich die riesigen Felder wieder. Die Monotonie der Landschaft kenne ich mittlerweile und kann damit umgehen. Neu sind die riesigen Landmaschinen, die jetzt überall herumfahren. Die Erntezeit hat begonnen, und da in den USA alles eine Nummer größer ist, gilt das auch für die Mähdrescher. Sie ziehen Bahn für Bahn über die endlosen Getreideflächen und wirbeln dabei Staub in großen Schwaden auf, der in den Lungen beißt, wenn man hineingerät. Keine guten Bedingungen für einen vorbeiziehenden Coast-to-Coast-Jogger. Auf den Straßen nehmen diese Maschinen die ganze Breite ein, sodass ich immer ganz zur Seite weichen muss, wenn sie an mir vorbei wollen.

Das Wetter zeigt sich hauptsächlich von der heiteren Seite und hat einige schöne Sonnenuntergänge zu bieten, ansonsten gibt es aus Illinois nicht viel zu berichten. Mein Freund Chris aus Moline besucht mich eines Abends, worüber ich mich sehr freue. Wir haben uns in einem Lokal zum Essen verabredet, und ich komme nur fünf Minuten später an als er. In der Zwischenzeit hat er sich schon mit dem halben Restaurant unterhalten und von meinem Projekt erzählt, sodass, als ich zur Tür hereintrete, alle schon wissen, wer ich bin und was ich mache. Chris hat auch organisiert, dass wir unsere Zelte im Garten von einem der anderen Gäste aufschlagen dürfen. Er ist ein Phä-

nomen, unglaublich begabt darin, Kontakte zu knüpfen und Menschen für sich zu gewinnen. Er hat sein Zelt mitgebracht und bleibt über Nacht, muss aber am nächsten Morgen früh wieder zurück nach Moline fahren.

Kinderbotschaften

Indiana ist auch sehr landwirtschaftlich geprägt mit vielen Maisfeldern, doch es gibt etwas mehr Abwechslung, insbesondere um Bloomington herum, wo ich heute ankomme. Es ist der 72. Tag meiner Laufstrecke und dafür, finde ich, halte ich mich weiterhin recht gut. Der Knöchel hat sich offensichtlich an die unvermeidliche Überlastung angepasst, indem er die meiste Zeit über Ruhe gibt und mich einfach das tun lässt, was ich Tag für Tag tue – einen Fuß vor den anderen setzen und dabei in die Landschaft starren. Mit ihren Wäldern und Seen, eingebettet in sanfte Hügel, erinnert sie mich hier ein wenig an deutsche Mittelgebirge. Alles leuchtet in orangefarbenen und braunen Herbsttönen, und so viel Farbigkeit tut allen Sinnen immens gut nach den ewig gleichen Feldern der letzten Tage und Wochen.

Meine Tagesleistungen liegen wieder deutlich über dem Soll, 55 Kilometer sind es fast immer, einzelne Etappen erreichen sogar die 60. Es gibt momentan keinen Grund, mich zurückzuhalten. Wer weiß, was noch kommt, und da ist es angeraten, so viel Strecke wie möglich zu schaffen, bevor die Probleme anfangen – welcher Art sie auch immer sein mögen.

Auf dem Weg hinein nach Bloomington passiert etwas Ungewöhnliches. Plötzlich rennen vier Kinder von der anderen Straßenseite über den Highway auf mich zu. Auch hier funktioniert die soziale Kontrolle, denn nach wenigen Augenblicken ist der Sheriff da und fragt, zu wem diese Kinder gehören. Das sei doch gefährlich, dass sie hier einfach so auf der Straße herumlaufen.

Ich stimme ihm zu, und, nun ja, sie gehören zwar nicht zu mir. Allerdings muss ich zugeben, dass sie meinetwegen hier sind. Sie ha-

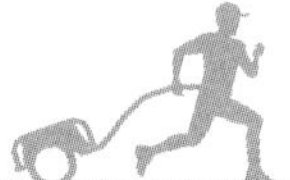

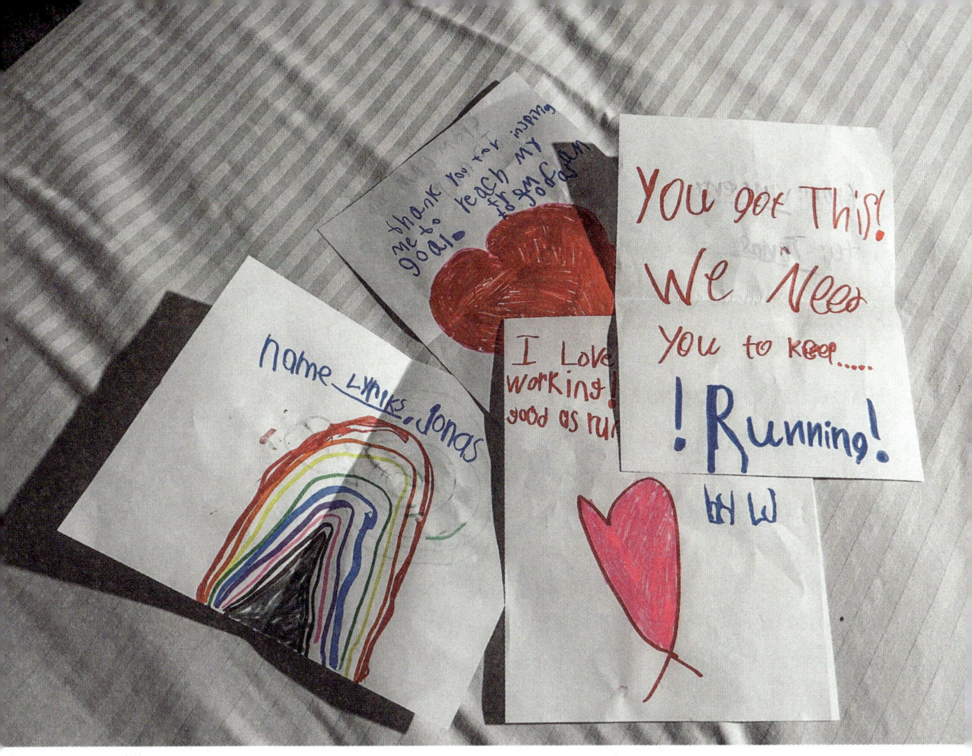

ben mir Bilder gemalt und Botschaften geschrieben, die sie mir jetzt, da ich endlich durch ihren Ort komme, überreichen. Auch der Sheriff findet das legitim und ist sogar ein wenig gerührt. Dann aber packt er die Rasselbande in sein Auto und befördert sie mit Blaulicht wieder hinüber auf die andere Straßenseite. Ich bin ziemlich überwältigt. Dass ich auch Fans in dieser Altersgruppe habe, wusste ich bislang nicht. Es freut mich sehr, dass ich sie mit meinem Vorhaben begeistern und hoffentlich auch inspirieren kann. Wer weiß, vielleicht läuft einer von ihnen in 20 Jahren auch einmal quer durch einen Kontinent.

Oldenburg, Indiana

Gerade hatte ich mich über die Abwechslung in der Szenerie gefreut, nun ziehen sich wieder die Felder an der Straße entlang, von denen ich gehofft hatte, sie hinter mir gelassen zu haben. Ich bin eben immer noch im Mittleren Westen. Dafür komme ich jetzt nach Olden-

burg. Nein, nicht Oldenburg in Niedersachsen und auch nicht Oldenburg/Holstein, sondern Oldenburg/Indiana.

Auch im Osten Indianas ließen sich im 19. Jahrhundert deutsche Siedler nieder; Oldenburg wurde 1837 gegründet. Für eine Einwohnerzahl von nicht einmal 700 hat das propere Städtchen ganz schön viele Kirchtürme vorzuweisen; man nennt es auch »The Village of Spires«. Die Straßenschilder sind auf Deutsch und Englisch gehalten, das Stadtwappen ist tatsächlich das gleiche wie das des niedersächsischen Oldenburgs, und der Laden, in dem ich einkaufe, trägt den schönen Namen »Der Kleinstadt Laden«. Auch drinnen prangt das deutsche »Lebensmittel« in einer Art Frakturschrift auf einem Schild – Spezialitäten aus der Heimat sind jedoch nicht darin zu finden. Meine zart aufkeimende Hoffnung auf Maultaschen oder Kässpätzle wurde leider enttäuscht. Wobei ich mir das hätte denken können, denn in unseren Oldenburgs, im hohen Norden Deutschlands, werden sicherlich auch nicht so viele schwäbische Spezialitäten vertilgt.

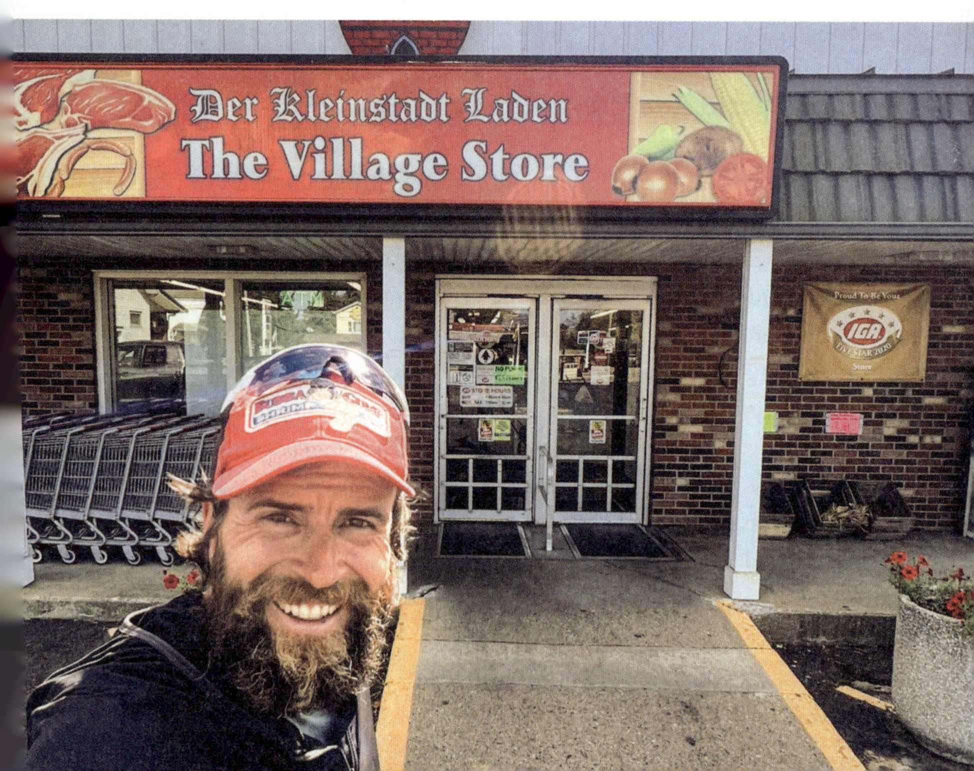

Rückwärts durch die Zeit

Hinter Oldenburg wird es zunehmend hügeliger, und ich bin dankbar für die satten Herbstfarben, in denen Felder, Wiesen und Bäume schillern. Gelb, Rot und Braun sind nach so viel Gleichförmigkeit und Eintönigkeit in den letzten Wochen tatsächlich Balsam für die Seele. Inzwischen weiß ich noch so kleine Abwechslungen zu schätzen und ertappe mich dabei, jedes neue Ortsschild aufmerksam zu studieren. Dabei stelle ich fest: Je weiter man nach Osten vordringt, desto älter werden die Siedlungen. Ihr Gründungsjahr ist zumeist auf den Schildern am Straßenrand vermerkt, und wenn ich mich an West-Kansas oder Colorado zurückerinnere, prangten dort häufig die Zahlen 1880 oder 1890. In Missouri las ich 1850, in Indiana 1830. Jetzt bin ich bei 1810 angekommen. Wenn die Strecke länger wäre, würde ich wohl bis zum Urknall durch die Zeit reisen können. So bewege ich mich aber zumindest zurück durch die amerikanische Expansionsgeschichte, die im Osten des Kontinents ihren Anfang nahm und dann stetig Richtung Westen verlief.

Das Juwel des Twin Valley

Einige Tage später rollen der KidRunner und ich bereits in Ohio ein und werden dort erneut an die Heimat erinnert – das Städtchen Germantown mit seinen knapp 6000 Einwohnern wurde vor über 200 Jahren von dem deutschstämmigen Siedler Philip Gunckel gegründet. Auch wenn er zunächst der Einzige war, der diese Sprache beherrschte, wurde durch seinen Einfluss während des wirtschaftlichen Aufschwungs des Ortes noch ein Jahrhundert lang Deutsch gesprochen. Anfangs stand hier nur eine Getreidemühle, später entdeckten die findigen Einwohner die Tabak- und Whiskey-Industrie für sich. Mitte des 19. Jahrhunderts galt Germantown gar als der größte Whiskey-Produzent in den Vereinigten Staaten. Gunckel legte das Stadtbild mit seinen vom zentralen Mittelpunkt abzweigenden Straßen wie ein

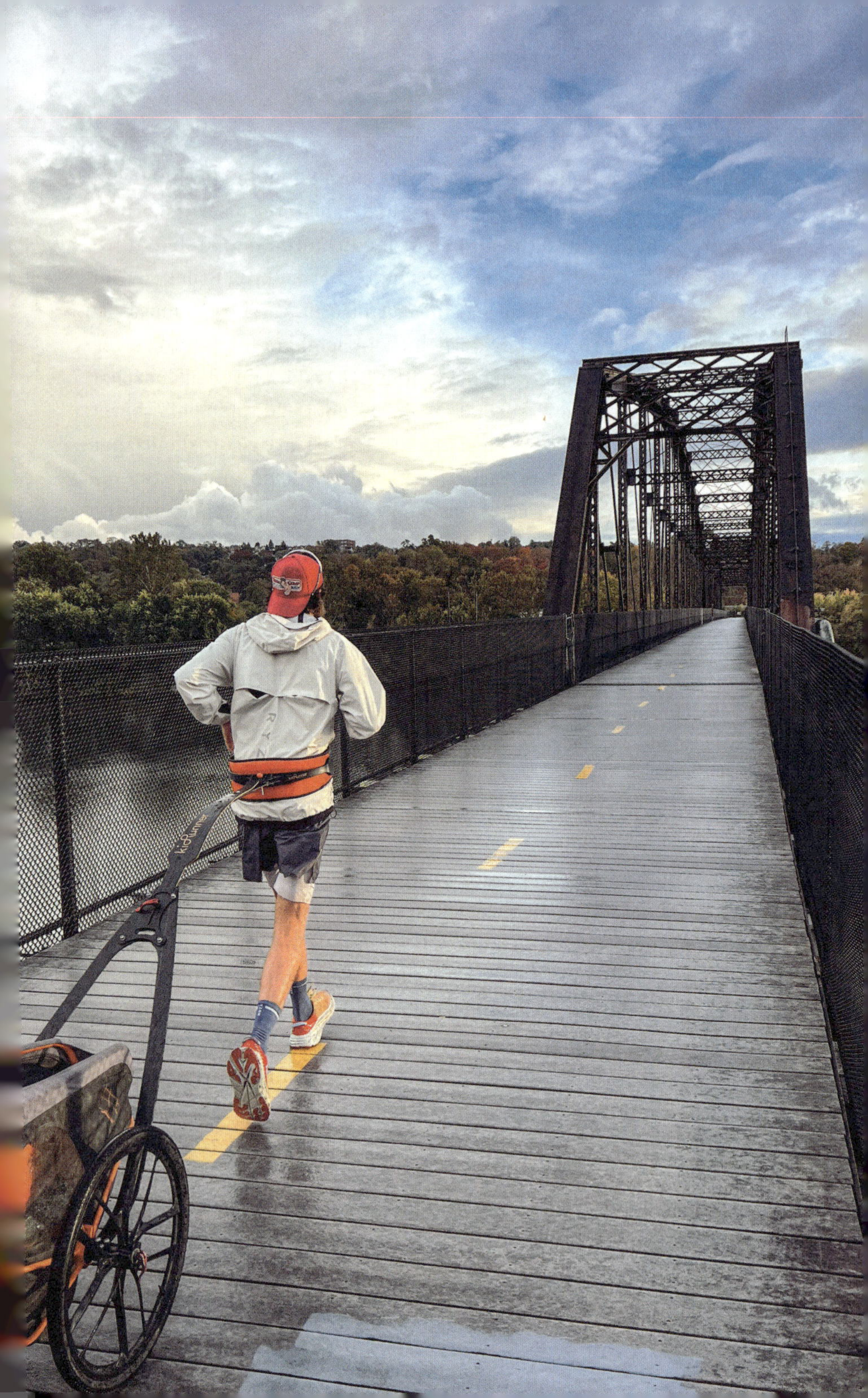
kidRunner

liegendes Wagenrad an. Das bietet mir beim Einlaufen leichte Orientierung, denn so werde ich zielsicher in den historischen Ortskern geleitet. Viele der alten Gebäude wurden erhalten und stehen unter Denkmalschutz. Mit den romantischen, überdachten Brücken fühlt sich das Ganze tatsächlich wie eine Zeitreise an. Verstecken muss sich das »Juwel des Twin Valley«, wie mir ein Schild in Germantown verrät, also nicht. Ebenso wenig die weitläufige Wald- und Seenlandschaft drum herum, die gewissermaßen ein Outdoor-Eldorado beherbergt: Die zahlreichen Trails durch Schluchten, prärieartige Graslandschaften und an dem trägen Wasser des Twin Creek entlang warten nur darauf, von naturhungrigen Menschen wie mir begangen oder erlaufen zu werden. Leider habe ich noch ein paar Hundert Kilometer Richtung Ostküste unter die Füße zu nehmen und muss auch hier Prioritäten setzen. Aber es zeigt sich wieder einmal, wie viele eher unbekannte Naturparadiese dieses Land zu bieten hat, die auf ihre Weise ebenso beeindruckende Erlebnisse bieten wie das Monument Valley oder die Rocky Mountains. Also, Germantown, vielleicht sehen wir uns irgendwann wieder.

Die Nacht der Oldtimer

Abends suche ich nach einem Schlafplatz und treffe auf einen älteren Herrn, der gemütlich die riesige Rasenfläche seines Grundstücks mäht. Wir kommen ins Gespräch und ich erkundige mich, ob er einen Tipp hätte, wo ich mein Zelt aufstellen könnte. Bei solchen Fragen wurde ich in der Vergangenheit zumeist skeptisch beäugt, so auch hier: Was will dieser verschwitzte, bärtige Fremde mit seinem Anhänger in Wirklichkeit? Ist er tatsächlich ein Coast-to-Coast-Abenteurer oder verfolgt er irgendwelche anderen finsteren Pläne? Der Mann zieht zunächst seine Frau zurate und sie diskutieren, ob mir zu trauen ist. Als die beiden aber erfahren, dass ich aus Deutschland komme, hellen sich ihre Mienen sofort auf – denn auch ihre Vorfahren sind einst eingewandert und stammten aus Esslingen. Ein paar Worte Deutsch

können sie auch noch. Dass ich zu berichten weiß, nur zehn Kilometer von Esslingen entfernt die Schule besucht zu haben, bricht das Eis endgültig. Die beiden schlagen mir vor, in ihrer Garage zu übernachten, was natürlich allemal besser ist als das Zelt. Außerdem handelt es sich nicht um irgendeine Garage. Da mein Gastgeber Ed bei General Motors arbeitete und ein Autofreak ist, darf ich mein Quartier mit mehreren blankgeputzten Oldtimern teilen, deren Geschichte mir Ed am Abend noch ausführlich erzählt.

Er versorgt mich in meinem »Hotelzimmer« sogar noch mit warmem Essen, sodass der Abend überraschend luxuriös ausklingt.

Überhaupt das Essen: Ich merke, dass ich seit einiger Zeit viel zu wenig zu mir nehme. Das liegt nicht an Magenproblemen. Ich habe einfach irgendwie keine Lust mehr, etwas zu essen. Das allgegenwärtige Fast Food mit seinen vielen Kalorien, die mir im Vorfeld als ideale Läufernahrung erschienen, ermüdet meine Geschmacksnerven inzwischen derart, dass ich gar keinen Appetit mehr verspüre. Selbst Schokolade übt keinen Reiz mehr aus. Das ist natürlich alles andere als ideal, weil ich einen täglichen Bedarf von acht- oder zehntausend Kilokalorien nicht nur mit ein paar Bissen eines lappigen Burgers decken kann. Umso bemerkenswerter, dass ich – obwohl ich es besser weiß – weder sonderlichen Hunger leide noch Krafteinbußen verspüre. Der Körper weicht auf die inneren Reserven aus und ich verlasse mich darauf, dass sie mich auch noch über die verbleibenden Tage tragen. Energie werde ich zweifellos brauchen, denn von der Küste trennt mich noch ein gewaltiger Gebirgszug, auf den ich mich nach all der landschaftlichen Eintönigkeit der letzten Etappen besonders freue: die Appalachen.

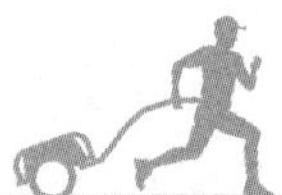

5. Von den Appalachen zum Big Apple

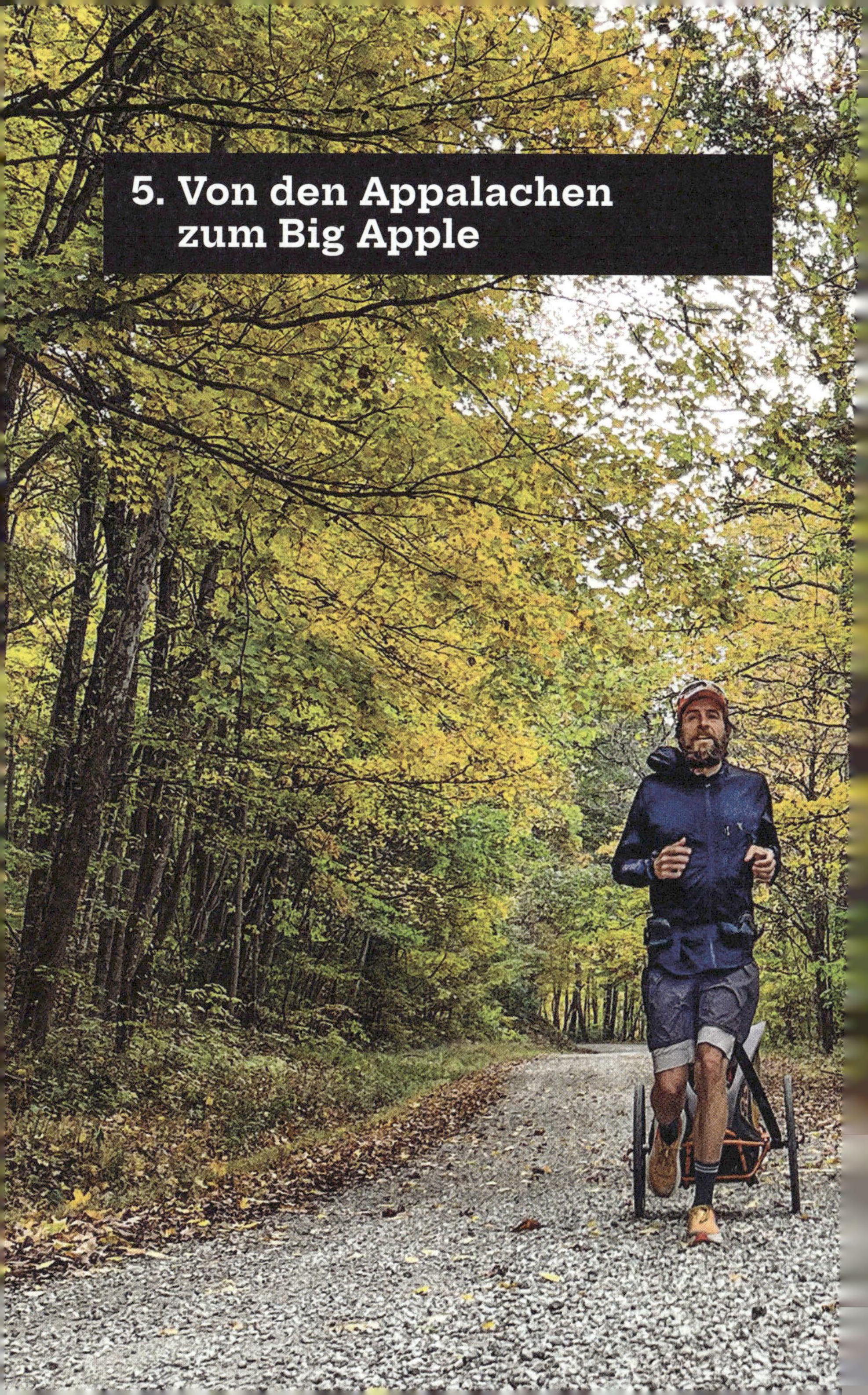

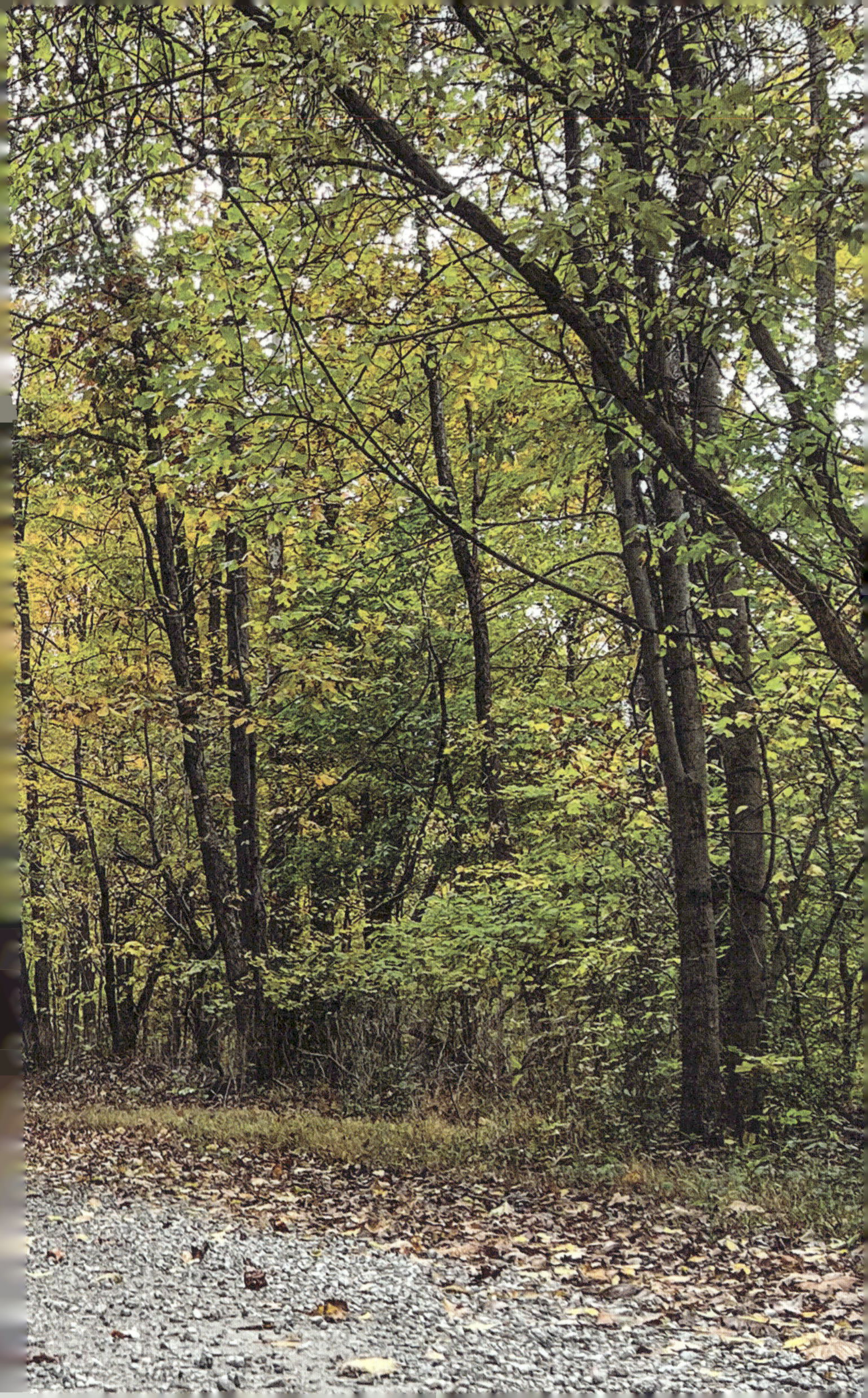

Durch das Stadtgewirr

Nach all den Maisfeldern der vergangenen Wochen, den ermüdend langen Geraden und der Sicherheit, dass es dort hinter dem Horizont auch über die nächsten 20 Kilometer genau so weitergeht wie bisher, darf ich endlich wieder in die Berge.

Doch bevor es so weit ist, liegt noch ein bisschen USA zwischen uns – in Gestalt des Großraums Cincinnati und Dayton. Die ausufernde Metropolregion wird nicht nur von zahlreichen Fabriken geprägt, sondern auch von ihren mehr als zwei Millionen Einwohnern, von denen die meisten heute offensichtlich mit dem Auto unterwegs sind. Dementsprechend laut und turbulent geht es zu, und es gibt nicht wenige Momente, in denen man daran erinnert wird, dass ein Mann mit einem Kinderanhänger einem Hummer-Geländewagen auch dann die Vorfahrt gewähren sollte, wenn die Verkehrsregeln eigentlich etwas anderes sagen.

Cincinnati und Dayton gehen ineinander über und so spielte sich auch die Gründung ab: Ende des 18. Jahrhunderts ließen sich die Neuankömmlinge von der Ostküste erst im südlichen Teil nieder und gaben der Siedlung ihren schwierig zu buchstabierenden Namen, in Anlehnung an einen militärischen Orden, der sich nach dem römischen Feldherrn Cincinnatus benannt hatte. Interessant, dass der besagte Orden wiederum von deutschen Soldaten gegründet worden war. Im Jahr 1796 zog ein Dutzend Einwohner dann weiter nach Norden und stieß dort auf ein Dorf amerikanischer Ureinwohner. Wie auch andernorts war deren Schicksal besiegelt, als die weißen Siedler den Platz für gut befanden und mehr und mehr Menschen nachkamen. Dayton wurde ebenso wie Cincinnati zu einer bedeutenden Industriestadt und gilt zudem als Wiege der motorisierten Luftfahrt.

Nachdem ich die Stadt hinter mir gelassen habe, kann ich mich ganz einem Trail widmen, der wie für mich gemacht zu sein scheint: Der Ohio to Erie Trail beginnt am Ohio River und führt über mehr als 500 Kilometer durch bunt gefärbte Waldlandschaften bis zum Eriesee.

Die flache Routenführung und der feste Untergrund, mal Asphalt, mal Feldweg, lädt Spaziergänger und Langstreckenläufer zu ausgedehnten Partien ein. Vor allem aber zahllose Radfahrer. Sie sind zumeist auf dem E-Bike unterwegs. Während eine Strecke von 60 Kilometern für sie damit gewissermaßen ein Klacks ist, bedeuten sie für mich heute doch einen langen Tag, nach dem ich mich definitiv auf ein erholsames Nachtquartier freue.

Und auch das wird mir beschert: Denn direkt am Trail findet sich ein kostenloser Campingplatz für Wanderer und Fahrradfahrer. Ein Ehepaar aus Washington D.C. hat hier ebenfalls sein Zelt aufgeschlagen und lädt mich sogleich zum Essen ein. Schließlich brutzelt im Campingkocher genug für uns drei vor sich hin. Das lasse ich mir nicht zweimal sagen. So sitzen wir lange zusammen, tauschen uns über die herrliche Landschaft und unsere Erlebnisse aus, und es wird ein richtig schöner Abend.

Stadt, Land, Fluss

Meine Zeit auf diesem sehr komfortablen Trail endet leider schon wenig später, etwa 20 Kilometer vor Columbus. So nahe liegen Stadt, Land und Fluss beieinander: Die Hauptstadt Ohios zählt fast eine Millionen Einwohner, und während ich die Außenbezirke durchquere, wird unmissverständlich deutlich, dass nicht wenige von ihnen in schwierigen Verhältnissen leben müssen. Die tristen Straßenzüge mit teils bedrückend heruntergekommenen Hausfassaden zeugen davon, dass Arbeitslosigkeit und sonstige gesellschaftliche Probleme allgegenwärtig sind. Die Menschen auf den Straßen sind davon gezeichnet. Alle hundert Meter erblicke ich Plakate der Anonymen Alkoholiker und Werbeschilder für Entzugskliniken. Es ist eine Gegend, die man rasch durchqueren möchte und ich bin froh, dass die Dämmerung noch nicht zu weit fortgeschritten ist. Je weiter ich mich dem Stadtzentrum nähere, desto aufgeräumter wirkt alles. Der Scioto River zieht sich als gewundenes Band mitten durch die modern herausgeputzte Innenstadt

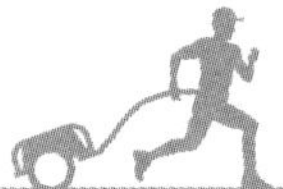

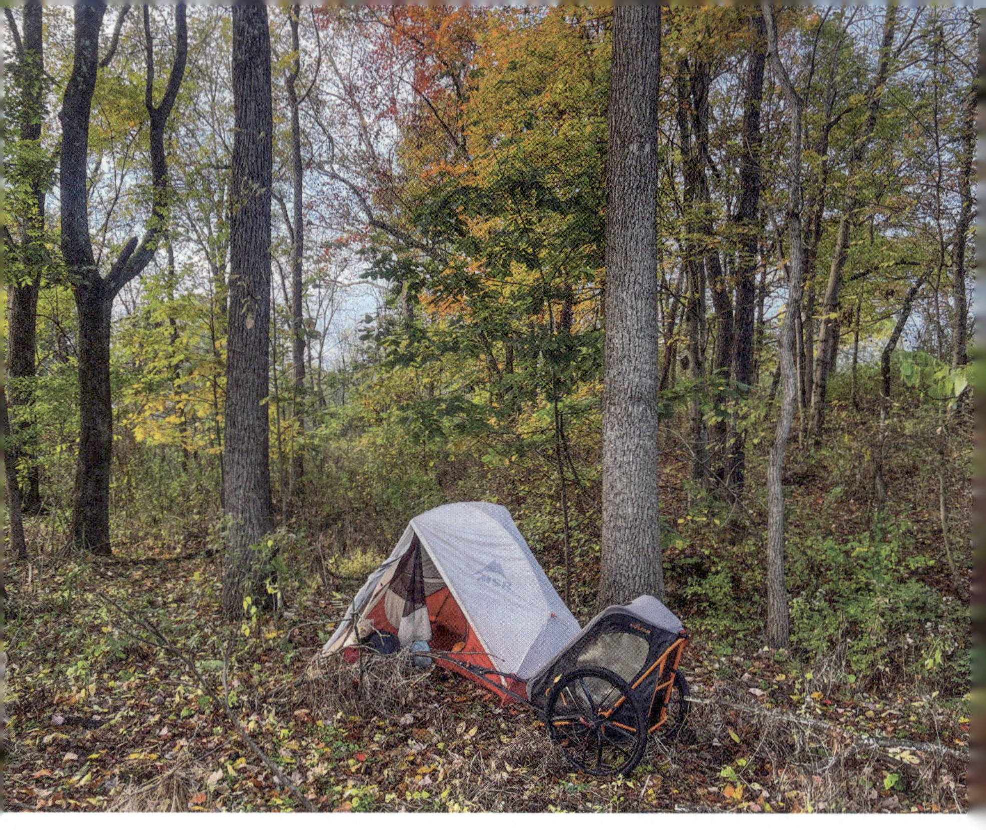

und als ich den Fluss überquere, bietet sich mir eine durchaus beeindruckende Aussicht auf die beleuchtete Hochhaus-Metropole in der Abendstimmung. Es dauert recht lange, bis ich aus der Stadt herausfinde, und da es inzwischen vollständig dunkel geworden ist, wird es höchste Zeit, sich eine Schlafmöglichkeit zu suchen. In der Nähe des Flughafens finde ich ein geschütztes Plätzchen.

Auf und ab

Im östlichen Teil Ohios beginnen sie nun aber wirklich, die Appalachen. Dieser lange Gebirgszug erstreckt sich über 2400 Kilometer von Neufundland bis in den Süden der USA. Sein höchster Gipfel misst zwar über 2000 Meter, ganz überwiegend weisen die Erhebungen allerdings nur Höhen zwischen 800 und 1200 Metern auf und verleihen den Appalachen damit einen typischen Mittelgebirgscharakter. Es gibt viel

Laubwald, wenig Nadelbäume und unzählige Trails, Wege und Straßen, auf denen man diese wohltuend unspektakuläre Landschaft erleben kann.

Für mich bedeutet das: Es geht stetig rauf und runter wie mit einer Dauerkarte für die Berg-und-Tal-Bahn auf der Kirmes. Die Anstiege sind für sich genommen nicht besonders lang, aber mit zehn Prozent Steigung und einem Anhänger im Rücken ist das nicht gerade eine Wellnessbehandlung. Dennoch grinse ich in den nächsten Stunden unentwegt vor mich hin, so unglaublich schön ist es, wieder in den Bergen zu sein. Ich würde jedes Maisfeld der Welt dagegen eintauschen. Die Laubwälder erstrahlen regelrecht im herbstlichen Sonnenlicht, und die vielfältige Farbenpracht ist ein Fest für die Sinne.

Auf dem Fahrradtrail entlang einer alten Bahntrasse leistet mir der Ecuadorianer Paul im Sattel Gesellschaft. Er war schon auf dem »Hinweg«, meiner Radstrecke von New York nach Los Angeles, für eine Etappe dabei. Nun lädt er mich nach getaner Arbeit zu sich und seiner Familie nach Hause ein. Seine Frau Carolina und die Kinder empfangen mich herzlich und ich bin ihnen sehr dankbar für die Übernachtungsmöglichkeit. Zum Frühstück am nächsten Morgen werden sogar Arepas serviert, frisch gebratene Maisfladen, die eine nahrhafte und vor allem extrem schmackhafte südamerikanische Frühstücksspezialität sind. Man kann sie mit Fleisch oder Gemüse füllen oder einfach nur mit Butter und Salz bestreichen – hatte ich mich kürzlich über das Essen auf meiner Reise beschwert? Das hier ist Genuss pur!

So beschwingt nehmen Paul und ich auch am nächsten Tag die steilen Anstiege in Angriff. Ein weiterer Mitläufer hat sich drei Stunden lang von Cleveland aus ins Auto gesetzt, um heute 20 Kilometer mit uns zu verbringen.

In solch einer Wohlfühlumgebung vergehen auch lange Lauftage viel zu schnell, bevor sich die nächste Großstadt ankündigt: Pittsburgh ist das Gegenteil eines anmutigen Naturerlebnisses. Neben der Schwerindustrie am Stadtrand haben sich aber auch moderne Wirtschafts-

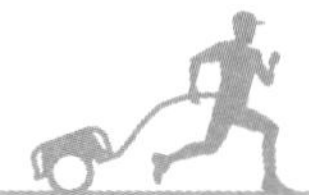

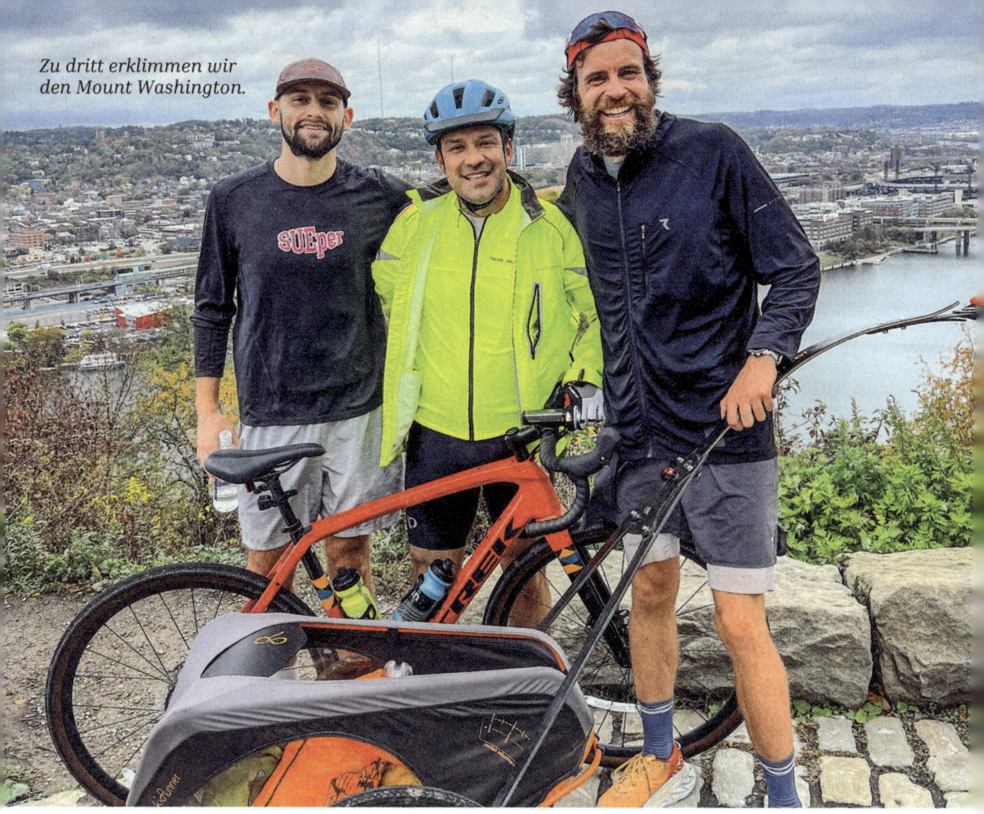

Zu dritt erklimmen wir den Mount Washington.

zweige angesiedelt. Ich nehme einen Weg über den Mount Washington – nicht zu verwechseln mit dem berüchtigten Berg im Nordosten der Appalachen. Hier ist es der Name eines kleinen Hügels südlich von Downtown, der aber einen spektakulären Blick auf die Skyline der Innenstadt und den Zusammenfluss von Allegheny und Monongahela bietet, aus denen der Ohio River entsteht.

Es ist nicht einfach, in der Gegend einen Schlafplatz zu finden. Ich begnüge mich mit einer Ecke hinter einer Shoppingmall und komme auch so ganz gut durch die Nacht.

Hotel Baseball

Wenn ich morgens meinen Dienst antrete, ist es inzwischen merklich kühler geworden als noch vor einigen Tagen. Tagsüber steigt das Thermometer dann allerdings auch wieder bis auf 15 Grad Celsius an – für

einen langen Lauf mit vielen Höhenmetern geradezu ideal. Das merkt auch Abraham, der supersympathische Mexikaner, der sich an diesem Tag als Begleiter angemeldet hat. Ebenso wie ich ist auch Abraham nicht in den Appalachen zu Hause: Er lebt in Detroit und ist in der Nacht um drei Uhr aufgestanden, um die sechsstündige Fahrt zum Startpunkt auf sich zu nehmen. Auch wenn er noch nie mehr als 16 Kilometer am Stück gelaufen ist, will er heute für ganze 30 Kilometer an meiner Seite bleiben. Hochmotiviert wie er ist, hält er das trotz saftiger Anstiege wacker durch und muss am Ende sogar noch weitere 16 Kilometer für den Rückweg dranhängen. So hat er mal gerade eben seinen ersten Marathon absolviert und macht nicht nur sich, sondern auch mir eine Freude damit. Es ist immer wieder ein besonders schönes Erlebnis für mich, wenn ich Menschen dazu animieren kann, über ihre selbst gesetzten Grenzen hinauszugehen und etwas zu wagen, das sie bislang nicht für möglich hielten.

Gegen Abraham ist der sechzigjährige Don, der im Laufe des Tages zu uns gestoßen ist, ein Veteran in Laufschuhen. Er stammt aus Upstate New York und hat in seinem Leben schon zahllose Marathondistanzen gesammelt. Und er ist mindestens ebenso begeistert von der fantastischen Szenerie um uns herum wie ich. Wir überqueren mehrere Pässe und sind immer wieder überrascht davon, wie viele verschiedenfarbige Ebenen die bewaldeten Hügel bis zum Horizont bilden. Es würde sich sicherlich lohnen, die Appalachen im Wechsel der Jahreszeiten immer wieder zu besuchen – momentan erinnert mich die in alle Grün- und Brauntöne getauchte Welt vor uns gar an den herbstlichen Pfälzerwald. Nur eben mit größeren Autos.

Kurz hinter Greensburg lockt eine grandiose Übernachtungsgelegenheit, an der ich einfach nicht vorbeilaufen kann: ein Baseballfeld. Es verfügt über die komplette Infrastruktur einschließlich Bänken, Tischen sowie einem Toilettenhäuschen mit Licht und Strom. Obwohl es bald heftig zu regnen beginnt, fühle ich mich hier bestens aufgehoben. Wenn ich dann so in meinem Schlafsack liege und dem gleichmäßigen Trommeln auf dem Zeltdach über mir lausche, erinnere ich

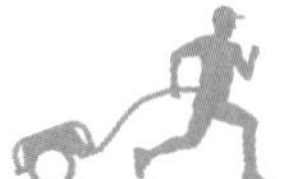

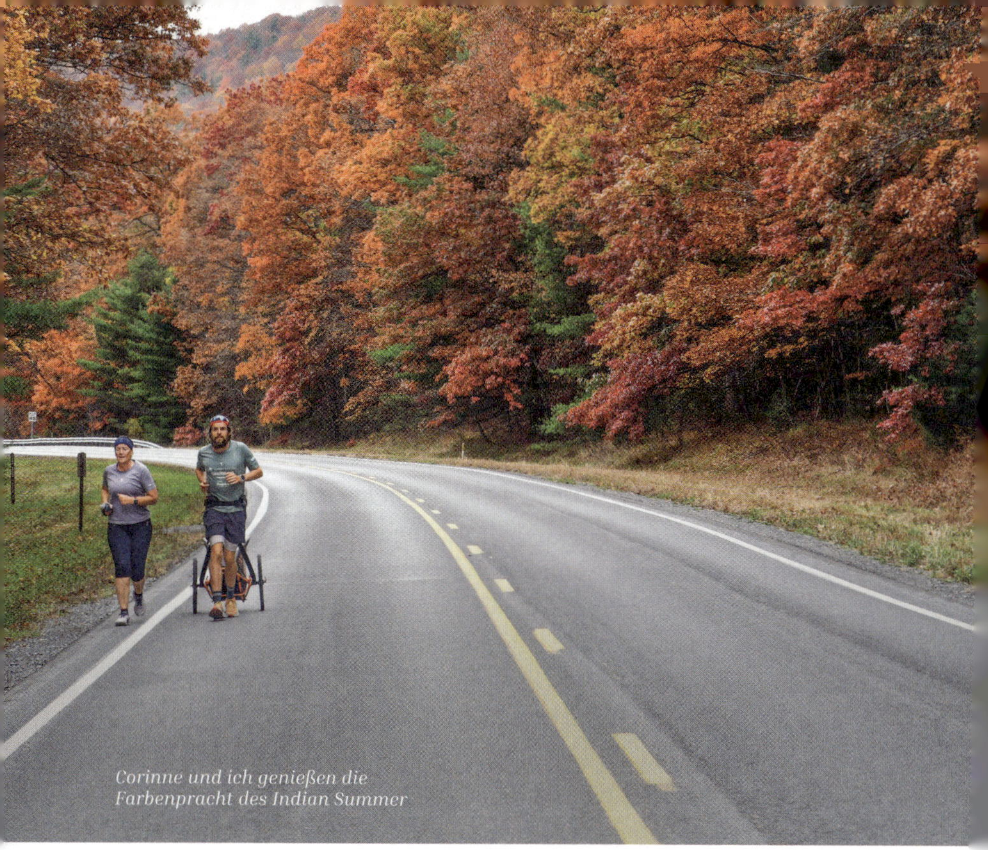
Corinne und ich genießen die Farbenpracht des Indian Summer

mich daran, dass meine Reise dem Ziel entgegengeht. Es liegen nur noch etwas über 550 Kilometer vor mir. Und wie stets in solchen Momenten schlagen zwei Seelen in meiner Brust: Ein Teil von mir möchte endlich in Manhattan ankommen, den letzten Schritt über die gedachte Ziellinie machen. Der andere Teil hofft, dass diese wunderbare Reise noch nicht so schnell zu Ende geht. Manchmal fühlt es sich doch an, als habe sie gerade erst begonnen.

Vielleicht ist es also der Wunsch, das Ende noch ein kleines bisschen hinauszuzögern – jedenfalls schwirrte schon länger eine Idee durch meinen Kopf, die nun in greifbare Nähe rückt. Wenn nichts mehr schiefgeht, werde ich am 4. November in New York ankommen. Wäre es nicht großartig, am nächsten Tag noch einen allerletzten Lauf dranzuhängen? Und zwar nicht irgendeinen, sondern den weltberühmten New York City Marathon? Als krönenden Abschluss meiner Reise und

als aktive Erholung für meinen Körper, der ohnehin nicht einfach von 100 auf 0 runterfahren kann.

Ich bin angefixt. Nur: ich habe keinen Startplatz. Die Anmeldefristen sind schon längst vorbei und ich bin zunächst ratlos. Ich erinnere mich jedoch: Auch bei meinem Triathlon um die Welt gab es Situationen, in denen ich nicht weiter wusste. Was mir so manches Mal weiter half, waren die Menschen, die mir auf meinen Social Media-Kanälen folgen. Ich teile also mein Anliegen und bekomme sehr viel tollen Zuspruch. Aber wird es wirklich noch klappen?

Geisterbahn

In der kleinen Universitätsstadt State College in Pennsylvania steht ein Wiedersehen mit zwei Menschen an, die mir sehr lieb sind: meinem Vater Sammy und seiner Frau Corinne. Sie haben sich von New York City aus mit dem Mietwagen auf den Weg zu mir gemacht, um mich auf den letzten Etappen zu begleiten. Dabei schauen sie mir aber nicht bloß gemütlich aus dem Seitenfenster zu, sondern wechseln sich mit Fahren und Laufen ab. Corinne steigt jeweils für zehn, 15 oder auch mal 22 Kilometer in die Laufschuhe und hat damit nach wenigen Tagen bereits mehr als einen Marathon in der Tasche. Sammy schraubt seine täglichen Etappen an meiner Seite bis auf die Halbmarathon-Distanz nach oben und erfreut mich mit seiner Versicherung, dass er den nächsten Anstieg durch die herrlichen Herbstwälder schneller meistern werde als ich. Das kann ich dann doch nicht auf mir sitzen lassen und wir wiederholen das alte Spiel aus meiner Kindheit. Damals gewann zumeist mein Vater, wenn er mir nicht gerade aus pädagogischen Gründen den Vortritt ließ. Heute hat er trotz seiner bemerkenswerten Fitness nicht wirklich eine Chance. Wenn ich dann oben auf ihn warte, klopft er mir lachend auf die Schulter und sagt: »Warte nur, beim nächsten Mal kriege ich dich.«

So kommt keine Langeweile auf, und wenn wir gerade nicht in Wettkampflaune sind, verbringen wir die Zeit mit langen Gesprächen. Etwa

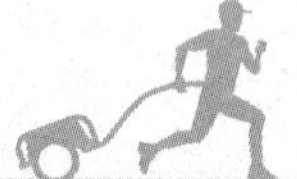

über die Amish, deren Gebiet wir nun wieder durchqueren. Es ist wie ein Einblick in ein anderes Jahrhundert: Auf den Feldern wird mit Pferdegespann gearbeitet und die Kinder wuseln in ihrer traditionellen Kleidung herum. Eine Kutsche kommt uns entgegen, aus der eine junge Frau mit einer altertümlichen Haube scheu zu uns herüberwinkt. Sammy und ich diskutieren darüber, ob sie ein zufriedeneres Leben führen als wir in unserer modernen Gesellschaft. Zu einem eindeutigen Ergebnis können wir natürlich nicht kommen. Aber wir haben den Eindruck, dass manche althergebrachten Werte und die Naturverbundenheit positive Wirkung haben werden. Es gibt noch ein Leben neben dem süchtig machenden Mobilfunk-Alleskönner in der Hosentasche und neben TikTok, YouTube, Walt Disney oder McDonald's.

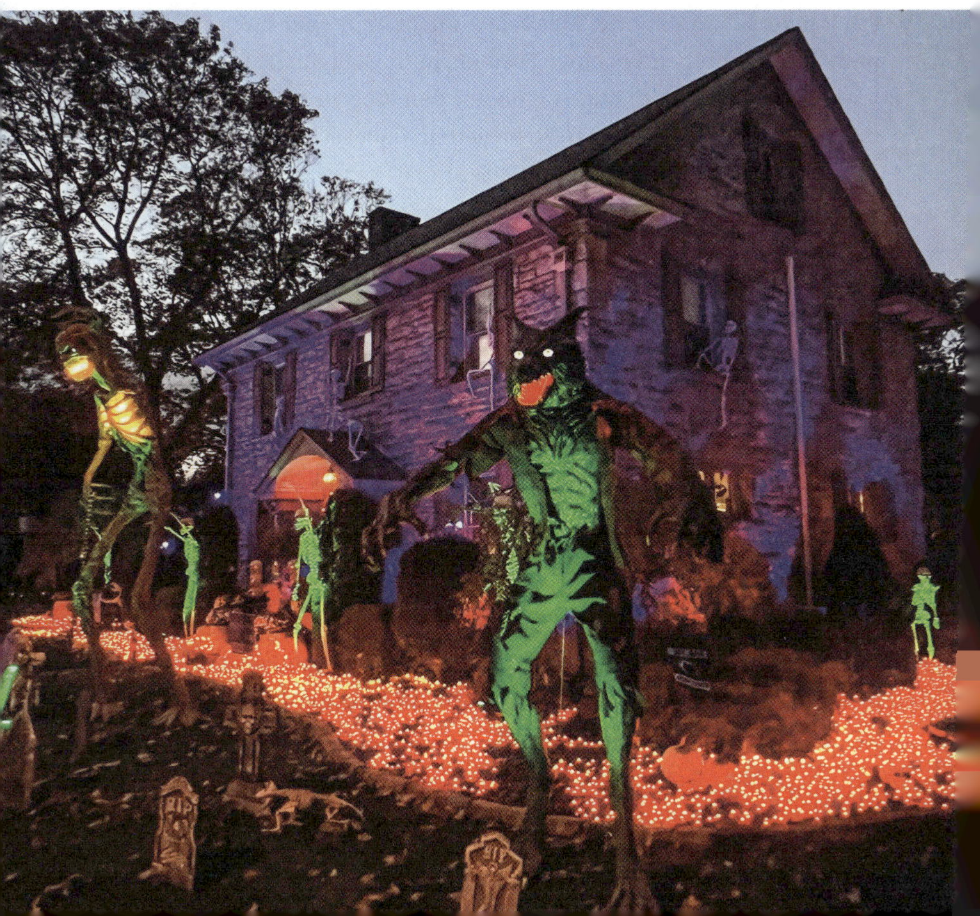

Oder auch Halloween. Das anstehende Gruselfest prägt abseits der Amish-Siedlungen inzwischen ganze Straßenzüge. Der Aufwand, den manche betreiben, zeugt von wochen- oder gar monatelanger Arbeit: So ist ein Haus komplett mit meterhohen Skeletten und Werwölfen verkleidet. Gäbe es noch ein Kassenhäuschen, würde man denken, es handele sich um eine Geisterbahn.

Für mich ist es Luxus

Wenn es nicht gerade regnet, haben wir tagsüber noch T-Shirt-Wetter. Die Nächte werden allerdings empfindlich kalt und auf den Zeltbahnen bildet sich Frost. Für mich ist es dennoch der reinste Luxus, wenn ich mich nach einem ausgedehnten Lauftag in meinen Schlafsack verkrieche. Sammy und Corinne dagegen würden sich nicht gerade als Camping-Narren bezeichnen und es ist unverkennbar, dass sie die Wiese am Ortsrand lieber gegen ein Hotel mit weichem Bett und warmer Dusche tauschen würden. Dabei überlasse ich ihnen sogar den Platz unter dem Unterstand, sofern es einen gibt. Sammy meint, dass ich mir alles schönreden kann, solange ich will – die Vorlieben sind eben unterschiedlich. Was für mich Luxus ist, bedeutet für sie eine harte Nacht. Zugegeben: Meine Matratze hält wenigstens die Luft, im Gegensatz zu Sammys. Immer, wenn es ihm gerade gelungen ist, einzudämmern, ist die schützende Schicht unter seinem Rücken dahin und er starrt minutenlang ans Zeltdach, bis er sich aufrafft, von dem eiskalten Boden aufzustehen und nachzupumpen. Er weiß auch, dass die Mühe nur überschaubar hilfreich ist, denn nach wenigen Stunden beginnt die Prozedur von Neuem. Hinzu kommt, dass Sammy am Tag zuvor über eine lose Gehwegplatte gestolpert und unglücklich gestürzt ist. Das Knie ist aufgeschlagen und eine Rippe geprellt, und die Schmerzen holen ihn in der Nacht ein. Mit etwas schlechtem Gewissen springe ich dann am Morgen gut erholt aus dem Schlafsack, während Sammy und Corinne ziemlich gerädert sind. Umso beeindruckender, dass die beiden dann so viele Kilometer mit mir ab-

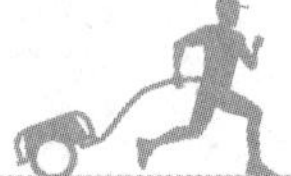

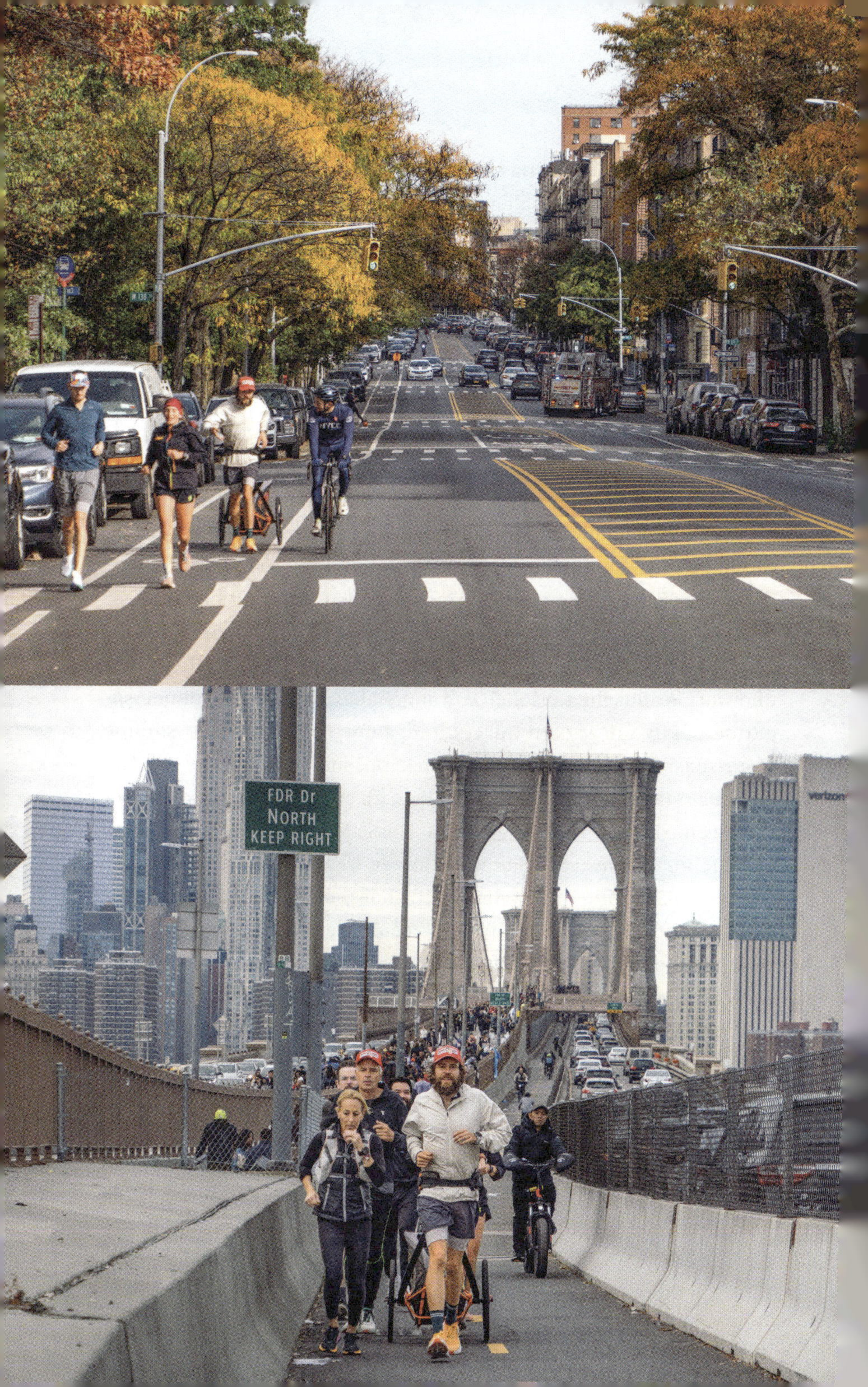
FDR Dr
NORTH
KEEP RIGHT
verizon

reißen. Ja, wie auch in vielen anderen Menschen schlummert in ihnen eine Unmenge an Energie, von der sie selbst vielleicht gar nichts geahnt haben. Zumal Sammy mir ungläubig davon berichtet, dass die Schmerzen vom Sturz wie wegblasen sind, sobald er zu laufen beginnt. Ich habe es ja immer gesagt: Laufen kann helfen. Manchmal kann es sogar heilen. Man muss einfach nur damit anfangen.

Ein Wiedersehen

Die letzten Ausläufer der Wälder haben wir hinter uns gelassen: Jetzt kommt nicht mehr viel. Außer Straßen, Häuserschluchten und vielen, vielen Autos. Ach ja, die Flugzeuge nicht zu vergessen, die wir unablässig starten und landen sehen, je näher wir dem Flughafen Newark kommen. Als ich in Jersey City ankomme, tut sie sich dann auf – die geniale Aussicht auf die Skyline von Manhattan.

Da bin ich wieder. Nur ist der Bart länger und der Körper etwas ausgezehrter. Vor mehr als vier Monaten nahm ich den gleichen Weg in die entgegengesetzte Richtung. Nun habe ich über 10 000 Kilometer mehr in den Beinen und der Kopf ist voller Erlebnisse und Erinnerungen, die ich mir bewahren möchte. Erfüllt von Vorfreude auf das, was ich seit Langem herbeigesehnt habe und von dem ich zugleich hoffte, es läge noch immer in ferner Zukunft – das Ankommen.

Ich bin so nah und doch noch einen kompletten Lauftag entfernt. Ich muss über die George Washington Brücke ganz im Norden, da sie die einzige Verbindung von New Jersey nach New York ist, die ich zu Fuß überqueren darf. Die einzigartige Skyline wird mich also noch für einige Kilometer begleiten.

Die Ankunft

Den letzten Tag beginne ich frühmorgens und laufe entlang des Hudson River Richtung Norden. Nun in Begleitung von Markus und meiner Partnerin Andrea, die für den Zieleinlauf aus Deutschland ange-

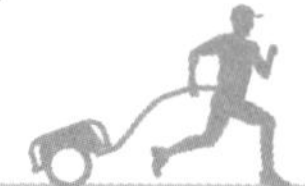

reist sind. Wir überqueren die George Washington Bridge und tauchen ein in die Häuserschluchten Manhattans. Ich lasse das Gewühl, die Lichter, den fauligen Duft der dampfenden Gullys und die Geräuschkulisse auf mich wirken.

Immer wieder stoßen andere Läufer und Radfahrer zu uns. Am Central Park warten mein Vater Sammy und Corinne, die uns die letzten 18 Kilometer mitten durch das Parkgelände und das hektische Gewirr dieser atemlosen Stadt begleiten.

Die Stadt ist so voll, dass wir uns ständig einen Weg bahnen müssen, um irgendwie durch zu kommen. Unser kleiner Tross läuft oft einfach mitten auf der Straße im fließenden Verkehr, bis wir im Süden Manhattans angekommen sind. Auch der Fußgängersteg auf der Brooklyn Bridge ist hoffnungslos überfüllt, sodass wir kurzerhand den Radweg nehmen und uns dabei einige Beschimpfungen erboster Radfahrer anhören müssen.

Und dann, pünktlich um 16:00 Uhr, biegen wir für die allerletzten Meter in den Brooklyn Bridge Park ab, wo bereits viele bekannte und unbekannte Gesichter auf mich warten. Ich sehe das breite Banner über den Weg gespannt und reiße die Arme in die Luft.

Meine Reise endet hier. Diesen Augenblick, so unwirklich er mir auch gerade vorkommt, will ich ganz bewusst auskosten. Ich würde gerne noch lange vor dieser grandiosen Kulisse stehen bleiben und die Eindrücke einfach in mich einsaugen.

Ich bin genau dort, wo ich sein will. Hier und jetzt und an keinem anderen Ort dieser Welt. Dabei weiß ich insgeheim bereits, dass diese Empfindung nicht lange andauern wird. Der Moment, indem ich wieder losziehe, um neue Abenteuer zu erleben, liegt noch in der Ferne. Doch er wird kommen, dessen bin ich mir sicher. Denn auf Reisen finde ich meine Erfüllung.

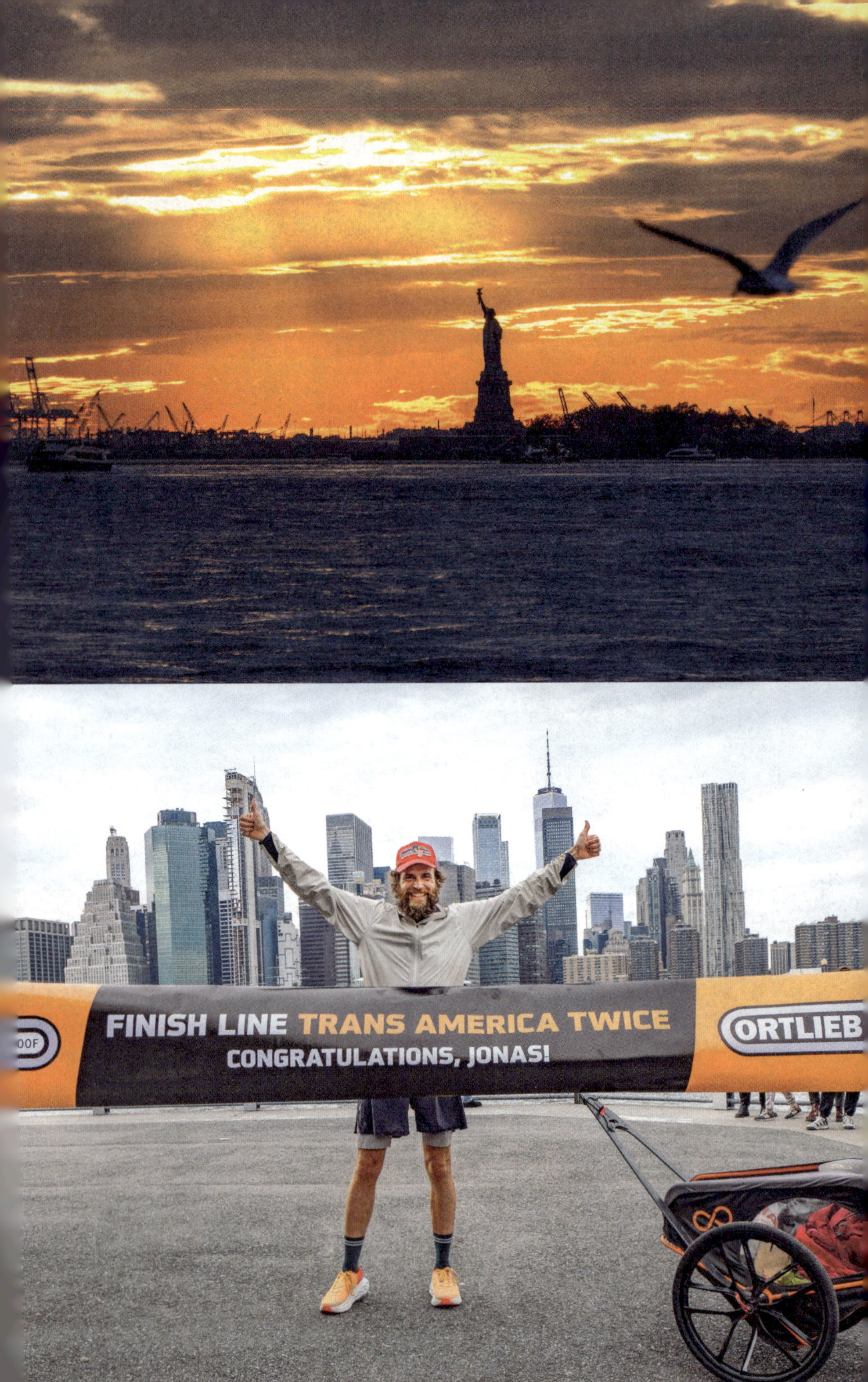
FINISH LINE TRANS AMERICA TWICE
CONGRATULATIONS, JONAS!
ORTLIEB

Epilog

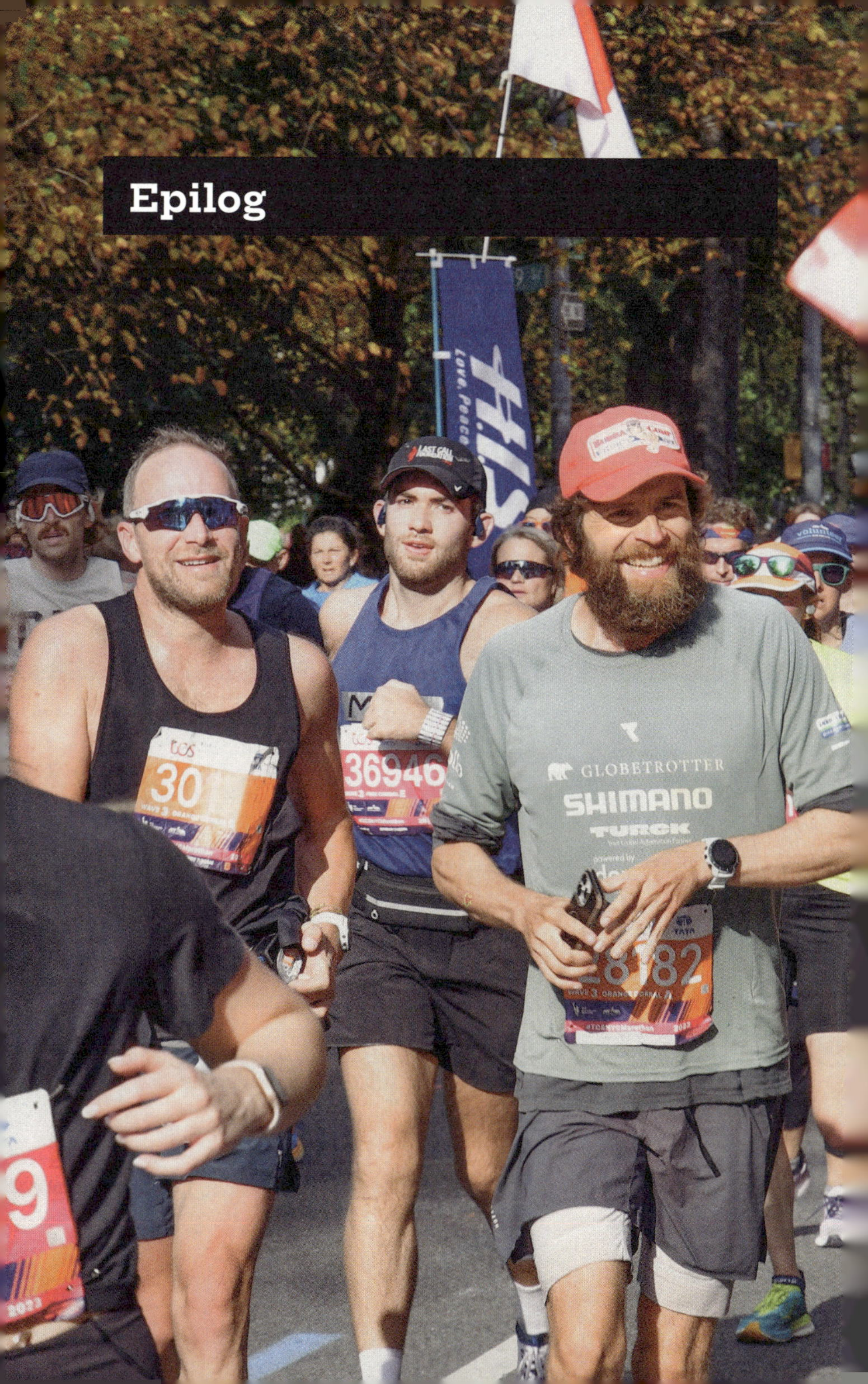

Ich öffne die Augen und bin sofort hellwach. Der Wecker wird erst in einer Stunde klingeln, stelle ich fest, als ich mich im Bett des Hotelzimmers zur Seite wälze. Es ist 4:30 Uhr, und die roten Vorhänge flattern in einer seichten Brise. Irgendwo hupt ein Taxi. Eine Möwe kreischt in der Ferne.

Es ist Sonntag und ich könnte einfach in den Tag hineinschlafen, so lange ich will. Vielleicht wäre das nach meinem Double Crossing durch die USA auch eine gute Idee. Aber ich habe noch eine bessere.

Die Oberschenkel sind noch etwas schwer, als ich die Beine aus dem Bett schwinge und in das enge Badezimmer trotte. Im Neonlicht sehe ich aus wie einer, der in den letzten Monaten zu viel gearbeitet und zu wenig gegessen hat. Eine Rasur wäre vonnöten und ein Haarschnitt sowieso. Aber dafür ist jetzt keine Zeit.

Es ist der 5. November und ich habe noch einen Termin. Ich laufe den New York City Marathon.

Heute brauche ich nicht viel: keinen KidRunner, keinen Rucksack, kein Wasser. Ich brauche nicht einmal GPS. Nur kurze Hose, Shirt, Laufschuhe. Und die Startnummer, welche ich tatsächlich noch in letzter Minute ergattern konnte.

Um 5:30 Uhr nehme ich die Fähre und fahre Richtung Staten Island. Langsam fahre ich gemeinsam mit tausenden anderen Läufern an der Freiheitsstatue vorbei in Richtung Startlinie. Wir alle wollen zur Verrazzano-Narrows Bridge. Und als wir vor der imposanten Hängebrücke ankommen, die auf einer Länge von mehr als zwei Kilometern über die Meerenge zwischen Staten Island und Brooklyn führt, sind schon zigtausend weitere Menschen da. Die Sonne ist aufgegangen und es verspricht ein großartiger Tag zu werden.

Ich bin über 5000 Kilometer mein Tempo gelaufen. Nun will ich nochmal ein bisschen Gas geben. Vor allem aber möchte ich den Tag genießen und die Stadt auf diese einmalige Art und Weise erleben.

Als um Punkt 10:00 Uhr der Startschuss fällt und sich die ersten Läufer meiner Startlinie in Bewegung setzen, spüre ich, dass dies dennoch ein ganz anderer Lauf werden wird als alles, was ich in den letz-

ten Wochen erlebt habe. Auch wenn ich viele Menschen traf und mich so viele immer wieder auf einzelnen Etappen begleitet haben, war ich doch oft allein mit mir und meinen Gedanken. All diese wundersamen Gefühle, die einen beim Laufen überkommen können, machte ich mit mir allein aus: Die Krisen, die Unsicherheit und die Zuversicht; den Stolz, etwas Unfassbares zu schaffen und die nicht enden wollende Neugier, was als Nächstes geschieht.

Heute teilen wir dies alles gemeinsam. Wir laufen durch die Vorstadtatmosphäre Brooklyns mit ihren Ladenfassaden, Cafés und Kinos. Scherzend, lachend oder jeder stumm für sich und zugleich Schulter an Schulter ergeben wir uns dem endlosen, bunten Fluss, der sich heute unaufhaltsam durch die Straßen ergießt. Was für eine Kulisse. Sie entschädigt all diejenigen, die nach zehn oder 20 Kilometern die ersten Probleme spüren. Die ersten Läufer werden von Krisen gepackt und von jubelnden Zuschauern am Streckenrand aufgefordert, weiterzumachen. Es geht immer noch etwas. Ein paar Schritte weiter, und der Drang, aufzugeben, ist längst vergessen.

Meine Beine fühlen sich gerade großartig an. Ich bin in den letzten Wochen durch Wüsten, Gebirge und entlang endloser Felder gelaufen. Aber nichts ist wie New York City. Während wir die Einzigartigkeit dieser Stadt in uns aufnehmen, während ihr Lebensgefühl uns von Kilometer zu Kilometer trägt und uns jeden Moment daran erinnert, dass dies zweifellos eine der schönsten Laufveranstaltungen ist, die man in seiner sportlichen Karriere unter die Sohlen nehmen kann, wird mir bewusst: Wir alle teilen hier gerade diesen Wunsch, der nicht nur in der amerikanischen Verfassung, sondern in uns allen verankert ist. Es ist etwas zutiefst Menschliches und Lebensbejahendes für jeden von uns, nach seinem persönlichen Glück zu streben.

Und wenn wir dies alles gemeinsam tun, kommen wir dem Glück noch ein Stück näher.

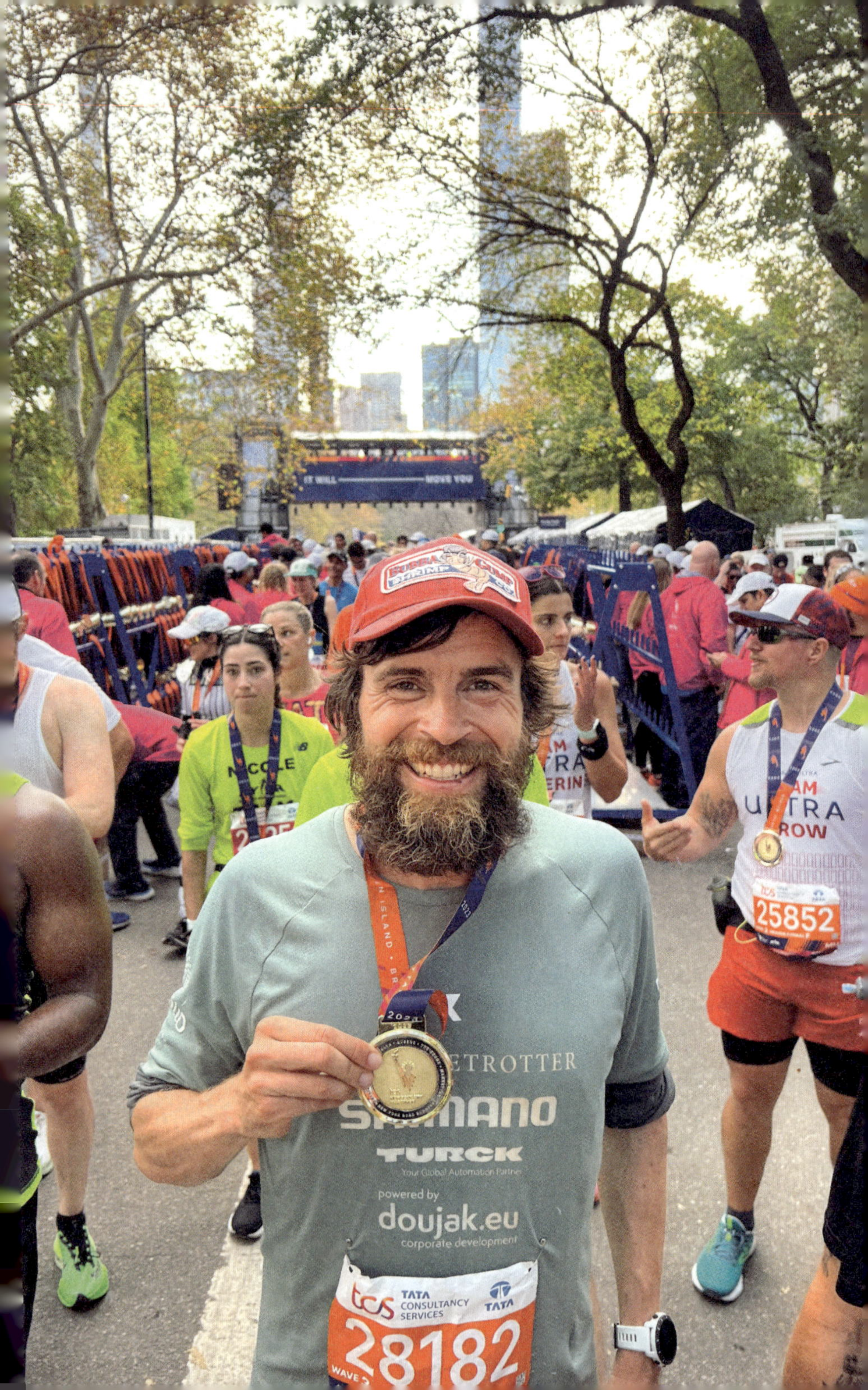
IT WILL MOVE YOU
TURCK
Your Global Automation Partner
powered by
doujak.eu
corporate development
TATA CONSULTANCY SERVICES
TATA
28182
25852

Danke

Auch wenn ich auf meinen Reisen die meiste Zeit allein unterwegs bin, brauche ich Menschen um mich herum, die mich und meine Projekte unterstützen.

Ich danke zuallererst meiner Familie, die immer hinter mir steht. Besonders meinem Bruder Siddy, der mein bester Trainingspartner ist, meinem Vater Sammy, der mir den Rücken freihält, und meiner Partnerin Andrea für ihre Geduld.

Danke an Markus Weinberg, der mich auch auf dieser Reise hin und wieder als Fotograf und Filmemacher begleitet hat, und an Martin Waller, der aus meinen Aufzeichnungen lesbare Texte macht und der mich, zusammen mit meinem Vater, auf den strapaziösen Etappen durch die Rocky Mountains begleitet hat.

Ohne das Material und die Unterstützung meiner Sponsoren wäre das Projekt nicht möglich gewesen. Besonders möchte ich meinen Ausrüstern Globetrotter und Shimano danken, außerdem Turck, Doujak Corporate Development, Hoka, Scott, Ortlieb, Schwalbe, Komoot, Wahoo, Ryzon, Lightweight, Athletic Greens, Paul Lange, Supernova, Ergon und Soto sowie dem DAV und dem Naturpark Thal.

Danke dem Team von Flame um Petra Dahm für ihre Unterstützung und Freundschaft und dem Verlag Gräfe und Unzer mit Philip Laubach und Melanie Loser für die Realisierung dieses Buches sowie Carsten Polzin für den letzten Schliff an den Texten.

Ich bin sehr dankbar für all die freundlichen Menschen, denen ich entlang der Strecke begegnet bin, die mich mit Nahrung, einem Bett oder technischer Hilfe versorgt oder mich auf einem Stück des Weges begleitet haben.

Jonas Deichmann,
New York City am 6. November 2023

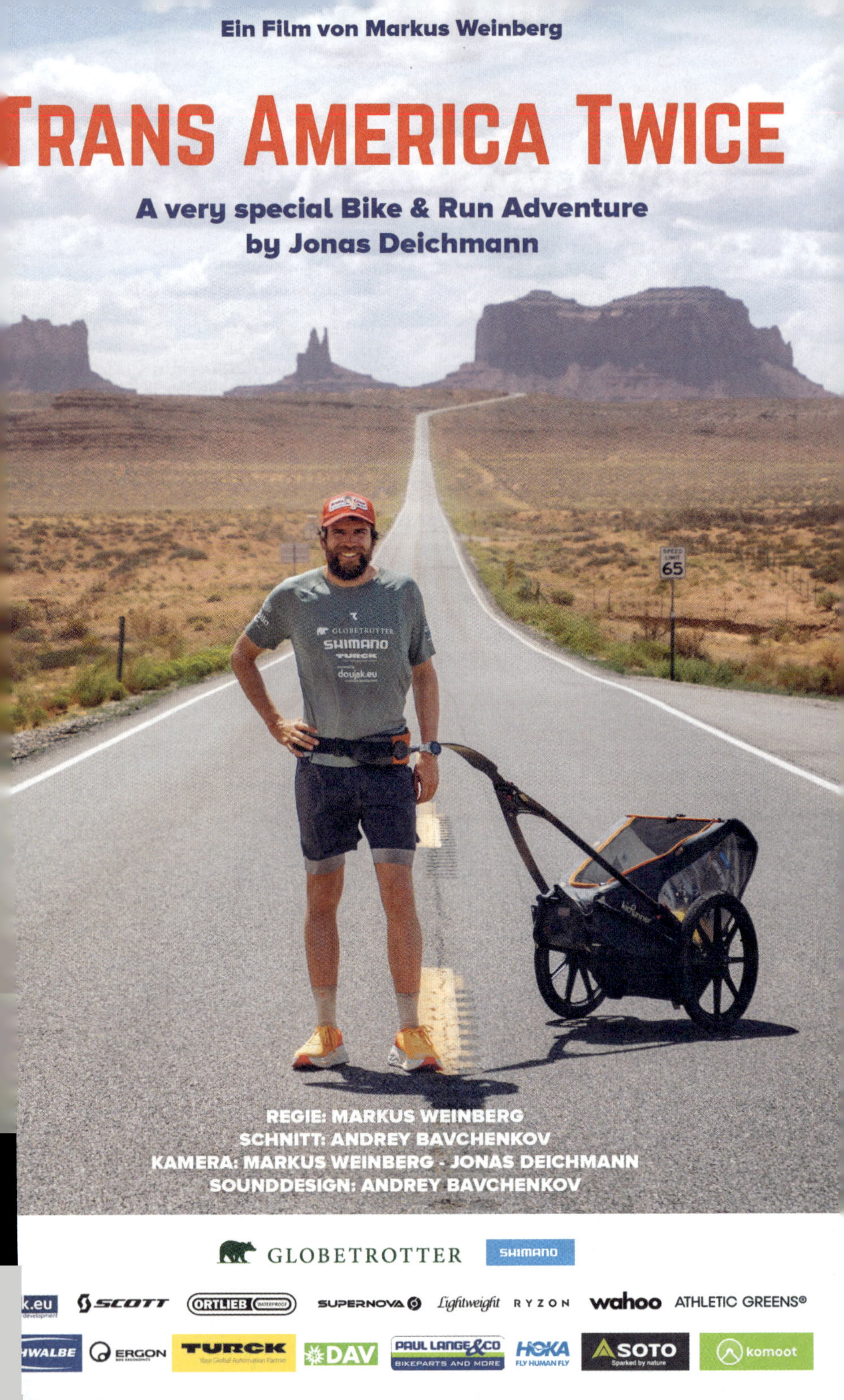

Impressum

POLYGLOTT

ISBN 978-3-8464-0990-9

2. Auflage 2024

Text: Jonas Deichmann,
Martin Waller, Carsten Polzin
Redaktion und Projektmanagement: Melanie Loser
Lektorat: Martin Waller,
Werkstatt München – Buchproduktion, Carsten Polzin
Bildredaktion: Martin Waller
Gestaltung und Satz: Anja Dengler, Werkstatt München – Buchproduktion
Umschlaggestaltung und Layout: ZERO Werbeagentur, München
Kartografie: Denise Sterr
Schlusskorrektur: Chris Tomas
Herstellung: Renate Hutt
Repro: Medienprinzen München
Druck und Bindung: Livonia Print, Lettland

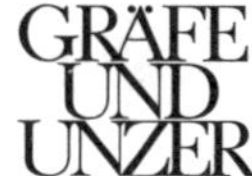

Ein Unternehmen der
GANSKE VERLAGSGRUPPE

Bildnachweis
Titelbild: Markus Weinberg
Alamy Stock Foto: Maximum Film/PARAMOUNT: 14/15; Jonas Deichmann: 6, 10 (unten), 21, 24/25, 33 (2), 36/37, 40 (2), 45 (2), 49, 50, 51, 53, 54, 57, 59, 61, 79, 88 (2), 91, 95, 96, 99, 100, 102/103, 114/115, 123, 128, 133, 136, 142, 146, 151, 166, 178, 185, 186, 189, 190/191, 193, 194, 198, 201, 202, 207, 208, 219 (unten), 220, 223, 224, 228, 229, 231, 234/235, 238, 240, 244, 253; Markus Weinberg: 2/3, 4, 10 (oben), 13, 16/17, 22/23, 64, 67, 68/69, 71, 74, 76, 85, 87 (2), 105, 106, 109 (2), 113, 210/211, 212/213, 215, 216, 219 (oben), 246 (2), 249 (2), 255; Martin Waller: 139 (oben), 149, 169, 174, 180 (oben); Sammy Deichmann: 72/73, 110/111, 116, 120, 125, 127, 130, 134, 139 (unten), 141 (2), 153, 159, 160/161, 162/163, 177, 180 (unten), 183, 242, 250

Ansprechpartner für den Anzeigenverkauf
KV Kommunalverlag GmbH & Co. KG, MediaCenter München,
Tel. 089/928 09 60

Bei Interesse an maßgeschneiderten B2B-Produkten
b2b-kontakt@graefe-und-unzer.de

Leserservice
GRÄFE UND UNZER Verlag
Grillparzerstraße 12
81675 München
www.graefe-und-unzer.de

Hinweis
Aus Gründen der besseren Lesbarkeit wird in diesem Buch bei Personenbezeichnungen das generische Maskulinum verwendet. Es gilt gleichermaßen für alle Geschlechter.

Umwelthinweis
Nachhaltigkeit ist uns sehr wichtig. Der Rohstoff Papier ist in der Buchproduktion hierfür von entscheidender Bedeutung. Daher ist dieses Buch auf PEFC-zertifiziertem Papier gedruckt. PEFC garantiert, dass ökologische, soziale und ökonomische Aspekte in der Verarbeitungskette unabhängig überwacht werden und lückenlos nachvollziehbar sind.

CROSSING AMERICA: LAUFEN

5435 km in 100 Tagen von Los Angeles nach New York

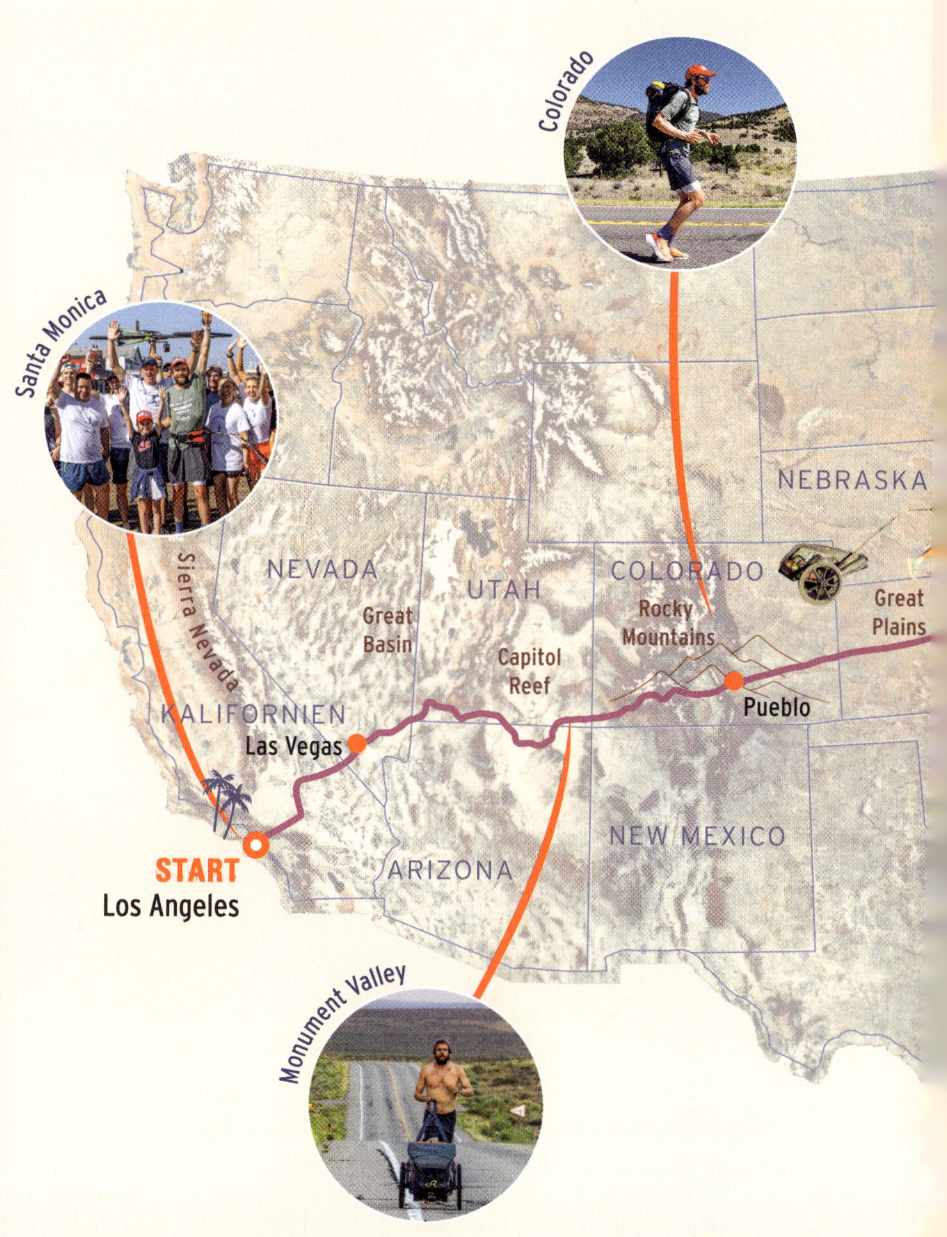

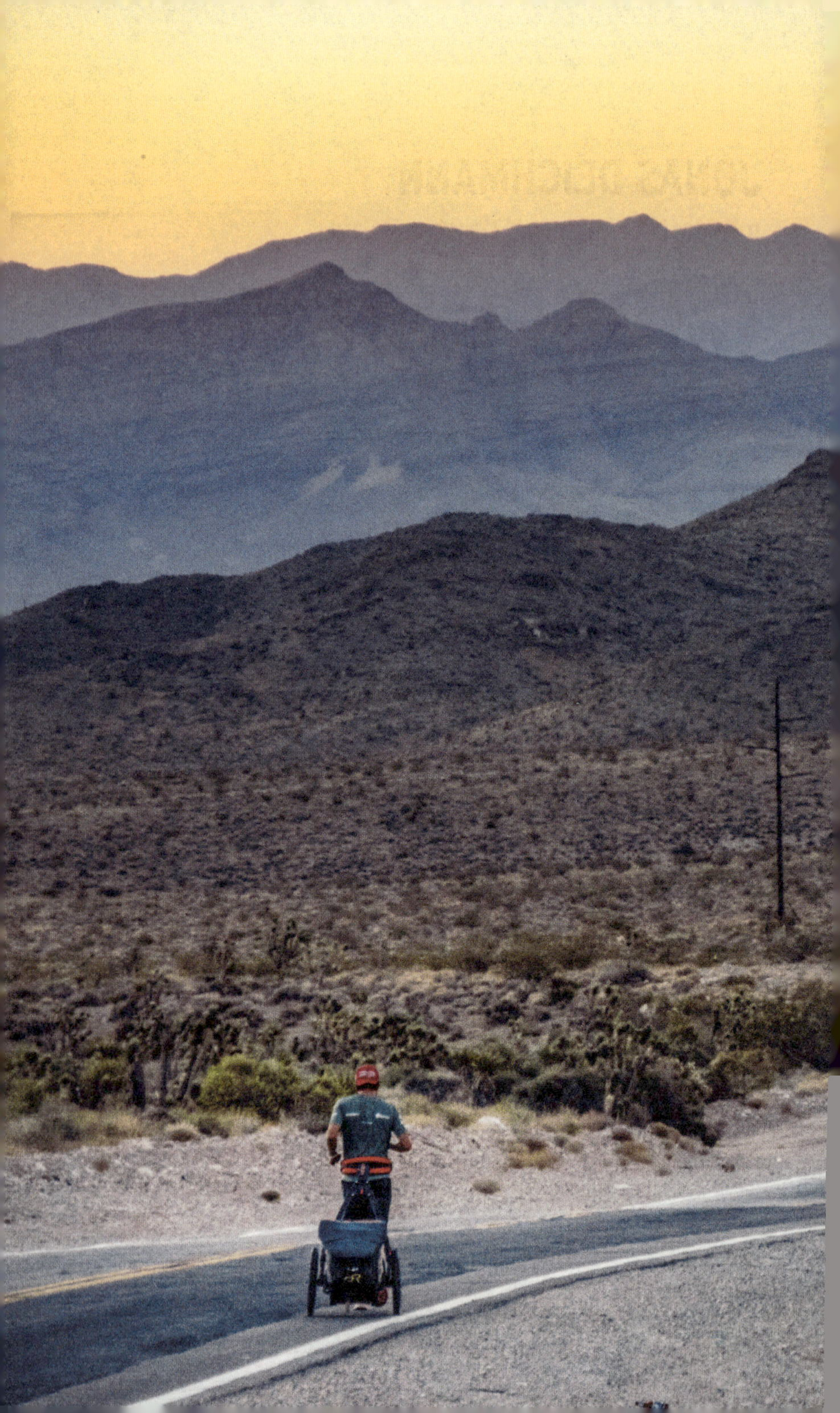